Hanne Raeck (Hrsg.)
Menschenbilder. Das Fremde und das Vertraute
Reader zum 34. Kongress der Deutschen Gesellschaft für Transaktionsanalyse

Hanne Raeck (Hrsg.)

MENSCHENBILDER. DAS FREMDE UND DAS VERTRAUTE

Reader zum 34. Kongress der
Deutschen Gesellschaft für Transaktionsanalyse

PABST SCIENCE PUBLISHERS · Lengerich

Hanne Raeck
Werkstatt für Lernen & Entwicklung
Lehrende Transaktionsanalytikerin
Weckmannweg 7
D-20257 Hamburg
Tel.: +49 (0) 40 / 8505611
E-Mail: hanne.raeck@t-online.de
www.wle-hamburg.de

Deutsche Gesellschaft für Transaktionsanalyse e.V.
Silvanerweg 8
D-78464 Konstanz
Tel.: +49 (0) 7531 / 95270
Fax: +49 (0) 7531 / 95271
E-Mail: gs@dgta.de

Bibliografische Information der Deutschen Nationalbibliothek
Die Deutsche Nationalbibliothek verzeichnet diese Publikation in der Deutschen Nationalbibliografie; detaillierte bibliografische Daten sind im Internet über <http://dnb.ddb.de> abrufbar.

Geschützte Warennamen (Warenzeichen) werden nicht besonders kenntlich gemacht. Aus dem Fehlen eines solchen Hinweises kann also nicht geschlossen werden, dass es sich um einen freien Warennamen handelt.
Das Werk, einschließlich aller seiner Teile, ist urheberrechtlich geschützt. Jede Verwertung außerhalb der engen Grenzen des Urheberrechtsgesetzes ist ohne Zustimmung des Verlages unzulässig und strafbar. Das gilt insbesondere für Vervielfältigungen, Übersetzungen, Mikroverfilmungen und die Einspeicherung und Verarbeitung in elektronischen Systemen.

© 2013 Pabst Science Publishers, 49525 Lengerich, Germany
  Konvertierung: Armin Vahrenhorst

Druck: KM-Druck, 64823 Groß-Umstadt

ISBN 978-3-89967-860-4

Inhaltsverzeichnis

Vorwort
Hanne Raeck 9

Vorwort
Henning Schulze 11

■ **Transaktionsanalyse in der Praxis** 13

Veränderungsprozesse im beruflichen Leben –
Outplacement-Beratung
Maya Bentele 15

Was sind eigentlich Transaktionen?
Karin Blessing 29

Jobnomaden – Patchworkbiographien. Eine gute Geschichte
Karola Brunner 37

Jobnomaden – Patchworkbiographien
Kurt Riemer 43

Das Fremde und das Vertraute – eine Einführung in die
Jungianische Typologie und ihren Nutzen in Coaching-Prozessen
mit Führungskräften
Bertine Kessel 47

Transaktionsanalyse und die Heilmethoden der „Neuen Zeit"
Britta Eden 67

Dornröschen wach küssen ... wie wir das Fremde in uns erlösen
können
Iris Fassbender & Dolores Lenz 74

Aufbruch ins Ungewisse: Veränderungen (h-)aushalten. Was
brauchen wir um in Veränderungsprozessen trotz des Bedrohlichen
im Unbekannten weiter zu gehen?
Ralf-Rüdiger Faßbender & Michael Thanhoffer 82

Beziehung & Bezahlung. Die 3 Ws der Wertschätzung –
Grundpositionen dreidimensional
Suzanne Grieger-Langer 94

Menschen (führen) in Veränderungsprozessen
Klaus Holetz 105

Älter werden
Fred M. Jessen 121

Umgang mit dem Fremden und Vertrauten bei
Unternehmenszusammenschlüssen
Jutta Kreyenberg 140

Leistungsglück
Hanne Raeck 152

Die Entwicklung von Eigen-Sinn – Transaktionsanalyse-Konzepte
in der Karriereberatung
Daniela Riess-Beger... 163

Neu in einer Führungsrolle: Herausforderungen, Stolpersteine und
Fettnäpfchen
Kathrin Rutz & Tanja Kernland 171

Chancen und Möglichkeiten des Unterrichts in multikulturellen
Klassen
Sylvia Schachner 187

Schokoladepudding und andere Zugänge: Intensive
Mehrfamilientherapie, von Ruth McClendon und Les Kadis, 1983.
Eine beschreibende Reflexion der Übersetzerin und Herausgeberin der
Deutschen Fassung, Bea Schild, 2013
Bea Schild 193

Partnerschaft und Alkohol
Bea Schild 199

Milton H.Erickson's, John Bowlby's und Katherine Symor's
wertvolle Menschenbilder für den Bereich der Pädagogik und
Beratung
Jürg Schläpfer 210

TA und Salutogenese – „don't worry, be happy?"
Almut Schmale-Riedel 224

Wie arbeite ich erfolgreich und komme erholt in den Feierabend?
Burn-out vorbeugen und heilen
Johann Schneider 232

Bemerkt oder unbemerkt – Fremde wirkt! Welchen Einfluss nimmt
sie auf den Beratungskontext?
Daniela Sonderegger-Dürst 255

Das Konzept des Aktivierenden Staates und sein Menschenbild
Sascha Weigel 269

Spiegelbilder – Das Fremde und das Vertraute im Dialog mit
dem Pferd
Kerstin Wiese 294

Das Gespräch als Brücke
Annette Wyler-Krisch 305

■ Theorieentwicklung in der Transaktionsanalyse 313

Organisationale TA – ein zeitgemäßer Theorie-Entwurf
Annette Dielmann & Günther Mohr 315

Ich-Zustände – vertraut und doch fremd. Ich-Zustände und
Functional Fluency
Jutta Kreyenberg 328

Le familier et l'inconnu dans les concepts de Berne: vers une reconstruction du concept de reconnaissance – Illustration d'une méthode de recherche en AT
Jean-Pierre Quazza & Jean Maquet 338

Ichzustände und Rollenintegrierte Transaktionsanalyse – Kurzform einer Überarbeitung der Ichzustandstheorie
Johann Schneider 352

Autorinnen und Autoren 363

Vorwort

Hanne Raeck

Liebe Leserin, lieber Leser,

ich Ihnen möchte Ihnen den Reader des 34. Kongresses der Deutschen Gesellschaft für Transaktionsanalyse vorstellen. Damit setze ich die Idee von Luise Lohkamp fort, einige Inhalte des Kongresses in einem Buch zu dokumentieren.

Das Thema „Menschenbilder – das Fremde und das Vertraute" hat den Blick der meisten Autorinnen und Autoren auf das Thema „Veränderung" gelenkt und in fast allen Beiträgen geht es darum: kleine und große, merkliche und fast unmerkliche, äußerlich sichtbare und unsichtbare, ersehnte und abgewehrte, bewusst initiierte und solche, die uns als Menschen widerfahren und nicht aufzuhalten sind.

Die Brückenpfeiler heißen „das Vertraute" und „das Fremde", dazwischen liegt eine Brücke, ein Stück des Weges, das besonders achtsam und bewusst gegangen und vielleicht auch begleitet werden sollte, damit das Fremde leichter zum Vertrauten werden und in unseren erweiterten Bezugsrahmen aufgenommen werden kann. Dafür haben wir mit der Transaktionsanalyse ein ausgezeichnetes Instrument, mit dem wir in den verschiedenen Stadien von Veränderungen auch schwierige Prozesse zu einem guten Ende bringen können.

Wie das geschehen kann – praktisch und theoretisch – können Sie in den verschiedenen Beiträgen nachlesen.

Ich danke allen, die an der Entstehung des Readers mitgewirkt haben:

- Euch, liebe Autorinnen und Autoren, für eure Beiträge und die leichtgängige Zusammenarbeit!

- Dir, liebe Marianne, für dein offenes Ohr und deine konstruktiven Ideen!

- Ihnen, Herr Pabst, und Ihnen, Herr Vahrenhorst, für die professionelle und beruhigende Zusammenarbeit!

- Dir, liebe Tine, für den Feinschliff am Schluss!

Ich wünsche allen eine inspirierende Lektüre!

Hanne Raeck   *Hamburg, im März 2013*
Herausgeberin

Vorwort

Henning Schulze

Ein Bild von einem Menschen, wir kennen ihn. Wenn wir es anschauen, sehen wir viel Vertrautes. Wenn wir genauer hinschauen, sehen wir auch Fremdes. Vertrautes und Fremdes begleitet uns durch unser Leben. So etwa in unserer frühen Ich-Entwicklung, wenn das Nahe so vertraut ist und alles außerhalb des Nahen fremd und über-lebensgefährlich ist. Erst spüren wir, dass das Vertraute vital ist und wir Bindung aufbauen und halten müssen. Dann lernen wir, dass wir uns dem Fremden nähern, öffnen müssen, um unsere Welt zu erweitern, um uns zu entwickeln. Dabei ist die Klärung unseres Selbst zwingend damit verbunden, dass wir uns vom Fremden abgrenzen. Das Vertrauen in uns selbst ist essentiell für das Vertrauen, dass uns entgegengebracht wird. Also gilt es auch, das Fremde in uns selbst kennenzulernen.

Auch die Eltern müssen sich mit dem kleinen Menschen erst vertraut machen. So viel ist am Anfang fremd, die Entwicklung jedes Kindes ist etwas Solitäres, das ergründet und verstanden werden will.

Fremdes gilt es in Kindergarten, Schule und auch der Hochschule zu entdecken und (hoffentlich) mit viel Interesse und Freude zu ergründen, zu hinterfragen, zu lernen, sich zu eigen zu machen. Dann wird es vertraut und wir können es für uns und andere nutzen.

Fremdes finden wir immer wieder im Arbeitsleben. Sei es, dass wir eine neue Stelle antreten, sei es, dass neue KollegInnen in unseren Bereich kommen. Zunächst wird das Vertraute durch das Fremde gestört. Dies solange, bis die/der Fremde sich bekannt gemacht hat und wir Vertrauen finden.

Andere Kulturen sind uns zunächst fremd. Wir gehen vorsichtig an sie heran. Wir beobachten und versuchen zu verstehen, warum etwas wie und wann gemacht wird...oder eben nicht... Mit der Vorsicht vor dem Fremden schützen wir uns hier wie auch in anderen Bereichen vor Grenzüberschreitungen: davor, selbst Grenzen zu überschreiten und davor, dass Andere („Fremde") unsere Grenzen überschreiten.

Vor dem Fremden haben wir Angst. So sind wir vor-sichtig bei seiner Ergründung und im Umgang mit ihm. Das Vertraute wird irgendwann langweilig. Wenn wir immer nur von Vertrautem umgeben sind, dann ist Entwicklung schwierig. So machen wir uns dann doch auf, neue Welten zu ergründen.

Im hier vorliegenden Kongress-Reader der DGTA Jahreskonferenz 2013 in Freiburg haben 31 AutorInnen in 29 Artikeln über ihre Menschenbilder und das Fremde und das Vertraute darin gearbeitet. Machen Sie sich auf, liebe LeserInnen, dieses Buch zu ergründen.

Allen Leserinnen und Lesern viel Freude beim Stöbern und Lesen, Fragen und Verstehen.

Henning Schulze   *Deggendorf, im März 2013*
Vorsitzender des Vorstandes der DGTA e.V.

Transaktionsanalyse in der Praxis

Veränderungsprozesse im beruflichen Leben – Outplacement-Beratung

Maya Bentele

Outplacement-Beratung ist eine Beratung an der Schnittstelle zwischen Organisation und Person. In diesem Beitrag soll zunächst beschrieben werden, wie ein solcher Beratungsprozess abläuft. Dann wird anhand eines praktischen Beispiels erläutert, wie dies ganz konkret aussehen kann. Dazu gehören auch die Beschreibung des emotionalen Prozesses und einer Auswahl von TA-Konzepten, die hilfreich für Diagnose und Interventionen sind.

Ausgangslage

Von einem Outplacement oder einer Outplacement-Beratung wird in aller Regel gesprochen, wenn bei einer Person mit einer beruflichen Laufbahn, die bisher erfolgreich und durchaus karriereorientiert verlaufen ist, eine berufliche Neuorientierung ansteht. Häufig entstehen die Veränderungen aus schwierigen Konstellationen und sind oft nicht freiwillig. Diese Schwierigkeiten können unterschiedliche Gründe haben wie Reorganisationen, Führungswechsel oder gesundheitliche Probleme. Gelegentlich spielen auch mehrere Faktoren eine Rolle. Oft kommen dabei sowohl der Arbeitgeber als auch der Arbeitnehmer gemeinsam zum Schluss, dass es besser ist, einen Schlussstrich unter die Anstellung zu ziehen. Dabei wird dann verhandelt, dass der Mitarbeiter die Möglichkeit erhält, eine Begleitung zur Neuorientierung in Anspruch zu nehmen. Häufig ist es dabei dem Arbeitgeber ein Anliegen, einem verdienten Mitarbeiter einen fairen Übergang zu ermöglichen.

Vorgehensweise

Grundsätzlich geht es in einer Outplacement-Beratung darum, zunächst die Trennung zu verarbeiten und dann eine neue berufliche Ausrichtung vorzunehmen und diese konkret umzusetzen. Dabei stehen die Entwicklung und Förderung der persönlichen Ressourcen an erster Stelle. Weiter wird das notwendige Wissen für die Stellensuche vermittelt, so dass aktiv die eigenen Möglichkeiten ausgeschöpft werden können. Die Vorgehensweisen sind zielgerichtet und sollen Sicherheit bei der Suche nach einer neuen, passenden Herausforderung und im Auftritt gegenüber potentiellen Arbeitgebern geben.

Die fünf Phasen der Beratung

Der idealtypische Verlauf lässt sich in fünf Phasen aufteilen:

1. *Standortbestimmung*
   In dieser Phase ist es vor allem wichtig, sich auf die neue Situation einzustellen, die Veränderung zu akzeptieren und als Chance zu begreifen. Häufig braucht es dazu auch emotionale Verarbeitung. Der Lebenslauf wird sorgfältig analysiert, um erste Hinweise für die weitere Ausrichtung und neue Wege zu finden. Ausserdem werden die Handlungsfelder in den verschiedenen Lebensfeldern (beruflich und privat) sondiert.

2. *Potenzialbeurteilung*
   Mit Hilfe eines Einzelassessments werden vielfältige Informationen zur Persönlichkeit zusammengetragen. Neben einer Stärken/Schwächen-Analyse beinhaltet die Auswertung Aussagen zur persönlichen Eigenart, zum zwischenmenschlichen Verhalten, zum Arbeits- und Leistungsverhalten, zu den intellektuellen Voraussetzungen sowie zur Führungsfähigkeit. Die Ergebnisse werden mit dem Selbstbild der betreffenden Person verglichen.

3. *Neuausrichtung*
   Auf der Grundlage der gewonnen Erkenntnisse werden neue berufliche Zielsetzungen und konkrete Tätigkeitsbereiche definiert. In

dieser Phase ist ein offener und kreativer Prozess sehr wichtig. Es sollen auch ungewöhnliche Ideen Platz haben, da hier wichtige Weichen gestellt werden können. Ein Stellenwechsel bietet die Möglichkeit, Neues zu realisieren und unter Umständen lang gehegte Träume und Wunschvorstellungen einfliessen zu lassen.

4. *Stellensuche*
Im Zentrum stehen hier die Erstellung von aussagekräftigen und repräsentativen Bewerbungsunterlagen, das Festlegen einer Suchstrategie sowie der systematische Aufbau eines Beziehungsnetzes. Die Unterstützung erstreckt sich auf alle Bereiche einer Bewerbung und beinhaltet die Beratung bei der Stellenwahl sowie die Vorbereitung und Auswertung von Bewerbungsgesprächen.

5. *Einführung in den neuen Job – Onboard coaching*
Die Begleitung erstreckt sich auf die erste Phase im neuen Berufsfeld. Dabei geht es darum, die ersten Erfahrungen zu reflektieren. Dies soll gewährleisten, dass allfällige erste Hürden erfolgreich überwunden werden können.

Prozessverlauf

Die einzelnen Phasen sind in der Regel unterschiedlich lang. Insbesondere die Phasen 3 und 4 sind abhängig von den inneren Prozessen der betroffenen Person, aber auch von Umfeldfaktoren. Dabei ist es von entscheidender Bedeutung, wie bereit die betroffene Person ist, sich auf einen Veränderungsprozess einzulassen und wie gut sie die damit verbundenen Unsicherheiten aushalten kann.
In der Beratung ist es daher sehr wichtig, dass das Verhältnis zwischen dem Berater und dem Klienten eine tragfähige Vertrauensbasis hat. Diese Beziehung ist während des Veränderungsprozesses die Konstante, die dabei helfen kann, die Schwierigkeiten und Stolpersteine zu überwinden. Dazu gehört auch, dass die Beraterin den Klienten nicht schont, sondern auch schwierige Themen angemessen anspricht, und auch, dass sie Erfolge sichtbar macht und Unterstützung anbietet, wenn diese notwendig ist. Gelingt dies, dann können sowohl persönliche als auch berufliche Themen in guter Weise bearbeitet werden, so dass am Ende des

Prozesses der Klient den Veränderungsprozess – trotz aller Schwierigkeiten – als positiv wahrnehmen kann.

Fallbeispiel

Soweit also die Beschreibung des Ablaufs. Im nachfolgenden Fallbeispiel wird der konkrete Verlauf eines solchen Prozesses beschrieben. Dieser Prozess hat 1,5 Jahre gedauert und wird entlang der fünf Phasen der Beratung erläutert.

Ausgangslage

Der Klient war 47 Jahre alt, promovierter Betriebswirtschafter und arbeitete seit mehr als 20 Jahren in verschiedenen Banken. An der letzten Stelle war er seit 16 Jahren, zuletzt auf Geschäftsleitungsstufe. Als er zu mir kam, war er aufgrund eines Burnouts krankgeschrieben. Da für ihn sehr schnell klar war, dass er an seine angestammte Stelle nicht zurückkehren wollte, vereinbarte er mit seinem Arbeitgeber einen Trennungsprozess. Darin enthalten war auch eine eine Outplacement-Beratung. Ich vereinbarte mit ihm eine Beratung, die entlang der 5 Phasen gestaltet wurde. Als sehr strukturiert denkender Mensch konnte er sich dann gut auf den Prozess einlassen.

1. Phase: Standortbestimmung

Zunächst war es wichtig, zu verstehen, wie es zu diesem Burnout gekommen war. Dazu liess ich mir vom Klienten seine Geschichte berichten. Er beschrieb mir seine Familie, seine Schul- und Studienzeit und seine beruflichen Stationen. Dies ist mir jeweils wichtig, weil erfahrungsgemäss solche Ereignisse oft lebensgeschichtliche Hintergründe haben.
Ausserdem ging es in diesem Fall auch darum, das Geschehen zu verarbeiten. Der Klient hatte einige sehr schwierige berufliche Jahre hinter sich. Schon seit einiger Zeit fühlte er sich im angestammten Berufsfeld nicht mehr wirklich wohl. Als er dann einen neuen Vorgesetzten bekam,

der nur Zahlen und Fakten ins Zentrum stellte, wuchs sein Unbehagen noch mehr. Er fühlte sich nicht mehr verstanden, geriet mehr und mehr unter Druck und begann Fehler zu machen. Aus seinen Erzählungen wurde deutlich, dass es im Laufe der Zeit zu massiven Verletzungen bei ihm gekommen war. Ein Teufelskreis, der dann im Burnout endete. Daneben zeigte er sich als sehr umgänglicher Mensch, dem Beziehungen sowohl geschäftlich als auch privat sehr wichtig sind. Eine zentrale Rolle spielt bei ihm die Familie, aber auch sein Freundeskreis. Er hat eine gute Wahrnehmung für Menschen und deren Befindlichkeit.

Meine Hypothesen aus dieser Phase:
Zum einen lässt sich sagen, dass es sich in diesem Fall um eine Entwicklungskrise des mittleren Erwachsenenalters handelte. Gemäss Brim (1976) gibt es sieben Erklärungsansätze dafür. Eine davon beinhaltet, dass lange vernachlässigte Lebensziele oder Träume aus dem frühen Erwachsenenalter in dieser Lebensphase wieder auftauchen und das bisherige Leben in Frage stellen. Weiter gehört dazu, dass einschneidende Lebensereignisse auftreten, die den Beruf, die Familie und die eigene Gesundheit betreffen, die bewirken, dass die Lebenssituation grundlegend hinterfragt wird. Genau dies waren Themen des Klienten.
Ausserdem wurde deutlich, dass mein Klient im bisherigen Leben seine eigenen Bedürfnisse immer zurückgestellt hatte. Das begann bereits in seiner Kindheit und zog sich durch seine weiteren Lebensstationen. Das bedeutet, dass sein Antreiber „Machs anderen recht" sehr ausgeprägt ist. Gemäss Schmid/Hipp (1998/2001) ist davon auszugehen, dass „sei-gefällig-Menschen" in emotionalen Stresssituationen nicht genau wissen, wer er/sie ist und was er/sie will". Das äusserte sich in der Beratungssituation immer wieder darin, dass der Klient auf Hinweise und Unterstützung der Beraterin hoffte und oftmals Mühe hatte, seine Ziele oder Wünsche zu formulieren. Diese Symbiose-Einladungen thematisierte ich immer wieder. Viele meiner Interventionen zielten dann auch darauf, die Autonomie des Klienten zu stärken.

2. Phase: Potenzialbeurteilung

Die erste Phase dauerte ca. 3 Monate. Während dieser Zeit thematisierte ich immer wieder die Möglichkeit, mittels Testverfahren Informationen zur Leistungsfähigkeit sowie zu Stärken und Schwächen zu erhalten. Die starke Verunsicherung aus der Vergangenheit bewirkte, dass der Klient Ängste entwickelte. Und es zeigte sich, dass die Verletzungen seiner letzten Stelle, wo er immer wieder erlebt hatte, dass er nicht genügte, es ihm schwer machten, sich auf psychologische Tests einzulassen. Nachdem ich ihm aufgezeigt habe, welche Testverfahren zur Verfügung stehen und welche Aussagen sich damit machen lassen, beruhigten sich seine Ängste etwas. Ich forderte ihn auf, darüber nachzudenken, welche Tests er für sich als sinnvoll erachtet. Nach einiger Zeit konnte er sich entscheiden, welche Tests er machen wollte und welche lieber nicht. Sein Hauptanliegen war, etwas über seine Vorlieben und Neigungen herauszufinden. Deshalb entschied er sich für Neigungstests.

Die Ergebnisse dieser Tests machten deutlich, dass er vermehrt Beruf- und Privatbereich verbinden sollte. Ausserdem braucht er eine gewisse Selbständigkeit und intellektuelle Herausforderungen. Es zeigte sich auch, dass neben den Inhalten die Beziehungen zu Menschen wichtig sind.

Meine Hypothesen zu dieser Phase:
In dieser Phase zeigte sich nochmals, wie schwer es dem Klienten fiel, seine Bedürfnisse wahrzunehmen und zu äussern. Aber auch die Wissbegierigkeit und der Wunsch nach Weiterentwicklung wurden immer deutlicher. Es war immer wieder spürbar, dass in ihm zwei Ebenen im Konflikt waren: Die einschränkenden, kritischen Stimmen und die Wünsche nach Weiterentwicklung. Dies zeigte ich ihm auf. Es half ihm, zu verstehen, löste aber das Dilemma im Moment nicht.
Wichtig für ihn war, zu erleben, dass er selbst bestimmen konnte, welche Schritte er gehen wollte. Im Zentrum stand für mich, seine Eigenständigkeit zu respektieren. Ich gab ihm Strokes, wenn er selbst Entscheidungen traf und achtete sorgsam darauf, nicht auf Symbiose-Angebote einzusteigen.
Für sein Denken war es sehr hilfreich, erste Hinweise zu erhalten, welche Aufgaben und Rahmenbedingungen ihm entsprechen. Es half ihm, einen Zugang zu seinen Wünschen zu finden.

3. Phase Neuausrichtung

Auf der Grundlage der Phasen 1 und 2 zeichnete sich langsam ein Bild ab, in welche Richtung der berufliche Weg gehen könnte. Nachdem der Klient während den ersten Wochen sehr mit sich selbst beschäftigt war und wenig Kontakt mit Aussenstehenden gesucht hatte, wurde er nun

wieder offener. Er begann, zunächst mit vertrauten Personen über seine Situation zu sprechen.
Ausserdem fing er an, aufgrund der Ergebnisse der Tests im Internet und in Zeitungen und Zeitschriften zu recherchieren. Hier suchte er einerseits nach Weiterbildungsmöglichkeiten. Andererseits las er Stelleninserate und liess sich davon anregen. Es ging in diesem Moment noch nicht darum, dass er sich konkret bewarb, sondern mehr darauf zu achten, welche Stellen ihn ansprachen und welche eher nicht.
In dieser Phase begann auch der Prozess des Aushaltens der Ungewissheit für ihn. Noch war alles offen, noch wusste er nicht genau, wohin der Prozess führen ihn würde. Es war wichtig, dass nun keine überstürzten Entscheidungen gefällt wurden.
Der Klient prüfte verschiedene Optionen, die er sich für seine berufliche Zukunft vorstellen konnte. Es war ihm bereits klar geworden, dass er nicht in seinem angestammten beruflichen Umfeld suchen würde. Er formulierte die Absicht, einen Branchenwechsel vorzunehmen. Zum Glück zeigte sich, dass er ein gutes Netzwerk hatte. Es gab viele Ansprechpartner in unterschiedlichen Branchen und an unterschiedlichen Positionen. Mit diesen führte er nun teilweise sehr gezielt Gespräche, um herauszufinden, wo es für ihn Möglichkeiten geben könnte.
Dieser Schritt war zu Beginn eine grosse Herausforderung für ihn. Er wollte den Gesprächspartnern seine Situation möglichst offen darlegen. Bei einigen hatte er Bedenken, dass diese genügend Verständnis aufbringen können. Nach den ersten Erfahrungen, die durchwegs positiv waren, wurde er mutiger und offener.

Meine Hypothesen zu dieser Phase:
Hier wurde sein Antreiber „Sei gefällig" nochmals sehr spürbar! Es fiel ihm schwer zu spüren, was er wollte. Immer wieder liess er sich von Kommentaren und Hinweisen von aussen verwirren oder gar unter Druck setzen. Da er wenig spürte, was ihm gut tat, versuchte er mit dem Kopf eine Lösung zu finden. Das war sehr anstrengend und brachte ihn teilweise nicht weiter.
Während der Beratung in dieser Phase ging es ihm auch zu langsam. Zwar hatte er mit dem Kopf nun vieles verstanden, aber das half ihm nicht wirklich weiter. So gab es auch Momente, in denen er mutlos und enttäuscht darüber war, dass sich auf der konkreten Ebene noch nichts getan hatte. Meine Rolle als Beraterin bestand darin, ihn auf seinem Weg zu bestärken und ihm immer wieder aufzuzeigen, dass schon einiges im Prozess passiert war. Das war oft Arbeit mit der ängstlichen, eher kindli-

chen Seite des Klienten. Da er mittlerweile viel Vertrauen in mich hatte, konnte er meine Hinweise dazu gut annehmen.
An dieser Stelle wurde deutlich, wie wichtig die Beziehung von Klient und Beraterin in diesem Prozess ist!

4. Phase: Stellensuche

Nach ungefähr 8 Monaten begannen sich langsam die ersten Erfolge einzustellen. Die Arbeit im professionellen Netzwerk des Klienten hatte sich gelohnt. Er bekam Hinweise, wo Stellen frei waren. Und es gab das eine oder andere Stelleninserat, auf das er sich bewarb.
Der Klient stellte sein Bewerbungsdossier zusammen, das wir in der Beratung besprachen. Anschliessend machte er dann seine Anpassungen oder Ergänzungen. Ausserdem besprachen wir Bewerbungsstrategien. Schnell zeigte sich, dass der Branchenwechsel relativ schwierig werden würde. Er bekam viele Absagen, hatte nicht einmal die Chance, sich vorzustellen.
Es begann ein Suchprozess, ob es an der Art der Bewerbung lag oder daran, dass einfach die geeignete Stelle noch nicht aufgetaucht war. Es war eine sehr aktive Phase des Klienten. Er begann, sich Rückmeldungen geben zu lassen, wenn er eine Absage erhalten hatte. Dank diesen gelang es ihm, sich ein realistisches Bild darüber zu machen, wie seine Chancen in seinem Wunschberufsfeld standen. Er merkte, dass er wohl Zugeständnisse machen musste, weniger bezüglich der Branche, sondern mehr, was den Arbeitsinhalt betraf.
Nach ca. 2 Monaten intensiven Suchens ergaben sich zwei bis drei realistische Optionen, die er für sich prüfte. Hier zeigte sich wieder die Herausforderung, den Zugang zu seinen Bedürfnissen und Wünschen zu finden. Ausserdem wurde sein Anspruch deutlich, die bestmögliche Lösung zu finden. Das machte es ihm schwierig, sich für eine bestimmte Stelle zu entscheiden. Ausserdem wurde ihm gegen Ende des Prozesses klar, dass es noch alte Verletzungen gab. Sobald er mit potentiellen Vorgesetzten in Kontakt kam, kam ein tiefes Misstrauen gegenüber Vorgesetzten zum Vorschein. Es erwies sich als sehr wichtiges Kriterium, dass er einen Vorgesetzten hatte, zu dem er von Beginn an Vertrauen fassen konnte. Das war dann am Ende der entscheidene Faktor, der ihm half, sich festzulegen.

Meine Hypothesen zu dieser Phase:
Hier zeigte sich, dass in den vorangegangenen Phasen nachhaltige Arbeit gemacht wurde. In der Bewerbungsphase gibt es meistens Absagen und Entmutigen. Der Umgang damit erfordert eine gewisse Stabilität. Ausserdem zeigt es sich in den Bewerbungsgesprächen meist sehr schnell, ob jemand wirklich bereits Veränderungsschritte gemacht hat oder nicht. Menschen, die dann eher in den alten Skriptmustern unterwegs sind, werden Mühe haben, sich gut zu präsentieren.
Der Klient wurde in dieser Phase nochmals mit seinen Skriptthemen konfrontiert. Und es zeigte sich deutlich, wo er schon stabil war und wo er immer noch gefährdet war, in alte Muster einzusteigen. Ausserdem wurde sehr deutlich, dass er mit seiner Art, die Dinge über den Verstand anzugehen, immer wieder an Grenzen kam. Er lernte mehr und mehr, sich selbst und anderen zu vertrauen. Dazu gehörte auch, dass seine Bereitschaft wuchs, Risiken einzugehen.
Dank seiner hohen Bereitschaft, sich mit dieser Thematik auseinanderzusetzen und sich zu reflektieren, konnte er sich schrittweise öffnen für Neues.

5. Phase: Einführung in den neuen Job – Onboard Coaching

Schon zu Beginn der Beratung war es dem Klienten ein grosses Anliegen, dass die Begleitung auch während der ersten Phase im neuen Job weitergehen sollte. Intuitiv war ihm wohl klar, dass er möglicherweise nochmals in alte Muster zurückfallen könnte.
Der Start in die neue Aufgabe verlief eigentlich gut. Eigentlich, weil die subjektive Wahrnehmung des Klienten mit der Realität nicht immer ganz deckungsgleich war. Seine neuen Vorgesetzten begegneten ihm mit grossem Wohlwollen und viel Gesprächsbereitschaft. Zu Beginn war dies für ihn sehr wichtig, weil ihm immer wieder seine Vorerfahrungen aus der alten Stelle in die Quere kamen. Dann wurde er misstrauisch und ängstlich, zweifelte an seinen Fähigkeiten. Ich ermuntere ihn von Anfang an diese Themen anzusprechen und zu klären, was in den allermeisten Fällen möglich war und ihm Entlastung verschaffte. In der Folge gelang es ihm dann immer besser, den Realitätsbezug herzustellen.
Kurz nach dem Wiedereinstieg meldeten sich auch körperliche Symptome wieder, die ihn während der Burnout-Zeit begleitet hatten. Es war wichtig für ihn, diese richtig zu interpretieren und ihnen angemessen Raum zu geben. Er war gefordert, einen Umgang damit zu finden, der

ihn möglichst wenig beeinträchtigte. In der Beratung wurde dies immer wieder thematisiert. Mit der Zeit gelang es ihm mehr und mehr, diese Dinge einzuordnen und dann loszulassen.
Mehr und mehr konnte er wahrnehmen, welche Feedbacks seine Umgebung ihm gab. Und es gelang ihm auch, diese anzunehmen! Nach 5 Monaten zeigte sich, dass er so langsam in seinem neuen Umfeld, seiner neuen Aufgabe angekommen war. Unter anderem wurde das daran deutlich, dass er gemeinsam mit seinem Vorgesetzten seine berufliche Zukunft plante und sich für eine Weiterbildung anmeldete. Dies war dann der Zeitpunkt, die Beratung zu beenden.

Meine Hypothesen zu dieser Phase:
Der Klient war immer wieder in einer starken Überanpassung. Er vermutete Erwartungen und Wünsche der Vorgesetzten an ihn, die ihn unter Druck setzten. Nachdem er dies erkannt hatte und für sich Ideen entwickelt hatte, wie er diese Erwartungen klären konnte, liess der Druck langsam nach.
Die körperlichen Symptome hingen mit diesem Druck zusammen. Aber auch mit seinen eigenen Erwartungen an sich selbst. Er setzte sich am Anfang sehr hohe Ziele. Zusammen mit der Klärung der Erwartungen mit dem Vorgesetzten konnte er auch seine eigenen Ziele hinterfragen und realistischer ansetzen. Hier war bei ihm noch ein weiterer Antreiber wirksam, sein Perfektionsanspruch vor allem an sich selbst, und seine grosse Befürchtung, er könnte andere enttäuschen, weil er zu wenig gute Leistungen erbringt. Auch hier führte die Klärung der Erwartungen zu einer Entlastung.

Rückschau auf den Gesamtprozess

Während des gesamten Prozesses war es mir besonders wichtig auf drei Aspekte zu achten:
- Vertrag
- 3 P
- Emotionaler Verarbeitungsprozess und seine Begleitung

Diese werde ich nachfolgend näher beschreiben, um zu verdeutlichen, welchen Stellenwert diese in einer Outplacement-Beratung haben.

Vertrag

Im Rahmen einer Outplacement-Beratung ist ein guter Vertrag insbesondere darum sehr wichtig, weil es in dieser Arbeit auch um die Auseinandersetzung mit Lebensthemen geht. Hier besteht die Gefahr, dass ein Klient einerseits sehr motiviert für Veränderung ist, aber auf der anderen Seite sich auch innerlich immer wieder dagegen sträubt. Beim beschriebenen Klienten zeigte sich dies immer wieder an seinen unterschiedlichen inneren Stimmen. Daher braucht es zu Beginn gute und klare Vereinbarungen über die Ziele und die Vorgehensweisen. Das gibt den Klienten die notwendige Sicherheit und Struktur. Diese helfen dabei, die emotionalen Prozesse auszuhalten.

Bei solch langen Prozessen müssen auch zwischendurch immer wieder Standortbestimmungen gemacht werden. Dann kann es auch sein, dass ein Vertrag wieder angepasst werden muss.

Die drei P

In diesem Prozess waren die drei P ganz wichtig: **P**ermission, **P**rotection und **P**otency. Permission – Erlaubnis bedeutet, dass die Beraterin in einer Weise mit einschränkenden inneren Botschaften des Klienten arbeitet, die es ihm am Ende ermöglichen, sich selbst Erlaubnis zur Weiterentwicklung zu geben. Gemäss Schlegel (2011) ist es dabei entscheidend, dass der Klient lernt, sich diese Erlaubnis aus seiner eigenen wohlwollenden „Elternperson" zu geben. Dies soll auch dazu führen, von der Beraterin unabhängig zu werden.

Protection - oder nach Schlegel (2011) „ermutigender Rückhalt" - meint die Unterstützung in der schwierigen Zeit nach dem Treffen einer Neuentscheidung, wenn Ängste und Befürchtungen beim Klienten auftreten. Es geht darum, in dieser Phase als Beraterin da zu sein und den Klienten immer wieder zu bestärken in seinen Absichten zur Weiterentwicklung.

Ganz wesentlich dabei ist dabei die Potency - oder nach Schlegel (2011) „Überzeugungskraft durch Autorität". Diese wird der Beraterin durch den Klienten verliehen. Nur wenn dies geschieht, können die Erlaubnis und der ermutigende Rückhalt wirksam werden. Das bedeutet auch, dass die Beraterin glaubhaft Selbstsicherheit und Selbstvertrauen ausstrahlt und auch eine suggestive Zuversicht für den Klienten. Dazu gehört ebenfalls die Fähigkeit, den Klienten zu konfrontieren und auszuhalten, dass dadurch vorübergehend Frustrationen ausgelöst werden. Die drei P prägen die Beratungsbeziehung stark und sind eine Grundvoraussetzung für das vertrauensvolle gemeinsame Arbeiten. Die Wirksamkeit der Interventionen in der Beratung wird entscheidend dadurch beeinflusst, dass die Beziehung auf dieser Basis tragfähig ist.

Emotionale Prozesse

Veränderungprozesse sind immer stark beeinflusst und geprägt von Emotionen. Daher ist es ganz wichtig, diese gut zu begleiten. George Kohlrieser (2006) beschreibt in seinem Bondingmodell die Bindungs- und Lösungprozesse, die mit Veränderungen einhergehen. In einer Outplacement-Beratung geht es auch darum, einen Loslösungs- oder Trauerprozess von der alten Stelle und den dazugehörigen Erfahrungen zu begleiten. Die gelungene Ablösung ist die Voraussetzung dafür, dass es gelingen kann, sich auf Neues einzulassen.

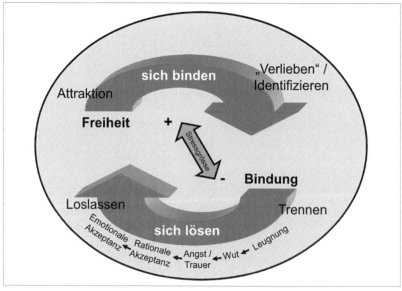

Abbildung 1 (Quelle: Stocker (2012) in Anlehnung an Kohlrieser)

Wieviel Stress der Umgang mit der Unsicherheit des Neuen auslöst, hat mit verschiedenen Faktoren zu tun. Dazu gehören bereits gemachte Erfahrungen mit Veränderung, Verletzungen, Würdigung des Alten und die Unterstützung im Prozess. Der Loslösungs- oder Trauerprozess (nach Kohlrieser, 2006) umfasst verschiedene Phasen, die in der Regel in der beschriebenen Reihenfolge ablaufen:
- Leugnung
- Wut/Protest
- Feilschen
- Vermissen / Trauer
- Ängste
- Rationalisierung / rationale Akzeptanz
- Neue Bindung
- Emotionale Akzeptanz
- Versöhnung / Lernen

Wenn es gelingt, diese Phasen in einer guten Weise zu durchleben, dann wird der Schritt ins Neue zwar anspruchsvoll sein, aber gelingen können. Im beschriebenen Fall wurde dies möglich. Allerdings waren immer wieder Schleifen bzw. Rückfälle erkennbar. Ausserdem war es wichtig, dass eine stabile Begleitperson da war, die immer wieder Rückhalt und Zuversicht geben konnte. Diese emotionale Begleitung gehört meines Erachtens unbedingt dazu. Genauso wichtig ist es, dass dem Prozess genügend Zeit eingeräumt wird. Emotionale Verarbeitung braucht Zeit und lässt sich willentlich kaum beschleunigen. In der Beratung ist es daher wichtig, gut darauf zu achten, dass sich der Klient auch diese Zeit nimmt oder gönnt.

Literatur

Brim Orville, G. (1976). Theories of the male mid-life crisis. The Counseling Psychologist, 6, 2-8.

Kohlrieser, G. (2006). Hostage at the table – How leaders can overcome conflict, influence others, and raise performance. San Francisco: Jossey-Bass.

Schlegel, L. (2011). Die transaktionale Analyse. 5. völlig überarbeitete Auflage. Zürich: DSGTA.

Schmid, B., Hipp, J. (1998/2001). Antreiberdynamiken – Persönliche Inszenierungsstile und Coaching. Download: www.systemische-professionalitaet.de
Stocker Bruno (2012). Unveröffentlichtes Handout. Basel.

Weiterführende Literatur

Faltermaier Toni / Mayring Philipp / Saup Winfried / Strehmel Petra (2002). Entwicklungspsychologie des Erwachsenenalters. Grundriss der Psychologie. Band 14., überarbeitete und erweiterte Auflage. Stuttgart: Kohlhammer
Lohaus Daniela (2010). Outplacement. Praxis der Personalpsychologie. Human Resource Management kompakt. Band 23. Göttingen: Hogrefe

Was sind eigentlich Transaktionen?

Karin Blessing

Eric Berne, der Begründer der Transaktionsanalyse, definiert eine Transaktion als

„die Grundeinheit aller sozialen Verbindungen".

Sie besteht aus einer Reaktion einer konkreten Person (oder Gruppe), die ausgelöst wurde durch die Aktion einer konkreten Person (oder Gruppe).

Aktion + Reaktion = Transaktion

Sie ist die kleinste zu untersuchende kommunikative Einheit zwischen zwei (oder auch mehr) Menschen oder Systemen. Folgen mehrere dieser Einheiten aufeinander, bildet sich eine Transaktionskette mit einem mehr oder weniger offen erkennbaren Muster. Wiederholt sich dieses Muster, so lässt sie daraus auf die Art der Beziehung (zwischen zwei oder mehr Menschen/Gruppen/Systemen) schließen.
Transaktionsanalytische Untersuchungen zu kommunikativen Mustern gehen über die reine Analyse zwischenmenschlicher Kommunikation hinaus. Sie dienen der Beziehungsanalyse und geben Auskunft über die Machtverhältnisse in einer Beziehung, über den Grad der Verbindlichkeit, der Intensität, der Abhängigkeit und der gelebten oder auch nicht gelebten Autonomie aller Beteiligten. Tiefenpsychologisch betrachtet lässt sich anhand der Transaktionen Rückschlüsse ziehen auf erfüllte oder auch nicht erfüllte psychologische Grundbedürfnisse.

Psychologische Grundbedürfnisse

- Das Grundbedürfnis wahr genommen und anerkannt zu werden.
- Das Grundbedürfnis nach geistigen und sinnlichen Reizen.

– Das Grundbedürfnis, seiner Lebenszeit eine sinnvolle Struktur zu geben.

Hinzuzufügen sind meines Erachtens noch zwei Bedürfnisse:
Das Bedürfnis, miteinander in Resonanz zu sein. Das bedeutet, neben dem Bedürfnis gesehen, gehört, berührt zu werden auch, dem anderen zu vermitteln: „Ich sehe/höre dich und bin bereit, mit dir in Kontakt zu gehen." und diesen Kontakt auch zu leben.
Neben dem Bedürfnis, seinen geistigen und körperlichen Hunger zu stillen, steht das Bedürfnis, kreativ zu sein, etwas zu schaffen, das für sich selbst, für andere oder die Welt einen Nutzen hat.

Untersucht man transaktionale Muster, erhält man Antworten auf die Frage, wie gut dies einem System/einer Gruppe/einem Paar/zwei Menschen gelingt.

Transaktionale Analyse

Beginnt man mit der Analyse der zwischenmenschlichen Kommunikation, so ist zu berücksichtigen, dass sie in der Regel auf mehreren Ebenen gleichzeitig statt findet.

Ebene eins: Das Sicht- und Hörbare.
Hierzu zählen non-verbale Signale: Mimik, Gestik, Körperhaltung, Ausstrahlung
Verbale Signale: Worte, Wortwahl, Sätze, Betonung, Lautstärke.

Ebene zwei: Bewusst Verdecktes, was mehr oder weniger durchscheint.
Bei Formulierungen wie Beispielsweise: „Er hat sich redlich bemüht", ist für nahezu jeden Menschen klar, dass das Gegenteil der Fall ist. Da das deutsche Recht keine negativen Formulierung in Beurteilungsschreiben erlaubt, wurde offensichtlich eine Geheimsprache entwickelt. Über bewusst Verdecktes hält man sich einerseits an das gültige Recht, andererseits umgeht man es mehr oder weniger offensichtlich.
Ein weiteres Beispiel: A: „Darf ich Sie noch auf einen Kaffee zu mir nach Hause einladen?" B: „Ja, aber gerne. Um diese Uhrzeit liebe ich es, Kaffee zu trinken!" Die beiden Personen haben ein Restaurant besucht, sich

sehr gut unterhalten und angefangen, miteinander zu flirten. Dann kann man davon ausgehen, dass die versteckte Botschaft lautet: „Ich mag dich und ich will mehr von dir!" und die versteckte Botschaft der anderen Person lautet: „Ja, mir geht es genauso!"

Ebene drei: Unbewusst Verdecktes, das eigene Skript bestätigend.
Unter Skript versteht man in der Transaktionsanalyse einen in der Kindheit unbewusst gefassten Lebensplan. Er beinhaltet, was Leben für uns bedeutet; alle Glaubenssätze, Verhaltensmustern und Werte, und - ob wir uns im Leben, sowohl beruflich als auch privat, mehr auf der ‚Gewinner- oder mehr auf der Verliererseite' sehen.

In diesem Artikel geht es in erster Linie um die Analyse der kleinsten kommunikativen Einheit und ihre Bedeutung für die Beziehung.

Ursprung der Transaktionen

Eric Berne beschrieb Transaktionen mit Hilfe des Ich-Zustandsmodelles. Seine Kommunikationsregeln sind zu einer Zeit entstanden als das „Sender-Empfänger-Modell" von Stuart Hall hoch aktuell war. Um den Ursprüngen gerecht zu werden, übernehme ich im Folgenden diese Wortwahl.
Die einfachste Form der Transaktion funktioniert wie folgt: Ein Sender richtet seine Botschaft aus einem konkreten Ich-Zustand heraus an einen konkreten Ich-Zustand des Empfängers. Dieser nimmt die Botschaft genau dort auf und decodiert sie.
Er reagiert aus genau diesem Ich-Zustand heraus und richtet seine Botschaft eindeutig an den bereits aktivierten Ich-Zustand des Senders. Berne spricht hier von einer *Parallelen Transaktionen*. Kommunikationsregel Nummer eins lautet: Eine Kommunikation, die ausschließlich aus *Parallelen Transaktionen* besteht, kann endlos fortgesetzt werden. Die Beziehung der beiden Systeme (oder Menschen) bleibt so wie sie ist.
Anders verhält es sich, wenn statt des angesprochenen Ich-Zustandes ein anderer Ich-Zustand reagiert. Dies führt zu einer Irritation des Senders. Sie wird bezeichnet als *Gekreuzte Transaktion*. Der Empfänger durchkreuzt die Absicht des Senders. Das vorgegebene Kommunikationsmuster wird unterbrochen oder gestört und muss neu ausgerichtet werden.

Die zweite Kommunikationsregel lautet: *Gekreuzte Transaktionen* führen zu einem Wechsel der Kommunikation.

Bei der dritten Form der Transaktion nach Berne handelt es sich um die *Verdeckte Transaktion*. Aus einem Ich-Zustand wird eine offene, aus einem anderen eine verdeckte Botschaft gesendet. Dem Empfänger bleibt es überlassen, auf welche er reagiert. Ist er sich der Doppeldeutigkeit bewusst, kann er wählen, falls nicht, wird er mit hoher Wahrscheinlichkeit auf die verdeckte Botschaft reagieren. Kommunikationsregel Nummer drei lautet: Bei *verdeckten Transaktionen* dominiert die unausgesprochene Botschaft. Hierbei handelt es sich häufig um Spieleinladungen. Sie zu erkennen und eben nicht unfreiwillig in ein psychologisches Spiel hineingezogen zu werden, ist erstrebenswert.

Im Folgenden erläutere ich Transaktionen, ohne die Kenntnisse der Ich-Zustände vorauszusetzen. Somit steht nicht das kognitive Analysieren an erster Stelle, sondern das sich Einlassen auf die jeweilige Situation und auf die Vielschichtigkeit zwischenmenschlicher Beziehungen. Um die Spannung, die Neugierde und die Entdeckerfreude zu wecken, sind die beschriebenen Situationen gewählt aus einem Kriminalfilm.

Transaktionen erklärt an einzelnen Szenen aus dem Tatort vom 30. 12. 2012 Titel: Der tiefe Schlaf. Dauer: 20.15 Uhr bis 21.45 Uhr im ARD

Die Kommissare Batic und Leitmayr stehen zusammen mit einem jungen Kollegen im Wohnzimmer eines Ehepaares. Sie teilen ihnen mit, dass es sich bei der gefundenen Leiche um ihre seit einem Monat vermisste Tochter handelt. Nach dem ersten Moment des Schweigens fragt die Mutter Herrn Leitmayr: „Musste meine Tochter sehr leiden?" Nach einem weiteren Moment des Schweigens erhält sie die Antwort: „Nein." Wieder Schweigen. Ein unausgesprochenes „Ja" steht im Raum. Der junge Kollege ergreift das Wort, richtet es an die Eltern und sagt: „Ich verspreche Ihnen, wir finden den Täter!"

Nach außen wirken die Eltern sehr gefasst. Kein Wunder, denn schon an der Haustür, spätestens im Wohnzimmer war den Beamten die schlechte Nachricht schon am Gesichtsausdruck abzulesen. Die verbale Botschaft scheint nur noch eine Formsache zu sein.

Transaktionen beinhalten verbale und non-verbale Sequenzen.

Während jedes einzelnen Kommunikationsakts schauen sich die Sprecher und die Hörer/in geradeaus in die Augen. Ob es sich dabei wirklich um Kommunikation auf Augenhöhe handelt, gilt noch zu hinterfragen.
Die Frage der Mutter: „Hat meine Tochter gelitten?" ist von außen betrachtet eine sachliche Frage, aber: Was geschieht innerlich? Will die Mutter es wirklich wissen und wenn ja warum? Will sie ein „Ja.", um die Erlaubnis zu erhalten, zu schreien, zu verzweifeln oder wütend zu sein? Will sie ein „nein", - wäre das ein Trost?

Eine Transaktion aufzuschlüsseln bedeutet, das Sicht- und Hörbare zu analysieren und Hypothesen aufzustellen über das nicht Sicht- und Hörbare.

Das „Nein (Ihre Tochter hat nicht gelitten)" des Kommissars ist verbal betrachtet ebenfalls eine klare Botschaft auf Augenhöhe. Dass der Kommissar innerlich mit sich gerungen hat, was er antworten wird, können wir auch hier nur erahnen. Dass die Tote schwer misshandelt worden ist, das weiß er. Vielleicht hat er sich vor den Reaktionen, die die Wahrheit hervorgerufen hätte, gefürchtet. Mag sein, dass es Mitleid war: „Dass die Tochter tot ist, ist genug. Dass sie so gelitten hat, sollen die Eltern nicht erfahren." Oder war es eine bewusste Entscheidung aufgrund seiner Berufserfahrung: „Nein, diesen Schmerz mute ich dieser Frau jetzt nicht zu. Ich stehe zu meiner Lüge."?

Eine Transaktion aufzuschlüsseln heißt, die Authentizität der Akteure einzuschätzen.

Kommunikation auf Augenhöhe setzt Authentizität voraus. Sie beinhaltet eine Übereinstimmung von innerer Haltung und äußerlichem Agieren. Sie beinhaltet die Übernahme von Verantwortung für sein/ihr Tun oder sein/ihr Lassen. Und sie beinhaltet zu respektieren, dass das Gegenüber selbst entscheidet, was er/sie damit tut.
Das Versprechen des jungen Kollegen: „Wir finden den Täter!" klingt authentisch. Ich glaube ihm, dass er alles daran setzen wird, den Täter zu fassen. Über sein Motiv; beruflicher Ehrgeiz, Sinn für Gerechtigkeit, Genugtuung etc. lässt sich nur spekulieren.

Die drei Kommissare verabschieden sich und verlassen das Haus. Auf dem Weg zwischen Haustür und Auto pfeift Leitmayr seinen jungen Kollegen zusammen, er möge doch bitte nie wieder jemandem ein Versprechen geben, das er nicht mit Sicherheit halten könne. Der junge Kollege schaut ihn an und sagt: „Ich finde den Mörder.", dreht sich um und geht. Er lässt seine Kollegen stehen.

Transaktionen aufzuschlüsseln heißt, die Qualität und die Dynamik einer Beziehung zu erkennen.

Leitmayr ist aus transaktionaler Sicht authentisch: Er ist verärgert, das Versprechen des Kollegen ist für ihn nicht akzeptabel. Seine innere Haltung und sein äußeres Verhalten passen zusammen, aber er begibt sich auf die schiefe Ebene: Er kanzelt den Kollegen ab. Der junge Kollege lässt sich aber nicht abkanzeln. Er schaut Leitmayr geradeaus in die Augen und signalisiert mit seinen Worten: „Ich finde den Täter.", dass er es genau so meint, wie er es sagt. Die Beziehung der beiden ist gestört. Sie verstehen sich nicht. Die dritte Person, Batic hält sich teilweise verbal zurück, versucht später aber immer wieder seinen aufgebrachten Kollegen Leitmayr zu beruhigen, dann wieder solidarisiert er sich mit ihm in der gemeinsamen, ablehnenden Haltung gegenüber dem Kollegen.

Im weiteren Verlauf des Tatorts wird die Kluft zwischen dem Duo Batic/Leitmayr und dem jungen Kollegen immer größer. Dem jungen Kollegen wird „durch die Blume" nahe gelegt, die Abteilung zu wechseln. Während er noch eine „letzte Chance" erhält, trifft er tatsächlich (im Alleingang) auf den Mörder - und wird von diesem umgebracht.

Nehmen wir einmal an, bei dem oben zitierten Tatort handelt es sich nicht um einen Film, sondern um ein reales Geschehen, dann wage ich die Hypothese aufzustellen: Wären Batic und Leitmayr ausgebildete Transaktionsanalytiker und bereit dazu, ihr Verhalten regelmäßig zu reflektieren, so würde ihr Kollege heute noch leben.

Batic hätte die Schieflage, auf der sich die beiden Kollegen befunden haben erkannt und sie damit konfrontiert. Oder Leitmayr hätte bezüglich der Äußerung: „Ich finde den Täter!" einen Diskurs mit dem Kollegen zu begonnen, ihm erläutert, weshalb diese Aussage für ihn unangemessen sei und dass sie ihn ärgert.

Würden sie ihr Kommunikationsverhalten reflektieren, müssten sie feststellen, dass nur ein absolutes Minimum an Transaktionen zwischen ihnen und dem jungen Kollegen statt findet. Und wenn, sind diese gefüllt mit bewusst verdeckten Botschaften, die nur Batic und Leitmayr als solche verstehen, der junge Kollege nicht. Wären sie fortgeschrittene Transaktionsanalytiker, würden sie bei den „verdeckten Botschaften" hellhörig werden und sich fragen: „Welches psychologische Spiel spielen wir da?" Und wer bereit ist, sich dieser Frage zu stellen, der findet garantiert eine Antwort. Und wer eine Antwort findet, findet zurück zur Kommunikation auf Augenhöhe.

Verdeckte Transaktionen als solche zu erkennen sind der Schlüssel, um psychologische Spiele zu eliminieren.

Transaktionen geben Aufschluss darüber, was und wie viel die Beziehung den Beziehungsbeteiligten wert ist. Batic und Leitmayr, so schien es, legten von Anfang an keinen Wert auf die Beziehung zu dem jungen Kollegen, deshalb waren sie auch nicht bereit, in die Beziehung zu investieren. Nicht einmal offensichtliche Störungen wurden angesprochen, so wie die Gewohnheit des jungen Kollegen, nach dem Betreten des gemeinsamen Büros immer zuerst das Fenster zu öffnen. Leitmayr schloss es mit grimmigen Gesicht, war verärgert, thematisierte es aber nicht. Er war froh, wenn der Kollege alleine unterwegs war, und das war er überwiegend. Der machte „sein eigenes Ding", wollte den berufserfahrenen Kollegen beweisen, dass auch er ein hervorragender Kriminologe ist. Fatal nur, dass er glaubte, das nur im Alleingang tun zu können. Es gab, während die drei Kollegen zusammengearbeitet hatten, keine einzige Transaktion, die Persönliches zum Inhalt hatte. Während Batic und Leitmayr die Wohnung des Ermordeten untersuchen, wird ihnen klar, wie allein und einsam der Kollege gewesen sein musste. Batic und Leitmayr wussten nichts über den Kollegen. Diese Erkenntnis stürzt die Beziehung von Batic und Leitmayr in eine große Krise - sie gehen sich aus dem Weg. Leitmayr ist nicht mehr erreichbar. Die Beziehung droht zu zerbrechen. Batic investiert, er beschimpft Leitmayr - keine Reaktion, sorgt sich um ihn - keine Antwort, er läuft ihm hinterher, aber erreicht er ihn wirklich? Er gibt die Beziehung nicht auf. Selbst am Ende des Krimis bleibt offen, ob Leitmayr die Kontaktangebote von Batic annimmt, oder nicht.

Fazit

Transaktionen sind Investitionen in die Beziehung. Gute, wertvolle Beziehungen leben von Transaktionen auf Augenhöhe. Das beinhaltet größtmögliche Authentizität und gegenseitige Wertschätzung aller Beteiligten. Sie implizieren die Grundhaltung: Der Mensch an sich ist in Ordnung, auch wenn sein Verhalten zu Wünschen übrig lässt. Jeder hat das Recht oder auch die Pflicht, auf Störungen in der Kommunikation aufmerksam zu machen und gegebenen Falles das Recht und die Pflicht, schädliches, verletzendes Verhalten zu konfrontieren oder auch zu verhindern.

Das Wissen, was Transaktionen sind, was sie bedeuten, und dieses Wissen auch anzuwenden, führt unweigerlich zu einem Mehrwert der Beziehung: Mehr Bewusstheit für sich und andere, mehr Spontanität, mehr Authentizität, mehr Ehrlichkeit und mehr Intensität und Lebensfreude.

Transaktionen sind das Herzstück der beziehungsorientierten Transaktionsanalyse.

Jobnomaden – Patchworkbiographien
Eine gute Geschichte

Karola Brunner

Die Arbeitswelt und damit die Anforderungen an Erwerbstätige verändern sich. Das Fachwissen veraltet immer schneller durch eine temporeiche Entwicklung in vielen Berufsfeldern. Hinzu kommen Faktoren wie Demografiewandel und Langlebigkeit, die das Erwerbsleben beeinflussen: Wir leben länger und bleiben gesund und können bis in unsere Achtziger lebensphasenorientiert arbeiten. „Ein großer Anteil der nach 1995 geborenen Menschen wird voraussichtlich über 100 Jahre alt." (Gratton 2011)

Erwerbsbiographie gestern und heute – Handwerker oder Kaufmann

Früher bildete der Beruf die Grundlage für die Identität und die Stellung in der Gesellschaft. Heute kennzeichnen Wechsel und Brüche die Berufsbiographien. Die „bismarcksche Berufsbiographie" wird abgelöst von einer, die dem Einzelnen abverlangt, die Erwerbsbiographie überwiegend selbst zu gestalten (s. Abb. 1).
Es fällt mitunter schwer, Abschied zu nehmen von den sogenannten „Normalbiographien" (Pongratz) und den damit verbundenen Sicherheiten.
Diese Normalbiographien unterteilten sich in drei Phasen: (1.) die der Ausbildung; nach der Ausbildungsphase folgte dann (2.) eine Tätigkeit im erlernten Beruf oder vielleicht eine Anschlusstätigkeit im Ausbildungsbetrieb mit Aussicht auf Aufstiegsmöglichkeiten und dem Verbleib bis (3.) zum späteren Übergang in den Ruhestand.

Abbildung 1 (Quelle: Institut der deutschen Wirtschaft in Köln, CH. Flüter-HOffmann)

Stattdessen machen Beschäftigte heute eine Lehre/ein Studium und sind im Anschluss in Vollzeit beschäftigt. Während der Familienphase arbeiten sie in Teilzeit. Anschließend folgt vielleicht ein Aufbaustudium oder die berufliche Neuorientierung. Danach nehmen sie eine Voll- oder Teilzeiterwerbstätigkeit an. Schließlich, mit dem Auslaufen des Berufslebens, folgt der aktive Ruhestand, beispielsweise mit Ausübung eines Ehrenamts. Charakteristisch ist für diesen Lebenslauf das berufsbegleitende lebenslange Lernen (vgl. Flüter-Hoffmann 2011).

Was bedeutet dieser Strukturwandel für die Beschäftigten? Die Arbeitsfähigkeit, die bisher das Ergebnis genormter beruflicher Muster war, und ein auf dem Arbeitsmarkt eher passiv agierender Beschäftigter wird zu einem strategisch handelnden Beschäftigten, der die eigene Beschäftigungsfähigkeit bei sich wandelnden Rahmenbedingungen im Blick hat. Die Arbeit an der Beschäftigungsfähigkeit wird so zur Schlüsselfunktion. Unter der Beschäftigungsfähigkeit ist die Fähigkeit zu verstehen, fachliche, persönliche, soziale und methodische Kompetenzen unter sich wandelnden Rahmenbedingungen zielgerichtet anzupassen und einzusetzen, und ebenso die Bereitschaft zu lebenslangem Lernen (vgl. Rump 2007).

Fehlende Aufstiegschancen, Tätigkeitsroutine oder eine Unterforderung mit damit einhergehender Dequalifizierung bei Langzeitbeschäftigten können mit einem Mangel an Sinnerfahrung einhergehen. Das Senioritätsprinzip – je älter und höher die Verweildauer im Unternehmen, desto höher der Lohn – behindert vielmehr die Vertiefung mit Themen wie „Das kann's doch nicht gewesen sein" und den noch unerfüllten beruflichen Wünschen.

Schmid & Caspari (1992) schreiben: „Auch Verwöhnungsdynamiken können in Unternehmen zum Problem werden, nicht weil es den Arbeitnehmern gut geht, sondern weil sie ihre Motivation und ihre Kraft verlieren, symbiotische Abhängigkeiten zu konfrontieren. Um die eigene Autonomie zu wahren oder zurück zu gewinnen, muss man bereit sein, Symbiosegewinne aufs Spiel zu setzen".

Nach Jacqui Schiff kommt es zu einer Symbiose, wenn zwei oder mehr Individuen sich so verhalten, wie wenn sie zusammen eine einzige Person wären. Schiff verwendete die Begriffe Symbiose und Passivität als Erklärungsansätze für die Einschränkung der autonomen Handlungen von Menschen. „Wir sehen Passivität als Resultat von offenen Abhängigkeiten (Symbiosen)." (Schiff 1975)

Das Überdenken von Annahmen wie „Arbeitgeber stellen keine 50-Jährigen ein" – ich muss bis zur Rente bleiben" und „Wenn ich 50 werde, kann ich kürzer treten, was Neues anfangen lohnt sich nicht, denn meine Erfahrung und Kompetenzen sind woanders nicht mehr gefragt. Man ist vom Arbeitgeber abhängig" führen in Folge unter Umständen zu einer Lösung aus der Symbiose und damit zu autonomeren Entscheidungen.

Die Kompetenzbilanz

Welche Grundlage könnte Erwerbstätige unterstützen, sich schneller auf Veränderungen einzustellen?

Die Forschung im Themenfeld neuer Erwerbsbiografien zeigt, dass Menschen mit unterschiedlichen Arbeitsstationen über Kompetenzen verfügen, Erfahrungen aus dem einen beruflichen Segment in ein anderes zu übernehmen, auch dann, wenn fachlich nur wenig Übereinstimmungen vorliegen." (Benikowski 2005) Dabei wechseln die Erwerbstätigen nicht willkürlich zwischen Tätigkeiten, sondern knüpfen an frühere Ausbildungen und Berufserfahrungen an und versuchen so eine Kontinuität herzustellen.

Als Beispiel: Frau Klug verlor ihre Arbeit in einem Metall verarbeitenden Unternehmen. Mit Unterstützung ihrer Beraterin erstellte sie eine persönliche Kompetenzbilanz. Bei dieser Berufsrückschau spürte sie die vor 25 Jahren erfolgreich abgeschlossene Ausbildung zur Schneiderin auf und ihr Interesse an Modetrends. Daraufhin bewarb sie sich auf eine Verkaufstätigkeit in einem bekannten Modeunternehmen und wurde eingestellt.

Seit 2006 gibt es das ProfilPass-System mit seiner Kompetenzerhebung. Es wird vom Bundesministerium für Bildung und Forschung gefördert und von Bund und Ländern. Gelernt wird überall: bei der Arbeit, in der Familie, im Ehrenamt und in der Freizeit. Diese informell und nonformal erworbenen ebenso wie formal erworbenen Kompetenzen sollen durch eine angeleitete Selbstbefragung sichtbar und im Sinne von Dialogfähigkeit individuell nutzbar gemacht werden. Bei dieser Erhebung geht es nicht nur um Kompetenzen, sondern auch um das Leben des Einzelnen, sein Handeln, seine Fähigkeiten, Fertigkeiten, Interessen und Zielsetzungen sowie Einstellungen und Werte. Transaktionsanalytiker sprechen hier von der Analyse des Skripts und dem Herausarbeiten der individuellen Einstellungs-, Verhaltens-, und Fühlmuster eines Menschen.

Ein roter Faden

Für Menschen ist es wichtig, sich selbst über die Zeit hinweg wiederzuerkennen und als beständig zu erleben (z. B. Strehmel & Ulich 1991). Beschäftigungsverhältnisse ohne inneren Zusammenhang können zu einem Sinnverlust führen (vgl. Pietrzyk 2004).

Wie wird dieser rote Faden, der sich durch das Berufsleben zieht, entdeckt?

Das Konzept der narrativen Identität ist eine Antwort auf die Suche.

Heiko Ernst fasst es wie folgt zusammen: Erzählungen und Geschichten waren und bleiben die einzigartige menschliche Form, das eigene Erleben zu ordnen, zu bearbeiten und zu begreifen. Erst in einer Geschichte und deren Interpretation gewinnt das Chaos von Eindrücken und Erfahrungen, dem jeder Mensch täglich unterworfen ist, eine gewisse Struktur, einen Sinn.

Eine gute Geschichte

Mit einer Kompetenzbilanz kann die Berufsbiographie strukturiert werden, sodass sie als sinnvoll und kohärent erfahren wird. Es ist eine Möglichkeit, Muster zu erkennen, Werte-Entwicklungsprozesse zu erkunden und den aktuellen Sinn im Leben zu entdecken.
Auch geht es darum, die Fähigkeit zu entwickeln, das an einer Aufgabe erlernte Wissen für neue Aufgaben passfähig zu machen oder zu übertragen, Kernkompetenzen als das Einzigartige herauszuarbeiten (Wittwer 1999) und zu prüfen, inwieweit diese mit der derzeitigen Tätigkeit zusammenpassen.
All das ergibt dann für jeden Einzelnen eine gute Geschichte. (Ibarra & Lineback 2005). Denn eine gute Geschichte, die unserem Leben Bedeutung, Zusammenhang, Halt und Sinn verleiht wird angesichts der zu bewältigenden Übergänge in den Erwerbsbiographien dringend benötigt, sonst fühlen wir uns ausgeliefert.

Literatur

Becker Stiftung (2011). Alter und Arbeit im Fokus – neueste Aspekte zur Motivation älterer Arbeitnehmer und Zusammenarbeit von Forschung und Praxis. Köln.
Brater, M. (1998). Beruf und Biographie. Gesundheitspflege initiativ, 17, Esslingen.
Götz & Goehler (2010). 1000 € FÜR JEDEN. Freiheit Gleichheit Grundeinkommen. Berling.
Gratton, L. (2011). Job Future Future Jobs. Wie wir von der neuen Arbeitswelt profitieren. München.
Horx, M. (2009). Das Buch des Wandels. Wie Menschen Zukunft gestalten. München.
Kals, U. (2007). Mut zum Wechsel. So gelingt Ihnen der Aufbruch in die zweite Karriere. Frankfurt.
Kels, P. (2009). Arbeitsvermögen und Berufsbiografie. Karriereentwicklung im Spannungsfeld zwischen Flexibilisierung und Subjektivierung. Wiesbaden.
Keupp & Höfer (1997). Identitätsarbeit heute. Klassische und aktuelle Perspektiven der Identitätsforschung. Frankfurt.
Keupp, H. u.a. (2008). Identitätskonstruktionen. Das Patchwork der Identitäten in der Spätmoderne. Hamburg.

Lang-von Wins & Triebel (2006). Karriereberatung. Coachingmethoden für eine kompetenzorientierte Laufbahnberatung. Heidelberg.

Neuendorff & Ott (2005). Neue Erwerbsbiografien und berufsbiografische Diskontinuität. Identitäts- und Kompetenzentwicklung in entgrenzten Arbeitsformen. Schorndorf.

Nohl, M. (2009). Entwicklung von Übergangskompetenz in der Laufbahnberatung. Berlin.

Pongratz & Voß (2004). Arbeitskraftunternehmer. Erwerbsorientierungen in entgrenzten Arbeitsformen. Berlin.

Schlegel, L. (1995). Die Transaktionale Analyse. 4 Auflage. Basel.

Wais, M. (2010). Das Ich findet sich, wenn es sich loslässt. Über den roten Faden im Leben. Esslingen.

Tomascheck, M. (Hrsg.). Management & Spiritualität: Sinn und Werte in der globalen Wirtschaft. Bielefeld.

Wais, M. (2010). Das Ich findet sich, wenn es sich loslässt. Über den roten Faden im Leben. Esslingen.

Downloads

Keupp H. : Fragmente oder Einheit? Wie heute Identität geschaffen wird

Keupp H.: Patchworkidentität – Riskante Chancen bei prekären Ressourcen

Schmid B: Selbstfindung und Sinn im Beruf und in der Organisation. Institut für systemische Beratung, Wiesloch

Schmid B. & Caspari B.: Wege zu einer Verantwortungskultur

oder: Symbiotische Beziehungen Nr. 20, Institutsschrift, Institut für systemische Beratung, Wiesloch

Rump J.: Employabiliy Management, FH Ludwigshafen

Jobnomaden – Patchworkbiographien

Kurt Riemer

Die Halbwertszeit von beruflichen Wissen wird immer kürzer!
Karriereverläufe weisen immer mehr Knicke und Brüche auf!
In einem Unternehmen oder einer Organisation, vom Anfang bis zum Ende der Berufstätigkeit, zu arbeiten, ist heute eine Seltenheit!
Bisher waren uns Berufsbilder vertraut, die einen leicht nachvollziehbaren Verlauf hatten. Inzwischen sind diese Karriereverläufe selten geworden.
Die aus einem fremden, den anglo-amerikanischen Kulturkreis stammende Mentalität, des hire and fire, setzt sich immer stärker im Berufsleben durch.
Das uns fremde, sich viel stärker nach Angebot und Nachfrage, also dem Markt, orientierende Bild, der beruflichen Veränderungen, wird immer häufiger.
Ähnliches vollzieht sich im Privatleben:
Ehen werden immer seltener und später geschlossen und halten kürzer als früher!
An einer eingegangenen Partnerschaft, ein Leben lang, allen Wechselfällen des Lebens zu Trotz, fest zu halten, wird immer seltener. Statt dessen entstehen immer häufiger Patchwork Beziehungen, bis auf weiteres.
Unsere Gesellschaft akzeptiert immer mehr diese bisher fremden Familienbilder, die uns so inzwischen vertrauter werden! Jedenfalls wird weniger unter den Teppich gekehrt und es kommt in Konsequenz dieser Einstellung früher zu einer Trennung des Paares!
Es gibt sowohl im Berufs- als auch im Privatleben immer früher die Breitschaft zu nachhaltigen Veränderungen, wenn die Situation unangenehm zu werden beginnt. Diese Entwicklungen, im Job und Privat, ist Realität und scheint sich zu beschleunigen!
Welche Konsequenzen hat dieses berufliche und private Verhalten für die Zukunft?

Im folgenden Text möchte ich, durch eine Bezugsrahmenerweiterung, vor allem die Sicht auf Fremde und Vertraute Berufsbilder und Lebensläufe beleuchten.

Berufliche Entwicklungsphasen

Nach Juhani Ilmarinen und Jürgen Tempel gibt es folgende 6 Phasen in der beruflichen Entwicklung:
1. Junior
2. Profi
3. Meister
4. Coach
5. Botschafter
6. Geschichtenerzähler.

Jede/r von uns durchläuft, in seiner/ihrer beruflichen Tätigkeit, die ersten drei Phasen, bis sich eine entsprechende Sicherheit und Routine im Umgang mit alltäglichen Aufgaben einstellt. Bei den zweiten drei Phasen geht es um die Weitergabe von beruflichen Fähigkeiten und Wissen an die nächste Generation. Bedingt durch die kürzer werdende Halbwertszeit des Wissens, revolvieren diese Prozesse immer häufiger. Natürlich kann es auch an Talenten, Übung, Ausdauer, Fleiß usw. fehlen, um es zu einer individuellen Meisterschaft zu bringen. Oder dem Unternehmen bzw. der Organisation fehlt es an Schulungsmöglichkeiten, Geld oder sonstigen Ressourcen und es verabschiedet sich frühzeitig von dem/r Mitarbeiter/in. Dann stellt sich, für die arbeitslos gewordene Person die Frage, ob sie im selben Beruf weiter machen will oder über andere Kompetenzen, Talente, Interessen und Fähigkeiten verfügt, die beruflich genutzt werden können?
Diese Situation tritt, immer häufiger, bei älteren Mitarbeiter/innen, ab + 45 Jahren auf. Hier kommt es immer wieder zu Brüchen in der beruflichen Biographie.
Auch deshalb, weil sie Vergleiche mit etwa Gleichaltrigen anstellen, denen dieses Schicksal erspart blieb. Hilfreich ist es, bei Neuorientierungen, nach Themen Ausschau zu halten, die sich, wie ein roter Faden, durch das eigene Leben ziehen. Wo gibt es eigene Energie, Interesse,

Kompetenzen und Nachfrage am Markt, für die, den individuellen Angebot entsprechende Leistungen?

Entwicklungsphase der Organisation

Nach Friedrich Glasl und Bernard Lievegoed gibt es für Organisationen folgende 4 Entwicklungsphasen:
1. Pionier
2. Differenzierung
3. Integration
4. Assoziation

Je nachdem, in welcher beruflichen Entwicklungsphase sich eine Person befindet und der Struktur, die durch die Entwicklungsphase der Organisation gelebt wird, ergeben sich für die Arbeitsatmosphäre bessere oder schlechtere Passungen.
Wenn die beiden Phasen von eigener beruflicher Entwicklung und Grad der Organisation, nicht zusammen passen, kommt es häufig zu Freisetzungen der Mitarbeiter/in. In diesem Fall steht, wie oben bereits beschrieben, die Suche nach einer, der Lebenssituation entsprechenden, Tätigkeit wieder an.

Organisationspersona

Nach Hans-Georg Hauser gibt es eine Organisationspersona.
Gemeint ist damit das gleichzeitige Zusammenspiel und Spannungsfeld zwischen der individuellen Struktur, die eine Organisation hat und den persönlichen Bedürfnissen der Menschen, die in ihr arbeiten. Diese Dualität von Funktion und emotionalen Bedürfnissen der agierenden Menschen kann nicht aufgelöst werden, sondern bedingt stärker oder schwächer spürbare, emotionale Spannungen.
Die Mitarbeiter/Innen, Kund/Innen, Lieferant/Innen usw. schreiben der jeweiligen Organisation Eigenschaften zu und machen Verhaltensweisen aus, die mehr oder weniger erfolgversprechend sind. Obwohl eine Organisation aus Menschen besteht, wird ihr eine Wesenhaftigkeit zugeschrieben. Die der Organisation angehörenden Personen sehen

sich, ihrer Position entsprechend, als deren Organ, verantwortlich für das Funktionieren der Abläufe. Die Kommunikation und das Ansprechen von Gefühlen kommt immer wieder zu kurz.
Die Zuschreibungen der Eigenschaften und Reaktionen der Organisationspersona, hängen wieder von der oben beschriebenen Entwicklungsphase, in der sich die Organisation gerade befindet, ab.

Umgang mit Sprüngen und Brüchen der Biographie

Auf der Suche nach einem passenden Job kann es immer wieder Durststrecken geben. Beruf und Berufung stimmen nicht immer überein. Zunächst braucht es Selbstvertrauen in die eigenen Kompetenzen, Talente und Bedürfnisse. Danach steht wohl Enttrübungsarbeit an.
Lässt sich der Bezugsrahmen erweitern?
Zunächst in Bezug auf die persönliche Lebenssituation, dann auf die eigene berufliche Entwicklung, dem Grad der Entwicklung einer Organisation, in der ich arbeite und was das Ziel meiner Arbeit ist?,
Ist ein Patchwork-Muster akzeptabel?
Welche Grundbedürfnisse, nach Eric Berne, sind erfüllt?
Welche Bilder, Einstellungen und Kreativität zeichnen Jobnomaden aus?
Sind das für die Betroffenen vertraute oder fremde Bilder? Kann ich die Sicht verändern?
Wie sieht das eigene Stärken und Schwächen Profil aus?
Wie ist es mit der Sinnhaftigkeit im Beruf und Privatleben bestellt?
Stehen Skriptentscheidungen an?
Zu guter Letzt:
Welche Organisation passt zu mir und wo bzw. wie finde ich sie?
Welche Menschenbilder machen welche Organisationen erfolgreich?

Das Fremde und das Vertraute – eine Einführung in die Jungianische Typologie und ihren Nutzen in Coaching-Prozessen mit Führungskräften

Bertine Kessel

Coaching und Beratung sind Grenzgänge zwischen dem Vertrauten und dem Fremden – das Vertraute vermittelt Sicherheit und engt zugleich ein – das Fremde lockt und lehrt uns das Fürchten. Aber etwas in uns „will werden" (C.G.Jung), die Kraft der Physis (E.Berne) lässt uns die Furcht überwinden, wir reisen in die Fremde und machen uns vertraut mit ihr. Jung beschreibt in seiner Typenlehre das Vertraute wie auch das Fremde als Potenzial, das uns innewohnt. Dem Fremden, dem „Schatten" in uns zu begegnen, ist unsere Entwicklungsaufgabe.
Wenn diese Entwicklungsaufgabe gelingt, kann in Führungsrollen ergänzend zur Fachkompetenz das ganze menschliche Potenzial zur Wirkung kommen. Führende tragen eine höhere Verantwortung für die rolleadäquate Beziehungsqualität in einem Team – somit ist auch ihre personale Kompetenz mit ergebnisentscheidend. In einer Gallup-Studie in börsennotierten Unternehmen zum Zusammenhang zwischen Unternehmenserfolg und Mitarbeiterzufriedenheit kommt der Beziehung zum direkten Vorgesetzten eine zentrale Bedeutung zu. In „Der Weg zu den Besten" schreibt Jim Collins: „Wir brauchen Führungskräfte, die nicht ihr Ego entfalten, sondern die Firma, die sie leiten".[1]
Ich stelle in diesem Artikel die Typenlehre nach C.G Jung, ihren Zusammenhang zum Skriptkonzept und meine darauf basierende Arbeit mit dem Persönlichkeitstest GPoP vor.

Warum interessiert mich als transaktionsanalytischer Coach das Thema Typologie? Warum reicht mir zur Erkundung des Fremden nicht das Konzept des Lebensskripts?

Als Kind seiner Zeit legte E. Berne den Focus bei der Entwicklung der Skripttheorie auf die einschränkenden Aspekte in der Entwicklung des Lebensskripts durch die *Sozialisation*. In der psychologischen Theoriebildung grenzte er sich so zu *Charakterlehren* im Sinne angeborener, d.h. nicht veränderbarer Verhaltensweisen von Menschen ab. Heute ist eine integrierte Sichtweise möglich, die *angeborene wie sozialisierte* Prägungen berücksichtigt und eine salutogenetische, ressourcenorientierte Perspektive einnimmt.

Die von C. G. Jung schon zu Freuds Zeiten entwickelte Typenlehre als eine (seiner Zeit voraus) ressourcen- und entwicklungsorientierte Typologie ergänzt für mich im Führungskräfte-Coaching den Blick auf die Gesamt-Persönlichkeit eines Coachees: sowohl auf das „mitgebrachte" Potenzial (Typologie) als auch auf die skript- und typbedingten Entwicklungs-Notwendigkeiten.

Jungs Verdienst war es unter anderem, eine relevante typologische Unterscheidung zu beschreiben- die *Introversion* und die *Extraversion*. Ganz unabhängig von Skriptbotschaften wie „Gehöre nicht dazu" und „Sei nicht nah" nehmen Kinder demnach schon früh sehr unterschiedlich Bezug auf ihre Umwelt – eher kontaktfreudig oder zurückhaltend. Heute wissen wir durch die neurobiologische Forschung, dass die Gehirne introvertierter Menschen u.a. einen höheren Grad elektrischer Aktivität aufweisen[2], sie also intern stimulierter sind und somit weniger Bedürfnis nach äußerer Stimulation besteht. Diese Tatsache bedeutet für beide Präferenzen sehr unterschiedliche Fähigkeiten und Bedürfnislagen, denen wir nicht allein mit der Skript-Theorie gerecht werden. Jerry Kagan, einer der großen Entwicklungspsychologen des 20.Jahrhunderts, hat in einer bahnbrechenden Langzeitstudie (Start 1989) hochreaktive und gering reaktive Säuglinge unterschieden und bis ins Jugendalter untersucht. Er kommt zu dem Schluss: „C.G. Jungs Beschreibungen von Introvertierten und Extravertierten, die vor über 75 Jahren entstanden, treffen mit unheimlicher Genauigkeit auf einen Teil unser hoch und gering reaktiven Jugendlichen zu."[3] Dies ist deswegen bemerkenswert, da Kagan als Verfechter der Sozialisationstheorie galt. Er sagte zu den Ergebnissen der Studie: „Ich wurde wider Willen von meinen

Daten dazu gezwungen anzuerkennen, dass das angeborene Temperament stärker ist, als ich glaubte und gerne glauben würde."[4]
In einer sich eher extravertiert entwickelnden Gesellschaft ist es von großer Bedeutung, die Introversion nicht irrtümlich zu pathologisieren. Dieses Risiko besteht aus meiner Sicht unter anderem angesichts des gesellschaftlichen Trends, Kinder immer früher in eher extravertierte Krippen- und Kindergarten-Kulturen zu überantworten, in denen introvertierte Kinder dann nicht so ‚reibungslos funktionieren', weil diese Kontexte für sie eine Reizüberflutung darstellen.
Auf der Grundlage der jungianischen Typologie sind verschiedene Testverfahren entwickelt worden: der MBTI (Myers Briggs Type Indikator), der GPoP (Golden Profiler of Personality), der Karriereanker (Edgar Schein) und der TMS-Test (Team Management System).
Der web-basierte Persönlichkeitstest GPoP, mit dem ich im Coaching bevorzugt arbeite, beschreibt vom Schwerpunkt her ein typlogisches Stärkenprofil. Er ermöglicht mir in der praktischen Arbeit in kurzer Zeit relevante Ressourcen und Lernthemen gemeinsam mit dem Coachee zu verifizieren und so gestärkt aus dem eigenen „Heimathafen" aufzubrechen in „fremde Gewässer". Wer sich der Identität seines Heimathafens gewiss ist, kann der Furcht vor dem Fremden begegnen und das Fremde in sich selbst und den anderen bejahen. Somit kann er die Vielfalt menschlicher Potenziale nutzen statt sie in sich oder anderen zu bekämpfen. Ich erlebe die Arbeit mit dem Test im Coaching als Prozess-Beschleuniger für diese Reise.
Ich stelle im folgenden Abschnitt die Typenlehre und den GPoP in Grundzügen vor. Voranstellen will ich meine Haltung zu Persönlichkeits-Theorien: eine seriöse Persönlichkeitstypologie steckt Menschen nicht in Schubladen, sondern hilft im Sinne einer Landkarte, sich selbst und andere besser zu verstehen. „Typologien können Grenzen schaffen und einengen, tendenziell gewähren sie jedoch einen geschützten Raum und bieten Trost durch die Erfahrung, dass es viele andere Personen gibt, die der gleichen Kategorie angehören und in etwa genauso denken." [5] (Und fühlen und handeln.) Sie gibt darüber hinaus Impulse für eine effektive Weiterentwicklung und ersetzt nicht die höchstpersönliche Erkundung des Geländes durch Coach und Coachee. Der Test wird erst durch die individuelle Auswertung tiefenwirksam.

Typologische Konzepte haben in unserer und in anderen Kulturen eine alte empirische Tradition:
- Hippokrates (460 – 377 v. Chr.): Typologie nach den Elementen Feuer, Wasser, Erde, Luft
- Galenus (um 200 v. Chr.): Sanguiniker, Phlegmatiker, Choleriker, Melancholiker
- Ernst Kretschmer (moderne Typenlehre): Körperbau und Charakter
- Fritz Riemann: Grundformen der Angst, Nähe-Distanz, Dauer-Wechsel Strebung
- Sufismus: Das Enneagramm
- Buddhismus: Lehre von den Archetypen
- Taoismus: Das I Ging

Im Jahre 1921 veröffentlichte der Schweizer Arzt Carl Gustav Jung sein bekanntestes Werk „Psychologische Typen", mit dem er eine dynamische, entwicklungsorientierte Typologie begründete und die alten Überlieferungen in eine moderne, zeitgemäße Landkarte transformierte. Er befasste sich in diesem Konzept mit dem Bezug des Individuums zu seiner Umwelt, bzw. zu seiner Systemumgebung (Dinge, Personen). Jung versuchte bestimmte Muster und typische Züge festzustellen, wie Menschen ihre Welt wahrnehmen und ihre Angelegenheiten beurteilen und entscheiden. Es wurden also statt Personen *Prozesse* klassifiziert.[6]
Dies ist ein wichtiger Faktor zum tieferen Verständnis und Sinn der Jung'schen Typenlehre. Insgesamt hat Jung aus einer selbstverständlich größeren möglichen Menge von typologischen Merkmalen acht herauskristallisiert, denen in unserer Selbst- und Beziehungsorganisation offensichtlich eine zentrale Bedeutung zukommt. Grundsätzlich gilt nach Jung, dass typologische Merkmale über den Lebensverlauf konstant bleiben. Der grandiosen Haltung „Du kannst alles aus Dir machen", setzt Jung das Lebensparadigma des „Werde, der/die Du bist" entgegen. Persönliche Entwicklung konstelliert sich in diesem Paradigma durch zwei Lebensdynamiken: Erstens einer Dynamik des „nach-Hause-Kommens" zu sich selbst in der ersten Lebenshälfte und zweitens einer Dynamik des „sich-in-Komplementarität, in-Gegensatzspannung-zum-Fremden-Stellens" in der zweiten Lebenshälfte. Einige der von ihm beschriebenen typologischen Merkmale sind in uns präferiert und konstellieren unsere Typologie – aber alle Merkmale sind in jedem von uns vorhanden. In diesem Sinne ist nach C.G. Jung das Fremde der Ruf zu uns selbst – das

Fremde im ersten Schritt achten zu lernen und im zweiten, soweit wie möglich, zu integrieren.
Im Folgenden führe ich die acht typologischen Merkmale und ihre Dynamiken kurz aus:

Einstellungen zur Umwelt

Beschreiben das Umwelterleben: Positiv stimulierend? Negativ reizüberflutend? Woher bezieht jemand seine persönliche Kraft und Energie? Eher aus dem stimulierenden Kontakt = *Extravertiert*. Eher aus dem reizarmen Rückzug = *Introvertiert*.
Extravertierte lenken ihre Aufmerksamkeit in Organisationen eher nach außen - darauf, Dinge voranzutreiben, Introvertierte lenken sie eher nach innen und sorgen so in Entscheidungsprozessen für die Qualität und Tiefgründigkeit der zu bewertenden Entscheidungskriterien.
Für *Introvertierte* hat diese Information im Coaching häufig die Wirkung einer Erlaubnis – die eigene Introversion kann entkoppelt werden von Zuschreibungen wie z.B. mangelnder Sozial-Kompetenz. So kann das Bedürfnis nach mehr Rückzug im Vergleich zu einem Extravertierten ohne schlechtes Gewissen als wichtiges Bedürfnis anerkannt und kommuniziert werden. In extravertierten Unternehmenskulturen können Introvertierte sich auf ihre Stärken besinnen - dort wird der (extravertiert verstandene) Charisma-Faktor in der Führung häufig überhöht. Studien von Jim Collins legen nahe, dass erfolgreiche Unternehmen sogar signifikant häufiger von introvertierten Persönlichkeiten geführt werden. [7]
Extravertierte lernen, das Introvertierte sich nicht von ihnen auf der Beziehungsebene distanzieren wollen, sondern dass Kontakt sie mehr anstrengt und sie im Vergleich nur eine geringere Dosierung vertragen. Der Kontakt, der Extravertierte energetisiert, kann Introvertierte in zu hoher Dosis auslaugen. Extravertierte können ihre Empathie-Fähigkeit für die Introvertierten steigern, ebenso wie ihren beruflichen Erfolg, wenn sie die Zusammenarbeit mit Introvertierten, den „Qualitätshütern", wertschätzen und nutzen. Dies kann bedeuten, an entscheidenden Stellen das eigene Tempo zu drosseln.

Wahrnehmungsfunktionen...

beschreiben den psychischen Prozess der Informationsaufnahme:
Sinneswahrnehmung = Informationsaufnahme durch die fünf Sinne, konkrete Informationen, die direkt aus der Realität bezogen werden, „ZDF" – Zahlen, Daten, Fakten. *Sinn für das Machbare.*
Intuitive Wahrnehmung = Informationsaufnahme, die über konkret wahrnehmbare Tatsachen hinausgeht, „das ganze Bild zusammensetzen", Ahnungen (sechster Sinn). *Sinn für das Mögliche.*
„Sinneswahrnehmer" bringen pragmatische Umsetzungskompetenz in Unternehmen ein. Ihre Qualität ist das Machen des Machbaren – ihre Schattenseite ist die Gefahr des Erstarrens in Denk- und Handlungsroutinen. Sie sind erfolgreicher, wenn sie als Führungskraft die intuitive Wahrnehmung - in Möglichkeiten zu denken - trainieren.
Das gleiche trifft umgekehrt für die visionären Intuitiven zu. Die Qualität, die sie einbringen ist die Innovation, die Kraft der Zukunft – ihre Schattenseite ist die Gefahr, sich in idealisierten Ideenwelten zu verlieren. Sie sind wesentlich erfolgreicher, wenn sie den Übertrag ihrer Ideen in die Realität üben bzw. die kritischen Umsetzungstalente im Team begrüßen statt sie als ‚Bremser' abzuwerten.
Für den Coaching-Prozess bedeutet dies wie im Sport „Cross-Training" – Leistungsentwicklung entsteht im Sport ab einem gewissen Punkt nicht mehr durch weiteres Üben desselben, sondern durch das Erlernen einer entgegengesetzten Fähigkeit, z.B. Yoga.

Entscheidungsfunktionen...

beschreiben den psychischen Prozess, wie Entscheidungen getroffen werden:
Denkende Entscheidungen basieren auf Logik, Rationalität, Kategorien wie Gleichheit/ Gerechtigkeit und Konsequenz. Fokus der Entscheidung ist die Sachorientierung. *Sinn für das Logische.*
Fühlende Entscheidungen basieren auf persönlichen Wertesystemen und Empathie. Fokus der Entscheidung ist die Menschen-Orientierung. *Sinn für das Wertvolle.*
Denkende Entscheider bringen die Qualität des ganzheitlichen Durchdringens, der Schnelligkeit und Zügigkeit ein – ihre Schattenseite ist die

Gefahr, relevante Details zu übersehen. Sie sind erfolgreicher, wenn sie lernen innezuhalten.
Fühlende Entscheider bringen die Qualität der vertrauensvollen Verbundenheit ein. Sie sorgen in Organisationen für Verstehen und gemeinsames Vorangehen – ihre Schattenseite ist die Gefahr, zu sehr auf Verbundenheit und zu wenig auf Ergebnisse zu sehen. Sie werden erfolgreicher, wenn sie lernen distanzierter zu werden.
Die Qualität von Entscheidungen einer Führungskraft erfährt einen qualitativen Sprung, wenn sie in der Lage ist, die Gegensatzspannungen dieser Dimensionen zu balancieren. Bevor dies in der eigenen Person gelingen kann, ist es hilfreich, sich von Vertrauten Impulse der „anderen Seite" zu holen.

Lebenseinstellungen...

beschreiben, wie wir uns im Leben verhalten und uns mit der Umwelt auseinandersetzen, unseren „Stil":
Beurteilende Einstellung = dem Leben mit vorgefassten Meinungen und Vorstellungen gegenübertreten – planen, strukturieren, richtig-falsch-Einschätzungen, mythologisch repräsentiert durch den Zeit-Gott Chronos (der die Zeit taktet).
Wahrnehmende Einstellung = dem Leben mit einer gewissen Neugier begegnen und bereit sein, immer wieder Neues zu erfahren und auszuprobieren – flexibel, improvisieren, offen sein, mythologisch repräsentiert durch den Zeit-Gott Kairos (der in der Zeit schwimmt).
Der beurteilende Stil bringt die Qualität der schnellen Beurteilungen und der überaus klaren Vorstellungen ein – sein Schatten ist die Gefahr, starrköpfig und autoritär zu werden. „Beurteiler" stehen häufig nicht offen dazu, dass sie eine festgelegte Einschätzung haben und entwickeln in dem Zuge manipulative Strategien zur Durchsetzung – sie können üben, mit „offenem Visier" zu kämpfen und sich auch für andere Einschätzungen zu öffnen.
Der wahrnehmende Stil bringt die Qualität der Spontanität und Flexibilität ein – sein Schatten ist die Gefahr, zu wenig strukturiert und ergebnisbezogen zu agieren. Bei diesem Stil ist das Lernthema, sich nicht zu sehr ablenken zu lassen, den roten Faden zu halten und Dinge zu Ende zu bringen. Im Sinne des „nach Hause Kommens" kann ein Coachee lernen, sich von der gesellschaftlich eher negativen Bewertung seines

Stils (Dinge z.B. auf den letzten Drücker zu machen) zu lösen, um selbstbewusst den Energieschub des „kurz davor" zu nutzen sowie seiner Prozesskompetenz und seinem Improvisationstalent zu vertrauen.

Jungs Typentheorie basiert auf folgenden Voraussetzungen

Menschliches Verhalten ist durch Musterbildung geprägt. Diese Muster entstehen sowohl biografie- wie auch typologiebedingt. Bernd Schmid hat z. B. in seiner Weiterentwicklung des Antreiber-Konzepts von „erlösten Qualitäten" geschrieben – diese Qualitäten ergeben sich m. E. aus der typologischen „Grundausstattung". Muster beschreiben nach C. G. Jung wie oben beschrieben die Art und Weise, wie Menschen bevorzugt Energie tanken, Informationen aufnehmen und Entscheidungen darüber treffen sowie ihren „Verhaltens-Stil".
Unterschiede im menschlichen Verhalten resultieren aus Präferenzen. Präferenzen beziehen sich auf die beschriebenen Grundfunktionen der Persönlichkeit, die eine gewisse Stabilität im Leben aufweisen. Die Ausprägung einer Präferenz mag sich durch Übung ändern, aber ihre Ausrichtung bleibt gleich.
Die Präferenzen entwickeln sich früh im Leben - man wird mit bestimmten Präferenzen geboren (wie z. B. Links-Rechtshänder). Je mehr man diese dann einsetzt, umso mehr bilden sie sich aus. Die Umwelt kann die Entwicklung dieser Präferenzen fördern oder aber behindern. Alle psychischen Prozesse stehen uns von Geburt an zur Verfügung. Trotz sich ausprägender Neigung, nutzen wir alle psychischen Prozesse - wie auch der Linkshänder seine rechte Hand nutzt. Im webbasierten Test sind die individuellen Skalierungen der Präferenzen auf einer Global-Skala und auf Subskalen sichtbar.
Jede Präferenz ist wertvoll - es gibt keine guten und schlechten Ausprägungen. Mit zunehmender Reifung ist unsere Lebensaufgabe die „Ganzwerdung" - die noch fehlenden Ausprägungen hinzu zu entwickeln. Der Persönlichkeitstyp gibt Auskunft darüber, was ihn befriedigt und stimuliert, bzw. was ihn irritiert und frustriert. Unterschiedliche Menschentypen ergänzen und bereichern sich gegenseitig - in Partnerschaften, Teams und Unternehmen, wenn sie diese Unterschiedlichkeiten wertschätzen statt abzuwerten.

Die vier Präferenz-Dimensionen als Test-Verfahren

Kathrine Briggs und Isabel Myers entwickelten in den 30er und 40er Jahren entsprechende Fragenkataloge zu den Präferenzen, die dem Einzelnen eine Hilfestellung bieten, seine typischen Neigungen herauszufinden, um sich dann bewusster in dem jeweiligen Beziehungsfeld und der beruflichen Rolle bewegen zu können. Auf dieser Arbeit basiert der Myers Briggs Type Indikator (MBTI) sowie der Golden Profiler of Personality (GPoP). Sie unterschieden vier voneinander unabhängige Dimensionen mit jeweils zwei sich gegenseitig ausschließenden Ausprägungen. Diese Ausprägungen werden mit einem Buchstaben gekennzeichnet, der aus der englischen Bezeichnung übernommen wurde. Durch die vier Dimensionen entsteht eine hoch differenzierte Typologie von 16 unterschiedlichen Profilen.

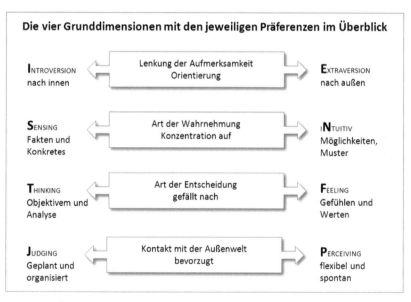

Abbildung 1[8]

Beschreibung der Ausprägungen[9]

I. Bevorzugte Einstellung zur Außenwelt oder Innenwelt
Extraversion (**E**) – Introversion (**I**)

Extraversion **E**
- Extravertierte beschäftigen sich gern mit der Außenwelt.
- Sie betrachten andere Menschen als Quelle ihrer Energie.
- Sie fühlen sich einsam, wenn sie nicht mit anderen zusammen sind
- Sie suchen den Kontakt und die Interaktion, sie lieben Geselligkeit.
- Sie geben dem Leben Farbe.
- Sie verfügen eher über eine große Interessenbreite.
- Sie möchten gern aktiv sein.
- Sie reden gern, auch in und vor Gruppen.

Introversion **I**
- Introvertierte beschäftigen sich lieber mit der Innenwelt.
- Sie betrachten das Alleinsein als Quelle ihrer Energie.
- Sie bevorzugen die Privatsphäre, sie schätzen das Alleinsein.
- Sie sind eher ruhig und still.
- Sie warten oft, dass andere auf sie zugehen.
- Sie verfügen eher über eine große Interessentiefe.
- Sie sind eher ein guter Zuhörer.
- Sie können sich gut konzentrieren.
- Sie reden nicht gern spontan in Gruppen, aber gern gut vorbereitet z.B. als Vortragende zu einem ihnen wichtigen Thema

II. Wahrnehmende Funktionen
Wahrnehmung über die fünf Sinne (**S**) - I**N**tuitive Wahrnehmung (**N**)
(Anmerkung: N für Intuition weil das I schon für Introversion vergeben ist)

Sinnes- Wahrnehmung **S**
- Sie nehmen die Umwelt über ihre fünf Sinne wahr.
- Sie betrachten die Welt vor allem von der praktischen Seite.
- Sie interessieren sich für Tatsachen, Fakten und Details.

- Sie können sich Daten gut einprägen.
- Sie vertrauen auf ihre Erfahrung.
- Sie sind realistisch und leben in der Gegenwart.
- Sie nehmen Einzelheiten genau wahr.
- Sie sind eher vernünftig und interessieren sich für die Umsetzung von Ideen.

Intuitive Wahrnehmung **N**
- Intuitive betrachten die Welt eher aus einer idealistischen Perspektive.
- Sie können komplexe Zusammenhänge mit überfliegendem Blick erfassen.
- Sie vertrauen mehr ihren Ahnungen, sie richten den Blick in die Zukunft, auf Möglichkeiten.
- Sie mögen Metaphern und bildhafte Darstellungen.
- Sie sind eher zukunftsorientiert und langweilen sich bei ihnen bekannten Tatsachen.
- Sie zeigen oft Phantasie.
- Sie sind kreativ und theoriefreudig, interessieren sich für den Gesamtzusammenhang.

III. Beurteilende Funktion
Analytische Beurteilung (**T**) oder Gefühlsmäßige Beurteilung (**F**)

Analytische Beurteilung T
- Analytisch Beurteilende treffen für sich sichere Entscheidungen.
- Sie entscheiden mit dem Kopf und folgen der Logik.
- Sie suchen nach der Wahrheit.
- Ihre Stärke ist die Analyse.
- Sie haben Gefühlsregungen, zeigen sie aber nicht offen.
- Sie erscheinen sachlich und kühl.
- Sie haben ein ausgeprägtes Verständnis für Fairness.

Gefühlsmäßige Beurteilung F
- Gefühlsmäßig Beurteilende treffen Entscheidungen eher subjektiv.
- Sie entscheiden oft aus dem Bauch heraus.
- Sie streben nach Beziehungen und Harmonie.

- Sie besitzen oft eine gute Menschenkenntnis.
- Sie interessieren sich für andere Menschen.
- Sie reagieren persönlich und emotional.
- Sie zeigen Anteilnahme und pflegen soziale Werte.

IV. Einstellung zur Außenwelt
Beurteilende Einstellung (J) - Wahrnehmende Einstellung (P)

Beurteilende Einstellung J
- Personen mit beurteilender Einstellung haben ein Bedürfnis nach Geschlossenheit.
- Sie arbeiten gern mit festen Terminen.
- Sie mögen das Gefühl, eine Arbeit beendet zu haben.
- Wenn eine Entscheidung getroffen ist, ist für sie die Sache erledigt.
- Sie sind stark am Ergebnis orientiert.
- Sie lieben die Ordnung und haben gerne alles geregelt.
- Sie planen sehr langfristig.

Wahrnehmende Einstellung P
- Personen mit wahrnehmender Einstellung haben ein Bedürfnis nach Offenheit.
- Sie ziehen es vor, viele Entscheidungsmöglichkeiten zu haben.
- Sie schieben Entscheidungen gerne auf.
- Der Zwang zur Entscheidung kann für sie Unsicherheit mitbringen.
- Festgesetzte Termine sind für sie eher Richtlinien.
- Sie sind eher am offenen Prozess orientiert.
- Sie sind flexibel und spontan.
- Sie lieben eher das kreative Chaos.

Die Entwicklung der Präferenzen

Die Grunddimensionen beschreiben kontrastierende Wesenszüge. Wir können alle Ausprägungen verwirklichen. Ähnlich wie bei der Präferenzbildung in der Verwendung unserer Hände bilden wir aber auch hier Präferenzen.

Skriptbedingt trainieren manche Menschen dann die linke Hand statt der rechten bzw. umgekehrt, in Coachings bedeutet das für den Prozess manchmal zunächst den „Heimathafen zurück zu erobern", im Folgenden einige Beispiele:
Menschen mit der Kernfunktions-Kombination NT (intuitive Wahrnehmung, analytisches Entscheiden) sind z. B. schnell im Erfassen und ernten als Kinder je nach Art des elterlichen und schulischen Umfeldes manchmal Abwertungen ihrer Klugheit: „Du Neunmalkluger, Du Streber, Du bist altklug, benimm dich mal wie ein normales Kind" oder aber werden mit dieser Qualität gar nicht „erkannt", z. B. nicht für eine weiterführende Schule angemeldet. Oder eine NF- Kombination (intuitives Wahrnehmen, gefühlsmäßiges Entscheiden) erhält in einem eher T-lastigen Umfeld nur Anerkennung für intellektuelle Leistungen, nicht aber für die emotionale Intelligenz, die einen solchen Menschen auszeichnet.
Eine ST-Kombination (Sinnes-Wahrnehmung, analytisches Entscheiden) kann in einer Feeling-präferierten Elternkonstellation als Kind empfinden, dass die Eltern sich von seiner eher pragmatischen und nüchternen Art abgelehnt fühlen und sich selbst dadurch ungeliebt fühlen.
Je nach Skripterfahrung durch die typologische Konstellation in der Familie und/ oder im Umfeld kann dies bei jeder Typologie zu inneren Selbstabwertungsprozessen der ursprünglichen Qualität führen. Für den Coaching-Prozess bedeutet dies antithetisch zur Skripteinengung durch erlaubende, ermutigende Interventionen die ursprünglichen Ressourcen zu aktivieren. Damit wird dem Coachee ermöglicht, einen auf die persönlichen Präferenzen bezogenen ermutigenden statt kritischen *inneren Dialog* zu führen. Meiner Erfahrung nach gehen Menschen sehr stark in Resonanz auf die im Profil beschriebenen Stärken im Sinne von sich selbst „wiedererzukennen" bzw. „erkannt" zu werden- die Profilbeschreibung ergänzt manchmal eine in der Ursprungs-Umgebung nicht vollständig gelungene Spiegelung. So wirkt sie als *Katalysator* für das Auffinden von Ressourcen.
Entwicklungspsychologisch als erstes, ca. bis zum Alter von 12 Jahren, wird in der Entwicklung die *Hauptfunktion* ausgebildet - immer **S, N, T** oder **F** (Sensing, Intuition, Thinking, Feeling). Sie übernimmt die Rolle einer steuernden Kraft in unserem Leben. Bei Extravertierten wirkt die Hauptfunktion nach außen, bei Introvertierten nach innen. Zwar sind die einzelnen Dimensionen unabhängig voneinander, bei der Zusammenstellung der „Vier-Buchstaben-Persönlichkeit" sind jedoch Wech-

selwirkungen zu berücksichtigen. Die *Hauptfunktion/Dominante Funktion* wird immer durch die Präferenz in den Lebenseinstellungen (Judging-Perceiving) definiert. Bei Extravertierten definiert die beurteilende Einstellung die Beurteilungsfunktion, die wahrnehmende Einstellung die Wahrnehmungsfunktion. Bei Introvertierten definiert die beurteilende Einstellung die Wahrnehmungsfunktion, die wahrnehmende Einstellung die Beurteilungsfunktion.

Zur Vereinfachung werden im Folgenden die 16 Persönlichkeitstypen dargestellt, wobei die jeweils dominante Funktion in ihrer Ausprägung fett dargestellt ist.

ISTJ	**ISF**J	**INF**J	**INT**J	IS**T**P	IS**F**P	IN**F**P	IN**T**P
ES**T**P	ES**F**P	EN**F**P	EN**T**P	**EST**J	**ESF**J	**ENF**J	**ENT**J[10]

Als zweites, ca. von 12-20 Jahren, wird die *Hilfsfunktion* ausgebildet. Ist die Hauptfunktion S oder N, ist die Hilfsfunktion T oder F und umgekehrt. Die Hilfsfunktion unterstützt die Hauptfunktion.

Als drittes, ab ca. 20 Jahren bis zur Lebensmitte, wird die *tertiäre Funktion* ausgebildet. Sie ist der konträre psychische Prozess zur Hilfsfunktion (die nicht in der Buchstabenkombination enthaltene Dimension, die der Hilfsfunktion gegenüber liegt, z. B. bei der Feeling-Präferenz die Thinking-Präferenz oder bei der Intuitions-Präferenz die Präferenz der Sinneswahrnehmung). Die Entwicklung dieser Funktion wird im Lebenslauf häufig unbewusst durch eine bestimmte berufliche Weichenstellung unterstützt.

Auf meinem beruflichen Weg war z. B. die Entscheidung für die Transaktionsanalytische Ausbildung als NF präferierte Persönlichkeit in der Kernfunktion (intuitive Wahrnehmung, gefühlsorientiertes Entscheiden) eine Unterstützung, meine T-Funktion (analytisches Entscheiden) weiterzuentwickeln.

Als letztes wird die *inferiore Funktion* ausgebildet. Sie beschreibt den psychischen Prozess, der sich unserem Bewusstsein am meisten entzieht. Die inferiore Funktion ist immer konträr zur Hauptfunktion angesiedelt (die nicht in der Buchstabenkombination enthaltene Dimension, z. B. bei Intuitiver Wahrnehmung **N** die Sinneswahrnehmung **S**). Sie ist in unserem „Schatten" angesiedelt, dem Bereich unserer größten Schwäche, der am wenigsten unserem Ich-Ideal entspricht und häufig verdrängt ist. Gleichzeitig liegen hier unsere positiven Ressourcen und Entwicklungspotenziale. Ein Qualitätssprung in der Persönlichkeitsentwicklung kommt meist von der ungeachteten, ja verachteten Funktion. Oft verachten wir diese Qualität auch bei anderen Menschen – ein Intuitiver hält einen Senser für einen „Erbsenzähler" und der Senser den Intuitiven für einen „Traumtänzer". Konfliktreife heißt, die Gegensatz-Spannung aufrechterhalten und nutzen zu können - in sich selbst und mit anderen.

Nach Jung ist unsere Entwicklungsaufgabe ab der Lebensmitte die „Ganzwerdung". Wenn jemand sich der Wandlung, diesem Entwicklungsbedürfnis der Seele nicht stellen will, erleben andere Menschen ihn in der Midlife-Krise, in der zurückgegriffen wird auf die Stärken früherer Lebensphasen an Stelle der Integration der Schwächen der „Schatten-Seite".

Stress kann entstehen, wenn z. B. durch die berufliche Rolle Qualitäten der 3. Funktion (kontrollierter Stress) und 4. Funktion (unkontrollierter Stress) stark abverlangt werden. Die dritte Funktion kann gut trainiert werden - die Integration der 4. Funktion jedoch ist wesentlich anspruchsvoller. Im Coaching kann neben der Entwicklung der 3. und 4. Funktion auch die Stimmigkeit von Persönlichkeit und Rolle das Thema sein.

Beschreibungen der Kerntypen: Ressourcen und Führungsstile

Um ein Team erfolgreich zu führen, die Ressourcen der verschiedenen Präferenzen zu nutzen und Missverständnisse in der Kommunikation zu vermeiden, ist es sinnvoll, sich der eigenen Präferenzen und der der anderen Beteiligten bewusst zu sein.

In Abbildung 2 werden die Ressourcen aller Präferenzen im Teamzusammenspiel beschrieben.

Da man bei 16 Persönlichkeitstypen leicht den Überblick verlieren kann, konzentriere ich mich in der weiteren Beschreibung auf die Kerntypen. Ein Kerntyp wird durch die beiden mittleren Buchstaben charakterisiert, welche zwei zentrale Verhaltensdispositionen beschreiben: wie ein Mensch Informationen wahrnimmt und wie er daraufhin Entscheidungen trifft.

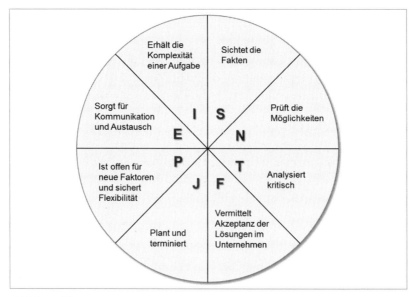

Abbildung 2[11]

Der SF-TYP - Der einfühlsame Praktiker [12]

Charakterisierung
Der SF-Typ verlässt sich auf seine fünf Sinne, arbeitet gewissenhaft und konzentriert sich auf Zahlen und Fakten. Er ist einfühlsam und pflegt Beziehungen aktiv. Für ihn ist die Arbeit im Team wichtig. Er ist hilfsbereit und engagiert sich oftmals nicht um der Aufgabe willen, sondern den Kollegen zuliebe. Kritik nimmt er leicht persönlich. Er geht Konflikten lieber aus dem Weg.

Form der Führung
Der SF-Typ schätzt ein gutes Betriebsklima, manchmal mehr als die Erarbeitung konkreter Resultate.
Er bevorzugt partizipatorische Entscheidungsprozesse. In konfliktträchtigen Situationen meidet er Teambesprechungen und versucht in Zweiergesprächen, Konflikte gar nicht erst aufkommen zu lassen. Er kümmert sich um die Bedürfnisse der Menschen im Unternehmen. Er bevorzugt eine klare Kommunikation.

Führungsstil: Selling

Einen SF-Typ überzeugen
Die Argumentation sollte eher gefühlsbetont als sachlich und logisch erfolgen. Die praktischen Auswirkungen für den Menschen sind deutlich zu machen („Zeigen Sie mir, welchen Nutzen es für mich und meine Leute hat!") Persönliche Berichte von Personen, denen etwas geholfen hat, sind sehr wirkungsvoll. Bei der Argumentation kann man durchaus die persönlichen Gründe nennen. Vermeiden von Vorschlägen, die seiner Meinung nach die Harmonie stören.

Der ST-TYP - Prinzipientreue Praktiker

Charakterisierung
Der ST-Typ verlässt sich auf seine fünf Sinne und erledigt die Aufgabe der Aufgabe und nicht den Kollegen zuliebe. Er ist ein kühler Denker und hat Grundsätze. Er befasst sich gerne mit Details und möchte alles ganz perfekt machen. Er ist ein Arbeitstier, scheut sich aber, ganz neue Wege zu gehen. Er wird als zuverlässig eingeschätzt. Er scheut nicht den Konflikt, wenn andere sich nicht an getroffene Absprachen halten. Er verletzt dabei auch schon mal die Gefühle von anderen Kollegen.

Form der Führung
Er ist ein Umsetzer und Macher. Er hat ein Interesse für die Hierarchie im Unternehmen, die Dynamik und Unberechenbarkeit der Teamprozesse liegen ihm nicht. Er führt lieber Zweiergespräche, da die sich leichter steuern lassen. Er ist gründlich und geht den Dingen nach. Er ist ergebnisorientiert und kommt nicht selten schon mit fertigen Problemlösungen im Kopf in eine Besprechung. Abweichende Vorschläge bewertet er gerne kritisch.

Führungsstil: Telling

Einen ST-Typ überzeugen
Es ist überzeugend darzulegen, wie genau eine Sache funktioniert und welche spezifischen Anwendungen möglich sind („Zeigen Sie mir, dass es funktioniert"). Kosten-Nutzen-Argumentationen sind wirkungsvoll. Die Möglichkeit der Überprüfung von Ergebnissen muss gegeben sein.

Die Argumentation sollte vollständig sein, auf Fragen sind konkrete Antworten zu geben. Gefühlsbetonte Argumente sind zu vermeiden, stattdessen ist an seine Fairness und seine Loyalität zum Unternehmen anzuknüpfen.

Der NT-TYP - Der zielverliebte Visionär

Charakterisierung
Als „Denker" begeistert er sich für komplexe und schwierige Aufgaben. Er kann sich darin so stark vertiefen, dass er alles um sich herum ausblendet. Routinetätigkeiten belasten ihn eher. Er möchte sich und anderen seine Kompetenz beweisen. Er hat an einem privaten Gedankenaustausch eher weniger Interesse. Er wirkt nach außen eher kühl und distanziert. Er ignoriert auch gerne bürokratische Vorgaben. Er ist „verliebt" in die Erreichung seines Zieles.

Form der Führung
Er strebt nach Kompetenz und Wissen. Er startet gerne neue Aktionen, d. h. er legt Konzepte fest, beginnt Pilotprojekte oder entwickelt neue Modelle. Für die anschließende Umsetzung engagiert er sich weniger. Er plant gerne Veränderungsstrategien mit einem klaren Ergebnis. Er sucht ständig nach neuen Möglichkeiten. Teamsitzungen sind für ihn dann interessant, wenn völlig unterschiedliche Meinungen aufeinanderprallen. Ihm reicht diese Erkenntnis, es muss nicht immer eine Lösung sein. Persönliche Schwierigkeiten der Mitarbeiter interessieren ihn weniger.

Führungsstil: Delegating

Einen NT-Typ überzeugen
In der Argumentation sollte der theoretische Hintergrund bzw. die Einpassung in eine bestehende Strategie deutlich gemacht werden. Es sind weitreichende, faszinierende und verlockende Möglichkeiten aufzuzeigen. Die Glaubwürdigkeit des Argumentierenden ist von großer Bedeutung.
Er lässt sich gerne überzeugen, wenn er glaubt, dass seine Kompetenz durch die neue Aktion gesteigert wird. Auf Detailinformationen und Wiederholungen ist zu verzichten. Die Argumentation sollte eine Bestätigung der Kompetenz des NT beinhalten.

Der NF-TYP - Der hilfsbereite Visionär

Charakterisierung
Er begeistert sich für neue Aufgaben und reißt andere mit. Unter einem schlechten Teamklima leidet er besonders. Er selbst ist sehr hilfsbereit und kümmert sich auch um die Belange seiner Kollegen. Er lässt sich deswegen auch manchmal zu oft bei seiner Aufgabe unterbrechen. Er hat grundsätzlich eine positive Lebenseinstellung und denkt nicht allzu lange über mögliche Probleme nach. Er benötigt den größeren Sinnzusammenhang. Er führt manchmal Aufgaben nicht zu Ende, weil er sich von neuen Aufgaben begeistern lässt.

Form der Führung
Seine Führungsziele sind das Wachstum des Unternehmens und die Förderung der Mitarbeiter. Er ist in der Lage, Mitarbeiter zu motivieren und zu begeistern. Er bemüht sich um humanitäre Aspekte und zeigt sich aufgeschlossen, wenn es um zwischenmenschliche Beziehungen geht. Er hat Respekt vor der Meinung anderer. Er spielt sich selten in den Vordergrund, sondern fragt, hilft und unterstützt während des Teamprozesses. Ihm fällt es schwer, Probleme und Konflikte ungeschminkt im Team auszutragen.

Führungsstil: Participating

Einen NF-Typ überzeugen
Es ist deutlich zu machen, wie sich Beziehungen verbessern und wie sich Menschen möglicherweise entwickeln können. In der Argumentation ist deutlich zu machen, dass andere es schätzen und ihn „mögen" würden, wenn er sich so oder so entscheidet (Wunsch nach guten persönlichen Beziehungen). Man sollte auf die Bedeutung von Spaß und Freude hinweisen. Es sollten Zusammenhänge aufgezeigt werden. Neue Ideen oder Anforderungen sollten als Herausforderung verkauft werden.

Fazit

In Coaching-Prozessen sind diese Informationen hilfreich, damit eine Führungskraft zunächst den eigenen Typ und Führungsstil reflektieren kann, um sich seiner Stärken und Entwicklungsthemen bewusst zu werden. Sie helfen im Weiteren das Denken, Fühlen und Verhalten von Team-Mitgliedern oder der eigenen übergeordneten Führungskraft nicht vorschnell als störend oder gegen sich gerichtet zu entschlüsseln, sondern erst einmal als einfach anders und im zweiten Schritt bestenfalls als bereichernd. Ausgenommen von dieser Sichtweise sind natürlich real existierende Machtkämpfe in einer Organisation. Die typologische Beschreibung fokussiert auf die Ressourcen und Entwicklungsthemen einer Person. Sie ermöglicht, im Kontakt mit relevanten Rollenpartnern bewusster anzukoppeln zu können. Sie liefert Erklärungen, warum Menschen in ihren Rollen sehr unterschiedlich agieren und wie sie sich im besten Fall wechselseitig bereichern können, um erfolgreich die Ziele ihrer Organisation zu unterstützen. Sie kann uns als Landkarte dienen auf unserer Reise vom Vertrauten in die Fremde und zurück.

Literatur

Attems, R. & Heimel, F. (2003). Typologie des Managers. Potentiale erkennen und nutzen mit dem Myers-Briggs Type Indicator. Redline Wirtschaftsverlag.

Bents, R. & Blank, R. (2011). Sich und andere verstehen: Eine dynamische Persönlichkeitstypologie. Claudius Verlag.

Bents, R. & Blank, R. (2004). Typisch Mensch. Einführung in die Typentheorie. Hogrefe Verlag.[8,9,10,11,12]

Cain, S. (2012). Still. Die Bedeutung von Introvertierten in einer lauten Welt. Riemann-Verlag.[3,4]

Collins, J. (2011). Der Weg zu den Besten. Die sieben Management-Prinzipien für dauerhaften Unternehmenserfolg. Campus Verlag.[1,7]

Kugele, J. (2009). Vertiefungsworkshop zur Typologie von C.G. Jung. Unveröffentlichtes Manuskript.[5,6]

Lorenz, T. & Oppitz, S. (2011). Selbst-Bewusstsein. Gabal Verlag.

Löhken, S. (2011). Leise Menschen – starke Wirkung. Gabal Verlag.[2]

Schnocks, D. (2013). Mit C. G. Jung sich selbst verstehen. Kohlhammer Verlag.

Schröder, J.-P. & Blank, R. (2008). Pocket Business: Stressmanagement: Stress-Situationen erkennen - erfolgreiche Maßnahmen einleiten. Cornelsen Verlag.

Stahl, S. & Alt, M. (2011). So bin ich eben! Erkenne dich selbst und andere. Ellert & Richter Verlag.

Transaktionsanalyse und die Heilmethoden der „Neuen Zeit"

Britta Eden

Das Fremde und das Vertraute...das Alte und das Neue. Die „Neue Zeit" war in aller Munde, als 2012 mit dem Ende des Maya-Kalenders der Weltuntergang angekündigt wurde. Von vielen als Ende eines Zeitalters gesehen, verkündet anderen dieses Ende den Beginn von etwas Neuem. Das Spektakel darum war sicherlich vielen, die davon hörten, fremd. Schon in der Zeit von Woodstock und Hippie-Welle wurde der Beginn des Wassermann-Zeitalters angekündigt. Der Beginn einer „Neuen Zeit"?! Eine Neue Zeit... bringt sie Fremdes, Neues? Für mich bedeutet sie eine Verbindung, eine konstruktive Verknüpfung von etwas Uraltem, Altem, etwas Bewährtem mit etwas Neuem, Experimentellem, Wachsendem, Offenen und inzwischen auch Fundiertem. Und ganz sicher ist sie eine Zeit, in der ein neues Bewusstsein für uns selbst, unsere Erde und große Zusammenhänge erwachsen kann.

Verbindung

Diese Fäden lassen sich miteinander verknüpfen und ein Teppich entsteht, wie er so noch nie gewebt worden ist.
Folgende Themenkreise möchte ich hier in einen Zusammenhang stellen und miteinander verbinden:
1. Die Transaktionsanalyse, bzw. der analytische Blick der Psychotherapie und/oder Beratung im weitesten Sinne, das Gespräch, das genaue Hinschauen, das Erkennen von Verhaltensweisen, von kindlicher Prägung usw.
2. Der/Den Schamanismus mit seinen uralten Ritualen
3. Die neuesten Erkenntnisse aus der Quantenphysik und -biologie, in der z.B. erstaunliche Erkenntnisse über das Verhalten von Zellen

gewonnen wurden; und im gleichen Zuge dessen Auswirkung auf das ganze System des Menschen.

Die Transaktionsanalyse und deren Qualitäten ist den Leserinnen und Lesern dieses Readers ganz sicher vertraut.

Schamanismus

Anders ist es für viele, wenn es um den Schamanismus geht. Um dieses Wort ranken sich viele Vorstellungen, und es findet sich in unterschiedlichsten Zusammenhängen wieder. So entstehen auch Vorurteile und Befremden.
Der Umgang mit vielen Themen, die häufig im Esoterischen angesiedelt sind, irritiert sicher einen großen Teil der Menschen. Es ist eben fremd. Es kommt im Bezugsrahmen vieler nicht vor, findet keinen Platz in unserem Lebensplan. Andere wiederum fanden und finden dort einen Heilsweg, wenden sich Engeln und anderen geistigen Wesen zu, pendeln, legen Karten...Ganz sicher gibt es im esoterischen Dschungel Schätze, die das Leben der Menschen bereichern und zu Heilung beitragen. Die Methoden, insbesondere jene, die mit Energien arbeiten, haben sich sehr verändert und die Ergebnisse sind teilweise phänomenal.
Schamanismus ist ein häufig benutztes Wort für allerlei Methoden und Wege. Als Schamanismus bezeichnet man heute das, was die Menschen in aller Welt zu praktizieren begannen, als sie ein Bewusstsein über ihr Menschsein und die Anwesenheit geistiger Mächte entwickelten. Also über das, was wir in unserer Kultur Gott nennen. Es waren erste religiöse Praktiken, die im engen Zusammenwirken mit Natur, Tier und Mensch gelebt wurden und die im Laufe der Jahrtausende zu einem tiefen Wissensschatz wuchsen. Ein umfangreiches Wissen um die Gesetzmäßigkeiten irdischen und kosmischen Lebens, das aus Erfahrung und tiefer Anbindung entstand, bildet das Fundament dieser Praktiken. Über Generationen war dies gelebte Spiritualität im engen Verbund mit Alltag und persönlichen und kollektiven Entwicklungsprozessen. Ähnliche Methoden und Rituale finden sich in allen Teilen der Erde.
So entstand das, wovon fast jeder Bilder kennt. Männer in Umhängen, mit Federn geschmückt, bemalt, oft trommelnd, rasselnd, tanzend, singend. Frauen, die in dunklen Zelten Knochen werfen. Indianer, die um

ein Feuer tanzen... Es ist ca. 500 000 Jahre her, dass der Mensch sich seiner selbst bewusst wurde. Das ist ein unfassbar langer Zeitraum, in dem sich sehr vieles verändert hat. Den größten Teil dieser Zeit haben unsere Vorfahren am Feuer gesessen, haben Initiationsriten gefeiert, haben dabei erlebt, wie diese Traditionen sie durch das Leben getragen haben. Und sie haben verstanden, dass diese Rituale Halt geben und ein inneres Wachstum fördern. Tief eingebettetes Vertrauen in den Fluss des Lebens und das Wissen darum, Teil des großen Ganzen zu sein, bilden den besten Nährboden für ein gesundes Leben.
Es ist deshalb nicht verwunderlich, dass das eigentlich Fremde auch in den meisten von uns etwas Vertrautes spüren lässt. Wir alle sitzen gern vor dem Kamin und schauen in die Flammen. Wer Kontakt zu seinem Herzen hat, singt wahrscheinlich gern mit Kindern oder spürt den Schlag der Trommel in seinem Körper.

Quantenenergie

Viele unterschiedliche Wissenschaftler haben sich in den vergangenen Jahren mit der Wirkung von Energien auf Systeme im weitesten Sinne beschäftigt. So wurden Quantenphysik und -biologie entdeckt und die Wirkungen von „Energien" und Verbindungen zwischen auf den ersten Blick nicht in Zusammenhang stehenden „Dingen" nachgewiesen. Das Wort „Energie" gehört wohl zu den meist strapazierten im Wortschatz der „Neuen Zeit".
Der Einfluss von z.B.Gedanken, auch eine Form von Energie, ist sehr viel größer, als von vielen vermutet. Wohin ich meine Gedanken richte, ob bewusst oder unbewusst: sie haben Einfluss auf das gesamte Leben im Universum. Das ist inzwischen nachweisbar. Richte ich meine Aufmerksamkeit auf etwas, hat dies einen nachweislichen Effekt auf das Objekt, dem meine Aufmerksamkeit gilt. So beeinflussen sich nicht nur alle Menschen selbst, sondern permanent auch das gesamte Lebenssystem. Wenn es diese Wirkung schon bei Gedanken gibt, ist leicht vorstellbar, wie Taten oder Erlebnisse auf physischer Ebene wirken.
Dass Gedanken, z.B. die von Eltern, einen gravierenden Einfluss auf ihre Kinder haben, ist jedem von Ihnen klar. Diese Gedanken, Blicke oder natürlich Taten prägen den Menschen sein Leben lang. Dies hat eine Auswirkung auf die körperliche Befindlichkeit dieser Person. Das muss nicht

bedeuten, dass es zu Krankheiten kommt, wobei das durchaus die Folge sein kann. Der Einfluss dieser Welt auf das Zellsystem jeder Person ist erstaunlich. Jede einzelne Zelle, und wir haben im Durchschnitt 50 Millionen davon, hat ein eigenes Gedächtnis und speichert dort Erlebtes ab.

Zellgedächtnis

Als erwachsene Person habe ich die Möglichkeit, mich in therapeutische Behandlung zu begeben, wenn ich Probleme lösen möchte. Ich entdecke dort Dinge über mich und mein Leben und fange an, mich zu verändern und neue Wege zu gehen. Mein Körper, also meine Zellen, haben jedoch in all diesen Jahren bestimmte Informationen gespeichert. Und obwohl ja jede Zelle letztendlich „nur" Energie ist, ist die Materie an sich träge. D.h., es dauert sehr viel länger, bis die Zelle die gewonnene Erkenntnis tatsächlich aufnimmt, als das unserem Verstand möglich ist. Ist diese Erkenntnis aber nicht wirklich im Körper angekommen, ist es schwer, das Erkannte auch umzusetzen. Oft geht es wieder verloren. (Verhaltens-) Muster sind tatsächlich eingeprägt, im wahrsten Sinne. Mit unterschiedlichsten Methoden kann ich die Zellen, und zwar jede einzelne, von der alten Information befreien und öffnen.
Außerdem ist unser Körper mit einem Energiefeld umgeben, das allgemein als Aura bezeichnet wird. In der Aura angesiedelt sind sieben Zentren, die sogenannten Chakren. Auch der Zustand der Aura und der Chakren beeinflusst unseren körperlichen, geistigen und seelischen Zustand.Durch viele Seminare, Ausbildungen und durch jahrelange Erfahrung ist es mir möglich, zu erspüren, welche Bereiche nicht im Fluss sind, wo ein Mangel und wo ein Überfluss herrscht. Neben den vom Klienten geäußerten Bereichen nehme ich auch diese in die Behandlung mit hinein. Oft ergeben sich währenddessen noch spontane Veränderungen. Dabei vertraue neben meinem Wissen meiner Intuition und meinem Erfahrungsschatz.
Um sich auf so einen Prozess einzulassen, braucht es ein vertrauenswürdiges Feld, wie die Schamanen es in ihren Ritualen geschaffen haben. Das kann ein moderner Ritualplatz sein...so auch das vertraute Zimmer, in dem zuvor Therapiesitzungen oder Beratungen stattgefunden haben. Ich brauche dazu nicht das Feuer, kein Räucherwerk oder alte Gesänge. Es schadet sicher nicht, darum zu wissen; nötig ist es lt. Wissenschaft und

meiner Erfahrung nicht. Und tatsächlich ist es auch möglich, die Kräfte z.B. der Elemente im Geiste, in Gedanken hinzuzuholen. Aber auch das ist nicht nötig, wenn es mir als Praktizierender nicht entspricht. Es reicht zu wissen, dass diese Behandlung eine Wirkung hat und ich entsprechende Techniken beherrsche. Dieses beginnt bei Handauflegen nach bestimmten Prinzipien. Lange Zeit war es Reiki, das Therapeuten angewandt haben, heute sind es auch Matrix Energetics, Quantenheilung und viele mehr. Außerdem gibt es Methoden mit Klängen, die mir besonders entsprechen, zu denen ich einen tiefen Zugang habe.
Ich nutze, wie schon erwähnt, Rassel, Trommel, Klangschalen und heilende Stimmgabeln (nach Dr. Barbara Romanowska). Ich nutze Mantras, die alten, heiligen Silben aus dem Sanskrit. Ich nutze auch moderne Popsongs oder Volkslieder, manchmal Düfte, Bilder oder Symbole.
Ich persönlich habe eine tief verankerte Verbindung zur Urquelle des Lebens, d.h. glaube an eine göttliche Kraft, die unser Leben mitbestimmt und die wir einladen können, uns zu unterstützen. So beziehe ich auch meine spirituelle Anbindung mit in die Behandlung ein und bitte um Unterstützung, bzw. öffne mich für einen Fluss göttlicher Energie. Auch mit der Kraft von Mutter Erde verbinde ich mich. Das führt für mich zu einem Gefühl tiefer Achtung dessen, was sich ereignet und macht mich dankbar. So haben es sicher auch die Schamanen immer schon gehalten. Quantenphysiker gehen einen anderen Weg. Beide, und es gibt sicher auch ganz viele Wege dazwischen, sind gleichwertig. Es ist „gleich*gültig*", wie ich es mache.

Behandlungen

Nach intensiver Sitzung, meist wortreich, emotional und bewegend lade ich die Klientin/ den Klienten ein, einen guten Abschluss zu finden. Dies bedeutet für mich einen rituellen Abschluss ohne Worte zu finden, der das Unterbewusstsein und das Zellbewusstsein der Person anspricht. Diese Zeit fülle ich ganz individuell. Nicht zu jedem passt alles und es ist eine Kunst, das Passende für die Person zu finden.
Ich erkläre vor Beginn, was in dieser Behandlung passiert und worauf die Person sich einlässt. Es gibt eine deutliche Aufklärung, die verhindert, dass die Behandlung und deren Effekt nebulös oder mystisch erscheint. Es gibt also einen klar definierten Vertrag. Dies unterstützt das Erreichen des

gesteckten Ziels und die gedankliche Ausrichtung beider Beteiligten. Und es gibt auch ein klares Bewusstsein bei Therapeutin und KlientIn darüber, was gewollt ist und/ oder wo es ggf. eine Grenze gibt.
Ein wesentlicher Aspekt ist, dass meine Klientin/ mein Klient Zeit hat, das Geschehene, das Gefühlte und Besprochene noch wirken zu lassen, bevor sie/er zurückkehrt in ihr/ sein „normales" Leben, bevor das Autoradio angeht, das Handy gecheckt wird oder die Kinder ihr Abendessen möchten. Es gibt eine Phase ohne Worte, in der noch mal nachgespürt werden kann.
Manchmal gibt es bestimmte Körperstellen, die der Person Beschwerden machen oder „ein Kloß im Magen", „Frosch im Hals", „Lasten auf Schultern" werden bewusst wahrgenommen. Dann sind es diese Stellen, denen ich besondere Aufmerksamkeit schenke. Die Person liegt auf der Behandlungsliege, sitzt oder steht, je nachdem. Ich nehme nach Absprache einen oder mehrere bestimmte Instrumente und arbeite mit diesen im Energiefeld des Menschen, d.h. in der Aura. Klangschalen oder Stimmgabeln werden auch direkt auf den Körper aufgesetzt. Wenn es passend ist, kommen weitere schamanische Ritualgegenstände dazu. Das können Federn, Steine u.ä. sein.

Berührung

Ich berühre den Menschen sanft, streiche aus. Eine vertrauensvolle Berührung ist für viele Menschen eine ganz neue Erfahrung. Absichtslos als Gegenüber, nichts zurückfordernd, beschenke ich die Person mit zärtlicher Berührung. Das allein ist für viele Menschen schwer anzunehmen. Gelingt es, sie dafür zu öffnen, ist ein großer Schritt getan. Dann nehme ich z.B. die Rassel in die Hand. Ich rassle sanft oder stark, manchmal wirbelnd, manchmal mit schnellen Bewegungen, manchmal laut, manchmal leise... Die ungewohnten Klänge berühren. Das Ohr nimmt auf, der Mensch spürt. Die Gedanken kommen zur Ruhe. Durch die Kraft des Klangs, der Bewegung und der hinzukommenden Liebe beginnen die Zellen zu schwingen und sich zu öffnen. Es werden alte Strukturen aufgelöst. Mein eigenes Gefühl nach einer Behandlung ist häufig, dass plötzlich mehr Raum auch zwischen den Zellen ist. Ich fühle mich leichter, fließender und lebendiger. Fast jede/r spürt einen Einfluss. Das mag zunächst ungewohnt sein, sich fremd anfühlen.

So können Wunder geschehen. Diese Arbeit, so lange schon praktiziert, hat eine heilige/ heilende Kraft. Die Klientin/ der Klient fühlt sich hinterher oft deutlich in seiner Mitte. Der Kopf hatte Pause, der Verstand hat eine Weile Ruhe gegeben oder ist zumindest ruhiger als zuvor. Gute Erdung und ein wirkliches (wieder) Angekommensein im Körper werden wahrgenommen. Der Effekt auf das reale Leben zeigt sich in den nächsten Stunden und Tagen. Oft berichten Menschen von erstaunlichen Veränderungen. Sie erzählen, wie sie plötzlich Dinge anders machen, mutiger oder freier sind. Tief verankerte Glaubenssätze lösen sich auf oder vermindern sich, bzw. es entsteht ein neues Bewusstsein dafür, wann und wie diese wirken. Manchmal werden auch Emotionen frei gesetzt.
Natürlich sind das Effekte, die jeder Therapeut oder Beratende aus seinem täglichen Umgang mit Klienten kennt. Und doch ist es etwas Anderes. Diese Arbeit unterstützt die Prozesse auf eine magische, ja im wahrsten Sinne wunderbare Weise und vermag Türen zu öffnen. Nicht selten kommen gleichzeitig Dinge ins Rollen, die mit dem ursprünglichen Thema nichts zu tun hatten. Das Herz ist offener, der Atem fließt tiefer. Der Organismus ist ausgeglichener. Zellen, die z.B. durch eine Narbe den Kontakt verloren hatten, schwingen wieder miteinander. Und dies ist nicht nur spürbar, sondern wird auch von Biologen nachgewiesen.
Manches Mal ist es auch umgekehrt: ich behandle die Person vor dem Gespräch. Dann ist dieser Mensch oft schon sehr viel offener, weicher und näher an seinem Gefühl.
So könnte ich hier Seiten füllen und von meiner Freude über die Möglichkeiten berichten. Und das ist dann so ähnlich, als würde ich versuchen, den Geschmack eines Apfels zu beschreiben. Ich lade Sie ein, selbst hinein zu beißen. Obwohl...der Apfel als solcher ist natürlich sehr vertraut. Ich lade Sie ein, zu kosten von jener fremden Frucht, von dieser noch nie gesehenen und nie geschmeckten. Nehmen Sie den Duft in sich auf.
Es kann sein, dass Sie das nicht möchten. Auch das könnte ich verstehen. Wünschen würde ich mir aber in diesem Fall, dass Sie überprüfen, ob Sie offen und ehrlich das vermeintlich Fremde stehen lassen können. Und ob Sie Ihr Gefühl auch dann urteilsfrei sehen können, wenn Sie sich dagegen entschieden haben. Denn das ist es, worum es geht.

Dornröschen wach küssen ... wie wir das Fremde in uns erlösen können

Iris Fassbender & Dolores Lenz

Berater, Coaches und Supervisoren unterstützen im Prozess beim Klienten die Teile seiner Persönlichkeit, die bisher nicht zur Entfaltung gekommen sind. Sie fühlen sich fremd an, da sie noch nicht integriert wurden. Sie äußern sich teilweise in Sehnsüchten oder anhaltender Unzufriedenheit.
Im Workshop werden wir Theorie und praktische Übungen verbinden. Wir werden Skripttheorie, Zuwendungsmuster und liebevolle Selbstannahme nutzen, um unsere eigene Art besser zu erkennen und entwickeln zu können. Meditative Übungen und ZRM fügen dem Denken noch andere Zugangswege hinzu. Ziel ist es, sich des Lebens zu freuen.
Das Bild des schlafenden Dornröschen kann als Symbol für die Anteile stehen, die in früher Kindheit durch Erziehung und Anpassung an vorgegebene Normen und den Zeitgeist verändert und geprägt wurden. Das Ursprüngliche, das Besondere, das Dornröschen ausmacht und in ihr angelegt ist, schlummert und konnte bisher nicht gelebt werden.
Nehmen wir das Bild des Prinzen, der Dornröschen wach küsst, so könnten wir darin einen Berater/Psychotherapeuten sehen, der die Talente, Eigenarten und Anlagen zu entdecken hilft und ermutigt, diese eigene Art zu leben.
Bei dieser Beschreibung fehlt das Wesentliche, nämlich der aktive Beitrag von Dornröschen, der darin liegt, sich auf einen Prozess einzulassen, der Erkenntnis, Wille und Entscheidung zur Veränderung ermöglicht. Dornröschen muss dafür wach werden.
Der Prozess, sich verändern zu wollen, setzt allerdings die Erkenntnis voraus, dass es so wie es ist nicht mehr bleiben kann.
Unterschiedliche Auslöser sind häufig leidvolle Gefühle, anhaltende Unzufriedenheit mit dem Leben, Sehnsucht nach innerem Frieden, oder erfahrenes Leid. Zum Beispiel durch Krankheit, dem Tod nahestehender Menschen, Arbeitslosigkeit, Unfälle etc.

Um in unserem Bild zu bleiben: es braucht schon einen massiven Anstoß, um Dornröschen dazu zu bewegen, sich Hilfe und Unterstützung zu nehmen, um das „sich so fremd anfühlende" integrieren zu können.

Viele bekannte Autoren, wie Alice Miller, Claude Steiner und Arno Gruen beschreiben die Ursachen dieses Phänomens.

Das, was uns an uns fremd geworden ist und uns deshalb ängstigt und schmerzt, wenn wir damit in Kontakt kommen, mussten wir abspalten und verdrängen, auf andere projizieren und dort immer wieder bekämpfen. Dies war häufig der einzige Weg, als Kind in der Ursprungsfamilie angenommen zu sein und später als Erwachsener Kraft zu haben, den Alltag zu bewältigen.

In der Arbeit mit Klienten ist das Fremde, das Verdrängte bei fast allen Beratungen ein Thema. In der Kindheit ging es um das seelische Überleben, das die Anpassungsleistungen erforderlich machte. Die größte Angst, abgelehnt und verlassen zu werden, musste abgewehrt werden. Tun doch Kinder alles in ihrer Macht stehende, um sich angenommen und geliebt zu fühlen, bis hin dazu, dass sie die Werte ihrer Peiniger übernehmen.

Die Hoffnung in einer solch verzweifelten Situation ist, sich glauben zu machen, dass, wenn sie es nur richtig machten, sich lange genug anstrengten, sie sich der Liebe und Zuwendung sicher sein könnten. Es entsteht ein dysfunktionales System, das den ganzen Menschen beeinflusst.

Kinder sind dabei körperlich, seelisch und geistig überfordert. Geliebt und angenommen zu sein, ist der tiefste Wunsch von Menschen. Je früher eine oben beschriebene Entwicklung einsetzt, desto eher äußert sie sich später auf der psychosomatischen Ebene, auf der es noch keine Worte für das Leid gab. Die Erinnerungen sind im Körper und im Gefühl abgespeichert, über den „Verstand" gibt es keinen Zugang. Menschen, die unter diesen Erfahrungen leiden, suchen meist zuerst medizinische Hilfe für ihre körperlichen Leiden und finden dann oftmals erst Zugang zu Psychotherapie und Beratung.

An einem Fallbeispiel aus der Beratungspraxis soll der Zusammenhang verdeutlich werden zwischen der Abspaltung des Eigenen, nämlich dem Bedürfnis nach bedingungsloser Liebe und Zuwendung, und der Entwicklung des Skriptes.

Frau H. ist 63 Jahre alt. Sie kommt in die Beratung, weil sie unter immer wiederkehrenden Herzbeschwerden leidet, die keine organische Ursache haben, sie fühlt sich erschöpft und ausgelaugt, ist unzufrieden.
Die Hausärztin hatte nach gründlicher organischer Untersuchung der Klientin keine Ursache für die Herzbeschwerden finden können und riet ihr zu einer Psychotherapie.
Frau H. entschied sich zu einer Beratung, weil diese von ihr weniger ängstigend erlebt wurde. Die Psychotherapie, die sie mit dem Satz „ich bin doch nicht psychisch krank" abwehrte, war ihr eine zu große Hürde. Durch die positive Erfahrung in der Beratung war Frau H. später motiviert eine weiterführende psychotherapeutische Behandlung anzunehmen.
Sie war das mittlere Kind, sie hat einen 14 Monate älteren und einen 14 Jahre jüngeren Bruder. Die Eltern waren bei der Geburt der ersten beiden Kinder 20 und 22 Jahre alt und haben sich emotional wenig um ihre Kinder gekümmert. Frau H. entwickelt mit 14 Jahren, zum Beginn der kaufmännischen Lehre, eine Depression. Danach habe sie sich wie eine Mutter um den neugeborenen Bruder gekümmert, sie habe ihn großgezogen. Die symbiotische Beziehung zu den Eltern bleibt bestehen, auch nachdem sie aus beruflichen Gründen in eine Großstadt gezogen ist. In dieser Zeit traten vermehrt phobische Ängste auf, die von einer darunterliegen existentiellen Angst, vom Vater „verlassen zu werden", genährt wurden. Der Gehorsam dem Vater gegenüber führte zur Unterdrückung der eigenen Impulse, ein freies Leben selbst zu gestalten. Gleichzeitig wurde über die Bindung zum Vater eine engere Hinwendung zum Lebenspartner verhindert, was in dieser Beziehung wieder zu „unerfüllter Liebe" führte. Die Beziehung war problematisch, es gab wenig Zuwendung und Gemeinsamkeiten. Die Partnerschaft wird nach 10 Jahren beendet, sie trennen sich, bleiben aber in Kontakt. Sie ist für ihren Expartner da und arbeitet auch für ihn. In dieser Zeit schließt sich die Klientin einer Glaubensgemeinschaft an. Die Suche nach den guten Eltern führt in eine Gemeinschaft, die von Gehorsam, Geboten, Verboten, Pflicht und Arbeit geprägt ist. Sie ist bis heute dort aktiv tätig.

Claude Steiner hat eine besondere Form der Skriptanalyse entwickelt, die sich für die Beschreibung dieses Themas gut eignet. Er geht von drei Grundformen aus:
– Depression oder das Skript keine Liebe
– Irresein oder das Wahnskript
– Drogen oder das Skript keine Freude

und verbindet sie direkt mit dem, was das Leiden beim Klienten ausmacht. Sein Konzept zur Auflösung der zu Grunde liegenden Probleme ist einfach und wirkungsvoll. Im Alltag ist der Prozess der Veränderung für Klienten eine Herausforderung, da sie mit den Aspekten in Kontakt kommen, die ihnen fremd sind. Unbewusst wird der Schmerz abgewehrt, der in der Kindheit durch den Mangel an bedingungsloser Liebe entstanden ist. Wird die Veränderung der Stroke Ökonomie auf Dauer praktiziert, so führt sie beim Klienten innerpsychisch zu liebevoller Selbstannahme und verbesserter Beziehungsfähigkeit. Beziehungen werden authentisch und kraftvoll, es entsteht Wandlung und Heilung. Es geht um den Austausch von Zuwendung in differenzierter Form, so dass Mitgefühl (mit Gefühl da sein) und Liebe wieder frei fließen können. Der Hunger nach Zuwendung wird gestillt, Konsum als Ersatz ist nicht mehr erforderlich. Es entsteht ein konstruktiver Kreislauf, in dem der Alltag fortan als Übung dient.

Die Diagnose nach der Skripteinteilung von Steiner zeigt bei Frau H. eine Kombination aus dem Skript „keine Liebe" und „keine Freude". Die Klientin hat, als sie 14 Jahre alt war, unbewusst ihre depressive Stimmung verändert. Durch die liebevolle Zuwendung zu ihrem kleinen Bruder kam sie in die mütterliche Rolle. Sie nahm dabei der leiblichen Mutter (ihrer eigenen Mutter) die Arbeit ab. Dafür bekam sie Zuwendung und trat in einen Kreislauf von „mehr Leistung, mehr Anerkennung" ein, den sie ihr Leben lang fortführte. Dies prägte ihr Leben und wurde intensiviert, bis hin zu Arbeitssucht im beruflichen Alltag und in der spirituellen Gemeinschaft.

Gruen beschreibt dies als Falle, in die man durch bedingte Zuwendung geraten kann, wenn Leistung und Erfolg mit Anerkennung verbunden sind. Dies kann als Ersatz für bedingungslose Zuwendung genutzt werden, erfüllt aber nicht die zu Grunde liegenden Bedürfnisse und es entsteht ein „mehr desselben", mehr arbeiten, mehr leisten, „ohne satt zu werden".

Der frühe Mangel an bedingungsloser Liebe wurde zur Grundlage für leistungsorientiertes, freudloses Leben. So trat das Depressionsskript in den Hintergrund, doch die Form der Abwehr war gleichzeitig der Nährboden für das „keine Freude" Skript. Die Erfahrung, wertvoll zu sein auf der Grundlage ihres Daseins, konnte in diesem System nicht gemacht werden. Ihr Selbstwertgefühl war mit Leistung verbunden. Sie musste sich „die Liebe verdienen". Freude und Leichtigkeit bleiben auf der Strecke, solange sie das Familienmotto „zuerst die Arbeit und dann das Vergnügen" befolgt. Skriptverstärkend und -erhaltend wirken die Antreiber

„streng dich an", „sei perfekt" und „sei stark". Um den Kontakt zu alten schmerzvollen Beziehungs- und Bindungserfahrungen zu vermeiden, wird positive Zuwendung abgewehrt. Statt Lob anzunehmen, wird es mit „das ist doch selbstverständlich" abgewertet. Die Anregung, sich selbst zu loben, erzeugt die Rückfrage: „Für was soll das denn gut sein" und „Eigenlob stinkt". Der Zuwendungshunger wird verstärkt durch die Vermeidung „um etwas zu bitten" oder „für etwas zu danken". So bleibt der emotionale Austausch von Freude aus.

Die wesentliche Erfahrung, die im Prozess der Beratung erlebt werden kann, ist, dass die Klientin Gehör findet, anerkannt wird, was war und worunter sie gelitten hat. Es gilt herauszufinden was der „Herzschmerz" sagen will. Behutsames Vorgehen ist hierbei besonders wichtig, damit sie in der Beraterbeziehung eine heilsame Erfahrung machen kann.

Häufig erleben Klienten im Beratungsprozess die Angst vor Nähe, und die Angst „verlassen zu werden" immer wieder. Dies kann thematisiert und genutzt werden, um bewusst die positive Beziehungserfahrung, die in der Beratung erlebt wird, zu festigen. Ziel ist es, der Klientin eine sichere Bindungserfahrung zu ermöglichen und Lebensfreude zu stärken und zu fördern.

Die Behandlungsschritte haben das Ziel, das Erwachsenen-Ich zu stärken und die liebevolle Selbstannahme, die Eigenfürsorge, zu entwickeln. Steiner erarbeitet mit dem Klienten einen Vertrag, indem der Wunsch genau beschrieben und an beobachtbaren Verhalten überprüft werden kann. Auf der beziehungsorientierten Prozessebene werden tiefergehende Erfahrungen möglich, nämlich verstanden und angenommen zu sein.

Kultur, Gesellschaft, Politik und Zeitgeist prägen und beeinflussen das individuelle Skript und können dazu beitragen, dass die Anteile von uns, die uns selbst fremd sind, auch fremd bleiben. Arno Gruen hat sich intensiv mit dem Thema „der Fremde in uns" auseinandergesetzt. Er macht deutlich, dass, solange der Verstand verherrlicht wird und das Gefühl verkümmert, kein authentisches Leben in unserer Kultur möglich ist. Von dem Gedanken beherrscht zu werden, im Wettbewerb nicht mithalten zu können und unterzugehen, macht den Alltag zu einem ständigen Lebenskampf. Angst vor der Ohnmacht und keinen Kontakt zu den ursprünglichen Gefühlen und Bedürfnissen zu haben, führt zu einem Streben nach Sicherheit und zum Verlust von Mitgefühl. Das Leben mit Empathie geht verloren.

So werden Beweise für die eigene Überlegenheit gefunden. Dieses Phänomen liegt im Ursprung unserer Zivilisation, deren Grundlage Eroberung und Unterwerfung ist.
Der soziale Zusammenhalt menschlichen Tuns geht in diesem System verloren. Weitere Entfremdung entsteht, sodass der Mensch sich nicht mehr verwirklichen kann. Daraus folgt das Streben, alles zu kontrollieren bis hin zum Tod. Solange die Illusion erhalten wird und daran geglaubt wird, dass es möglich ist, Menschen von allen Krankheiten heilen zu können, wird versucht, Schmerz und Leid auszuklammern. Diese Bewusstseinsveränderung führt zu einer Werteverschiebung, denn Geburt und Leben gehören zu uns, ebenso wie Leid und Tod.
Die Annahme von Schicksal, Leid und Schmerz gehört zu unserem Leben, um Bewusstheit zu erlangen. Unterwirft sich der Mensch dem Prinzip der Macht, ohne es sich einzugestehen, dann wird er das eigene Verdrängte im Feindbild außen suchen und sieht so sein Spiegelbild des eigenen verworfenen Selbst. „Man bestraft den Fremden für das, wofür man einst selbst bestraft wurde" (A. Gruen, Seite 33, 2009, Der Fremde in uns).

Gruen beobachtet in seinen Forschungsarbeiten, dass es in unserer Welt auch Kulturen gibt, die nicht nach den Prinzipien des Gehorsams leben. So berichtet er von Mitgliedern eines Indianerstammes, deren Streben sich nicht danach richtet andere zu übertreffen. Bei diesen Menschen geht es darum, dass der Einzelne nur seine eigene Leistung übertreffen will. Dies geschieht ohne Befehle und Bestrafung.
Und weiter A. Gruen: „Der Fremde ist das, was uns abhandenkam und wir werden es ein Leben lang suchen". (Mitschrift: Lindauer Psychotherapiewoche, 2009)
Um seelisch zu überleben, müssen wir darauf vertrauen, dass Eltern uns Liebe, Fürsorge und Schutz geben. Kein Mensch überlebt, würde er realisieren, dass nahestehende Menschen ihm gefühlskalt gegenüberstehen. Unser Überleben hängt davon ab, dass wir uns mit unseren Eltern arrangieren, auch wenn sie kaltherzig sind. Das Eigene wird abgespalten, die Grausamkeit der Eltern interpretieren wir als eigene Schuld. Die Scham wächst, dass wir selbst schuld sind, wie wir sind und alles, was uns eigen ist, wird von uns selbst abgelehnt.
Aus Angst, dass die lebensnotwendige Fürsorge entzogen wird, identifizieren wir uns mit den Eltern und übernehmen deren Haltung.

„Die Entstehung des Fremden und dessen Externalisation stehen in direktem Bezug zum Intimsten des Menschen, zu seiner Identität. Entscheidend ist die Frage: was bleibt für deren Entwicklung, wenn all das, was Menschen eigen ist und ihn als Individuum ausmacht, verworfen und zum Fremden gemacht wird? Dann reduziert sich Identität auf die Anpassung an äußere Umstände, welche das seelische Überleben des Kindes sichert: Es tut alles, um den Erwartungen von Vater und Mutter gerecht zu werden. Kern dieses Prozesses ist die Identifizierung mit den Eltern. Das Eigene des Kindes wird durch das Fremde der Eltern ersetzt." (Mitschrift Vortrag Arno Gruen. „Der Fremde in uns". Psychotherapiewoche Lindau April 2009)
Durch die unbewusste Verwerfung des Eigenen entsteht auch eine Veränderung der eigenen biologischen Struktur des Kindes, Scheu vor Unbekanntem erzeugt Stress. Durch einen Mangel an mütterlicher Zuwendung werden Antistresshormone nicht ausgeschüttet. Wenn Schmerz verneint werden muss, werden die körpereigenen Endorphine ebenso nicht ausgeschüttet. Das führt dazu, dass diese Menschen den Schmerz als unerträglich erleben und deshalb Gefühle abspalten.
Unsere Kultur fördert eine Stärke, die nicht auf der Grundlage von Mitgefühl basiert. Wird Schmerz aus dem Bewusstsein ausgeschlossen, verbunden mit der Vorstellung, dass es nur um bessere Denkmodelle geht, und wird keine Besinnung auf unseren Schmerz und unser Bewusstsein gelegt, dann wird Wut nicht gegen jene gerichtet, die uns entfremdet haben. Man bestraft dann andere für den Schmerz, den man selbst nicht fühlen durfte.
Bezogen auf unser Fallbeispiel von Frau H. bedeutete dies, dass es notwendig war, ihre eigenen Gefühle und Bedürfnisse zuzulassen und sie zu ermutigen, diese wahrzunehmen und anzuerkennen. Durch die sich langsam entwickelnde Beziehung wurde die Beraterin ein Gegenüber, das sie akzeptieren konnte und sie so Vertrauen fasste, sich einzulassen. Nach und nach konnte sie so erkennen, welche Gefühle und Bedürfnisse zu ihrer eigenen Person gehörten und welche zu den Menschen um sie herum.
Sie konnte nach und nach auch den Gedanken zulassen, Hilfe in einer Therapie anzunehmen, um dort diese elementaren Voraussetzungen und die tiefen Verletzungen aufzuarbeiten. Dies war ihr dann ohne Selbstabwertung möglich.

Im Bild von Dornröschen bedeutet dies: Dornröschen erwachte und begann sich in ihrer Welt um zu sehe. Sie bemerkte, dass ein Mensch, der Königsohn, auf sie wartete, sie sogar so liebte, wie sie war. Sie wagte sich die Hilfe anzunehmen und mit dem Königsohn in die Freiheit zu reiten.

In unserer alltäglichen Arbeit als Beraterinnen sind wir bestrebt, den Klienten Möglichkeiten zu öffnen, die eigene Entfremdung zu reflektieren und neue Wege zu entwickeln sich selbst mit den ureigensten Bedürfnissen und Gefühlen anzunehmen.
Es geht im Wesentlichen darum, die Haltung zu sich selbst zu verändern. Wir erarbeiten mit den Menschen Ziele, die mit den Werten und der Ethik übereinstimmen, und im weiteren Verlauf dazu führen, dass neue, positive Erfahrungen zur Veränderung motivieren.

Literatur

Fabian, E. Anatomie der Angst. Klett-Cotta.
Fischer, C. & Schwarze, M. Qigong in Psychotherapie und Selbstmanagement. Klett-Cotta.
Frankl, V. E. Das Leiden am sinnlosen Leben. Herder.
Goldhagen, D. J. Hitlers willige Vollstrecker. Siedler.
Gruen, A. Der Fremde in uns. Klett-Cotta.
Mitschrift Vortrag von Arno Gruen „Der Fremde in uns". ...Psychotherapiewochen Lindau 2009.
Hanson, R. & Mendius, R. Das Gehirn eines Buddha. Arbor.
Hennig, G. & Pelz, G. Transaktionsanalyse. Herder.
Kast, V. Freude – Inspiration – Hoffnung. Walter.
König, K. Angst und Persönlichkeit. Vandenhoek & Ruprecht.
Miller, A. Das verbannte Wissen. Suhrkamp.
Miller, A. Der gemiedene Schlüssel. Suhrkamp.
Miller, A. Das Drama des begabten Kindes. Suhrkamp.
Öström, E. Was mehr wird, wenn wir teilen. Okom Verlag.
Schmid, W. Mit sich selbst befreundet sein. Suhrkamp.
Steiner, C. Wie man Lebenspläne verändert. Junfermann.
Steiner, C. Emotionale Kompetenz. Hanser.
Storch, M. & Kuhl, J. Die Kraft aus dem Selbst. Huber.
Walch, S. Vom Ego zum Selbst. Barth.

Aufbruch ins Ungewisse: Veränderungen (h-)aushalten

Was brauchen wir um in Veränderungsprozessen trotz des Bedrohlichen im Unbekannten weiter zu gehen?

Ralf-Rüdiger Faßbender & Michael Thanhoffer

Veränderungen führen zu Neuem. Neues ist fremd. Und Fremdes ist nicht immer willkommen. Was wir (noch) nicht kennen, wirkt oft bedrohlich. Wollen wir Veränderungen erfolgreich anstoßen und umsetzen, müssen wir im Umgang mit dem Fremden vertraut werden. Dem Fremden in Organisationen, im (Arbeits-)Leben und schließlich in uns selbst.

Dazu ist es hilfreich, sich zweier Dinge bewusst zu sein:
1. Wir sind trotz aller Gerüchte rund um die Macht der Ratio, des Verstandes, des Erwachsenen-Ichs im engeren Sinne, biologische Wesen und verhalten uns demgemäß. Unser Verstand ist weniger die Kommandozentrale im Gehirn, sondern eher eine Pressestelle, die nachher begründet, was wir vorher gemacht und entschieden haben. Sehr gut beschreibt das der Bremer Hirnforscher Gerhard Roth mit seiner Feststellung:
„Das limbische System hat bei dem ganzen Ablauf das »erste und das letzte Wort«: Das Erste beim Entstehen der Wünsche, das letzte bei der Entscheidung darüber, ob das, was an Handlungsabsichten gereift ist, jetzt und so und nicht anders gemacht werden soll." (Roth, S. 178, 2007).
2. Weil das so ist, handeln wir nach wie vor nach biologischen, evolutionären Kriterien, die da heißen: Anpassen, Überleben, Fortpflanzen. Roth nennt das Modus, und wir sind immer in einem dieser

Modi aktiv. Das erklärt manches, was wir Menschen tun und getan haben, es rechtfertigt allerdings nur Weniges. „Ich musste ihn einfach schlagen, das war nicht ich, sondern meine Biologie", funktioniert nur selten, weil wir Menschen einen Verstand haben, noch besser ein ausgeprägtes Erwachsenen-Ich, mit dem wir im Zeitfenster zwischen Fühlen und Handeln das Abwägen aktivieren können.

Anpassen, Überleben, Fortpflanzen

Diese beiden Erkenntnisse sind im Umgang mit Veränderungen bedeutsam, weil sie zwei Prämissen von Veränderungen, zumindest in Organisationen in einem anderen Licht erscheinen lassen. Veränderungen können noch so rational begründet, noch so einsichtig für unser Erwachsenen-Ich sein: wenn unser Körper nicht mitzieht, wird es im Veränderungsprozess schwer, oft genug erfolglos. Ein weiterer Punkt ist, dass der (Lösungs-)Versuch, alle Anteile einer Persönlichkeit oder einer Organisation zu Wort kommen zu lassen, lediglich wieder nur unseren Verstand bemüht, denn Sprache ist ein Ausdrucksmittel des Verstandes. Um herauszufinden, was wir wirklich wollen, benötigen wir zusätzliches, eher nicht-sprachliches Handwerkszeug. Das wird uns auch helfen, den Veränderungsprozess und den neuen, fremden Zustand durchzuhalten. Anpassen, Überleben, Fortpflanzen: welche dieser drei biologischen, intuitiven, vorbewussten Treiber soll uns im Wandel leiten? Die Antwort darauf liefert eine grundlegende Information, die das Fühlen und Handeln im Veränderungsprozess bestimmt. Warum soll der Change stattfinden? Um sich dem dynamischen, globalen Markt anzupassen oder einfach, um als Unternehmen, Team, Mitarbeiter weiter arbeiten zu können, also zu überleben. Das sind die mit Abstand am häufigsten formulierten Begründungen für Wandel: Anpassen und/oder Überleben.

Z. B. wird das Bildungssystem „reformiert", um es wettbewerbsfähig im europäischen, internationalen Vergleich zu halten, also damit unsere Kinder den globalen Wandel wissensmäßig überleben. Dazu wird neuer Zeit- und Notendruck aufgebaut, denn Lernen funktioniert am Besten im Überlebens- und Anpassungsmodus - sagt der Verstand, wenn er nur intensiv genug mit impliziten Signalen von Bedrohung versorgt wurde.

Erst als es ums Überleben ging, zumindest politisch, wurde der große Change in der Atompolitik verkündet – reflexartig und ohne Konzept - wie so gerne, wenn es ums Überleben geht.
Individuell stellt man „naturgemäß" seinen Alkoholkonsum ein, wenn die Leber in Gefahr ist, das Rauchen, weil es die Lunge nicht mehr lange macht, und die Ernährung stellt man um, um seine Gesundheit zu retten. Nicht immer ganz erfolgreich. Möglicherweise habe ich mir Trinken, Rauchen, üppiges Essen gerade aus Anpassung und einem Überlebensinstinkt heraus angewöhnt. Wäre es da wirklich „vernünftig", es mir abzugewöhnen?
Veränderungen, die durch Anpassung und/oder Überleben begründet sind, haben natürlich ihre Berechtigung. Wir würden ohne diese beiden schließlich nicht mehr existieren. Die Gefahr für erfolgreichen Wandel liegt eher darin, dass Teams oder Organisationen im Anpassungs- oder Überlebensmodus zu kurz springen, weil ein ganz existentieller Treiber, erst recht in der Neuzeit, verloren geht: Der Sinn. Der Sinn liegt im dritten Modus: der Fortpflanzung. Fortpflanzung als Denk- und Handlungsprinzip im Sinne von: etwas von mir, von uns bleibt in der Welt als Grundlage dafür, dass wieder etwas anderes oder jemand anderes entstehen, wachsen und gedeihen kann. Neben und mit etwas oder jemand anderem übrigens, nicht stattdessen. Mit der Fortpflanzung gehen Wachstum und Entwicklung einher. Anpassung und Überleben liefern dafür eine zentrale Grundlage, aber eben nur die Grundlage, darüber hinaus geschieht nichts ohne Fortpflanzung. Die entscheidende Frage in Veränderungsprozessen, die durch Anpassung oder Überleben motiviert sind, lautet: Wofür denn eigentlich? Nur damit das Gehalt weiter bezahlt werden kann, nur damit Arbeitsplätze erhalten bleiben, also, nur damit das Existenzminimum gewährleistet ist? Keine Firma ist gegründet worden, um Gehälter und Arbeitsplätze zu sichern, sondern um tolle Autos zu bauen, die Umwelt zu schützen, Menschen Spielräume zu geben. Kein Individuum lebt nur um zu existieren, sondern, um zu gestalten, sich zu verwirklichen, zu entdecken und zu teilen. Wenn das nach all der Unsicherheit, dem Einsatz, dem Mehraufwand nicht möglich sein wird, warum soll ich mich auf eine Veränderung einlassen?

Prepared Mind

Eine der wichtigsten Haltungen in der Wissenschaft im Informationsbereich und in der Forschung heißt: Prepared Mind - Vorbereitet sein. Oder: Was will ich? Dabei bedeutet „Ich": Mein Verstand und mein Körper. Sie bilden quasi eine ganzheitliche Personalunion der besonders wichtigen Art. Will ich überleben oder will ich Raum geben für Neues? Der Körper stellt sich automatisch darauf ein und unser Hirn ebenfalls.

Wenn ich sage und/oder fühle, ich muss meinen Untergang verhindern, dann wird mein mächtiger Autopilot - das Unbewusste - seine Aufmerksamkeit darauf ausrichten, dass ich überlebe. Es wird alles entdecken, wahrnehmen, anwenden, was das Überleben sichert. Alles andere wird „übersehen". Sollte es irgendwo eine Wachstumschance geben, wird sie mir nicht auffallen oder sogar stören. „Ja, aber" regiert, denn natürlich gibt es jetzt Wichtigeres als Entwicklung. Am Ende bleibt eine Organisation, ein Mensch, der überlebt hat und dessen Aufmerksamkeit auf das weitere Überleben gerichtet ist. Also wird nach gelungenem Überlebenskampf die nächste „Bedrohung", der nächste „Konkurrent", die Vorbereitung auf die nächste „Krise" in den Fokus gerückt. Eine Weiterentwicklung ist nur erlaubt, wenn sie der Abwehr künftiger Bedrohungen dient, Wachstum steht ganz im Dienste des Überlebens: ein hervorragender Boden für Antreiber aller Art. Ich bleibe Prepared Mind auf Krisen und Überlebenskampf und erschöpfe mich damit bis zum Umfallen - und so kann der Kampf an der Burn-Out-Front weiter gehen...

Prepared Mind heißt, ich will etwas Bestimmtes auf allen Spuren, allen Denkkanälen meines Hirns und Körpers. Will ich also eine Veränderung, die den Fortpflanzungsmodus, die Sinnstiftung anspricht, dann ist es wichtig, dies spürbar werden zu lassen und zu inszenieren: durch starke Bilder, klare Signale der eigenen Haltung, deutliche Aufmerksamkeit auf alles, was Fortpflanzung und mentale Fruchtbarkeit fördert.

Hier liefert die TA wertvolles Handwerkszeug, das hilft, Haltung zu verdeutlichen und Beziehung zu gestalten.

Der Fortpflanzungsmodus braucht den Dialog zwischen fürsorglichem Eltern-Ich und freiem Kind.

Wertschätzende Neugier auf Ideen und Vorschläge dominieren, Fehler werden als Basis oder sogar wunderbare Grundlage genommen, zu lernen und den nächsten Entwicklungsschritt daraus abzuleiten. Fehler vergeben ist die grundsätzliche Reaktion, nicht Fehler vergessen oder vertuschen! Denn vergessen erlaubt kaum Entwicklung. Anpassen und überleben dagegen funktionieren sehr gut im Dialog von kritischem Eltern-Ich und angepasstem Kind. Da gibt es Regeln, an die man sich zu halten hat, was eher nach Routine klingt als danach, Neues zu schaffen und Routinen zu durchbrechen.

Von Tempofallen und Mentalbetrügern

Das Konzept der Antreiber erweist sich ebenfalls als hilfreich. Antreiber sind wichtig und nützlich, wenn es um Überleben und Anpassen geht. Das Gegenkonzept der „Erlauber" hilft, um den Fortpflanzungsmodus zu verstärken.
Ein sehr aktueller Antreiber gerade bei Veränderungen ist der „Beeil dich"-Antreiber. Tempo ist das Gebot der Stunde, besonders, wenn es um Veränderungen geht, die das Überleben sicherstellen sollen. Dann muss alles mit hoher Geschwindigkeit geschehen. Im Tempo reagiert ein Mensch auf ein erstes Zeichen, ein Anzeichen. In der Technik nennt man das Trigger – einen Auslöser. Man benützt nur ganz wenig Information und ergänzt den Rest aus seiner Erfahrung („Wissen, was kommt"). In Bezug auf Neues ist Tempo aber meistens eine Tempofalle, weil es so verführerisch ist. Das anstrengende ER wird ausgeschaltet, das kEL greift mühelos auf das aK zu. Gehorsam - neudeutsch Flexibilität - ist das Gebot der Stunde, denn nur so kann die Firma, das Team oder die persönliche Gesundheit erhalten bleiben.
„Was wir jetzt brauchen ist schnelles Handeln und hohe Flexibilität." Wer das hört, weiß auch schon im Moment, was kommt. Ganz schnell. Und das ist gefährlich, weil wir noch gar nicht wissen, was kommt. Wir haben nur den ersten Moment gesehen und eigentlich (k-)eine Ahnung. Ein Gefühl dazu gibt es meistens auch. Das reicht von:"O.K., wenn die da oben sagen, wo es lang geht, dann mache ich das halt", bis zum unguten Gefühl, eigene Ideen auf Sparflamme zu setzen und irgendwie „durchzukommen", Anpassung eben.
In einer „fortpflanzungsorientierten" Kommunikation über Neues ist entscheidend, dass die Betroffenen mehr Informationen bekommen. Das braucht immer Zeit. Meistens heißt das: „Sag mehr! Sprich. Komm,

liefere mehr Text", oder noch besser für unser Gehirn: „Gib mir ein Bild! Beschreibe mir eine Szene."
Ein Beispiel: In der Mitarbeiterversammlung erklärt der Geschäftsführer: „Wenn wir nicht schnell etwas verändern, bekommen wir ein existentielles Problem."
Und man stellt sich vor: „Problem". Ist das dann so etwas wie ein Lebewesen oder ein Ding, ein Gegenstand?
Das Wort Problem ist Mentalbetrug!
Haben Sie schon einmal ein Problem gesehen?
Wirklich? Wie hat es ausgesehen? Haben Sie ein Foto davon? Problem klingt nach Hauptwort. Das Hirn denkt:" Da kommt ein Ding." Ich weiß nur nicht, wie es aussieht, ich weiß nur, es ist bedrohlich. Dinge, die da sind, aber nicht zu sehen, werden noch größer und gefährlicher. Wenn es um Handeln im Fortpflanzungsmodus gehen soll, springen Sie schnell über Worte wie „Problem", „Herausforderung" oder „Lösung". Reden Sie weiter: Was wird denn das für ein Problem sein? Worum wird es gehen? Was wird konkret fehlen, wo genau? Wird es das Unternehmen noch geben? Werde ich wertvolle Kollegen verlieren? Oder wird mir das Weihnachtsgeld gestrichen? Dann wird es für das Hirn wieder klar. Das heißt, wir kommen in Sätze mit allen grammatikalisch und mental notwendigen Bestandteilen Verben, Substantiven, Adjektiven, ein erster Steinbruch für andere Ideen. Aus einem Begriff wie „Problem" eine bildhafte Beschreibung zu machen, braucht ein wenig mehr Zeit. Der schnelle Reflex ist gefährlich, erst recht für neue Ideen. Es geht gar nicht um die Qualität der Botschaft, sondern um den Moment ihres Eintreffens übers Ohr ins Gehirn des Hörers. Dort muss es sich entwickeln können.

Willkommen im Basislager

Ein zentrales Merkmal für das Arbeiten im Fortpflanzungsmodus ist ein spürbares, erkennbares „Basislager".
„Der Zweck einer sicheren Basis besteht darin, ein Gefühl der Sicherheit und Geborgenheit zu erzeugen, damit sich das geistige Auge auf die Möglichkeiten, die Erforschung, die Kreativität und die Dinge konzentrieren kann, die uns Freude und Zufriedenheit geben. Ohne sichere Basen werden wir anfällig für Angstgefühle und beschneiden damit

unser Potenzial, verhindern unseren Erfolg und machen uns anfällig dafür, zu Gefangenen zu werden (oder uns in eine Geiselsituation zu verstricken." (Kohlrieser, Wiley, S 109ff)
Im Basislager ist alles, was Sie für Ihre Expedition brauchen. Da sind Menschen, die zu Ihnen halten, da sind Belohnungen und Trost, Anregung und Schutz. Wenn das Basislager gut eingerichtet ist, haben Sie Möglichkeiten, Ihre Expedition ins Ungewisse zu starten. Wir brechen erst auf, wenn wir wissen, das Basislager ist da.
Die Leute im Basislager sind prinzipiell für Sie da. Mit Gipfelsieg oder mit Abbruch. Die Bergsteigerin Gerlinde Kaltenbrunner hat bei ihrem letzten Gipfelsturm fünf Versuche gebraucht. Viermal ist sie ins Basislager zurückgekommen. Stellen wir uns mal kurz die Rückkehr in ein Lager vor, das vom Anpassungsmodus beherrscht wird:
Gerlinde kommt zurück.
„Gerlinde, wie war's? Warst oben? Nein??? 150 Meter vorher bist Du umgedreht? – Geh', was, bist Du narrisch? 150 Meter? Heast bitte, kannst du di' net anstrengen? Kannst Di net a' bißl zsammreissen? Ja, uns ist fad, wir sitzen da, wir warten, ja, des is ja nix. Und du – 150 Meter – geh' bitte. Des schafft doch a jeder..."
Solche Menschen sind in dem Basislager nur kurz, wenn überhaupt. Das Buch von der Gerlinde Kaltenbrunner heißt „Ganz bei mir". Sie entscheidet, aus ihrem Bauch heraus - es ist natürlich ein gesamtes Nervensystem mitsamt dem Verstand, ob sie weitergeht oder nicht.
Was sie ebenso hat, ist ein Basislager in sich selber (drinnen): „Ich muss mich bei mir selber sicher fühlen. Ich muss mich so sicher fühlen, dass auch, wenn ich einen Fehler mache, auch wenn mir etwas nicht gelingt, auch wenn ich eine Niederlage habe, wieder anfange, an mich glaube, ich muss mich sicher fühlen. Wenn ich das nicht habe, kann ich nicht aufbrechen in Neues."
Bevor in Unternehmen oder im persönlichen Prozess der Change beginnt, ist es wichtig zu klären, ob es ein solches Basislager gibt: Worauf kann ich mich im Unternehmen verlassen? Auf welche Menschen kann ich mich verlassen? Welche Ressourcen habe ich, welche haben meine Kollegen und Mitarbeiter, um sich selbst zu unterstützen?
Und da ist noch etwas, was das Basislager und Unterstützung notwendig machen:
Das Neue ist selten schön! Die neue Idee ist selten schön!

Ein Baby – frisch aus dem Bauch der Mutter herausgekommen, ungewaschen noch. Das ist nicht schön – aber jeder Grund, es zu lieben! Natürlich! Nicht schön - rein rational betrachtet - aber jeder Grund, daran zu arbeiten, es weiter zu entwickeln.
Das Neue ist selten schön – und wenn man sich nicht auskennt, denkt und sagt man, daraus wird nie etwas Ordentliches! Man muss erst einmal das Überleben sichern, sich an die neue Situation anpassen. Wer sich auskennt, der weiß, das ist nur der Anfang. Dem gelingt es leichter, in den Fortpflanzungsmodus zu wechseln. Es geht um Veränderung, es geht um Neues.
Schauen wir, was aus der Veränderung, aus dem Baby wird.
Was haben unsere Eltern gemacht?
Sie haben es geliebt. Sie waren relativ überzeugt von dem Neuen. Aber sie hätten auch sagen können: „Ja komm, du willst doch. Du kannst doch selber wachsen, automatisch quasi. Dann mach halt." So geht die Entwicklung von Neuem nicht. Es braucht fürsorgliche, wertschätzende Förderung, immer wieder Einladung, Ermutigung und Inspiration.
Wenn das Kind nicht spürt, dass es prinzipiell die Möglichkeiten zum Gehen hat, wenn das Unternehmen nicht spürt, dass es die Veränderung prinzipiell bewältigen könnte, wäre jede Anstrengung Blödsinn, geradezu verrückt. Wenn jemand weiß, dass es nicht geht – wozu soll er sich anstrengen?
Anstrengung und Einsatz brauchen die Basis der eigenen Ressource. Wenn ich es mir nicht zutraue, werde ich mich nicht bemühen.
Womit wir wieder beim Basislager wären und der gefühlten sicheren Basis.
Das kann man immer noch lernen.

Verändern, dürfen wir das?

Wir haben bis jetzt viel darüber geschrieben, was wir tun können, um uns ins Wollen zu bringen: Einstieg in den Fortpflanzungsmodus, Basislager, Wertschätzung, Erlauber statt Antreiber. Eine wichtige Perspektive fehlt noch, die im ungünstigsten Fall den scheinbar Veränderungswilligen zum Stillstand bringt. Nicht einmal das Wollen ist das Letzte, Entscheidende. Da gibt es noch etwas im Präfrontalen Cortex:

Manchmal – und vielleicht kennen Sie das selbst auch – ärgern Sie sich über sich selbst „Was bin ich denn für ein Idiot! Ich wollte, ich hätte es auch gekonnt, ich habe alles nötige Wissen: und trotzdem habe ich es nicht einmal angefangen!"
Warum? - Ich darf nicht!
Das ist die Oberinstanz, die bei manchen Menschen und Situationen die entscheidende Blockade bildet. Das findet man auch bei Sportlern. Da ist die mehrfache Schwimmolympiasiegerin, die konnte ihre Freundinnen nicht besiegen, weil sie es nicht durfte. Sie musste zuerst mit dieser Blockade zurechtkommen, um in wichtigen Finali andere zu besiegen. Individuell wird dieses „Ich darf nicht" vom Script bestimmt. In Organisationen gibt es den erstaunlichen Vorgang, dass MitarbeiterInnen einer Abteilung partout nicht mit denen einer anderen kooperieren, obwohl sich die Menschen individuell gut verstehen. Nehmen wir als Beispiel eine Marketingabteilung, die sich mit den Kolleginnen aus dem Vertrieb fast einig war, einen neuen Prozess einzuführen. Kurz vor den ersten konkreten Schritten brechen wieder die Konflikte auf. Sie dürfen nicht einer Meinung sein. Um im Veränderungsprozess weiterzukommen, hilft es nicht, das „Wollen" zu fördern oder das „Können", sondern zu klären: „Dürfen wir das überhaupt?" Ohne das Lösen dieser mentalen Handbremse funktioniert kaum eine Veränderung. Das ist entscheidend. Alle Vorschläge, die man in diesen Momenten äußert, kann man sich ersparen. Sie dürfen nicht gehört werden. Das innere, eigene, gefühlte Dürfen ist unsere letzte Instanz.

Die Macht starker Bilder

Noch ein letztes brauchen wir, um eine Veränderung wirklich durchzutragen:
Starke Bilder.
Stellen Sie sich eine Zitrone vor: Reif, kühl, weich, wunderschön gelb, duftend. Schneiden Sie die Zitrone in 2 Hälften. Legen Sie eine Hälfte weg, machen Sie den Mund weit auf und beißen kräftig hinein. Dann legen Sie die Zitrone weg. Ende des Experiments.
Bei wem ist im Körper irgendetwas passiert? Wenn Sie bei der Sache waren, dann wird Ihnen im wahrsten Sinne des Wortes das Wasser im Munde zusammen gelaufen sein. Wir können also erreichen, dass Sie

Speichelfluss haben, dass Sie schlucken. Es ist wie Zaubern. Mit Worten Zaubern funktioniert, wenn die Worte starke Bilder beschreiben. Und wenn wir uns auf Neues einlassen, dann ist ein wenig Zauberei von Nöten.
Unser Hirn ist in der Lage, aus klaren Vorstellungen starke Reaktionen zu produzieren. Welche Vorstellung wir vom Neuen, vom Fremden haben, beeinflusst unser gesamtes Körpergefühl. Und mit diesem Gefühl gehen wir dann in die Veränderung. Da kann es ja noch so gute sachliche und fachliche Gründe geben, die Organisation endlich neu „aufzustellen": wenn das Erfahrungsgedächtnis oder, in TA ausgedrückt, unser Kind-Ich nur unangenehme, saure Erinnerungen an Neues, Anderes hat, wird es sich im Prozess unwohl fühlen. Mehr noch: unser Gehirn wird seine Wahrnehmung auf alles richten, was unangenehm ist. Das Gefährliche: Das geschieht nicht über den Verstand, sondern über das Vorbewusste, unseren Autopiloten. Unser Verstand findet die „notwendige" Veränderung ja richtig, er wundert sich nur über das ungute Gefühl. Und ungute Gefühle, die sich nicht gleich rational, funktional, operational begründen lassen, haben eben keinen Platz in unserer Arbeitswelt: „Da könnte ja jeder mit seinem Bauchgefühl kommen." Die persönliche Übung – fortpflanzungsorientiert – heißt: Gefühle wahrnehmen, Gefühle als Bilder zulassen, beschreiben und im dritten Schritt den Bezug zur aktuellen Situation herstellen.
Hirne funktionieren so, dass sie sehr stark über Bildverarbeitung laufen. Mit der Bildverarbeitung ist gleichzeitig auch noch die Emotionsverarbeitung aktiv.
Was Sie brauchen, ist ein Bild für den Begriff Veränderung.
„3% Gewinn nach Steuern". O.k.
Aber was ist das Bild? Was ist das Bild für 3% mehr?
3 % zu sehen und körperlich zu fühlen ist ein wenig schwer. Aber wenn Sie sagen und zeigen: „Wir stecken auf das Eis noch eine süße Kirsche drauf. Die ist der Gewinn." Wenn es also gelingt, im Gehirn das Bild 3% = Kirsche aufzubauen, wird dieses Bild sofort verarbeitet und emotional bewertet: „Ah – die Kirsche kommt oben auf das Eis drauf! Aaaaah. Fein. Wo kann ich das bekommen? Wo muss ich dafür tun?"
Eine Qualität guter Trainer, Coaches und Führungskräfte ist, dass sie Bilder entwickeln können in Kooperation mit KlientInnen, Teams, Organisationen. Bilder, die Lust auf diese Kirsche da oben machen. Oder auf

etwas anderes tolles – Eisbecher oder Kühleinrichtung für Eisaufbewahrung.
Absurd? Ist das Neue schön, logisch, rational? Es braucht das Kind-Ich, das Neue weiterzuentwickeln und ein fEL, um es gedeihen zu lassen.
Ist ein starkes Bild da, ist die Bereitschaft, etwas Neues zu tun, größer. Bereitschaft heißt: „Ja, das will ich! Da will ich hin! Den Preis dafür zahle ich gern."
Und Sie wären in guter Gesellschaft: Albert Einstein hat seine Relativitätstheorie ja angeblich in einer Mathematik-Stunde entwickelt, als ihm fad war. (So wird es jedenfalls beschrieben). Er hat sich vorgestellt, er sitzt auf einem Lichtstrahl, fliegt mit Lichtgeschwindigkeit durch die Gegend und schaut in einen Spiegel. Sieht er sich?
Das war sein Bild. Die Innovation trat als Bild auf, als Geschichte. Und später erst sind die Formel und alles andere dazu gekommen. Die Formel ist nicht geil. Nur für manche. Für die wenigsten Unternehmen ist sie geil.
Werden Sie bildhaft und szenenhaft, mit Geschichten, Stories. Machen Sie mit Bildern und Geschichten fühlbar, worum es geht. Halten Sie sich nicht zu lange mit Buchstaben und Zahlen auf. Bilder und Emotionen laufen gekoppelt.
Wenn jemand sich vornimmt, er muss „NEIN" sagen lernen – das sagen ja viele – haut das oft nicht hin. „Nein sagen, sich abgrenzen", manche mögen diese Begriffe eigentlich gar nicht. Aber man könnte dasselbe Gefühl nehmen und sagen: „Ich will Spielraum, ich brauche mehr Freiraum um mich! Wie am Strand, am Meer." Das klingt sofort ganz anders. Das ist ein anderes Bild.
Gute Bilder suchen ist ein Stück Ihrer Vorbereitung auf Veränderungen. Wirkungsvolle Ziele bauen nach aktuellen Erkenntnissen der Hirnforschung auf Bildern auf. Diese Zielbilder werden dann in Sprache übersetzt.
Es kann gelingen, das Bedrohliche im Unbekannten zu bewältigen, am Ende für einen wirkungsvollen Veränderungsprozess zu nutzen, wenn es gelingt, sich selbst und möglichst viele der Betroffenen in den Fortpflanzungsmodus zu bringen. Grundlagen hierfür sind ein wertschätzendes Basislager, angemessenes Tempo, die Erlaubnis in Veränderungen erfolgreich sein zu dürfen, klare Bilder und das Bewusstsein, dass das Neue selten schön ist. Es wird erst schön, wenn fürsorgliche Eltern freien Kindern ermöglichen zu wachsen, körperlich und geistig – Prepared Mind eben.

Literatur

Bowlby, J. (1988). A Secure Base: Clinical Application of attachment Therapy. Ravistock/Routledge.

Csikszentmihalyi, M. (2007). Flow: Das Geheimnis des Glücks. Klett-Cotta.

Eichhorn-Thanhoffer, K. (2002). Thanhoffer, Michael: „Ich mach's auf meine Art". Ökotopia Verlag.

Faßbender, R.-R. & Thanhoffer, M. (2010). Kreatives Projektmanagement. Gabler.

Fuchs, W. (2009). Warum das Hirn Geschichten liebt. München: Haufe.

Hagehülsmann, U. und H. (1998). Der Mensch im Spannungsfeld seiner Organisation. Junfermann.

Hennig, G. & Pelz, G. (1997). Transaktionsanalyse. Freiburg im Breisgau.

Hüther, G. (2001). Bedienungsanleitung für ein menschliches Gehirn. Göttingen: Vandenhoek und Ruprecht.

Kaltenbrunner, G. & Steinbach, K. (2009). Ganz bei mir. München: Piper.

Kohlrieser, G. (2008). Gefangen am runden Tisch. WILEY.

Kreyenberg, J. (2004). Handbuch Konflikt-Management. Berlin: Cornelsen.

Kuhl, J., Scheffer, D., Mikoleit, B. & Strehlau, A. (2010). Persönlichkeit und Motivation im Unternehmen. Stuttgart: W. Kohlhammer GmbH.

Mohr, G. (2008). Coaching und Selbstcoaching mit Transaktionsanalyse. EHP.

Rock, D. (2009). Brain at work. Frankfurt/Main: Campus Verlag GmbH.

Roth, G. (2007). Persönlichkeit, Entscheidung und Verhalten - Warum es so schwierig ist, sich und andere zu ändern. Klett Cotta.

Storch, M. & Krause, F. (2010). Selbstmanagement - ressourcenorientiert. Bern: Verlag Hans Huber.

Beziehung & Bezahlung
Die 3 Ws der Wertschätzung – Grundpositionen dreidimensional

Suzanne Grieger-Langer

Liebe LeserInnen, bekommen Sie, was Sie verdienen?
In Sachen Beziehung und Bezahlung gilt: Bezahlung offenbart Beziehung! Die Beziehung zum Anderen und die Beziehung zu sich selbst.
Beim Thema Geld geht es nur selten um harte Fakten. Es geht vor allem um Gefühl, um Wert und um Würde.
Geld ist ein Stellvertreter-Thema, es repräsentiert all unsere persönlichen Verwicklungsknoten. Darum ist alles mit und um das Geld herum auch so emotional. Es ist verbunden mit unseren tiefsten Glaubenssätzen.
Willkommen zu einem Artikel mit dem Potential auf den größtmöglichen Gewinn – ideell und auch gerne monetär.
Und schon habe ich eine Frage an Sie: Bekommen Sie, was Sie verdienen? Ich meine das ganz wortwörtlich: Verdienen Sie, was Sie verdienen? Ich meine tatsächlich, ob Sie es verdient haben?
Das wird jetzt ungemütlich? Die Frage ist geradezu unseriös? Was geht das überhaupt diese Person an. Es gibt doch wohl Wichtigeres als Geld. Und ausserdem verdirbt Geld den Charakter!
Ich glaube, dass dieser Spruch nicht zutrifft. Ich glaube, dass Geld nicht den Charakter verdirbt. Ich glaube, dass Geld den Charakter zeigt. Denn wer viel Geld hat, meint oft sich ungeschminkt zeigen zu dürfen, so ganz ohne die Notwendigkeit eine soziale Erwünschtheit bedienen zu müssen (vgl.Cialdini 2009). Geld zeigt den Charakter (und auch den Reifegrad einer Person). Und der Umgang mit Geld zeigt die Beziehung zu sich selbst!
Wie kann ich das behaupten? An dieser Stelle will ich mich kurz vorstellen. Ich bin Profiler. Mein Job ist es, Unternehmen vor Betrügern zu schützen. Ich bin also spezialisiert auf die Detektion (Erkennung) von

Fraud (Betrug von Schaumschlägertum bis zur Organisierten Kriminalität). In dieser Funktion beobachte ich seit Jahrzehnten ein Phänomen, zu dem ich in der Transaktionsanalyse kein befriedigendes Erklärungsmodell fand. Ein Buch von Petra Bock (Bock 2009) aber brachte mich vor zwei Jahren auf die richtige Fährte.

In meiner Tätigkeit als Profiler helfe ich zu entscheiden, wer wertig ist einen Vertrag zu erhalten. Dabei fallen mir nicht nur die Hochstapler ins Auge, sondern auch die Tiefstapler. Und während wir effektiv die Hochstapler aus- und die Tiefstapler einsortieren, kommt mir immer wieder ein weiterer Spruch aus dem Volksmund in den Sinn: Bescheidenheit ist eine Zier, doch weiter kommt man ohne ihr. Ja, die Bescheidenen erhalten auch einen Job. Ja, das ist schön, dass man ihre Leistungen erkennt. Doch Achtung! Die Leistungen werden erkannt, aber nicht angemessen anerkannt. Denn wie jeder Vertriebler weiß: Sie verdienen nicht, was sie leisten, sondern was sie verhandeln.

Diese Erkenntnisse sind nicht neu. Neu zu interpretieren wage ich allerdings in diesem Zusammenhang die Grundpositionen nach Eric Berne. Willkommen zu einer Dimensionalisierung der Grundpositionen.

Was gab es bisher? Die Kenntnis über die Grundpositionen vorausgesetzt, verweise ich auf zwei bereits existierende Ansätze, die Polarität der OK-Positionen in weiteren Dimensionen zu fassen:

- Eric Berne

    ... selbst differenziert die Du-Seite in zwei Dimensionen (Berne 1972), im Sinne eines nahen und eines fernen Du (+|+|-). Diese Aufspaltung des Aussen ist „Ausdruck der Solidarität von Menschen mit Minderwertigkeitsgefühlen" (Schlegel 1993). Diese Form, im Sinne einer Stammesethik *(Wir sind okay, die anderen sind nicht okay)* finden wir im Alltag mehrfach wieder. Von Fans der Fußballclubs wird es fast schon erwartet, doch wenn es allzu polarisierend und damit trennend gelebt wird, führt es nicht nur in den Fußballstadien zu Gewalt, sondern wuchert sich sogar bis zu einer faschistischen Weltanschauung. Diese Aufdimensionalisierung begegnet uns auch bei der narzisstischen Variante der 'Welt'-Einschätzung in Hoch- und Niederrelevanzkategorien (vgl. Babiak and Hare 2007; Dammann 2007; Grieger-Langer 2012).

- Julie Hay

    ... differenziert in ihrem Disposition Diamond (Hay 1992) die Grundpositionen zu verschiedenen Situationen in die Segmente:

Attitude *(Einstellung)*, Behaviour *(Verhalten)* und Emotion *(zugrundliegende Gefühlslage)*. Sie belegt anschaulich das Phänomen, dass man sich auf die eine Weise *(Okay-Haltung)* fühlen und doch ein anderes Verhalten zeigt und sogar eine andere Einstellung haben kann.
Dies erinnert mich stark an das Phänomen im Drama-Dreieck (vgl. Karpman 1968) sich gleichzeitig -|+ *(Opfer)* zu fühlen *(Emotion)*, sich aber +|- *(verfolgerisch)* zu verhalten *(Behaviour)*.

Erkenntnistheoretisch ist zu monieren, dass diese tautologischen, deskriptiven Ansätze scheinbar leer laufen (wie leider fast alle transaktionsanalytischen Konzepte) und nichts weiter beschreiben, als wir ohnehin schon wissen oder doch wissen könnten. Natürlich ist dieser konstruktivistische Ansatz der Kern der TA: als Beobachter der Welt und der Menschen darin können wir nur das beobachten und identifizieren, was wir beobachten können und nichts, was darüber hinaus geht.
Dennoch sollten wir über den Tellerrand der Transaktionsanalyse hinausschauen und weitere Theorieansätze in die nun folgende Konzeptionalisierung einbeziehen. Entsprechend handelt es sich um eine selbstreferentielle Theorieentwicklung (Astleitner 2011), die sich auf die folgenden Theorien stützt:
1. Berne zu den OK-Positionen (Berne 1972)
2. Bandura zur Selbstwirksamkeit (Bandura 1997)
3. Luhmann zur soziologischen Resonanztheorie (Luhmann 1975)

Worauf es mir in dieser Theorieentwicklung ankommt, ist eine (meiner Meinung nach) notwendige Dimensionalisierung auf der Ich-Seite! Ausgehend von Banduras Selbstwirksamkeitstheorie und andockend an unser transaktionsanalytisches Zuwendungsverständnis (vgl.Schlegel 1995), welches zwei Zielfoki aufweist: Person und|oder Leistung (vgl.Grieger-Langer 2009), wollen wir uns dem Phänomen der Wertschätzung (also dem OK-Sein) nähern. Neu ist dabei die Dreidimensionalisierung des Wertes: Entsprechend biete ich Ihnen hier drei Ws der Wertschätzung an. Diese drei Ws verstehen sich als Wirklichkeitsbereiche der Wertschätzung.Bei aller Wirklichkeit aber dürfen wir nie vergessen: Wertschätzung – wie es der Begriff offen und ehrlich ausdrückt – ist eine reine Schätzung. Es existiert keine wissenschaftlich fundierte Erkenntnis oder nach fixen Maßstäben vereidigt korrekte Messung. Nein, diese Wert-Schätzung ist eine rein subjektive Angelegenheit und hat mehr mit den alten (und neuen) Meinungen anderer über Sie zu tun, als mit Ihrem tatsächlichen Wert. Damit kommt natürlich ein satter Faktor Ungenauigkeit ins Spiel. Gleichwohl bietet uns diese Neukonzeptionalisierung eine ausreichende Orientierung im Wertraum, durch die Wahrnehmung aller drei Dimensionen.

Zwei diese Wertschätzungsbereiche bzw. -dimensionen sind Ihnen mit den Grundpositionen längst bekannt: Ich bin wertvoll (okay) und Du bist wertvoll (okay).

Wir schreiben uns selbst zuerst im Okay-Sein. Nicht weil wir uns als Esel (genauer Narzisst) zuerst sehen, sondern weil wir die erste und eigentlich auch einzige Stellschraube im System sind. Doch so können wir hier nicht beginnen, denn: Das Ich entsteht am Du (Buber). Somit ist jede persönliche Beeinträchtigung Effekt einer einstigen Beziehungsbeeinträchtigung (Saimeh 2012), also in Resonanz entstanden. Je nach Biographie und (emotionalem und Reife-) Vermögen unserer Eltern wurden wir entweder als Person (im Sinne einer eigenständigen Persönlichkeit) mit Zuwendung bedacht (also unbedingt) oder aber (nur) unsere Leistung (im Sinnes eines Wohlverhaltens) brachte uns (bedingte) Zuwendung ein. Bei den wenigsten von uns wird es wohl in einem ausgewogenen Verhältnis gewesen sein. Da jede Zuwendung, jeder stroke, eine Wertschätzung, also ein Feedback über unseren Wert darstellt, orientieren wir uns nach genau diesen äußeren Zugeständnissen an uns und unsere Leistung. Wir glauben, was die Anderen uns über uns erzählen. Am Anfang steht also der Wert, den Andere uns geben, es ist die Welt, die uns sagt, wo für uns etwas (Zuwendung) zu holen ist: bei uns selbst im Sinne eines Selbstwertes oder bei unserem Wohlverhalten im Sinne eines Wirksamkeitswertes.

Es sind diese beiden Wertfaktoren: Selbst-Wert und Wirksamkeits-Wert, die Berne nicht differenzierte. Genau genommen fokussierte Berne rein auf den Selbst-Wert. Doch die sozial-kognitive Forschung belegt eindeutig, dass nicht nur Kontingenzen Verhalten verändern, vielmehr sind es die Kognitionen (Erwartungen) über solche Kontingenzen. Hier setzt das Konzept der Selbstwirksamkeit(serwartung) nach Albert Bandura (Bandura 1997) an. Die Selbstwirksamkeitserwartung (SWE) bezeichnet die Kompetenzerwartung an sich selbst. Nicht im Sinne eines fordernden (kEL), sondern fördernden (fEL) Persönlichkeitsanteils. SEW bezeichnet die Erwartung, besser die Überzeugung, aufgrund eigener Kompetenzen gewünschte Handlungen erfolgreich selbst ausführen zu können.

Ein Mensch, der daran glaubt, selbst etwas zu bewirken und auch in schwierigen Situationen selbstständig handeln zu können, hat demnach eine hohe SWE. Sie geht davon aus, gezielt Einfluss auf die Dinge und die Welt nehmen zu können, was einer Kontrollüberzeugung gleich kommt (internaler locus-of-control). Laut Wissenschaft zeigen Personen mit einem starken Glauben an die eigene Kompetenz größere Ausdauer bei der Bewältigung von Aufgaben, eine niedrigere Anfälligkeit für Angststörungen und Depressionen. Zudem weisen sie mehr Erfolge in der Ausbildung und im Berufsleben auf.

Selbstwirksamkeitserwartungen und Handlungsergebnisse wirken typischerweise zirkulär: Eine hohe SWE führt zu hohen Ansprüchen an die eigene Person, weshalb man eher anspruchsvolle, schwierige Herausforderungen sucht. Eine gute Leistung bei diesen Herausforderungen führt dann wieder zur Bestätigung bzw. Erhöhung der eigenen SWE. Dieser zirkuläre Effekt schafft also einen so genannten 'high performance cycle' (Locke und Latham 1990, 1991).

Die allgemeine Selbstwirksamkeitserwartung umfasst alle Lebenbereiche und bringt eine optimistische Einschätzung der generellen Lebensbewältigungskompetenz zum Ausdruck, die sich motivational (Kompetenzerwartung beeinflusst die Auswahl an Situationen, in die mach sich hineinbegibt) und volitional (Kompetenzerwartung bestimmt das Ausmass der Anstrengung, mit der man eine Aufgabe löst und mit der man eine Aufgabe löst und die Ausdauer bei der Bewältigung von Anforderungen) auswirkt.

Selbstwirksamkeit entwickelt sich in verschiedenen Lebensstadien bei jedem Individuum unterschiedlich, je nach den Lebensumständen und den unterschiedlichen Einflüssen folgender Quellen (vgl.Bandura 1997):
1. Bewältigungserfahrungen (Die Meisterung schwieriger Situationen stärkt den Glauben in die eigenen Fähigkeiten)
2. Stellvertretende Erfahrungen (Beobachtungen von Personen im Sinne von Vorbildern (nach der Faustformel: Je größer die Ähnlichkeit zur beobachteten Person, desto stärker die Beeinflussung durch das Vorbild.)
3. Soziale Unterstützung (Gutes Zureden hilft, sofern es eine realistische Erwartung betrifft.)
4. Psychologische und physiologische Zustände (Je entspannter, desto mutiger.)

Zurück zur Transaktionsanalyse: Wir haben es mit drei relevanten Bereichen des OK-Seins zu tun: Wert, Wirksamkeit und *(deren Resonanz in der)* Welt.

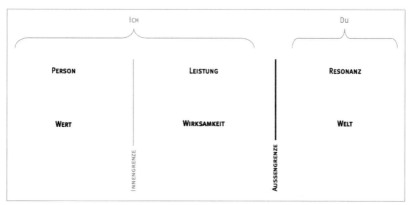

Abbildung 1: OK-Dimensionen | die drei Ws

Natürlich ist es so, dass sich Menschen mit Abwertungsmustern, die Wert und Wirksamkeit betreffen, sich die Probleme auf die eigenen Fahnen schreiben *("Ich bin einfach nicht gut genug. Da kann ich nicht mithalten.")*. Vertreter des Abwertungsmusters Welt, sehen die Ursachen im Außen *("Wie soll man erfolgreich sein, wenn dieser Planet den Bach runtergeht.")*. Soweit so gut. Doch kann man auf der Ich-Seite wirklich zwischen Wert (Person) und Wirksamkeit (Leistungsverhalten) trennen? Ich behaupte ja. Und ich füge hinzu, dass es sogar sehr wichtig ist, dies zu tun. Wie wir uns selbst achten und was wir uns selbst zutrauen, sind wesentliche Bestandteile unseres Selbstbildes.

1. SelbstWert = ich darf!
   Dies ist die SelbstAchtung, die Ihnen die Gewissheit gibt, Respekt und ein gutes Leben verdient zu haben.
   „Ich habe es nicht verdient!" ist demnach eine Störung der Selbstachtung. Ob nun jemand die fixe Idee hat, es nicht verdient zu haben, gut behandelt zu werden oder gut bezahlt zu werden – unterm Strich zahlt derjenige drauf.
2. SelbstWirksamkeit = ich kann!
   ... gibt Ihnen das Vertrauen, sich Wohlstand erarbeiten zu können, gut genug zu sein. „Ich schaffe das nicht!" ist dagegen eine Störung

der Selbstwirksamkeit. Ob nun jemand die fixe Idee hat, alles nicht zu schaffen, oder Bestimmtes nicht zu schaffen – unterm Strich wird derjenige sich in Abhängigkeiten begeben, auf dass man ihn mit durchzieht.

Beide Varianten für sich allein sind schon nicht angenehm, doch wenn es in beiden Bereichen gleichzeitig zu einem Defizit (einem Mangel an Vertrauen in sich: in seinen eigenen Wert und seine eigenen Fähigkeiten) kommt, dann wird es wirklich unangenehm. Doch egal, wie es sich bei Ihnen oder Ihren Klienten verhält, damit ist noch nicht Schluss, jetzt erst kommt es dicke. Jetzt kommt noch der Aussenbereich dazu und geht mit den Innenansichten in Resonanz.
Hier zeigt sich der zirkuläre Charakter der Wertschätzung. Wird uns Wertschätzung entgegengebracht, sind wir in der Lage bei uns eine Wertschöpfung zu schaffen. Haben wir ein angemessen positives Gespür für unsere eigene Wertschöpfung, werden wir ein entsprechend wertschätzendes Verhalten erwarten und Geringschätzung (Abwertung) nicht akzeptieren. Oder umgekehrt. Der Kreis schließt sich.
Eine Kurzfassung dieses Resonanzkreises lautet also: Menschen, Systeme … werden so behandelt, wie sie sich behandeln lassen. Sie lassen sich behandeln, wie sie sich selbst behandeln. Sie lassen sich behandeln, wie sie gelernt haben, sich behandeln zu lassen (und hier ist eine offene Tür für uns Berater, Coaches, Therapeuten). Denn der Ursprung der Behandlung liegt logisch im Aussen, wird im Innern fortgeführt und spiegelt sich langfristig im Aussen wider. Wenn Sie sich selbst nicht schätzen, bekommen Sie keinen Respekt. Wenn Sie an sich selbst nicht glauben, werden (relevante) andere das ebenfalls nicht tun, und wenn das doch einmal der Fall ist, werden Sie wiederum denen nicht glauben (Verratskomplex). Wertschätzung ist somit eine Frage der Resonanz.
Luhmanns nicht nur populäre, sondern auch sehr erfolgreiche Systemtheorie versteht Gesellschaft als operativ geschlossenen Prozess sozialer Kommunikation, der u.a. codiert geschieht. Das ist nichts Neues. Dass er betont, dass Geld ein symbolisch generalisiertes Kommunikationsmedium ist, aber sollte uns aufhorchen lassen. Geld ist also ein Resonanzcode. Entsprechend postuliere ich wiederholt: Bezahlung offenbart Beziehung! Im monetären Sinne bedeutet Resonanz: Sie geben der Welt (und darin Einzelnen) etwas und bekommen etwas dafür. Je seltener Ihre Gabe (also Ihre Leistung) und je bewusster das der Welt dort draussen ist (dass

Ihre Arbeit etwas Besonderes ist), desto mehr wird die Welt (also der Einzelne) Ihnen dafür geben. Wollen Sie also (etwas oder mehr) bekommen, gilt es etwas (möglichst Besonderes) zu leisten und für Ihre Leistung auch entsprechend zu werben, bzw. diese als entsprechend kostbar zu kommunizieren, damit die Welt das begreift. Wer also Probleme mit dem Geldeinnehmen hat, hat ein Resonanzproblem. Entweder ist die Arbeit, die er gibt, nicht wertvoll genug oder er schafft es nicht, sich selbst (die größere Herausforderung) und die Welt (die kleinere Herausforderung) von diesem Wert zu überzeugen.

Folgen Sie mir zur Veranschaulichung in meine Arbeitswelt: Beginnen wir mit dem Idealkandidaten im Recruitment. Er repräsentiert die Substanz, die er liefern kann, angemessen und erwartet angemessene Resonanz: im Kontaktverhalten als auch in der Vergütung. Top! Kommen wir nun zu den zwei Kategorien mit Malfunktion:

1. Gruppe 1 der Dysfunktionalität
   die Schaumschläger, im Volksmund gesprochen, die Eindrucksmanager im Profilerdeutsch oder die Narzissten im Psychosprech
   Sie wollen viel, scheinen nicht nur begierig, sondern geradezu gierig. Es gilt die innere Leere, den inneren Mangel an Substanz mit Status und Gütern, bestmöglich Geld zu füllen. Sie brauchen es zu Rückversicherung ihres Wertes.
   Diese Kandidaten soll ich aussortieren oder aber das Management entsprechend instruieren, denn es sind auch die Narzissten, die die Wirtschaft am laufen halten, und in gewissem Bahnen ist ein solcher Manager auch managebar.
2. Gruppe 2 der Dysfunktionalität
   die gute Perle, die unterbezahlte Spitzenkraft
   ... ist hochwillkommen, aber nicht hoch bezahlt.
   Manager, Unternehmen, Kollegen lieben diese Personen – natürlich nicht ob der Person willen, sondern ob deren Leistungsbereitschaft willen, die sich für die Person selbst ungut mit Minderwertigkeitsideen koppelt, so dass sie kaum wagt, angemessen oder gar viel für die Leistung zu verlangen.

Das wir TAler uns typischerweise aus den Non-Profit- und Low-Profit-Bereichen rekrutieren, steige ich gleich mit der Gretchenfrage ein: Hand auf's Herz. Sind Sie eine 'gute Perle'? Jemand, der eine Superleistung für sehr wenig Geld liefert? Dann freuen sich Schnäppchenjäger über Sie.

Aber freue Sie sich auch? Solche Klienten und Auftraggeber sind nicht nur schlecht für Ihr Konto, sondern auch schlecht für Ihr Selbstbewusstsein. Beachten Sie, dass ein Schnäppchenjäger nicht nur für den Moment schlecht für Sie ist, sondern grundsätzlich, denn sie gefährden (nach dem Resonanzprinzip) auch Ihre Substanz. Diese Substanz gilt es zu schützen. Doch hier schließt sich im Ungutem der Kreis: je weniger Sie von Ihrer Wertsubstanz überzeugt sind, desto weniger sind Sie in der Lage sich (und damit ihren Wert) zu schützen. Und das obwohl Sie sonst hohe Wirksamkeitsfaktoren haben? Ja! Sie nutzen Ihre Wirksamkeit nämlich vorrangig nach außen (zum wertigeren Aussen hin), sie haben wenig Erlaubnis, diese Wirksamkeit in gleichem Maße für sich selbst einzusetzen. Positive Rückmeldung von außen hat eine geringe Halbwertzeit und kann nur wenig substantiell eingebucht werden. Sie müssen immer und immer mehr für andere tun, um sich selbst die Existenz zu verdienen: Leisten statt Leben heißt das Motto.

Gar nicht so weit davon entfernt ist die narzisstische Variante, die mit den gleichen Vorzeichen ins Rennen einsteigt, aber einen wirklich guten Kniff gefunden hat, dass System angenehmer für sich zu nutzen: Ein Narzisst schützt sich vor der Negativresonanz, indem er Hoch- und Niederrelevanzkategorien schafft. So wird ihm eine negative Resonanz nicht gefährlich, wenn er sie in die Niederrelevanzkategorie einstuft, dann liegt sie quasi unter Wahrnehmungs- und für ihn damit unter Wahrheitsgehaltschwelle (vgl. Urbaniok 2011).

Wie würde denn nun ein angemessenes Wertschätzungsverhalten aussehen?

Zuerst kommt das Bewusstsein über den eigenen Wert, dies koppelt sich mit einer guten Leistung und einem angemessenen Stolz darüber. Im Kontakt mit der Welt wird diese Leistung wertig kommuniziert und! die angemessene Honorierung konsequent eingefordert.

Die gute Perle hat Probleme, sich und ihre Leistung wertig zu kommunizieren, geschweige denn konsequent wertschätzende Resonanz einzufordern. Dies ist nicht das Problem des Narzissten. Auf den bewussten Beobachter wirkt das narzisstische Verhalten oft genug substanzlos. Doch hier tun wir den Narzissten unrecht, denn wie die gute Perle sind sie es, die (fast) alles für Anerkennung tun:
- die gute Perle, um persönlich geliebt zu werden (sie ist einfach ehrlich und wünscht sich Feedback für ihren Wert),

– der Narzisst, um Status zu erhalten (er hat das mit dem Wert schon aufgegeben und begnügt sich mit den äußeren glänzenden Repräsentanzen).

Die gute Perle vermeidet in der Preisverhandlung die Konsequenz. Sie scheut die so genannte 'Visibility', die Sichtbarkeit, und damit den konkreten Abgleich mit anderen. Damit vermeidet sie zwar geschickt die Konfrontation mit geringschätzigen EL-Introjekten, die sie erneut kränken könnten, nach dem Muster „Du bist es nicht wert." Und doch schielt sie neidisch zu denen, die besser für sich einstehen. Und ob Sie es glauben oder nicht. Nicht nur einmal habe ich jemanden missgünstig murmeln hören „Wer ist schon so viel Geld wert?!" Haben Sie die Verschiebung von der Leistung auf die Person bemerkt? So ein Irrsinn. Jeder ist unendlich viel wert. Der Wert einer Person kann man nicht beziffern. Sie sind unbezahlbar! Was allerdings am Markt beziffert werden kann, ist die Leistung einer Person. Das hat nicht mit dem Wert der Person zu tun, sondern mit dem Wert ihrer Leistung am Markt. In Beziehung zum Markt muss sich jeder also fragen: verdiene ich, was ich verdiene? In der Beziehung zu sich selbst muss sich jeder fragen: kann ich meine Wert unabhängig von meiner Leistungsresonanz aufrecht erhalten?

Und jetzt? Wie geht es weiter?

Ein Wachstum für mehr Wohlstand (ob emotional und|oder monetär) gelingt auf Dauer nicht mit Wirksamkeitshilfen (wie mache ich das operational), sondern nur mit Erlaubnis und Erweiterung des Selbstwertes (Ich darf – es steht mir zu – ich bin es mir wert – das ist mir selbstverständlich). Sie brauchen also u.a. eine Erlaubnis für mehr Gehalt in der Wertschätzung (im Sinne monetärer als auch substantieller Faktoren in der Zuwendung, wie Ehrlichkeit und Unbedingtheit).

Nicht zuletzt weisen Geldcoaches immer wieder darauf hin, dass ein Vermögen nur dauerhaft ent- und besteht, wenn man in der Lage ist zu mögen: zuerst sich selbst, dann den Ausdruck dessen (auch im Geld), darum heißt es auch Ver-mögen!

Das Thema Geld ist ein Tabu-Thema im Non-Profit-Bereich, denn Geld gehört ja nicht dazu. Die Frage ist, ob man professionell damit umgeht, also auch rein betriebswirtschaftlich oder ob man es im Sinne einer Konterdynamik lebt (wie ich es teils auch in TA-Kreisen wahrnehme): wir sind besser als Geld, nur die inneren Werte zählen. Dies wirkt nicht nur eher trotzig als souverän, es ist zudem weder betriebswirtschaftlich haltbar, noch gesund, antithetisch zur Situation vieler Klienten und Patienten. Entsprechend sind wir insbesondere als Professionelle Berater, Coaches, Trainer, Therapeuten... aufgerufen zu wachsen, um wahren Wohlstand mit Wohlgefühl zu leben und zu fördern.

Literatur

Astleitner, H. (2011). Theorieentwicklung für Sozialwissenschaftler. Köln: Böhlau UTB.
Babiak, P. & Hare, R. D. (2007). Menschenschinder oder Manager – Psychopathen bei der Arbeit. München: Carl-Hanser Verlag.
Bandura, A. (1997). Self-efficacy: The exercise of control. New York: Freeman.
Berne, E. (1972). What do you say after you say hello? The psychology of human destiny. New York: Grove Press.
Bock, P. (2009). Nimm das Geld und freu dich dran. München: Kösel.
Cialdini, R. B. (2009). Die Psychologie des Überzeugens. Ein Lehrbuch für alle, die ihren Mitmenschen und sich selbst auf die Schliche kommen wollen. Bern: Huber.
Dammann, G. (2007). Narzissten, Egomanen, Psychopathen in der Führungsetage. Fallbeispiele und Lösungswege für ein wirksames Management. Bern: Haupt.
Grieger-Langer, S. (2009). Die 7 Säulen der Macht. Paderborn: Junfermann.
Grieger-Langer, S. (2012). Prävention im Personalmanagement. Fraud Management: Der Mensch als Schlüsselfaktor gegen Wirtschaftskriminalität. H.-W. Jackmuth, C. de Lamboy and P. Zawilla. Frankfurt am Main: Frankfurt School Verlag.
Hay, J. (1992). Transactional Analysis for Trainers. London: McGraw-Hill.
Karpman, S. (1968). „Fairy tales and script analysis." Transactional Analysis Boulletin, 7, 39-53.
Luhmann, N. (1975). Systemtheorie, Evolutionstheorie und Kommunikationstheorie. Soziologische Gids, 22 (3), 154-168.
Schlegel, L. (1993). Handwörterbuch der Transaktionsanalyse. Sämtliche Begriffe der TA praxisnah erklärt. Freiburg i.B.: Herder.
Schlegel, L. (1995). Die Transaktionale Analyse. Stuttgart: UTB.
Urbaniok, F. (2011). Forensisch-psychiatrische Risiko-Beurteilungen als Instrument zur Bekämpfung. H.-W. Jackmuth and P. Neuske. Rösrath: add-Knowledge.

Menschen (führen) in Veränderungsprozessen

Klaus Holetz

Als Organisationsentwickler treffe ich auf Menschen in Organisationen und auf Organisationssysteme, die sich von Vertrautem zum Fremden bewegen wollen, sollen oder müssen, damit die Anschlussfähigkeit gelingt bzw. das Überleben des Systems sichergestellt wird.
Oft gibt es in den Systemen nicht das notwendige Know-how, um Veränderungsprozesse sinnvoll zu gestalten bzw. mit den Betroffenen in geeigneter Weise umzugehen, da es keine bzw. schlechte Erfahrungen dazu in den Organisationen gibt, bzw. das Management und die Führungskräfte hierfür oft nicht qualifiziert sind.
Viele Veränderungsprozesse (z.B. Fusionen/Change/U-Krise/Re-Organisation/Personalumsetzungen/Verschlankung/Outsourcing/Globalisierung/Offshoring/OE-Maßnahmen/...), durch die sich Organisationen neu ausrichten bzw. positionieren müssen und durch die Veränderungen, die in den nächsten Jahren noch auf viele Organisationen zukommen, entsteht immer häufiger die Notwendigkeit und der Wunsch nach professioneller Beratung, Qualifizierung und Kompetenzentwicklung, damit der Change gelingt.
Ein Change in einer Organisation oder ein Merger bzw. Fusion von Unternehmen bringt immer viel Unruhe auf diversen Ebenen in die Organisationen. Das Management und die Führungskräfte sind gefordert – oft jedoch überfordert, da sie kein Handwerkszeug für solche Change-Prozesse zur Verfügung haben – bzw. es nicht gelernt haben, mit den eigenen Verhaltensweisen und Emotionen und denen ihrer MitarbeiterInnen in Veränderungsprozessen (VP) in geeigneter Weise umzugehen.
Hier arbeite ich als TA/O'ler mit einigen wichtigen TA-Modellen wie z.B.:
- Drama – Dreieck
- Antreiber – Erlauber

- Einschärfungen
- Grundgefühle/Maschengefühle
- Skriptarbeit
- Symbiosen
- Drei – Welten – Modell
- Krisen-Interventionen
- Autonomie – Modell
- Körperkontakt
- Strokes
- Kopfbewohner
- Bezugsrahmen
- Neuentscheidungen
- Zeitstrukturierung
- Vertragsarbeit
- Spiele
- Persönlichkeitsmodell
- Egogramm
- Mini-Skript

Ein Systemisches Modell, mit dem ich oft in Change-Management-Prozessen bzw. Fusionen arbeite ist das in der Zeitschrift Organisationsentwicklung Heft 02/2000 von Stephan Roth beschriebene „*Phasenmodell der Veränderung*". Es ist eins von mehreren Modellen, die es zur Erklärung von Veränderungsphänomenen in Organisationen gibt.

Das erste Modell, das der Theologe Mwalimu Imara 1975 erwähnt (Sterben und Reifen. In E. Kübler-Ross, Kreuz-Verlag), ist die Grundlage für die Modell-Weiterentwicklung in den Change-Bereich, den in den 70'er Jahren der amerikanische Mgmt.-Berater Darly R. Conner angestoßen hat. Weitere „Modellentwickler sind Fatzer 1993/Streich 1997/Heitger + Doujak 2002/Kraus et al. 2004/Rigall et al. 2005/Groten 2007/Nagel 2007.

Das Modell von Roth nutze ich, um den Entscheidern und Betroffenen aufzuzeigen, wie sich angehende Veränderungsprozesse auf die Leistung von Systemen auswirken können (ausgelöst durch internale emotionale Prozesse der Beteiligten).

In diesem Modell werden sieben Phasen des Wandels beschrieben (in Anlehnung an Elisabeth Kübler-Ross), die viele der Beteiligten durchlaufen, die zu Prozessbeginn die negativen sachlichen und persönlichen

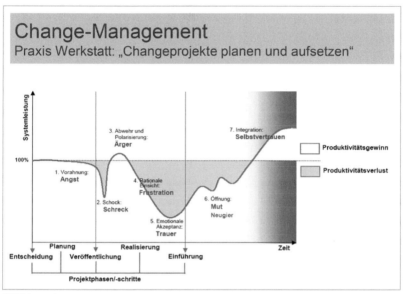

Abbildung 1

Risiken der Veränderung wahrnehmen und ihr skeptisch gegenüberstehen. Ebenso stellt es die abfallende Systemleistung im Veränderungsprozess dar (s. Abb. 1).
Natürlich stellt die Betriebszugehörigkeit der betroffenen MA und die Loyalität zur Organisation eine wichtige Kenngröße dar, die es zu berücksichtigen gilt.

Der praktische Mehrwert des Phasen-Modells

Das Modell kann dazu genutzt werden, bestimmte Phänomene im organisationalen Veränderungsgeschehen einfach und nachvollziehbar zu veranschaulichen:
- *Erst einmal lösen Veränderungen Emotionen aus:*
  Mit dem Modell wird der Zugang zu den emotionalen Themen der Beteiligten erleichtert. Der Wandel läuft nicht linear, sondern in Höhen und Tiefen ab. Es zeigt dem Management die „softe" Seite der Veränderung.

- *Veränderungsprozesse brauchen Zeit:*
  Jede/r Beteiligte hat sein eigenes Tempo, durch den Prozess zu kommen, was teilweise gelingen kann, teilweise auch nicht gelingt. Deshalb sollte Zeit für die Implementierung und Stabilisierung eingeplant werden. Zu viele Veränderungen hintereinander angestoßen, kann zur Überforderung von MA und Führung führen.
- *Zielgruppenspezifika:*
  Das Management und die obere Führungsebene sind oft schon früher in den Veränderungsprozess eingeplant bzw. früher in die V-Kurve eingestiegen als die untere Fü-Ebene und die MA. Deshalb wundert sich dann oft das Management, dass die MA-Ebene nicht begeistert auf den verkündeten Change aufspringt, weil diese erst in die Veränderungskurve einsteigen, die das Management bereits verlassen hat.
- *Individualität im Veränderungsprozess:*
  Nicht nur in den einzelnen Betriebsbereichen/Werken/Abteilungen/Teams werden Veränderungen unterschiedlich verarbeitet, sondern jede/r MA, mit den eigenen Persönlichkeitsmerkmalen, verarbeitet den Change auf seine Art. Change bedeutet Stress, Stress bedeutet Skript, das wiederum bedeutet Flucht, Angriff oder Totstellen. Die MA in einem Team können sich zu einem bestimmten Zeitpunkt in ganz unterschiedlichen Stadien befinden, je nach Betriebszugehörigkeit, Identifikation, Loyalität und Abhängigkeiten. Durch Punktabfrage können die Unterschiede sichtbar und besprechbar gemacht werden.
- *Maßgeschneiderte Begleitung durch den Change:*
  Es gibt kein Beratungsdesign von der Stange, sondern es benötigt Begleitung und Qualifizierung, situationsangemessen, -spezifisch und individuell. Auf jeden Fall sollten die Führungskräfte im Vorfeld auf das, was auf sie zukommt, vorbereitet und während des Change gecoacht werden. Zukunftswerkstätten, Visionsworkshops, Teambuilding und Teamentwicklung sind sinnvolle Unterstützungsmöglichkeiten für Managementteams, Projektleitungen, Führungsteams und Arbeitsteams.

Nachfolgend sind jahrelange Erfahrungen beschrieben.

Mögliche Phasen im Veränderungsprozess und Interventionen

Zu den einzelnen o.a. Phasen der Veränderung finden Sie nachfolgend auf den nächsten Seiten:
1. vielfältige unterschiedliche Verhaltensweisen und Emotionen der Beteiligten und
2. die Aufgaben von Führung/Management beschrieben und mögliche Interventionen.

Die Ergebnisse sind aus jahrelanger Erfahrung in OE-Change-Prozessen und Qualifizierung von Führungskräften und BeraterInnen entstanden.

1. Phase: Die Vorahnung

Erste Emotionen und wahrnehmbare Verhaltensweisen

Jeder MA nimmt es wahr: es scheint sich eine Veränderung anzubahnen. Es wird noch nicht öffentlich darüber gesprochen, die MA sind jedoch hypersensibel und gleichzeitig angespannt wachsam und man „hört die Flöhe husten".
Gerüchte gehen um, leichte Unruhe und Turbulenzen sind zu verspüren. Es wird prophezeit, interpretiert, phantasiert und alles Ungewohnte wird als Störung empfunden.
Sorge bzw. Angst um die Zukunft des Arb.-Platzes macht sich breit. Das Verhalten der MA ändert sich, da sich Ungewissheit/Unsicherheit ausbreitet und die persönliche Zukunft ist ungewiss. Eigene Möglichkeiten der Einflussnahme können nicht abgeschätzt werden. Es kommt zu Irritationen bis hin zu Übertreibungen oder Hysterie.
Es kann zu Hoffnungen kommen, dass der Kelch an mir/uns vorüber geht. Der Stress nimmt über die Länge dieser Phase zu und es kommt zu Stressreaktionen wie: „Totstellen"/„Flucht"/„Angriff"
Sorge ist eine angemessene Reaktion, da eventuelle Risiken wahrgenommen werden. In den Kaffee-Ecken breitet sich der „Flurfunk" aus und nimmt bis zur nächsten Phase zu.

Aufgaben der Führung bzw. Interventionen:

Im Management:
Stehen Veränderungen an, sollte ein Commitment zwischen Management und allen Führungskräften (FüK) zur Verschwiegenheit vereinbart werden bzw. eine Vereinbarung darüber, wann und wie Infos weitergegeben werden.
Das Management sollte die Führungskräfte klar über das Warum, Weshalb und Wieso (Change) informieren und die Situation und den Veränderungsdruck darstellen.
Es gilt, das Verhalten aller FüK abstimmen (z.B. Spielregeln im Management/...)
Die FüK sind auf den Umgang mit dem Change vorzubereiten durch Training, Coaching.

Zu den MA:
Der Umgang der FüK im Veränderungsprozess mit dem Team/MA und umgekehrt sind zu klären, denn auch an der Basis sollten Spielregeln bzw. Verträge mit den Arbeitsteams geschlossen werden, u.a. über den Umgang mit „Buschtrommel-Informationen" und „Flurfunk". Die FüK beteiligen sich nicht am Flurfunk.
Eine offene, klare und direkte Kommunikation, sowie Information über Vision und Ziele der Veränderung ist notwendig, auch ein Gleichstand der Infos an alle MA ist herzustellen und Transparenz ist zu schaffen. Jedoch ist auch zu sagen, was schon beschlossene Sache ist und was noch gestaltbar. Dem Team/MA sagen, was die FüK sagen wird und was sie nicht sagen wird.
Weitere wichtige Punkte:
- frühestmögliche Einbindung der Betroffenen
- Informationsmaßnahmen zeitnah planen und ankündigen
- Rückkopplung der IST-Situation nach oben, um entsprechend reagieren zu können
- regelmäßige Gespräche mit den Mitarbeitern anbieten und durchführen in einer höheren Taktung als bisher
- keinen „Galgenhumor"/Zynismus verbreiten
- keine zusätzliche Unruhe oder Stress schaffen
- Anliegen/Emotionen der MA und Gerüchte aufnehmen und ernst nehmen

2. Phase: Der Schock

Emotionen und wahrnehmbare Verhaltensweisen:

Der anstehende Change wird öffentlich: z.B. morgens durch Zeitung, Nachrichten, Betriebsversammlung, Intranet u.a. wird die Info verbreitet und den MA zugänglich gemacht.
Die öffentliche Bekanntmachung des Veränderungsvorhabens erschreckt die MA und Angst breitet sich aus. Eventuelle bestehende Hoffnungen und Befürchtungen sind auf einen Schlag präsent. Die meisten der Betroffenen fühlen sich durch den Schreck wie gelähmt und niemand ist fähig, sich auf viel versprechende Zukunftsvisionen einzulassen.
Die Schockreaktion blockt die Realität ab und gibt der alten Identität die Möglichkeit, Zeit zu gewinnen. Der unerträgliche Schmerz wird dadurch abgewehrt. Die MA reagieren im Schockzustand ganz unterschiedlich: fassungslos/ungläubig/sprachlos/verwirrt/ängstlich/panisch/übel/erstarrt/gelähmt/ohnmächtig/ärgerlich oder auch wütend. Es kann vorkommen, dass sich auch der ein oder die andere MA freut, dass endlich etwas passiert: erleichtert und hoffnungsvoll schauen wenige Einzelne in die Zukunft.
Mit folgenden Stressreaktionen ist zu rechnen: Angriff/Totstellen/Flucht. Einige MA verdrängen die Information. Emotionen wie Wut und Ärger sind adäquate Gefühle.

Aufgaben der Führung bzw. Interventionen:

Einen guten Zeitplan machen für die Veröffentlichung der Info über den geplanten Veränderungsprozess (VP) an die MA (nicht Freitagnachmittag und auch nicht am Wochenanfang). Die Team-/Abteilungsleitungen wiederholen die gegebene Informationen. Die FüK nehmen die Rolle des „Überbringers schlechter Nachrichten" an, sie sind vorher ausreichend vom Management informiert worden.
Das Management und die FüK wissen, dass in der Schockphase keine Produktion stattfindet.
Es gilt die MA abzuholen und Team- und Einzelgespräche führen (FüK – MA), „Da Sein". Die FüK geben einen geschützten Raum und Zeit für Gefühle. Diese Gefühle verbalisieren, Verständnis zeigen, Gefühle äußern lassen, Gefühle zeigen.

Die FüK bleibt klar in den Aussagen, ehrlich, transparent, verständlich, authentisch und ansprechbar (offene Tür). Die FüK geht nicht in Überagitation (keine ollen Kamellen oder Projekte aus den Schubladen ziehen und loslegen), produziert keine Hektik, keine Flucht, um nicht zu fühlen; d.h.: sich der Situation stellen und die Rolle annehmen
Die FüK hält diese „Schocksituation" aus (Gefühle und Verhalten der MA), es gibt kein Zurück. Sie kann sich Unterstützung holen (Supervision/Coaching/Training/kollegialer Austausch/.....).
Die FüK gibt detailliert Informationen über die Planung des VP's, sowie Hintergrundinformationen darüber, wie der Prozess gestaltet wird, wie die Zukunft aussehen wird, wie MA evtl. beteiligt werden, was geht und was nicht geht.
Fragen an einzelne MA stellen, z. B. „Wie empfinden Sie die derzeitige Situation?" „Was erleben Sie als förderlich, was als hinderlich?" „Wie kann ich Sie als Ihre FüK unterstützen? Was können Sie selbst tun?"
Weitere wichtige Punkte/Fragen:
- „Was muss sich verändern?" „Was wäre in der derzeitigen Situation ein guter Weg für Sie?" (doch Vorsicht: keine falschen Hoffnungen machen!!!)
- Perspektivenwechsel: „Angenommen wir machen so weiter wie bisher, was würde geschehen?"
- Darstellen, welche Unterstützung die MA während der Veränderungsphase zum Beispiel von der Führungskraft erhalten.
- Fahrplan aufstellen: „Was sind die nächsten Schritte?" „Wie geht es weiter?"

3. Die Abwehr - Ärger

Emotionen und wahrnehmbare Verhaltensweisen:

Nach dem ersten Schreck folgt die Abwehr bzw. die Rebellion gegen den Wandel. Verwirrungszustände können auftreten, z.B. es wird so weitergemacht wie vorher, obwohl das Tätigkeitsfeld wegfällt (Stressreaktion: „Totstellen"). Andere Betroffenen versuchen, Sicherheit zu gewinnen, indem z.B. das Ausmaß der erforderlichen Veränderung verleugnet wird.
Es kann durch „Flucht nach vorn" kurzfristig zum Produktivitätsanstieg kommen, und es wird durchaus „Mehr desselben" getan oder alte Ideen

werden aus der Schublade geholt, um sie nun umzusetzen. Damit soll bewiesen werden, dass Veränderungen nicht notwendig sind (Stressreaktion „Flucht"/Überanpassung als Passivität).
Ärger kommt auf, es wird gejammert, gemeckert, geklagt, agitiert, Schuldige werden gesucht, der Sinn angezweifelt und Jede/r glaubt zu wissen, was in der Situation „Das Beste" und „Das Richtige" ist, es beginnt der „Überlebenskampf" und der Egoismus nimmt zu. Anderen wird die Schuld an der aktuellen Misere zugeschrieben. Es beginnt die Verfolger – Retter – Opfer -Dynamik und/oder es wird „Schwarz – Weiß" gemalt.
Die Notwendigkeit der eigenen Veränderung wird nicht akzeptiert. Sturheit macht sich breit, vor allem dann, wenn der Wandel nach neuer Selbstdefinition verlangt. Es kommt zu Selbstüberschätzung, „innerer Kündigung", man fühlt sich abgewertet. Es ist auch mit Wut, Zorn, Hass zu rechnen (Stressreaktion „Angriff").

Aufgaben von Führung bzw. Interventionen:

Kommunikation zwischen den Fü-Ebenen sichern. Evtl. Ideenforum einrichten und mit oberer Fü-Ebene abgleichen.
Aufgabe von FüK ist es, MA abzuholen und ihnen Raum geben für deren Emotionen. Einzelgespräche führen, da jede/r MA mit eigenen Emotionen unterwegs ist. Kontakt zum Einzelnen erhöhen und auch die Taktung der Teambesprechungen erhöhen. Ärger aushalten und erlauben, ihn auch raus zu lassen, Einwände zulassen, positive Absichten würdigen, Verständnis zeigen, wachsam sein. Wilden Aktionismus gilt es zu vermeiden. Einzelgespräche, vor allem mit den „Stillen" führen, aber auch Agitation und Überanpassung konfrontieren bzw. abstellen mit dem Wissen, es gibt kein Zurück.
Raum für Angst, Ärger, Trauer geben/Gefühle akzeptieren/Schutzraum schaffen.
Polarisierungen in Fragen umformulieren und die Schärfe nehmen, Perspektivwechsel unterstützen: „Was wäre, wenn wir dies so machen? Würden wir dann unser Ziel erreichen?" Maßnahmen zur Kräftebündelung einleiten.
Spieldynamiken wie z.B. Verfolgerspiele konfrontieren (im Team untereinander oder mit anderen Gruppen) sowie Widerstände identifizieren und thematisieren und Positives stroken. In dieser Phase ist reden, reden,

reden angesagt. Up-dates der Infos sind zeitnah weiterzuleiten, Hintergründe für (neue) Entscheidungen mitzuteilen und dabei authentisch sein und gut mit der eigenen Betroffenheit umgehen (z.B. Coaching). Die Zielsetzung des Change sich und den MA auch immer wieder klar machen.
Weitere wichtige Punkte:
- Rahmen setzen/Spielregeln vereinbaren, einhalten, einfordern
- Gemeinsamkeit unterstützen: keiner weiß wohin die Reise geht – weder für das Team, für den einzelnen MA und auch oft nicht für die FüK –
- Einladung, gemeinsam durch den Prozess zu gehen
- Rollen/Aufgaben definieren

4. Die rationale Akzeptanz - Frustration

Emotionen und wahrnehmbare Verhaltensweisen:

Die Info zum Veränderungsprozess sind im Kopf – jedoch noch nicht im Herzen – angekommen. Es gibt kein Zurück. Alle Abwehrreaktionen und -Aktionen sind erfolglos geblieben. MA fühlen sich im Zwiespalt, zerrissen, isoliert, verraten oder ohnmächtig: „Ich bin ja hier nur ein kleines Rädchen".
Weitere Emotionen und Verhaltensweisen in dieser Phase sind: Resignation, Frust, Agitation, Zynismus, De-Motivation, Sabotage, innere oder äußere Kündigung, „Dienst nach Vorschrift!" Die Arbeit wird phlegmatisch getan. Totstellen, Flucht in die Krankheit.
Traurigkeit (offen oder verdeckt) hat sich bei manchen MA ausgebreitet. Einige wenige Betroffenen sind vielleicht schon einsichtig, dass sich generell etwas verändern muss.
Eine tief greifende emotionale Auseinandersetzung mit den Erfordernissen des persönlichen Wandels hat noch nicht stattgefunden. Ideen oder Ansätze zur Problemlösung sind vornehmlich von dem Wunsch nach rascher Beendigung der unangenehmen Situation getragen, oder es wird meist an „unbedeutenden" Stellen etwas geändert, das bringt jedoch nicht den erwarteten Erfolg.
Das führt zu Frustration (aus affektiver Sicht ist Frustration Ausdruck von Liebesentzug und emotionaler Verweigerung). Längerfristig kann daraus Hass resultieren, der dann eine gefährliche Note bekommen

kann. Denn erstens wird die Organisation ihren hassenden MA noch mehr ablehnen, sie wird so für den MA noch „böser"; oder den MA noch weniger „lieben", ihr „Gutsein" nimmt ab.
Es kann dazu kommen, dass die Loyalität zur bisherigen Organisation nicht anerkannt wird, was zu einer Demütigung führt, evtl. gepaart mit Scham: „Ich bin böse, denn ich fordere zu viel".
Es kann zur der Erfahrung kommen, dass die eigenen Bedürfnisse auszudrücken ohne Wirkung bleibt. Diese Erfahrung führt dann zur Desintegration, Demotivation, innerer Kündigung. Es kann zum Verlust des Selbstwertes kommen, des eigenen „Gutseins" oder zum Perspektiv-Verlust, „Abgehangen –Sein".
Es kann durch Zorn und Ärger zur Sabotage kommen.
Gute Leistungsträger kündigen sehr schnell bei Perspektivlosigkeit („das lass ich mit mir nicht machen!"/„So was muss ich nicht aushalten!").

Aufgaben von Führung bzw. Interventionen:

Einzelgespräche öfters führen (jeder MA verhält sich anders). Es gilt, „Altes" zu würdigen, Wertschätzung geben (keine Plastikstrokes!), Einzelne und das Team verstärkt beobachten, evtl. den Frust verstehen. Möglichkeiten/Alternativen/Chancen aufzeigen (wenn vorhanden).
Es gilt, geduldig mit den MA im Change umgehen, viel und klar zu kommunizieren, eine „Offene Tür" anbieten. Trotzdem gilt: „Es gibt kein Zurück"
Die FüK bezieht Stellung! klare Haltung! (hinter dem Change stehen).
Evtl. eine neutrale Anlaufstelle für MA einrichten (z.B. Coaching), in der sie ihre Emotionen verarbeiten können (der BR wird nicht von allen akzeptiert).
Achtung: In dieser Phase kündigen die besten MA. Deshalb schon früh die Leistungsträger einbinden und auf deren Zukunftsperspektive eingehen und sie wertschätzen.
Achtung: Aber auch Sabotage ist möglich in dieser Phase! Vorsicht! Hier ist die Menschenkenntnis der FüK besonders gefragt. Auf jeden Fall konfrontieren bzw. MA umsetzen oder sogar „freistellen", wenn evtl. eine Aktion befürchtet wird. Wichtiges Wissen noch besser sichern.
Weitere wichtige Punkte:
- „Spiele" konfrontieren
- Wissenstransfer sicherstellen

- evtl. Zwischenzeugnisse anbieten
- Veränderungen ansprechen, Blick nach vorne geben durch Minimalziele, jedoch nicht die nächste Phase (Tal der Tränen) überspringen
- FüK wird/ist Beispiel dafür, wie er selbst die bevorstehende Phase der Trauer und des Abschieds (des Alten) emotional angegangen ist, bzw. angehen wird.
- FüK führt Team/einzelne MA in den Abschieds-/Trauerprozess
- schnell in Phase 5
- Abschiedsrituale, wenn in dieser Phase MA gehen (müssen)

5. Die emotionale Akzeptanz - Trauer

Emotionen und wahrnehmbare Verhaltensweisen:

Allen ist klar und deutlich, dass es keinen Weg mehr zurück gibt. Der emotionale Tiefpunkt ist erreicht, das „Tal der Tränen" wird durchschritten.

Das gesamte Handlungsrepertoire ist ausgeschöpft, man hat in den Phasen zuvor alles versucht, Lösungen zu finden, oder diesen Schritt – durch das Tal der Tränen zu gehen – zu vermeiden.

Mit Trauergefühlen wird sich vom Alten verabschiedet, die Gedanken kreisen um das „Verlorene", man fühlt sich niedergeschlagen, bedrückt und entmutigt.

Trauer ist eine Schwellenemotion vom Vergangenen hin zur Neuorientierung und hat somit seine zentrale Funktion im VP

Emotionen und Verhalten in dieser Phase: Trauer, Ent-Täuschung, Verlust, Abschied, loslassen, gehen lassen, fühlen, annehmen, Leere spüren und aushalten.

Hier erreicht und durchläuft die Systemleistung ihre verlustreichste Zone: Abschied steht an, das Alte soll losgelassen und will gleichzeitig gewertschätzt werden, damit ich mich an Neues anbinden kann.

Aufgaben von Führung bzw. Interventionen:

Die Emotionen abfragen und die Gefühle verbalisieren, viel Zuwendung und Nähe geben.

Einzelgespräche führen, nach Gefühlen zum Thema „Abschied des Alten" fragen, die FüK zeigt seine eigene Betroffenheit: von was habe ich mich verabschiedet, von was muss ich mich noch verabschieden? Wie geht es mir damit (emotional)?

Gemeinsame Bilanz ziehen: „Was haben wir schon alles in der Vergangenheit gut gemeistert?" „Worauf sind wir stolz?" „Was waren die Erfolgsfaktoren?" „Wie können wir diese auf die neue Situation übertragen?"

Das Alte muss abgeschlossen werden, um loslassen zu können (Rückschau), was will erzählt werden? Es gilt, sich wertschätzend mit einem Ritual von dem „Alten" zu verabschieden und „Danke" zu sagen" an (alle) Beteiligte.

Die Trauer ist zuzulassen und sie will ausgelebt werden, dazu braucht es Räume zum Abschied nehmen. Sinnvoll sind z.B. Teamworkshops/ Zukunftswerkstätten mit Zeit für Abschied vom alten System - mit externer Begleitung.

Mit den Mitarbeitern im Workshop herausarbeiten: „Von was habe ich mich schon verabschiedet? Von was will ich mich verabschieden? Von was muss ich mich verabschieden? – auch wenn es schwer fällt. Was werde ich vermissen? (Rückschau).

Im weiteren Schritt: „Was ist das Gute am Schlechten?" „Wofür ist diese Veränderung gut?" „Welche Chancen bieten sich uns?" „Wie können wir uns neu positionieren?

Sich selbst als FüK zurücknehmen um emotionalen Raum für die MA zu schaffen, damit die Teammitglieder individuell Abschied nehmen können. Die FüK und das Management sollten in dieser Phase für die geringe Systemleistung sensibel sein.

6. Die Öffnung – Neugier - Enthusiasmus

Emotionen und wahrnehmbare Verhaltensweisen:

Wenn die Trauerphase durchschritten ist, wird der Weg frei für eine grundlegende Neuausrichtung der Selbst-, Team- und Unternehmensdefinition. Nach George Kohlrieser geschieht Öffnung für das Neue erst wirklich dann, wenn ich mich vom Alten verabschiedet habe (s.o. Phase 5).

Emotionen und Verhaltensweisen, die in dieser Phase präsent sind, sind folgende: es wird dynamischer, die MA beteiligen sich wieder, Energie nimmt zu und Vertrauen wächst, Hoffnung, Freude, Humor, Erleichte-

rung, Selbstvertrauen, Neugier, Lust steigt, aber man ist vorsichtig und sensibel.
Die Neugier auf einen erweiterten Erfahrungshorizont erwacht, der Blick richtet sich auf Chancen und neues Lernen, man klammert sich nicht mehr an Vergangenes, konzentriert sich mehr auf die neue Arbeit, man findet und definiert sich neu.
Machtkämpfe um informelle und effektive Führung beginnen wieder.
Nach anfänglichem Enthusiasmus kann sich die nötige Distanz aufbauen, um die Ziele realistisch anzugehen. Dabei kann es auch zu Rückschlägen kommen, die als Rückmeldungen mit hohem Informationswert anzusehen sind, die einen Zugewinn an Erfahrung sichern. Die Lernprozesse werden dadurch stabilisiert, und sie führen nun endlich Schritt für Schritt zu einem Produktivitätsniveau über dem Ausgangslevel.

Aufgaben von Führung bzw. Interventionen:

Ein neues Leitbild entwickeln und Ziele + Strategie daraus ableiten und mit MA-Potenzialen abgleichen, Teilziele bzw. Meilensteine entwickeln und kommunizieren, neue Rollen, Funktionen, Aufgaben klären und dokumentieren, klare Spielregeln vereinbaren.
Durch Zukunftswerkstatt/Teambuilding/Teamentwicklung die Gruppenkohäsion fördern. Wie können wir das „Neue" lernen? Was gilt es zu lernen?
Die MA „das Neue" ausprobieren lassen, hospitieren, reflektieren und umsetzen, fordern und fördern. DANKEN, erste kleine Schritte würdigen (für Vertrauen und Leistung).
Während des Lernprozessen z.B. Kreativworkshops durchführen: „ Was läuft schon gut?" „Was können wir noch verbessern?" Was gilt es noch zu lernen? Positives verstärken/Erfolge und Quick-Wins kommunizieren, zeigen und feiern.
Einen kontinuierlichen Verbesserungsprozess einführen/Ideen, Kompetenzen und Wissen aufbauen.
Weiter Ziele formulieren: „Was wollen wir bis wann erreicht haben?" „Welche Schritte gehen wir dazu als nächstes an?"
Leitbild reflektieren: wo stehen wir da? Welche Schritte müssen noch gegangen werden?
Rotation/Hospitation der MA, um Lernen zu fördern.

Es wird auch noch immer wieder einmal zu Trauerphasen kommen (ach wie schön war das damals/oh, wie ist das (Neue) schrecklich/...); das gilt es zuzulassen, denn es signalisiert den Übergang zum Neuen.
FüK signalisiert Stolz, dass die MA Zeichen setzen und mitziehen .

7. Die Integration – Selbstvertrauen

Emotionen und wahrnehmbare Verhaltensweisen:

„Es geht bergauf, Land in Sicht!" Emotionen und Verhaltensweisen zeigen sich in dieser Phase: motiviert, sicher, stabil, begeistert, zugehörig, stolz, gegenseitige Unterstützung, Offenheit, WIR-Gefühl, gutes Alltagsgefühl. Die KD-Orientierung steht wieder im Fokus, die Loyalität zum Neuen wächst weiter.
Durch kontinuierliche Lernerfolge wird das gesamte Wahrnehmungs-, Denk und Handlungsspektrum erweitert. Die Mehrung der Wahlmöglichkeiten führt zur Bereicherung des Erlebens und Handelns, das wiederum stärkt das gewonnene Selbstvertrauen der MA. Sie sind stolz: „Wir haben es geschafft".
Die Systemleistung steigt erstmals deutlich über das Niveau, das vor dem VP vorhanden war. Leistungsfreude und Leistungsbereitschaft sind wieder vorhanden.
Die Muster des erfolgreichen Umgangs mit Veränderungen werden in Form einer Strategie für den Wandel in anderen U-Bereichen generalisiert, d.h., die Lernerfahrung wird reflektiert und der Transfer in andere Bereiche/Projekte kommuniziert.

Aufgaben von Führung bzw. Interventionen:

Reflexion: „Was lief gut?" „Was hätte besser laufen können?" was haben wir aus diesem Veränderungsprozess gelernt?" „Wie ging es uns dabei?" „Welche Spielregeln haben uns unterstützt?" – Lessons learned mit Dokumentation als Ergebnissicherung.
Der Bereich zeigt sich durch PR in die Organisation/zum Kunden.
Es gilt, das Lernen anzuerkennen, weiter zu motivieren, zu stroken und die „Eigen"- Verantwortung der MA zu fördern.
Die FüK gibt sich die Erlaubnis, sich ein Stück zurückzunehmen und den Flow zu genießen, es fließen zu lassen.

Erfolge feiern, z.B. das Management einmal einzuladen und zu zeigen, wie das Team durch den Veränderungsprozess gegangen ist und wo es heute steht.
Vielleicht gibt es auch monetäre Anerkennung für den Einzelnen/das Team.
Eine Lernende Organisations-Kultur (LO) einführen bzw. weiter vorantreiben.

Fazit

Neben Fachkompetenz braucht es für das Management und die Führungskräfte, die mit ihren MA durch den Change-Prozess gehen, eine erweiterte Methodenkompetenz, eine gute Sozialkompetenz und einen guten Umgang mit den eigenen Gefühlen wie Angst, Ärger, Wut, Trauer (Emotionale Kompetenz). Diese Kompetenzen sind mit Systemkompetenzen anzureichern um eine gute Personale Handlungskompetenz als Grundlage des Führungshandelns zur Verfügung zu haben.

Literatur

Roth, S. ZOE 2/2000
Berne, E. Struktur und Dynamik in Gruppen und Organisationen. München: Kindler.
Kohlrieser, G. Gefangen am runden Tisch: „Bonding Kreislauf". Weinheim: WILEY-VCH.
Kübler-Ross, E. (2001). Interviews mit Sterbenden. München: Droemer Knaur.
Imara, M. (1975). Sterben und Reifen. In E. Kübler-Ross (Hrsg.), Reif werden zum Tode. Kreuz-Verlag.
Donner, D. R. & Clements, E. (1998). Die strategischen und operativen Gestaltungsfaktoren für erfolgreiches Implementieren. FAZ-Buch.
Wieser, D. & Kohnke, O. (2012). Die Veränderungskurve – ein Berater-Mythos? ZOE 1/2012.
Köster, H. & Kruse, C. (2012). Systemkompetentes Handeln in Unternehmen. Bochum: Universitätsverlag Brockmeyer.

Älter werden

Fred M. Jessen

„*Neue Besen kehren gut ...*"
diesen Spruch kennen viele, und in vielen Betrieben gelten in einem Ausbund an Jugendlichenwahn bereits Mitarbeiter mit 35 Jahren als festgelegt und „alt"; ein Topmanager sagte wörtlich anlässlich einer Firmenübernahme (IT) zu seinen neuen Mitarbeitern: „Damit Sie es gleich wissen: bei mir wird niemand über 35 im Unternehmen bleiben!" Es gilt nach wie vor: wer bis Mitte 40 nicht die Position erreicht hat, die er anstrebte, hat nur noch wenig Chance, sie zu schaffen: „Edeka" = Ende der Karriere; und weil vielen „Spielern" unter den Vorgesetzten geläufig ist, wie selten diese Mitarbeiter dann noch Wechselmöglichkeiten haben, erlauben sie sich, auf ihnen respektlos herumzutreten (mobbing). Und wenn Mitarbeiter dann entnervt – als Schutzreaktion gegen Verzweiflung und/ oder Wut – innerlich kündigen, finden jene ihre Erwartung bestätigt: „Die Alten (das sind aber immer nur die anderen!) können's nicht (mehr), die „Silberlinge" bringen keine neuen Ideen und Impulse mehr, „altes Eisen" = Schrott, „has beens" und am besten weg mit den „alten Säcken".
Oft wird vergessen: damit gehen auch vielfältige Erfahrungen, das Know How (= Wissenskapital, Erfahrungs*schatz*!) und das Wissen um vielfältige nur durch „learning by doing" und Vormachen vermittelbare Problemlösungen verloren, kristalline Intelligenz! Ja, manche sehen „alt werden" gar als Krankheit, selbst verschuldet, so dass man sich besser fern hält von solchen, um nur nicht dazu zu gehören: sein Leben lang möchte man gern seiner Altersgruppe angehören, aber im Alter wehren sich viele dagegen, zu Ihresgleichen dazugehörig zu sein. Wer altern ablehnt, der sollte bedenken: es ist die einzige bekannte Möglichkeit, länger zu leben.
H. Hesse in seinem Gedicht beschrieb, was lange Zeit gültig war, als die Lebenserwartung eher unter/ bei 50 statt bei 80 + x Jahren lag:

Der Mann von 50 Jahren
Von der Wiege bis zur Bahre
Sind es fünfzig Jahre,
dann beginnt der Tod.
Man vertrottelt, man versauert,
man verwahrlost, man verbauert
und zum Teufel gehen die Haare.
Auch die Zähne gehen flöten, ...

Dazu sollte man den eingangs zitierten Spruch in seiner gesamten Aussage kennen und beherzigen:

...aber die alten Besen kennen die Winkel besser"!

Diese Erkenntnis wird durch Untersuchungen belegt, die im Kern vielfach bestätigen: *Erfahrung schlägt Jugend,* jedenfalls in den vielen Bereichen, in denen es auf Erfahrungen ankommt. Das zeigt sich z.B. darin, dass ältere Menschen zwar langsamer, aber effizienter Probleme meistern aufgrund ihrer Erfahrungen und Intuition, dass sie „Abkürzungen" kennen und nutzen, die in dem theoretisch erlernten Wissensschatz der jüngeren Kollegen nicht vorkommen; sie lassen sich nicht mehr von jeder Aufgeregtheit treiben, sondern können – meist gut (selbst)- organisiert – mit wenig Aufwand die richtigen Dinge richtig tun, Prioritäten realistisch setzen und durchhalten: sie haben „Dauerläufer– Qualitäten" entwickelt, und ihren Rhythmus gefunden, sowie Routinen entwickelt für Problemlösungen. Mit zunehmendem Alter wird man zwar langsamer im Tempo, wird aber besser in Klugheit, Lebensweisheit und hat mehr Antworten: dieses Erfahrungs– und Faktenwissen bleibt erhalten.
Und wenn man bedenkt, dass solche „soft facts" etwa 70 % zum Erfolg des Teams, der Abteilung, des Unternehmens beisteuern, so darf man getrost schlussfolgern, dass der Unterschied zwischen (theoretischem) Wissen und (erlebten) Erfahrungen signifikant bleiben wird – vorausgesetzt, die Erfahrungen sind gegenwarts– und zukunftstauglich; jedenfalls werden solche Erfahrungen von Alterungsprozessen nicht negativ beeinflusst, wenn man geistig gesund bleibt. Ebenfalls gut funktioniert weiterhin das Gedächtnis für Wesentliches, ja es kann mit steter Übung sogar noch besser werden! So sind die Hirne älterer Menschen oft besser als die von jungen Leuten, wenn es um Alltagsbewältigung geht. Junge

Menschen bis ca. 25 – 30 Jahren sind besser in fluider Intelligenz, das bedeutet in ihrer Fähigkeit, unbefangen neuartige Probleme anzugehen bzw. neuartige Problemlösungen zu (er)finden und klar logisch zu denken.
Ferner ist belegt, dass – wenn keine demenzielle Erkrankung (ca. 1/3 aller Menschen unserer Kultur erleiden dies in sehr verschiedenen Verlaufsformen und Schweregraden im Verlauf ihres Alterns) eintritt – die Lernfähigkeit bis ins höchste Lebensalter (über 80 Jahre hinaus) erhalten bleibt, so dass ältere Menschen bis weit über 70 Jahre ganz normal in der Lage sind, effizient, zuverlässig, konzentriert und gut zu arbeiten bzw. aktiv zu sein, wenn sie es denn wollen und entsprechend konsequent körperlich und geistig bewegungsaktiv bleiben: ja, solche Tätigkeit selbst – besonders wenn sie mit körperlicher Aktivität verbunden ist – hält fit. Diese mögliche lange Zeit erfordert entsprechende finanzielle Rücklagen, um nicht zu verarmen und zu darben – und dann die Lust zu leben zu verlieren.
Es gilt: vertraut ist jedem Menschen seine Vergangenheit, seine Erfahrungen, sein gelebtes Leben – und es liegt auf der Hand, wenn es gut war, soll es gerade so weiter gehen, man möchte sein Leben einfach so fortschreiben in die Zukunft, was natürlich nicht gelingen wird. Daher muss man sich auch ganz individuell mit sich selbst, seiner fremden Zukunft auseinander setzen, auf die man sich vorbereiten kann: *„Wir nehmen die Dinge, wie sie kommen, aber wir sorgen dafür, dass sie so kommen, dass wir sie nehmen können"*, so lautet eine Volksweisheit.

Wie würdig und lebendig altern?

Jeder altert individuell, auf seine ganz persönliche Weise, aber letztlich gilt ja für den gesamten Lebenslauf: die Charakterbildung bleibt dynamisch und entwicklungsfähig, wenn man sich darum kümmert. Aber es kommt gar nicht so selten vor, dass ein in seiner Berufstätigkeit (und oft auch als Vater) als „harter Hund" verschriener Kerl sich als Opa seinen Enkelkindern gegenüber nachsichtig, verständnisvoll und liebevoll verhält. Man kann sich also in jeder Altersphase entwickeln und ändern, man ist nie wirklich fertig, es sei denn man folgt sklavisch und unreflektiert seinen Skript- Botschaften.

Die glücksprägenden Komponenten sind zu jeder Zeit Liebe (=gute Beziehung), Dankbarkeit, Neugier, Optimismus und Tatendrang. Wer diese Eigenarten altersangemessen lebt, und sie noch mit Humor würzt, der erlebt Lebenszufriedenheit. Zudem ist es sehr nützlich, um einen guten Schlaf besorgt zu sein, auch das erhöht – zu jeder Zeit – Lebens-Qualität.

Geistige Verfallprozesse sind meist zurückzuführen bei *nicht*dementen Älteren auf ungenutzte ungeübte kognitive Fähigkeiten; gutes Altern gelingt, wenn man sich körperlich (Ausdauertraining, Koordinationsübungen) und mental (Denken, Konzentrieren, Lernen) fit hält, beweglich bleibt – das „artet zwar in Arbeit aus", aber es lohnt sich, seine Erfahrungsbandbreite immer wieder zu erweitern: *use it or lose it*: wenn man das wirklich macht und durchhält, bleibt man tatsächlich lange fit. Es gibt noch so viel zu entdecken! Wer sich hängen lässt, hängt bald durch.

Das entspricht nicht den vielen Vorurteilen und Vorstellungen über „das Alter" und „die Alten". Solche Bilder mögen passend gewesen sein in der Zeit, als Kriege, Hungersnöte, Krankheiten, viele Schwangerschaften, harte körperliche Arbeit ... die Menschen zeichnete und früh verbrauchte.

Gut, wer schon in jungen Jahren als Gewohnheitstier seine geistigen Interessen und seinen Körper auf der Couch mit TV, PC- Spielen und Chips und/ oder Pizza genährt hat, wer seine Muskeln und sein Gehirn nicht aktiv trainiert hat, der wird auch im Alter Probleme haben, flexibel, neugierig und anpassungsfähig zu sein, weil er seinen viel zu frühen „Bildungstod" erlitten hat, aber das ist nicht auf eine generelle Linearität und Kontinuität des Verfalls zurückzuführen, was oft suggeriert wird, sondern auf individuelle Lebensgestaltung. Jedenfalls ist ein trainierter 70-Jähriger besser als ein untrainierter 50-Jähriger in physischen und/ oder psychischen Kategorien, er braucht nur mehr und längere Regenerationszeit.

Jeder wird älter, niemand wird jünger ...

Viele Marketingaktionen und Werbung suggerieren älteren Menschen Krankheiten, Störungen, Wehwehchen, und wer sich davon bluffen lässt, wird natürlich auch entsprechende Elefanten aus Mücken machen: *Zweifel am eigenen Wohlergehen ist einer der grössten Krankmacher überhaupt*, wer in

Problemen denkt, schafft sich Probleme, wer in Lösungen und Chancen denkt, (er)findet kreative passende Lösungen: wer wirklich etwas will, der findet auch Wege; wer nicht wirklich will, der (er)findet Gründe, Rechtfertigungen. Viele Gebrechen sind z.b. mit verursacht dadurch, dass Ältere sich mehr und mehr schonen, und dadurch physisch schwächer und schwächer werden, und zugleich an Gewicht zunehmen durch Mangel an körperlicher Betätigung: *„faul macht dumm"*; daraus folgt: auf Bequemlichkeiten verzichten getreu dem Motto „selbst ist der Mann/ die Frau" statt sich unnötigerweise „pampern" zu lassen: auch hier gilt die Tatsache *„use it or lose it"*, nutze und wende an, was Du bist, hast und kannst, oder Du verlierst Deine Fähigkeiten, Muskeln, Wissen, Flexibilität ... Die Neurophysiologie zeigt deutlich, dass das Gehirn in jeder Altersphase und auch nach Erkrankungen, z.B. Schlaganfall, bei richtiger und gezielter Therapie zu erstaunlichen Regenerationsleistungen imstande ist (z.B. N. Doidge: „Neustart im Kopf", 2007) und plastisch bleibt. Lebensfreude muss nicht (mit)altern, man ändert höchstens das, worüber man sich freut und *wie* man sich freut!

Es besteht allerdings ein eklatanter Unterschied in der Bereitschaft, sich mit den zwingend anstehenden gravierenden Veränderungen frühzeitig und proaktiv zu befassen zwischen Mann und Frau: Männer (als Stereotyp) verdrängen eher die auf sie zukommenden Tatsachen der Änderungen als Frauen, und für Männer bedeutet der Wechsel von „Arbeit" in den „Ruhestand" zumeist, das erste Mal im Leben mit solch radikaler Verwerfung und Umwälzung konfrontiert zu sein, mit der Strukturlosigkeit und Leere: etwa 12 Stunden Tag für Tag wollen nun neu und selbst strukturiert und mit identitätsstiftendem Inhalt gefüllt sein, Frauen machen das oft viel früher, z.B. mit dem Erwachsenwerden der Kinder („empty nest") oder den Wechseljahren. Daher: bauen Sie sich rechtzeitig „Sinnreserven" auf, um im Ernstfall bereit zu sein, Ihre Zeit nun selbst und ständig zu strukturieren, Beziehungen zu haben, die tragfähig sind ... Ihr Leben mit Sinn zu füllen: was wollen Sie? Ganz für sich persönlich? Für die nächsten ca. 20 – 30 Jahre? Auch hier sind Ziele und entsprechende Strategie(n) gefragt!

Womit man sich beschäftigen wird ...

Dazu kann man sich offensiv und zukunftsgerichtet befassen mit 5 besonderen neuen Herausforderungen, die alle früher oder später auf jeden Menschen zukommen werden (von P. King):
- Nachlassen bis Verlust sexueller Potenz (Potenzmitteln zum Trotz)
- Verlust der professionellen Rollen und Identität (Beruf/ Arbeit)
- Neuausrichtung der partnerschaftlichen Beziehung, spätestens wenn die Kinder das Haus verlassen ist ein neuer psychologischer „Ehevertrag" fällig: wie wollen wir gemeinsam (? Wollen wir) alt werden?
- Nachlassen von früher Gekonntem durch das Altern, auch mögliche Krankheiten und Abhängigkeiten (bloss nicht in die Konkurrenzfalle zu Jüngeren tappen!)
- Sich der eigenen Endlichkeit stellen (Sterben und Tod).

Wer sich vorbereitend und aktiv gestaltend mit seiner Zukunft befassen will, der sollte sich einige Fragen stellen und dafür seine persönlichen Antworten finden:
- Was bin ich und was habe ich jetzt? Dies bezieht sich sowohl auf Erfahrungen, Fähigkeiten, Talente, Potentiale, als auch auf die materielle/ finanzielle Situation.
- Wie ist mein Lebensstil? Welche Vorlieben, Abneigungen, Erwartungen, Befürchtungen, wie auch fixe Ausgaben habe ich und will ich auch gern weiter erleben? Was sonst, neu? Was lasse ich?
- Wie will ich mich fit halten, sowohl geistig, kulturell, mental, wie auch physisch, konditionell, körperlich?
- Wie und wodurch will ich die vor mir liegenden Jahre sinnvoll strukturieren, füllen? Was brauche ich dazu, mental/ finanziell?
- Was werde ich aufgeben, nicht mehr machen?

Es gilt: Optimisten sterben später, da positive (leider auch die negativen) Einstellungen wie sich- selbst- erfüllende Prophezeiungen wirken und dazu führen, dass die Immunabwehr stärker wirkt; Lachen hält wirklich gesund! Und wer *gern* an sein älter werden denkt, lebt etwa 7,5 Jahre länger als Griesgrame: „*Ich bin zu alt, um nur zu spielen, zu jung, um ohne Wunsch zu sein*" (Goethe). Und generell verlängert sich die Lebenserwartung seit ca. 100 Jahren pro Jahr um etwa 3 Monate.

Älter werden vollzieht sich in unterschiedlich intensiv spürbaren Vorgängen, z.B. physisch/ körperlich und mental/ geistig, wobei es gute Strategien gibt, sein Verhalten daran anzupassen:
- Auswählen, d.h. konzentrieren auf weniger bzw. auf Ungewohntes
- Optimieren, d.h. durch stete Übung und Training besser werden in bestimmten Verhaltensabläufen, und
- Kompensieren, d.h. erlebte Einschränkungen und Defizite ausgleichen/ auffangen und ersetzen durch besser geeignete Handlungsweisen, sowie
- Sozial aktiv bleiben; im allzu Vertrauten nach dem Unbekannten Ausschau halten ... neugierig bleiben im besten Sinn.

Somit besteht eine der grossen Herausforderungen sich selbst gegenüber, im Älterwerden das gesunde Vertrauen zu sich selbst zu behalten und sich abgrenzen zu können gegen die vielen Einflüsterungen: „Du bist alt = krank, du verlierst ..., du hast/ kannst /willst (doch gar nicht) nicht mehr ..."; diese Diskriminierung des Selbstbewusstseins stellt eine ständige Herausforderung dar, gegen die sich Ältere zu wehren haben; man spricht hier auch vom „Altersrassismus".

Stattdessen darf man sich sicher sein, dass *die Erwartung*, man lasse im Erinnerungsvermögen nach, man konzentriere sich nicht mehr so gut wie früher ... zu schlechterer Leistung führt, weil man aufgrund der Erwartungshaltung weniger Anstrengungen auf sich nimmt, viel eher resigniert, sich nicht mehr mit anderen, ungewohnten Lösungsstrategien befasst, Herausforderungen nicht mehr annimmt bzw. nur halbherzig, also zu früh aufhört und „die Flinte ins Korn wirft" und stattdessen fremde (z.B. ärztliche) Hilfe in Anspruch nimmt, sich also zum Opfer seiner eigenen – unkritisch übernommenen Erwartungen ganz im Sinne sich- selbst- erfüllender Vorhersagen – macht. Die Vorstellung, dass man kontinuierlich geistig abbaue mit zunehmendem Alter, ist eine Theorie aus Angst und Vorurteil, ausser in individuellen Fällen von krankhafter Entwicklung: *„Alt bist Du, wenn Du aufhörst zu lernen"* (H. Ford) und das kann jemand bereits mit 20 sein: Altern ist weitgehend das, was man aus sich macht!

Strategien zum Altern: seine Individuation steuern

Nur muss man beizeiten Strategien einüben, sich wichtige, relevante Informationen zu merken und unwichtige auszublenden, um nicht den – falschen – Eindruck zunehmender Schusseligkeit und Vergesslichkeit zu erwecken, denn Ältere haben oft Schwierigkeiten damit, dass sie ihr Kurzzeitgedächtnis durch viel zu viele unwichtige Informationen überladen; also: beizeiten Lernen lernen und unterscheiden üben, was wirklich wesentlich ist (need to know/ have/ do) und was nicht wirklich sinnvoll ist (nice to know/ have/ do). Und man muss üben, in Gesichtern (Mimik, Augen, Bewegungen) zu lesen und angemessen zu interpretieren, inwieweit der andere Mensch vertrauenswürdig ist oder eben nicht: viele Ältere sind zu arglos und fallen auf Betrüger herein, weil sie dieses nicht mehr richtig beherrschen.

Auch ist es eine echte Herausforderung, wenn ein (Ehe)Partner längst seinen Rhythmus gefunden hat, sich gut organisiert im Alltag, und nun der andere z.B. aufgrund erfolgter Pensionierung quasi strukturlos seinen Tag irgendwie sinnvoll füllen muss; der bisher durch die professionelle Arbeit oft über 1o – 12 Stunden durchorganisierte, fremdbestimmte Zeitraum (inklusive Fahrtzeiten) muss nun selbst mit ... ja mit was? gefüllt werden; wichtig ist es nun, dass sich die beteiligten Partner nicht aneinander (zer)reiben und anfangen zu konkurrieren in bestimmten Lebensbereichen, sondern die Autonomiegrenzen des anderen respektieren und miteinander neue herausfordernde und innige Erfahrungen möglich machen. Oder die Beziehung verkommt zu einer Wohn-Gemeinschaft, wenn sie nicht gar zerbricht.

Alternde Menschen laufen die Gefahr, aufgrund verinnerlichter Erwartungshaltung den Blick für ihre Stärken, Fähigkeiten und Ressourcen zu verlieren, sich mehr und mehr mit (vermeintlichen) Schwächen und Zipperlein zu beschäftigen, um so die boomende Industrie und Dienstleistung der Versorger zu beschäftigen: man regrediert, macht sich selbst zum abhängigen Menschen und bestätigt damit das Bild 3 im Rätsel der Sphinx von Theben.

Wie E. Erikson für diese Altersphase beschrieb, ist es nun die vorrangige mentale Aufgabe und Kunst, Frieden mit seinem Lebenslauf und seiner Lebensgeschichte zu finden, trotz all der Dinge, die man nicht erleben konnte, trotz erfahrener Widrigkeiten, Verletzungen und Kränkungen nicht zu hadern mit seinem Schicksal; wer diesen Frieden nicht fin-

det, der läuft grosse Gefahr, zu verbiestern, zu verbittern, zu hadern und wird so leichte Beute der krankmachenden, kränkenden Botschaften über „das Altern", und der richtet sich und sein Leben dann auch bald im „Wartesaal auf den Tod" ein, statt Erntedank zu feiern und weiterhin aufgeschlossen, optimistisch und aktiv an der Welt teilzuhaben.
Hier nochmals eine zentrale Lebensaufgabe: „*Es gibt zwei grossartige Tage im Leben eines Menschen: der Tag, an dem er geboren wird und der Tag, an dem wir herausfinden, wofür wir auf der Welt sind*" (W. Barclay); nun, wie lautet Ihre Antwort? Für Ihre aktuelle Lebensphase?
Dabei darf man sich der Tatsache bewusst sein, dass sich ein einziger neuer Sinn im Alter (noch) stark ausprägen kann, wenn man sich nicht hütet und flexibel weltoffen bleibt: der Starrsinn. Dazu kommt es dann, wenn man sich darauf versteift, irgendwann einmal erworbenes Erfahrungswissen unreflektiert auf Situationen anzuwenden, die sich allerdings inzwischen signifikant von den damaligen Bedingungen, Ereignissen und Erlebnissen unterscheiden: man versucht, früher erfolgreiche Muster im Fühlen, Denken, Werten und Handeln weiterzuleben („das haben wir schon immer so ... gemacht"), ohne die notwendige Anpassung an heutige Erfordernisse zu leisten: Gewohnheiten, Routinen sind insofern gefährlich. Gegensteuern kann man dieser Entwicklung dadurch, dass man ganz gezielt und bewusst immer wieder seine Erfahrungsbandbreite erweitert, offen bleibt für Neues und solches integriert in Vorhandenes; so darf man sich auch selbst immer wieder mal überraschen, indem man z.B. andere Wege geht als die gewohnten.
Man braucht viel Aufmerksamkeit sich selbst gegenüber, nicht mehr Recht haben zu wollen zu allem und jedem, sowie genau so, sich nicht mehr rechtfertigen zu müssen für alles und jedes! Es ist eine grosse stetige Aufgabe, zu solcher Haltung zu gelangen.
Eine grosse Torheit älterer Menschen ist allerdings, sich in Konkurrenz zu Jugendlichen, zugespitzt dem Jugendlichkeitswahn zu sehen und dann sein Können beweisen zu wollen, um in Vergleichen standhalten zu können: jede Lebensstufe (vgl. „Stufen" von H. Hesse) hat ihre eigenen Herausforderungen und Erlebniswelten, die für sich genommen wertvoll sind. Was (über)lassen Sie jüngeren Mitmenschen, Kollegen, und anerkennen, dass sie es nun besser können als Sie selbst, was können *Sie* besser als jene? Jedes Alter hat *seine eigenen* Fitness- Indikatoren! So stellt sich jedem Menschen die Aufgabe, seine Werte und Ziele in jedem Lebensabschnitt möglichst autonom immer wieder neu zu justie-

ren, seinen Platz in der Welt immer wieder zu prüfen, ob und in wie weit es (noch) der richtige ist, wobei das Privileg der älteren Menschen vielleicht darin besteht, dass sie auf ihre Lebensleistung zurückblicken können, dass man anderen nichts mehr beweisen muss, keine faulen Kompromisse mehr eingehen muss und – sofern man gut und genügend vorgesorgt hat – von seiner Ernte leben und geniessen darf: *„Das Leben ist viel zu kurz für schlechten Rotwein"*.
Und bereits C. G. Jung stellte fest, dass die „Individuation" an keine bestimmte Lebensphase gebunden ist, sondern eine lebenslange Aufgabe darstellt: *„Man bleibt jung, solange man lernt, neue Gewohnheiten annehmen und Widerspruch ertragen kann"* (M. Ebner- Eschenbach). Unser Gehirn hat die Eigenschaft und Fähigkeit, Fehler zu erkennen und aus Erfahrungen zu lernen. Erfahrungen aus Fehlern führen zu Wissen, auf das auch die Intuition zurückgreift. Menschen können dann ihre Entscheidungsstrategien verändern und anpassen.

Geben und Vergeben

Geben muss sich nicht allein auf materielle Güter beziehen, sondern ebenso auf gute Beziehungen, z.B. im Freundeskreis, in der Familie, mit den Kindern, Enkeln ... und hier stellt sich eine neue Herausforderung: welchen Stellenwert nehmen wir ein als Eltern/ Grosseltern? Wie leben wir diese Verantwortung und Rolle, nun ohne die Verantwortung in der ersten Reihe zu haben? Was geben wir nun weiter, was vielleicht in der Fülle der Aufgaben und Tätigkeiten und Routinen bei den eigenen Kindern nicht hinreichend gelungen ist? Welche Aufgaben übernehmen wir mit Freude, welche lehnen wir ab? Wie geben wir unsere Erfahrungen weiter an die, die von uns profitieren wollen? Was fangen wir nun endlich an, was wir schon immer mal machen wollten, und (angeblich) nie Zeit dazu hatten: machen Sie sich eine „Löffel- Liste", in der Sie Erlebnisse notieren, die Sie noch machen möchten, ehe Sie „den Löffel abgeben".
Welche „Sinnreserven", Wünsche haben Sie vorbereitet und sich aufgespart für diese Lebensphase? Das kann z.B. darin bestehen, sich nun endlich mit bestimmter Kunst, Musik, Sprache, Ländern zu beschäftigen, aufgeschobene Bildungsbedürfnisse nachzuholen ... tun Sie sich keinen Zwang falsch verstandener Anpassung mehr an, Sie sind am Ende nur sich selbst Rechenschaft schuldig, wie *„die unwürdige Greisin"* (B. Brecht,

Kalendergeschichten). Beachten muss man hier, Sinn und Nützlichkeit nicht gleichzusetzen, besonders, wenn man erkannt hat, dass man lange Zeit verinnerlichten Antreibern („Du bist nur dann o.k., wenn Du ...") folgte.
Von welchen Zielen muss man sich lösen, um neue zur Lebensphase und zu einem selbst passende Ziele zu finden? Hier ist zu berücksichtigen, dass alternde Menschen, die ihre (Lebens)Zeit als nur noch begrenzt empfinden, nicht mehr so sehr auf Ziele, die ihre Aussichten erweitern, wert legen, als viel mehr darauf, was sie als emotional bedeutsam erleben und kurzfristig erlebbar ist; neue Freundschaften oder längerfristig realisierbare Zielsetzungen werden dann eher unwichtig, während bestehende Bindungen sehr viel mehr Gewicht erfahren, oder Reisen, z.B. den Sonnenaufgang oder -untergang in Neapel („*Einmal noch Neapel sehen und dann sterben!*") zu erleben statt noch eine neue Firma zu gründen, obwohl man eigentlich eine gute Geschäftsidee hat. Das entspricht so gar nicht der Haltung „*und wenn ich wüsste, dass ich morgen sterben müsste, würde ich doch heute noch einen Baum pflanzen*". So wird auch dies zu einer Entwicklungsaufgabe im hohen Alter: offen bleiben für (längerfristig) Neues, zukunftsgerichtet denken, statt in der Vergangenheit (mental) leben, prospektiv statt retrospektiv an Dinge herangehen: wer kann schon wissen, wann die Lebensuhr tatsächlich abgelaufen sein wird?
Wer sich mit seiner Endlichkeit befasst, vielleicht das Sterben und den Tod nahestehender Menschen (mit)erleben musste, entwickelt – bewusst oder unbewusst – mentale Strategien gegen die Angst vor dem Sterben und dem Tod: die Prioritäten, was wirklich Bedeutung hat im Leben, werden verändert und man kann mit der ganz normalen Angst vor dem Tod bzw. Sterben besser umgehen. Wer sich damit auseinandersetzt, sein Ende mental vorzubereiten, kann davon ausgehen, einen „guten Tod" erleben zu dürfen; ein wesentliches Element dafür ist in sehr vielen Philosophien und Religionen beschrieben: Loslassen, sich lösen und frei machen von ... irdischen und geistigen Bindungen: *das letzte Hemd hat keine Taschen.*

Welche Wirkung möchte ich erzeugen?

So wie Führungskräfte sich kritisch fragen dürfen, wie Mitarbeiter über sie urteilen, so kann man im Alter natürlich auch fragen: wie möchte ich, dass die mir wichtigen Menschen über mich sprechen, wenn ich nicht anwesend bin? Was sollten sie über mich als Mensch, Freund, Vater ... sagen, welche Geschichten als Ausdruck dessen, was mich ausmacht, erzählen? Welche „Spuren im Sand" habe ich in ihren Augen geschaffen? Was erwarten sie nun von mir, und wie stelle ich mich dazu? Was profitieren „Jüngere" von der prallen Lebenserfahrung der „Alten"? Warum sollten sie sich damit auseinandersetzen? Erfahrungen ergeben dann einen Sinn im Transfer, wenn derjenige, der sie übernimmt, dadurch weniger Versuch- und Irrtum- Läufe benötigt, um sein Wissen und seine eigenen Erfahrungen zu erweitern; jede aufgenommene Erfahrung eines anderen Menschen ist zunächst nur Theorie, die erst durch eigenes Erleben zur praktischen Erfahrung und damit Können wird; hinzu kommt, dass man sowohl sich an Erfahrungen anderer anpassen wird, als auch deren Erfahrungen an eigene anpasst wird, d.h. seinen eigenen Stil und seine eigene ganz persönliche Handschrift einflechten wird; sonst würde man ja kopieren, statt zu kapieren.

Kritisch prüfen muss man selbstverständlich immer, wie zukunftsträchtig – oder museumsreif – Wissen und Erfahrungen sind. Wenn ältere Menschen es ertragen können, dass Jüngere so kreativ und gestaltend mit ihren Erfahrungen umgehen, wie sie es mit ihrer fluiden Intelligenz vermögen, und manches umformen, auch ablehnen, dann ergibt sich eine sehr effiziente und für alle Beteiligten erfüllende und bereichernde, gut balancierte Beziehung.

Auf materielle Güter bezogen ist es Aufgabe im Älterwerden, loslassen zu können, auszumisten, zu entrümpeln, was man so alles im Laufe seines Lebens angesammelt hat, gehortet; viele Dinge sind wie Anker für Erlebnisse, die im Betrachten, Anfassen der Sache, als Erinnerung wieder lebendig werden, und es ist die Kunst, sich von Dingen zu lösen, und die Erinnerung – sofern mal sie als Teil der eigenen Geschichte akzeptiert hat – zu erhalten. Wer allerdings merkt, dass er noch fest hängt an ..., der hat eine unerledigte Entwicklungsaufgabe in der Hand, und schon kann's losgehen mit der persönlichen Weiterentwicklung: diese ist erst wirklich beendet mit dem Tod. Und dabei möge man bedenken: man kann nichts mitnehmen auf seine letzte Reise. Ist reich sterben und vererben wirklich erstrebenswert? Gib lieber noch mit warmer Hand.

Gleiches gilt natürlich auch in immateriellen Aspekten: machen Sie Ihren Frieden mit den Menschen, mit denen Sie noch „Rechnungen" offen hatten, wegen denen Sie noch Rabattmarken mit sich herumschleppen, bzw. die Ihnen grollen; konsolidieren Sie Ihr Leben so, dass Sie sich selbst gegenüber mit gutem Gewissen sagen und spüren können: ich habe das meinige getan, um alten Hader und Unfrieden, Unerledigtes aus der Welt zu schaffen: „*Time to say goodbye*". Das kann durchaus bedeuten, ein Gesprächsangebot zu senden an jemanden, den Sie seit „ewigen" Zeiten nicht mehr gesehen und gesprochen haben, die Hand auszustrecken auch auf die Gefahr hin, dass andere bereits ihre letzte „Pauschalreise" ohne Rückfahrkarte angetreten haben oder sich verweigern: „*Simplify your life*"! Jedenfalls gilt: vergeben ist zuerst immer eine Angelegenheit unter maximal 2 Augen!

Altern aktiv vorbereiten und gestalten

So werden „Ältere" zu ihren eigenen „Wohlfühl- Managern", die die einzigartige Aufgabe haben, diese Lebensspanne meist ohne Vorbilder aus früheren Zeiten zu meistern, und damit den Jüngeren ein Modell bieten, an dem diese sich orientieren können: „happy aging" ist angesagt, dazu muss man zuvorderst ein positives Bild von sich und seinem Altern haben, evtl. gestützt durch Vorbilder! Wer sich dann noch um Beziehungen, Geselligkeit, Bewegung, gute Ernährung, Lernerfahrung und Lebensprojekte kümmert, der gestaltet sein Altern konstruktiv und glücklich.

Wer *los*lassen kann, der wird auch mehr und mehr *ge*lassen sein, und der kann seine Aufmerksamkeit in die Zukunft richten, sich mit seinem Tod auseinandersetzen und sich aktiv darauf vorbereiten, statt wie gebannt in die Vergangenheit zu starren: was möchte ich noch erleben, erfahren, erkennen ..., um mit einem guten Gefühl „Adieu und lebt wohl" sagen zu können?!

Mit kaum einen anderen Thema haben sich Philosophen aller Zeiten so intensiv auseinandergesetzt wie mit dem Tod: welche Bedeutung hat das für uns? Was kommt danach? Gibt es eine „Seele", die das Sterben überdauert? Ein Jenseits? Was bleibt vom Menschen nach seinem Tod? Auch hierin muss heute jeder Mensch für sich selbst Antworten finden, was er glaubt, woran er sich hält, denn die Antworten aus Religion(en) werden meist nicht mehr so ohne weiteres unkritisch übernommen.

Daher ist es eine echte neue Herausforderung für jeden Älteren, sich mit seiner eigenen Endlichkeit zu befassen und man ist gut beraten, bereits zu Lebzeiten Vorsorge zu treffen, z.B. durch Testament, Patientenverfügung, Organspende- Ausweis, Art der Bestattung ..., um die Hinterbliebenen von den vielen organisatorischen Fragen zu entlasten, die sofort nach Ihrem Ableben auf sie einstürmen und gelöst sein wollen – und das in der Zeit intensiver Trauer um Sie. Zeichen guter Beziehungen zu seinen Nachkommen und „Liebsten" ist, mit ihnen solche Dinge geregelt zu haben, so dass auch sie leichter loslassen können ohne Zorn darüber, dass Sie „einfach so" gegangen sind, ohne dass Gelegenheit gegeben war, noch offene Themen zu klären: auch Ihre „Nächsten" müssen einen Weg finden, Sie – wenn es dann soweit ist – loszulassen und in Frieden sterben zu lassen. Früher war es Sitte, auf dem Sterbebett den Hinterbliebenen seinen Segen zu geben als Zeichen des Friedens und der allerbesten Wünsche für deren weiteres Leben und als Geste des Abschiedes: lebt wohl!

Zu 99,x% der gesamten Zeit der Existenz von Menschen auf der Erde betrug die Lebensdauer nicht viel mehr als 35 – 40 Jahre im Schnitt; erst die Generation der „Babyboomer" (nach dem WK II geboren bis ca. 1960, dann die „Pillenknick- Generation") in unserer europäischen und westlichen Welt steht vor der erst- und einmaligen Herausforderung, eine Lebensspanne – bei gesunder Lebensführung – bis zu 100 Jahren sinnvoll zu strukturieren; davon sind etwa 30 – 35 Jahre Zeit der Rente/Pension, also nicht primär durch Erwerbsarbeit, Beruf, Aufbau von ... vorgezeichnet, sondern man muss sich und sein Leben weitgehend selbst sinnvoll organisieren und strukturieren können, wenn man nicht einfach nur im Bewusstsein seiner eigenen Endlichkeit warten, warten, warten will; und dabei können wir auch nicht (bis auf wenige rare Ausnahmen) auf vergangene Vorbilder zurückgreifen, an denen man sich orientieren könnte, wie ein gelungenes, würdiges Altern so lange Zeit vonstatten geht; dazu lohnt es sich, Biographien zu lesen von Menschen, die es erfolgreich – in ihrer Zeit – geschafft haben. Also ist es sinnvoll, eine Strategie zu entwickeln für die nun noch möglichen 10.000 Tage (ab ca. 65 Jahren gerechnet).

Im Laufe der Zeit müssen wir uns jedenfalls durchaus mit der erlebten Diskrepanz *„der Geist ist willig, doch das Fleisch ist schwach"* auseinandersetzen, da in der Summe von vielen kleinen alltäglichen Erlebnissen spürbar wird, man ist nicht mehr „der alte" sondern der „Alte". So haben wir die Wahl, älter zu werden, zu verwittern oder gar zu erstarren, zu verwesen und zu versteinern.

Bereits der Mystiker Tauler warnte davor, sich in mehr oder weniger zwanghaften Ritualen und starren Traditionen zu verausgaben, oder in karikaturähnlicher Weise so zu tun, als sei man „Berufsjugendlicher", um sich und andere über das wahre Alter zu täuschen, z.B. durch die Maskerade von „Schönheitsoperationen", sondern spätestens jetzt einen Führungswechsel zu vollziehen und sich aus sich selbst heraus zu führen quasi als Lebensunternehmer, der sich mehr an Spiritualität orientiert und aus inneren eigenen Motiven steuert, statt sich von äusseren Quellen bestimmen oder manipulieren zu lassen: was ist mir nun wirklich wichtig? Auch hier kann das System zur Analyse der Lebensqualität wieder herangezogen werden.

Balance finden

Balance finden zwischen Bewahren und Loslassen, sich an seinen guten Erfahrungen erfreuen und mit den unguten Frieden schliessen, bewusst älter werden und doch aufgeschlossen, „jung" bleiben, haben oder sein, in der Vergangenheit leben oder sich auf Zukunft freuen ... auch hier bieten sich viele Chancen, sein Leben aktiv und spannend, erlebnisaktiv zu gestalten; in dieser Zeit definiert man sich nicht mehr so sehr wie vielfach in früheren Jahren durch das, was man tut und schafft, sondern durch das, was und wie man mit seinen Erfahrungen und Erlebnissen umgeht: Optimisten leben zufriedener, altern langsamer und zudem wirken sie auch noch jünger als sie tatsächlich sind!
Wie viel Ihrer Zeit blicken Sie eher zurück in Vergangenes bzw. blicken nach vorn in die Zukunft?
Im Gesicht sind die Spuren seines Lebens zu erkennen: was strahlt Ihr Antlitz aus? Güte? Gram? Groll? Hunger? Erfüllt sein? Zufriedenheit? Glück? Sie haben es von Beginn an in Ihrer Hand, quasi wie ein Steinmetz mit jeder Erfahrung, mit jedem Gefühl diese Spuren anzulegen. Wer es im Laufe seines Lebens gut mit sich und anderen gemeint hat, der erfährt vielleicht den „Michelangelo- Effekt", der einmal antwortete auf die Frage, wie er seine Kunstwerke erschaffe, er habe ja nur das Grobe und nicht Passende vom Stein entfernt, um das innewohnende Kunstwerk freizulegen.

Ein paar Stückchen aus der Literatur ...

Ermutigt wird man von H. Hesse: *„ Das Altwerden ist ja nicht bloss ein Abbauen und Hinwelken, es hat, wie jede Lebensstufe, seine eigenen Werte, seinen eigenen Zauber, seine eigene Weisheit, seine eigene Trauer"* („Stufen").
In den *„Kalendergeschichten"* erzählt B. Brecht die Geschichte einer *„unwürdigen Greisin"*, die sich – nachdem ihre Kinder aus dem Haus sind und ihr Mann gestorben ist – sich nicht mehr anpasst an Erwartungen ihrer Kinder, sondern ihrem Leben eine ganz unerwartete Wendung gibt.
Max Frisch gibt in seinem Stück *„Biographie: ein Spiel"* dem Hauptdarsteller die fiktive Gelegenheit, den Lebenslauf seiner Biographie zu verändern, wenn er es denn will. Will man's?
Wer es schafft, sein Älter werden und sein Altern souverän und würdig zu meistern, der darf dann auch den Respekt für sich erwarten, wie er im 4. Gebot (AT, Exodus, 20f) ausgedrückt wird.

„ Gern der Zeiten gedenk ich, da alle Glieder gelenkig – bis auf eins; doch die Zeiten sind vorüber, steif geworden alle Glieder – bis auf eins" (Goethe).

Und der Dichter Gryphius in seinem Gedicht „Gegenwart":

Mein sind die Jahre nicht, die mir die Zeit genommen
Mein sind die Jahre nicht, die etwa mögen kommen
Mein ist der Augenblick, und gebe ich auf ihn acht,
bin ich bei dem, der Zeit und Ewigkeit gemacht.

„Am Ziel bekommst Du nur das, was Du auf Deinem Weg aufgesammelt hast" sagt ein chinesischer Spruch; so gesehen: *„ der (Lebens)Weg ist das Ziel"*. Wir sind mental letztlich die Summe unserer Erinnerungen und unserer Erfahrungen!

Die Geschichte vom Blumentopf und dem Bier

Wenn die Dinge in deinem Leben immer schwieriger werden, wenn 24 Stunden am Tag nicht genug sind, erinnere Dich an den „Blumentopf und das Bier".

Ein Professor stand vor seiner Philosophie- Klasse und hatte einige Gegenstände vor sich. Als der Unterricht begann, nahm er wortlos einen sehr großen Blumentopf und begann diesen mit Golfbällen zu füllen. Er fragte die Studenten, ob der Topf nun voll sei.
Sie bejahten es.
Dann nahm der Professor ein Behältnis mit Kieselsteinen und schüttete diese In den Topf. Er bewegte den Topf sachte und die Kieselsteine rollten in die Leerräume zwischen den Golfbällen.
Dann fragte er die Studenten wiederum, ob der Topf nun voll sei. Sie stimmten zu.
Der Professor nahm als nächstes eine Dose mit Sand und schüttete diesen in den Topf. Natürlich füllte der Sand den kleinsten verbliebenen Freiraum. Er fragte wiederum, ob der Topf nun voll sei. Die Studenten antworteten einstimmig „ja".
Der Professor holte zwei Dosen Bier unter dem Tisch hervor und schüttete den ganzen Inhalt in den Topf und füllte somit den letzten Raum zwischen den Sandkörnern aus. Die Studenten lachten.
„Nun", sagte der Professor, als das Lachen langsam nachliess, „ich möchte, dass Sie diesen Topf als die Repräsentation Ihres Lebens ansehen.
Die Golfbälle sind die wichtigen Dinge in Ihrem Leben: Ihre Familie, Ihre Kinder, Ihre Gesundheit, Ihre Freunde, die bevorzugten, ja leidenschaftlichen Aspekte Ihres Lebens, welche, falls in Ihrem Leben alles verloren ginge und nur noch diese verbleiben würden, Ihr Leben trotzdem noch erfüllend wäre.
Die Kieselsteine symbolisieren die anderen Dinge im Leben wie Ihre Arbeit, Ihr Haus, Ihr Auto. Der Sand ist alles andere, die Kleinigkeiten. Falls Sie Den Sand zuerst in den Topf geben", fuhr der Professor fort, „hat es weder Platz für die Kieselsteine noch für die Golfbälle. Dasselbe gilt für Ihr Leben. Wenn Sie all Ihre Zeit und Energie in Kleinigkeiten investieren, werden Sie nie Platz haben für die wichtigen Dinge.
Achten Sie auf die Dinge, welche Ihr Glück gefährden. Spielen Sie mit den Kindern. Nehmen Sie sich Zeit für eine medizinische Untersuchung. Führen Sie Ihren Partner zum Essen aus. Es wird immer noch Zeit bleiben um das Haus zu reinigen oder Pflichten zu erledigen. Achten Sie zuerst auf die Golfbälle, die Dinge, die wirklich wichtig sind. Setzen Sie Ihre Prioritäten. Der Rest ist nur Sand".
Einer der Studenten erhob die Hand und wollte wissen, was denn das Bier repräsentieren soll. Der Professor schmunzelte: „Ich bin froh, dass

Sie das fragen. Es ist dafür da, Ihnen zu zeigen, dass, egal wie schwierig Ihr Leben auch sein mag, es immer noch Platz hat für ein oder zwei Bierchen. Mit Wein funktioniert es auch".

Übungen

- Ihr Bild vom „Altern"? Vorbilder/ Modell? Notieren Sie Stichworte Ihrer „Bilder", Vorstellungen, Erwartungen vom Altern.
- Was verbinden Sie mit dem Begriff „Vorsorge"? Sind Sie „gut" versorgt? Sinn? Finanziell? Beziehungen? Gesundheit? Kultur? Die Maus „Frederik"?
- Nehmen Sie eine Körperhaltung ein, die für Sie „Jung sein" repräsentiert und bewegen Sie sich im Raum, danach die für Sie „Alt sein" repräsentiert
- Rabattmarken- Sammlung; ein paar Marken: wem gelten die? Bücher? Museum Ihrer Kränkungen? Was soll damit geschehen?
- Lebenspanorama zeichnen: Vergangenheit: wo komme ich her, was hat mich geprägt? Zukunft: wie stelle ich mir vor, wie es weitergehen wird? Wie alt möchte ich denn eigentlich werden, soweit ich es selbst beeinflussen kann? Welche Zeitspanne ergibt sich daraus für mich? Horizontale Achse: Lebensjahre [Geburt – Heute | Heute – Tod] Vertikale Achse: Gefühle [Polarität] oben Glück | unten Unglück
- Was möchte ich als Sinnspruch meines Lebens auf meinem (psychologischen) Grabstein eingeprägt haben?
- Was tue ich tagtäglich tatsächlich für mich: in Bewegung? In Beziehungspflege? In guter Ernährung? In mentaler/ geistiger Hinsicht?
- Beginnen Sie, eine „*Löffel-Liste*": was will ich unbedingt noch alles erleben, ehe ich den Löffel abgebe? ← (Er)Lebens- Ziele
- Wie schaffe ich das alles? In welcher Priorität? ← Strategie
- Wann fange ich gleich an und verwirkliche Punkt 1 ... ← Operativ
 3 Fragen für jederzeitige Orientierung:
 Wo stehe ich? ← Status
 Wo will ich hin? ← Ziel(Bild!)
 Wie schaffe ich das? ← Weg/ Strategie.
- Graffiti in Freiburg (Eckhaus Schusterstr. / Buttergasse): *Hölle* ←→ *Himmel* als Orientierungspunkt
- „*Opa/ Oma, erzähl mal ...*" ← Lebensweg, Erlebnisse notieren

- Märchen von der Altweiber- Mühle | „Biographie" (M. Frisch)
- Reale Vorsorge treffen: gültiges Testament (wo auffindbar?), Patientenverfügung, Organspende, Vollmachten erteilen (auch über den Tod hinaus geltend), Versicherungen: wer ist Empfänger der Leistungen?, Anweisungen, wie nach den Tod verfahren werden soll, Bestattung ...

Umgang mit dem Fremden und Vertrauten bei Unternehmenszusammenschlüssen

Jutta Kreyenberg

I. Wichtige Faktoren im gelungenen Merger Prozess

In der Literatur wird hier meistens Mergers & Aquisitions (M&A) in einem Atemzug genannt. Partnerschaftliche Merger/Fusionen sind eher selten, oft gibt es einen dominanten Partner, insofern können diese eigentlich getrennten Konzepte gut nebeneinander stehen. Mein Ziel in diesem Artikel ist es, die sozialen und emotionalen Bedingungen für eine gute Integration zu explorieren.

Bekannt ist, dass viele M&A nicht die erhofften Synergieeffekte bringen oder sogar scheitern – die Schätzungen über ein Scheitern liegen zwischen über 50% (z.B. Gertsen 1998, S. 7 ff.) bis hin zu über 80% (GIBSON 2005).
- Negative Effekte umfassen u.a.:
- hohe Kündigungsraten
- sinkende Arbeitsmotivation und schlechtes Betriebsklima
- steigende Krankheits- und Abwesenheitsquoten
- Verzögerungen in der Produktentwicklung
- Umsatzrückgang

Dennoch stellt die Akquisition von Firmen national und international häufig eine Hauptstrategie des Firmenausbaus dar. Die Gründe für das Scheitern liegen oft nicht in der strategischen Planung finanzieller und legaler Aspekte, die in Due Diligence (= Kaufprüfung) Prozessen gescheckt und verhandelt werden, sondern eher in der Missachtung von kulturellen Aspekten.

Zur kulturellen Dimension von Firmenfusionen ist inzwischen viel gearbeitet und geschrieben und einige Erkenntnisse sind gewonnen worden. Hier drei aus meiner Sicht wesentliche Fragestellungen und meine Überlegungen dazu:

1. Wann sollte man kulturelle Faktoren bei Fusionen berücksichtigen?

Im Mergerprozess unterscheidet man generell eine „Pre" und eine „Post" Mergerphase (s. Grafik 1). Eine Zeitlang wurde angenommen, dass es das Beste sei, nicht nur eine faktenorientierte Due Diligence (Produkte, Finanzen, Legales...), sondern auch eine kulturelle (Kommunikation, Führung) vorzunehmen. Wenngleich die Einschätzung des kulturellen Risikos im Sinne der Bewusstheit über Unterschiede sehr wichtig ist, hat sich jedoch herausgestellt, dass für den Erfolg der Fusion weniger nationale und organisationale Kulturunterschiede an und für sich entscheidend sind, sondern der Umgang damit, nämlich die Bewusstheit darüber und eine intensive Kommunikation (s. GERTSEN et. al. 1998).

Studien belegen, dass die Strategieentwicklung für 30%, die Verhandlung für 17% und die Integration für 53% des Risikos verantwortlich ist. Insofern sind allzu aufwendige Prüfungen im Vorfeld wenig sinnvoll. In der Pre Mergerphase ist Sensibilität und Analyse möglicher Unterschiede hilfreich, Integrationsmaßnahmen sollten während der Due Diligence beginnen und machen in der Post Merger Phase am meisten Sinn (Post Merger Integration PMI).

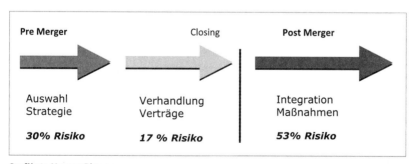

Grafik 1: Merger Phasen

2. Welches Verständnis von Kultur und kultureller Integration ist hilfreich?

Ich verstehe unter Kultur ein kollektives gemeinsames Verständnis, das wie eine Persönlichkeit der Organisation wirkt. Es besteht aus typischen Verhaltensweisen, unbewussten Annahmen und Werten bis hin zu sichtbaren Strukturen und Prozessen (sog. Artefakte, s. SCHEIN 2003). Kultur lässt sich als „gemeinsames mentales Modell verstehen, das die Mitarbeiter eines Unternehmens vertreten und für selbstverständlich halten", ...wie... „ein Fisch, wenn er sprechen könnte, nicht in der Lage wäre zu erklären, was Wasser ist" (Schein 2003, S. 36). Kultur ist als soziales Phänomen dynamisch und wird ständig neu konstruiert, insofern schwer messbar, weil sie nicht ohne Informationsverlust und Beeinflussung in kleine quantitative Teile zerlegt werden kann.

Oft wird Kultur als Set von Normen und Werten verstanden und beim Aufeinanderprallen dieser Sets von culture clash gesprochen. Hilfreich ist es, dieses Aufeinanderprallen als Suche nach einer neuen Identität zu sehen, welches Teil der Fusion ist (vgl. KleppestØ, 1998), die man hier verstehen kann wie eine Ehe, die ja auch erhebliche Auswirkungen auf die Identität der Einzelpersonen hat.

Ich habe einen schönen Spruch gefunden, der einem K.P. Bock zugeschrieben wird: „Kultur im weitesten Sinne ist das, was dich zum Fremden macht, wenn Du von zu Hause fort bist."

3. Welche kulturellen Faktoren sind entscheidend für den Erfolg von M&A?

In der Forschung und Literatur über Unternehmenskultur und über M&A sind viele Modelle aufgestellt worden, die trotz aller Ganzheitlichkeit und dynamischen Konstruiertheit Kultur beschreiben, z.B. die bekannten Kulturmerkmale von HOFSTEDE (1993): Machtdistanz, Individualismus, Maskulinität, Unsicherheitsvermeidung, lang- oder kurzfristige Orientierung. Oder die drei Ebenen von SCHEIN (2003): Artefakte, öffentlich propagierte Werte und grundlegende unausgesprochene Annahmen. Ein sehr schönes Bild hat BALLING (unveröffentlichtes Handout) aufbauend auf den Schein-Kategorien geschaffen – die sogenannte Kulturzwiebel (Grafik 2), in der ein „von-innen-nach-außen" symbolisiert wird, von der äußeren sichtbaren Oberfläche der

Erkennungszeichen bis hin zum inneren Zentrum der Grundüberzeugungen. Er führt zusätzlich noch eine Metaposition ein, die die Selbstreflexionsfähigkeit der Kultur beschreibt, z.b. in Hinblick auf ihre Muster in Veränderungsprozessen, Identitätsbildung oder Einbettung in ein größeres Ganzes. Grundlage für das Bewusstsein bildet natürlich das Sein, also die Organisationsstruktur.

Auch ist es immer wieder eine Frage, ob nationale oder Organisationskulturen mehr Einfluss haben auf den Fusionserfolg. Einerseits scheint die nationale Kultur ziemlich überstrahlend zu sein, andererseits wird oft auch der Einfluss der spezifischen Firmenkultur unterschätzt. Insbesondere wenn dieser discountet wird, können Zusammenschlüsse scheitern. So haben Larkson & Risberg (1998) festgestellt, dass in länderübergreifenden Firmenzusammenschlüssen mehr Erfolge erzielt wurden, weil hier von Anfang an klar war, dass kulturelle Unterschiede berücksichtigt werde mussten. Ausschlaggebend für eine erfolgreiche Akkulturation waren höhere Integrationsinvestionen, die sich vor allem an eine klare, widerspruchsfreie und intensive Kommunikation richteten.

Aus meiner Erfahrung spielen im Wesentlichen folgende *Faktoren für den Erfolg* von Fusionen eine zentrale Rolle:

- *Die Bewusstheit über Unterschiede*
  Hierfür helfen Kulturkonzepte wie oben genannt. Mehr als analytische Strategien hilft jedoch eine Haltung der Achtsamkeit (Mindfulness), die z.B. in allgemeinen Workshops zur cultural awareness angesprochen werden kann. In der TA haben wir hier Konzepte wie z.B. verschiedene Autonomiekonzept (Autonomiebegriff von Berne, Phasen der Autonomieentwicklung von Lenhard...) und das Konzept des integrierten Erwachsenen-Ich-Zustands, die hier helfen können (s. Grafik 2).
- *Interesse an der anderen Kultur*
  In Therapiestudien wurde schon oft nachgewiesen, dass weniger die Technik als vielmehr allgemeine Variablen wie Empathie, Zuhören, Einfühlungsvermögen für den Erfolg wichtig sind. Ich glaube, dass ebenso in Mergern die Haltung ausschlaggebend ist und würde diese allgemeinen Variablen mit „Interesse am Anderen/Fremden" überschreiben. Wichtiger als Technik ist es, nicht in Überanpassung oder Eroberung zu gehen. Im Annäherungsprozess zwischen den Firmen hilft hier das Konzept der OK-ness.

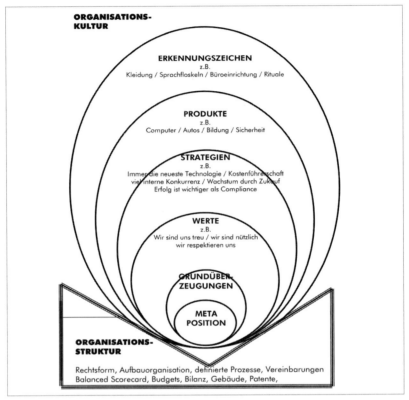

Grafik 2: Kulturzwiebel von Rolf Balling

- *Kommunikation*
  Früh genug zu informieren über geplante Schritte und durch eine intensive Kommunikation für die beteiligten Menschen Verstehbarkeit, Sinnhaftigkeit und Handhabbarkeit herzustellen, scheint ein wesentlicher Faktor zu sein, damit Merger gelingen. Es geht darum, auch insbesondere durch stimmige informelle Kommunikationsgelegenheiten Sicherheit, Vertrauen und Visionen für eine positive Gemeinsamkeit zu ermöglichen. Nicht umsonst wird ja die Vorentscheidungsphase oft als „courtship" bezeichnet, wie vor einer Eheschließung umwerben sich die Partnerfirmen. Und daran die Mitarbeiter zu beteiligen ist sinnvoll. Nichts ist geeigneter, die Motivation aufrechtzuerhalten als eine spannungsvolle Vorfreude. Maßnahmen

wie die Einbeziehung von Schlüsselpersonen (Führungskräften), Fokusgruppen, die herausfinden, was die Mitarbeiter bewegt, Merger Intranet Seiten, Kommunikationsstrategien, die sowohl Sicherheit geben als auch den (Kunden-) Nutzen herausstellen finden positiven Anklang, vor allem auch schon am Ende der Pre Merger Phase.

– *Identitätsbildung*
Wenn eine gute Integration gelingen soll, ist es wichtig, dass sowohl die eigene Firmenidentität als auch die der Partnerfirma geschätzt wird (vgl. GERTSEN et al.). Hält man die fremde Firma nicht für attraktiv, führt der Zusammenschluss eher zu einer Abspaltung, einem Rückzug. Hier treten dann oft Phänomene wie erhöhte Kündigungsquoten etc. auf, es kommt zur Ablehnung der anderen Firma und ggf. zu feindseligen Handlungen. Ist die eigene Kultur nicht so sehr von Bedeutung und/oder die fremde Kultur sehr dominant, kommt es zur Assimilation, zur Anpassung an die andere Firma. Auch das kann ein günstiger Weg sein, wenn alle Beteiligten einverstanden sind. Werden beide Kulturen als negativ oder unbedeutend erlebt, spricht man auch von Dekulturation, von Kulturverlust, was in der Regel eher schädlich und wenig motivierend ist.
Begleitmaßnahmen im PMI zielen auf eine Integration der weniger dominanten in die dominante Firma ab, bei der aber die kulturelle Identität beider Seiten erhalten bleibt und Unterschiede weitgehend toleriert werden. Es handelt sich hier um eine Koexistenz, die durch multikulturelle und pluralistische Traditionen erleichtert wird. Notwendig sind hier gemeinsame Grundwerte wie Respekt, Offenheit und Toleranz.

II. Konzept zur sozio-emotionalen Begleitung von PMI Prozessen

Ich konzentriere mich hier auf die Begleitung des cultural change und bin mir dabei wohl bewusst, dass dieser eingebettet werden muss in den strukturellen Merger Prozess, was Produkte, Kunden, Organisation, Prozesse, Finanzen etc. betrifft. Ich halte es sogar für schädlich, die kulturelle und strukturelle Seite zu trennen, denn auch von den Betroffenen wird dies als unmittelbar miteinander verwoben erlebt. So habe ich z.B. die Erfahrung in einem ingenieurgetriebenen Unternehmen gemacht, dass eine Annäherung und Integration am besten durch die Durchsprache der Projekte auf Arbeitsebene erfolgt. Als Beraterin bin ich jedoch für die Seite der „soft facts" zuständig und muss ebenso in die strategische Planung mit eingeweiht sein, wenngleich nicht steuernd, so oft jedoch in einer Beratungsfunktion (z.B. durch Moderation oder Prozessfeedback).

Wenngleich jeder Beratungsprozess anders läuft, kann man einige grundlegende Schritte unterscheiden:

1. Managementmeeting

Ein deutlicher Schulterschluß und eine klare Verantwortlichkeit in der Unternehmensleitung bzw. bei Teilzusammenschlüssen beim verantwortlichen Leitungskreis sind erste Voraussetzung für eine gelungene Begleitung. Im Führungskreis werden die Grundsteine für den weiteren Prozess gelegt, idealerweise findet hier ein Meeting oder Workshop in der Due Diligence Phase statt. Zentrale Themen sind hier:
- Finden im Führungsteam, Definition von Verantwortlichkeiten und Führungsrollen
- Einbetten der sozial-emotionalen Integration in die Merger Roadmap, Verzahnung mit Projekten, Auffangen von Kunden und Prozesssteuerung
- Definition der Kommunikationsstrategie (Information und Einbeziehung von Führungskräften Pre und Post Merger)
- Definition von Maßnahmen: Workshops, Trainings, Integrationsteams, Coaching
- Definition von grundlegenden Spielregeln (Do's and Don'ts)
- Vereinbarung von Meilensteinen: Welche Erfolge wollen wir feiern

2. Training und Beratung der Führungskräfte

Im zweiten Schritt werden die vereinbarten Maßnahmen durchgeführt. Hier sind Informationsmaßnahmen für Mitarbeiter (Betriebsversammlungen, ggf. Großgruppenveranstaltungen) und Maßnahmen zur Zusammenführung der zweiten Führungsebene zu unterscheiden. Bei letzterem stehen folgende Themenschwerpunkte und Ziele für Führungsworkshops im Mittelpunkt:

- *Kennenlernen:* Übungen wie „Wanted" (Erstellen von Steckbriefen), „Diversity" (Benennen von Unterschieden und Gemeinsamkeiten), „History" (Aufzeichnen der verschiedenen historischen Linien) oder „For you" (Erwartungen und Geschenke aneinander) können helfen, spielerisch aufeinander zuzugehen.
- *Erwartungen, Befürchtungen und Ängste adressieren:* Hier geht es darum, sich gegenseitig grundlegende Werte und Methoden vorzustellen, und um die Möglichkeit, worst und best case Szenarien zu erarbeiten.
- *Erfolgsfaktoren:* Idealerweise werden kritische Faktoren, Fallen und Chancen des Mergers erarbeitet.
- *Teambuilding:* Am Ende sollte ein gemeinsames Verständnis stehen bezüglich der gemeinsamen:
  - Ziele/Visionen
  - Führung
  - Teamwork
  - Methoden/Vorgehensweisen

3. Begleitung von Schlüsselpersonen

Neben Workshops und Trainings ist es oft hilfreich, punktuell oder in Prozessen Coaching für Führungskräfte sowie Supervisionen oder Workshops für Integrationsteams und andere Schlüsselpersonen anzubieten, in denen eher fallorientiert Themen, Stolpersteine und Ziele im Prozess bearbeitet werden.

III. Hilfreiche Tools

Insbesondere in der systemischen Transaktionsanalyse, aber auch im Change Management stehen uns viele Instrumente zur Verfügung, die wir in Merger Prozessen nutzen können. Ein paar habe ich oben schon erwähnt: die Kulturmerkmale nach Hofstede, das Konzept des integrierten Erwachsenen-Ichs, der Autonomiebegriff nach Berne, die Phasen der Autonomieentwicklung nach Vince Lenhard, die Kulturzwiebel von Balling, die Okay-Grundhaltung (Okay-Corral nach Ernst). Ich möchte hier nur einige Modelle brainstormartig skizzieren, wir werden im Workshop darüber arbeiten. Hier wirklich nur einige Akzente: Gute

Erfahrungen habe ich mit dem Kultur-Diagnose-Dreieck (BALLING) gemacht, in dem Organisationen wie eine Person behandelt und auf ihre Ich-Zustands-Energieverteilung untersucht werden (Grafik 3).
Außerdem hilfreich sind Rollenkonzepte (nach Bernd Schmid), das Bondingmodell (George Kohlrieser), das Doppelspagatmodell und die daraus folgenden Interventionsleitlinien (ebenfalls von Rolf Balling, unveröffentlicht, Grafik 4) oder die emotionale Phasen von Veränderung (Grafik 4, vgl. auch GEYER & KOHLHOFER 2008).
Speziell in der Supervision von Führungskräften für die Arbeit mit ihren Mitarbeiten ist das Modell der Wertungsstufen (Grafik 6, nach Hans-Dieter Wilms, unveröffentlicht, aufgebaut auf der Discount-Matrix) nützlich.
Es hilft Führungskräften, eine gemeinsame Verständnisebene zu finden. In den ersten beiden Stufen geht es erst einmal darum, schrittweise Verständnis und Problembewusstsein zu erzeugen, bevor dann in den oberen beiden Stufen Training und Coaching möglich wird. Wird diese Differenzierung nicht vorgenommen, wird das Verhalten des Mitarbeiters oft als Widerstand empfunden und die Kommunikation bewegt sich in einer Sackgasse.

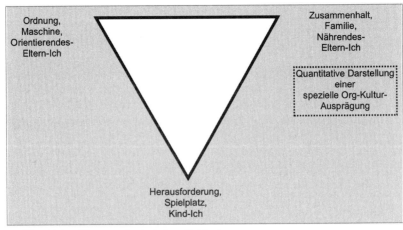

Grafik 3: Kultur-Diagnose-Dreieck (von Balling)

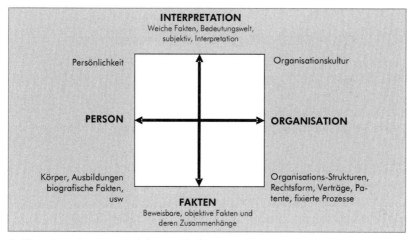

Grafik 4: Doppelspagatmodell (von Balling)

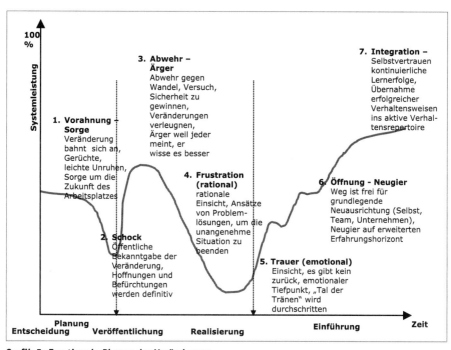

Grafik 5: Emotionale Phasen der Veränderung

Ebene	Führungsintervention
Persönliche Lösungskompetenzen z.B.: „Ich würde gerne, aber ich kann nicht, traue mir nicht zu..."	• Hinweise, Tipps • Coachen, Fragen, Ressourcen • Contracting, Kleine Schritte
Allgemeine Lösbarkeit z.B.: „Das geht nicht" oder mangelnde Qualifikation	• Beispiele • Benchmark • Fortbildung
Bedeutung eines Themas z.B. Vermeiden, fehlende Umsetzung	• Begründen, Fragen • Konfrontieren, Konsequenzen
Existenz eines Themas/ Problems z.B. Ignorieren, so weiter machen wie bisher	• Erklären • Informieren • Wiederholen

Grafik 6: Wertungsstufen (nach Wilms)

Zusammenfassung

Im Artikel werden wesentliche Fragestellungen und Erfolgsfaktoren in Merger-Prozessen zusammengefasst. Es folgt ein Konzept zur sozio-emotionalen Begleitung der kulturellen Integration sowie Ideen für einige hilfreiche Tools für den Berater.

Literatur

Balling, R. (2005). Diagnose von Organisationskulturen. ZTA, 4/2005.
Fink, D. (2000). Management Consulting. München.
Gersten, M. C., Søderberg, A.-M. & Torp, J. E. (Eds.) (1998). Cultural Dimensions of International Mergers and Acquisitions. de Gruyter.
Gibson, B. (2005). After the Merger: Creating a new identity from the inside out. IABC International Conference June 26, 2005.
Hofstede, G. (1993). Interkulturelle Zusammenarbeit. Kulturen – Organisationen – Management. Wiesbaden: Gabler.

Kleppestø, S. (1998). A quest for social identity – the pragmatics of communication in mergers and acquisitions. In Gertsen et al. (p. 147-166).

Larkson, R. & Risberg, A. (1998). Cultural awareness and National versus Corporate Barriers to Acculturation. In Gertsen et al. (p. 39-56).

Schein, E. (2003). Organisationskultur, EHP.

Träm, M. (2000). Post-Merger-Integration: Sieben Regeln für erfolgreiche Fusionen nach A.T. Kearney.

Leistungsglück

Hanne Raeck

... fehlt da nicht ein „oder", also: „Leistung" *oder* „Glück"... ?
Könnte man denken, denn das, was gemeinhin mit dem Begriff Leistung in Verbindung gebracht wird, ist sicherlich nicht „Glück", ist eher: Arbeit, Stress, Überforderung, Burn out, Herzinfarkt, Muskelverspannung, Rivalität, Druck.....
Das hat mit Glück nichts zu tun.
Zu „Glück" werden eher Begriffe wie Lachen, Zufall, Freizeit, Wohlbefinden, Freude, Überraschung assoziiert.
Wie soll das also zusammengehen?
Aus meiner langjährigen Erfahrung mit Kindern als Lehrerin und als Mutter und aus ebenso langer Selbstbeobachtung weiß ich, dass es Leistungsglück gibt. Es ist kleinen Kindern vertraut und gut an ihnen zu beobachten. Jugendlichen und Erwachsenen ist es meistens fremd geworden.
Entwicklung von Autonomie hängt mit der Möglichkeit zusammen, das fremd gewordene Gefühl von Leistungsglück, von Flow, wieder als selbstverständlich und vertraut in unsere KITAs, in unsere Schulen, in die Universitäten, in unseren Beruf, in unsere Weiterbildungen zu integrieren.
In diesem Beitrag werde ich darlegen,
I. welche verschiedenen Arten zu lernen es gibt
II. bei wem und in welchen Situationen „Leistungsglück" zu beobachten und zu erleben ist
III. wie die vertraute Beurteilungskultur in der Schule
 - von Lehrerinnen verlangt, einander widersprechende Aufgaben zu erfüllen
 - es Eltern schwer macht, sich in jedem Falle an die Seite ihre Kinder zu stellen
 - die angelegte Voraussetzung zum Leistungsglück in Menschen verschütten kann

Im Workshop werden wir
IV. Möglichkeiten vorschlagen,
- wie Lehrerinnen und Eltern sich treu bleiben und an den Bedürfnissen von Kindern orientieren können
- wie die eigene Fähigkeit wieder belebt werden kann, Leistungsglück zu empfinden

Lernen – verbunden und selbstbestimmt

Das Bedürfnis nach Verbundenheit und unbedingter Zuwendung steht in der Entwicklung eines Kindes an erster Stelle. Wenn es in seinem So-Sein wichtig und ernst genommen wird, wenn seine Freude an Erfolgen geteilt, wenn es einbezogen und ihm Verantwortung übertragen wird, befördert dies sein Bedürfnis zu lernen und sich so weiter zu entwickeln. Alles Lernen ist eng verbunden mit den Beziehungserfahrungen, die ein Kind als soziales Wesen dabei macht.
Viele eigenständige Dinge, die ein Säugling unternimmt und (kennen)lernen will, können von den Erwachsenen leicht mit unbedingter Zuwendung begleitet werden.
Später greifen Kinder mit ihrem Forscherdrang und eigenständigen Verhaltensweisen auch in die Ordnung der Erwachsenen ein. Wenn ein Kind z.B. krabbelt und beginnt, die Bücherregale auszuräumen, stößt es damit wahrscheinlich an Grenzen, nicht, weil es „böse" ist oder „frech", sondern weil es diese Grenzen noch nicht kennen kann. Wird an dieser Stelle die unbedingte Zuwendung der Eltern durch unbedingte negative Zuwendung ersetzt, indem sie laut „Nein" rufen, das Kind wegzerren, beschimpfen oder genervt in einen Laufstall sperren („Du bist nicht o.k., wenn du das tust"), mindern sie auf Dauer die Lust am Ausprobieren, die Lernen bedeutet.
Das Kennenlernen der Grenzen von anderen und die Erfahrung, dass eigene Grenzen und Bedürfnisse der Kinder respektiert werden, sind eine wichtige Grundlage für die Entwicklung sozialer und emotionaler Kompetenz. Sie wird erlernt durch bedingte negative Zuwendung, wenn darunter der Teppich einer unbedingten Zuwendung ausgebreitet bleibt. Eltern könnten z.B. für einige Zeit Spielsachen statt Bücher in die unteren Regale räumen, sie könnten sich entscheiden, am Abend die Bücher wieder einzuräumen, sie könnten das Kind liebevoll aufnehmen

153

und mit ihm in ein anderes Zimmer oder nach draußen gehen o.ä. und freundlich mit ihm sprechen. So wären Stimme und Berührung Träger der unbedingten Zuwendung – und die Bücher blieben vielleicht im Regal.

Unbedingte Zuwendung führt zu Entspannung. Auch wenn ein „Nein" von Seiten der Erwachsenen gibt, verliert ein Kind nicht sein Selbstvertrauen. Es kann sich sicher fühlen und entwickelt ein „Ich bin okay"-Gefühl. Es wird vielleicht um seinen Willen zu kämpfen. Wenn es den Kampf nicht gewinnt und sicher gebunden ist, dann ist es wahrscheinlich enttäuscht, aber nicht zerstört oder gebrochen.

Auch positiv bedingte Zuwendung ist kein Ersatz für unbedingte positive Zuwendung. Manchmal scheint es, dass Eltern o.a. den Unterschied nicht kennen. Ständige Begeisterung über alles, was das Kind gerade tut, wirkt störend. Erst einmal agiert ein Kind, um etwas auszuprobieren, dabei lernt es – es geht nur „um die Sache und um mich". Es braucht Gegenwart, Erreichbarkeit und Zugewandtheit der Eltern o.a. – es braucht nicht ihre Einmischung – außer, es gefährdet sich. Kinder wollen gesehen, nicht beurteilt werden – weder in die eine noch in die andere Richtung.

„Je älter Kinder werden, desto häufiger brauchen sie bedingte Zuwendung!" – heißt es. Und: „Kinder brauchen Grenzen!" – Oder: „Man muss Kindern Grenzen setzen!" Diese Sätze greifen zu kurz, weil sie die grundsätzliche Liebe außer Acht lassen. Wenn die notwendige bedingte Zuwendung, z.B. ein „Nein, das darfst du nicht!" und auch ein „Das hast du gut gemacht!" die unbedingte Zuwendung ablöst statt sie an einigen Stellen zu ergänzen, geraten Kinder in eine Überanpassung und die Entwicklung zu einer bezogenen Autonomie wird erschwert oder unmöglich gemacht.. Bedingte Zuwendung ist kein Ersatz für unbedingte Zuwendung. Wenn bedingte Zuwendung aber das einzige ist, was es gibt, tun Kinder alles, um sie zu bekommen. Sie geraten in einen Strudel von Anstrengung und entwickeln Antreiberverhaltenweisen, ohne wirklich satt zu werden. Ihre Lebensenergie ist teilweise oder ganz absorbiert durch das Ringen um Zuwendung und steht nur eingeschränkt für die Eroberung der Welt zur Verfügung.

Kinder brauchen Eltern (und ErzieherInnen und LehrerInnen), die gut für sich sorgen, die sich auskennen mit eigenen Stärken und Schwächen, die authentisch, lebensfroh, selbstzufrieden und verantwortungsvoll – d.h. liebesfähig sind.

Dann können Kinder geliebt und angenommen, satt mit unbedingter Zuwendung und respektiert mit ihren Grenzen und Bedürfnissen sein: eine gute Voraussetzung für Schritte in Richtung Autonomie. Das Spüren eigener Impulse, das Erforschen eigener Vorlieben, das Entdecken der Welt sind möglich.

Kleine Kinder lernen vom ersten Tag an und, wie Untersuchungen zeigen, schon vor ihrer Geburt, denn alle Entwicklung ist Lernen.

Sie erlernen bis zum Schuleintritt:
- ein hohes Maß an Körperbeherrschung (drehen, robben, krabbeln, laufen, rennen, klettern, balancieren, schaukeln, u.a.),
- sich in ihrem familiären System zurecht zu finden
- Regeln zu beachten oder zu umgehen oder zu bekämpfen
- Mimik, Gestik, Stimmklang zu deuten und zu imitieren
- sich so zu verhalten, dass sie ein Höchstmaß an Zuwendung bekommen
- Zusammenhänge herzustellen
- eine, manchmal sogar zwei Sprachen zu sprechen
- u.v.m.

Wenn sie mit drei Jahren eine Kita o.a. besuchen, lernen sie vielleicht noch andere Dinge kennen, die es so in ihrer Familie nicht gibt.
Dieses gewaltige Pensum lernen Kinder ohne Bildungsprogramm und ohne speziell angeleitet zu werden. Sie sind intrinsisch motiviert, d.h. sie lernen, weil es ein menschliches Grundbedürfnis ist zu lernen und sich zu entwickeln. „...das menschliche Gehirn ist ... für das Lösen von Problemen optimiert." (Hüther, S. 56)
Dabei richten sie das Lernenwollen auf das nächste Ziel und die damit verbundene Aufgabe. Diese muss sowohl herausfordernd als auch erreichbar sind. Nur wenn es nicht zu leicht und damit langweilig und nicht zu schwierig und damit überfordernd ist, nur wenn das Bemühen Erfolg verspricht, bleibt ein Kind dran, es erträgt Rückschläge, versucht erneut, zeigt hohe Konzentrationsfähigkeit und bewundernswerte Ausdauer. Versunken und hingegeben vollbringen sie enorme Leistungen - sie sind im Flow. Das ist Leistungsglück!
Kinder haben ein feines Gespür dafür, welche Aufgaben reizvoll und erfolgversprechend sind. Darum lernen sie am besten, wenn sie den Lernstoff selber bestimmen können. So entwickeln die einen z.B. erst ihre sprachlichen Fähigkeiten und danach ihre motorischen, andere

machen ist es umgekehrt. Sie entwickeln sicherlich beides, denn es sind Fähigkeiten, die erstrebenswert sind und ihren Grundbedürfnissen entsprechen – sich aus eigener Kraft fortzubewegen und sich mit anderen Menschen zu verständigen. Die Reihenfolge entscheiden sie selber. Das Erreichen des Zieles, der Erfolg selber, birgt den „Lohn" in sich. Die Kinder machen die Erfahrung, etwas bewirken zu können und werden so in ihrer Zuversicht und ihrem Selbstvertrauen gestärkt.

Können sie ihrer Entdeckerfreude, ihrer Gestaltungslust und ihrem Forschergeist in einer stärkenden Gemeinschaft nachgehen und positive Lernerfahrungen machen, befördert dies ihre Selbstwirksamkeitserwartung und bildet die Grundlage für alle zukünftigen Lernprozesse.

Kinder lernen auch Dinge, weil andere Menschen sie von ihnen verlangen. Denn ihr Bedürfnis nach Zuwendung ist existenziell und rangiert vor dem Bedürfnis nach Selbstverwirklichung(s.o.). Bedingte Zuwendung kommt also dann ins Spiel, wenn Kinder Vorgegebenes lernen (sollen). Sie tun dies, um ihre Eltern und Lehrer nicht zu enttäuschen und nicht verlassen zu werden.

Das Lernen von Vorgegebenem ist extrinsisch motiviert und eine Anpassungsleistung, manchmal eine Überanpassungsleistung, je nach Anspruch von außen.

Es ist eine grundsätzlich andere Art von Lernen als das aus eigenem Forscherdrang und Interesse erwachsene Lernen. Intrinsisch motiviertes Lernen gilt ausschließlich „der Sache und mir", extrinsisch motiviertes gilt der Zufriedenstellung der anderen. Manchmal springt der Funke über, aus der extrinsischen wird eine intrinsische Motivation – oft aber auch nicht.

Begleitet von unbedingter Zuwendung, die unabhängig von einzelnen Ereignissen zuverlässig immer da ist, können sie diese extrinsisch motivierte Lernerfahrung in begrenztem Umfang machen ohne Schaden zu nehmen. Wenn es daneben aber zu wenig oder keine Möglichkeiten gibt, dem eigenen Entwicklungsdrang, der eigenen Lernlust nachzugehen, nehmen die Kinder Schaden. Ihre eigener Drang zu lernen und die Welt zu erforschen weichen einer überangepassten Lernleistung, die mit der ursprünglichen Begeisterung am Lernen und Erobern der Welt nichts mehr zu tun hat.

Soll Lernen wieder der Quelle des ursprünglichen Bedürfnisses nach Entwicklung und nach Erobern der Welt entspringen, braucht es den Rückhalt aus unbedingter Zuwendung und Verbundenheit, das daraus resultierende Vertrauen in sich selbst und Selbstbestimmung der Sache oder des Themas. Dann kann Leistungsglück entstehen.

Lernen in der Schule – unverbunden und fremdbestimmt

Der Spielraum vor der Schule ist seit einigen Jahren in Gefahr. Frühförderung ist das Zauberwort. Viele ängstliche, verunsicherte Eltern springen auf den Zug auf. Wie sie als „Helikoptermütter" über ihren Kindern kreisen und ihnen ihre Möglichkeiten zur eigenständigen Erforschung der Welt nehmen, das berichtet die Süddeutsche Zeitung vom 9./10. Februar 2013. Für so ein Kind ist schon vor dem Schuleintritt nicht alles gut gegangen, was das eigenständige Erforschen der Welt angeht! Die Kindern aber, die mit ihrem Lernhunger von vertrauensvollen, unterstützenden, sicheren Eltern u.a. begleitet wurden, kommen als perfekte Lerner/ -innen in der Schule an. Sie sind in der Regel ausgestattet mit vielen Lernerfahrungen, mit einer hohen Selbstwirksamkeitserwartung, mit Vorfreude, mit Mut, mit einem guten Gespür für ihr eigenen Fähigkeiten u.a.m.
Sie haben im Vorfeld von Schule oder Vorschule oder auch schon vor Eintritt in die KITA aber oft Dinge gehört, die sie nun etwas misstrauisch und auch ängstlich sein lassen: „Jetzt beginnt der Ernst des Lebens." – „Jetzt lernst du endlich etwas!" – „Pass mal gut auf, sonst kriegst du Ärger!" – „Jetzt kannst du nicht mehr machen, was du willst!" – „Jetzt bist du groß und musst dich gut benehmen!"
Offenbar machen sich sehr viele Eltern, Großeltern, Tanten, Onkel u.a. nicht bewusst, dass das Kind, um das es geht, bereits seit vielen Jahren lernt, und dass alles, was es kann, Erfolge seiner Lernleistung sind. Sie kompensieren ihren eigenen Abschiedsschmerz und ihre Ängste über den weiteren Lebensweg ihrer Kinder mit einer Aufgeregtheit, die den Kindern nicht gut tut. An vielen Schulen spielen die Lehrer/-innen und die Schulleiter/-innen dieses Spiel mit. Sie tragen so bei zu der Entwertung der Kinder als Lernender und des bisher Gelernten.
Was für ein Schauspiel die Einschulung ist! Die Aufregung und auch die Ängstlichkeit der Kinder wird von verstärkt durch Sprüche, die die Kinder nicht zuversichtlich stimmen können (s.o.). Aber alle wollen hören, dass sie sich freuen! Wenn sie aber ihre Ängstlichkeit nicht verbergen können, was bei der ganzen Inszenierung nur verständlich ist, werden

sie belächelt und mit wenig hilfreichen Sätzen wie: „Du brauchst doch keine Angst zu haben," bedacht.

Es ist zweifelsohne ein großer Schritt, in die Schule zu kommen, ein Schulkind zu werden, mit anderen gemeinsam einen großen Teil des Tages zu verbringen, mit ihnen zu spielen, zu lernen, eine Lehrerin oder einen Lehrer zu haben, und es ist gut, diesen Übergang zu feiern! Aber den Schulanfang als Beginn allen Lernens darzustellen – das ist einfach falsch.

Das „Schul-Lernen" ist völlig anders als das Lernen, das die Kinder von früher kennen!

Der eine Unterschied zum Lernen vor Schuleintritt ist der, dass es nun (fast) ausschließlich um Lernen von vorgegebenen Inhalten geht und dass dies in einer vorgegebenen Zeit geschehen soll.

„Die Aufgabe von Lehrern ist es, eine irgendwann formulierte Leistung einzufordern ... ." (Hüther, S. 17.) ... über das Erlernte einen Test zu schreiben und ihn zu zensieren.

Lehrer/-innen und Erzieher/-innen lernen in ihrer Ausbildung die große „Trickkiste" kennen mit vielen Möglichkeiten, die Kinder zu motivieren. So eine Trickkiste war für das Lernen vor Schulbeginn nicht nötig. Der Gedanke, dass Kinder motiviert werden müssen, impliziert, dass sie nicht lernen wollen, dass man sie erst dazu motivieren muss. Das dies nicht so ist, haben sie in den ersten Jahren ihres Lebens eigentlich schon unter Beweis gestellt. Sie wollen lernen, aber vielleicht gerade nicht das, was die Lehrer/das Curriculum/der Stoffplan ihnen vorgeben. Wie unmerklich drängen die Lehrer/-innen die Schüler/-innen in der ersten Klasse zum vorgegebenen Lernstoff und ignorieren oder sanktionieren sogar immer deutlicher abweichende, eigene Schritte der Kinder. Das tun sie, weil es ein Curriculum und einen Lehrplan gibt, weil sie es als Schüler/-innen auch so kennen gelernt haben, weil Schul-Lernen nun mal so funktioniert!

Die intrinsische Motivation, die Lust zu lernen, ist in der Schule nicht mehr von Belang. Die Fähigkeit, einzuschätzen, wie groß mein nächster Schritt Richtung Ziel sein könnte, damit er zu schaffen ist, diese Fähigkeit hat keine Bedeutung mehr. Das Gespür für eine eigene Zeittaktung, für einen eigenen Rhythmus von Arbeit und Pause – Schnee von gestern!

Stattdessen steht die extrinsische Motivation an vorderster Stelle: das Kind, das gerade nachdenken will, füllt stattdessen Seite um Seite im

Übungsheft, denn es will die Lehrerin nicht enttäuschen. Sie ist so freundlich. Geht Lernen denn so? Es gibt fast nichts mehr auszuprobieren, zu spielen, zu erforschen! Es gibt fast nur noch Papierlernen!
Damit sie aber so freundlich bleibt, tut das Kind, was sie sagt, auch, wenn es viel zu leicht ist. Und wenn es viel zu schwierig ist, hilft sie und erklärt und erklärt, bis die Kinderohren überlaufen. Das afrikanische Sprichwort: „Das Gras wächst nicht schneller, wenn man daran zieht!" weiß es besser! Aber sie ist in Not, denn die ersten Kinder sind mit dem zu „erlernenden" Stoff längst fertig, auch mit den vertiefenden Extra-Aufgaben für die „Guten". Sie muss ja irgendwie alle unter einen (Zeit)-hut kriegen, damit sie dann mit dem nächsten vorgegebenen Thema beginnen kann. Es ist nicht gut, zu schnell oder zu langsam zu lernen, denn dann kommt die ganze Geschichte ins Rutschen – das ist das, was Schulkinder oft lernen! Orientierung am Durchschnitt ist das Gebot der Stunde.
Manchmal gelingt es, an einem vorgegebenen Lernstoff das Eigene zu entdecken und die Lust daran weiter zu forschen erwacht! Das sind die Sternstunden im Schulleben.
Der andere Unterschied zum Lernen vor Schuleintritt ist der, dass die Leistungen der Kinder beurteilt und zensiert werden. Dies ist zentrale Aufgabe von Lehrer/-innen.
Diese Aufgabe, die Lehrer/-innen wahrnehmen (müssen), ist ein Widerspruch zu allen ihren bindungsorientierten Verhaltensweisen. Sie, die doch zu Zeiten verständnisvoll unterstützen, geduldig erklären, ermutigen und auch herausfordern, tun auf einmal etwas, das sich befremdlich bis unangenehm oder schmerzlich anfühlt.
Fast alle Erstklässler/-innen schenken ihrer Lehrerin/ihrem Lehrer einen unglaublichen Vertrauensvorschuss. Sie lieben ihre Lehrer/-innen und meistens werden sie zurückgeliebt! Diese innige Verbundenheit, die zu Anfang der Schulzeit zwischen Schüler/-innen und Lehrer/-innen besteht, ähnelt der Verbundenheit zu den Eltern und ist – wie man vom Lernen vor der Schule weiß - eine so wichtige Voraussetzung für erfolgreiches Lernen.
Aber auf einmal wird die Beziehung zwei Mal nachhaltig irritiert. Erst darf man meistens nicht das lernen, was man lernen will, und dann wird auf einmal aus dem Ermutiger ein Beurteiler! Er/sie steht nicht mehr an der Seite des Kindes, sondern rückt weg, erhebt sich über das Kind und fällt ein Urteil. Die bewunderte Lehrerin – auf einmal tut sie

Dinge, die völlig unverständlich sind! Auf einmal darf man sich nicht mehr gegenseitig helfen, wie sonst immer, sondern muss sein Blatt ganz allein bearbeiten – auch wenn man es gar nicht so gut kann. Der angehimmelte Lehrer – plötzlich schreibt er eine Zahl unter eine Schreib- oder Rechenarbeit anstatt sie wie sonst immer mit dem Kind zu besprechen und zu korrigieren.
Kinder wissen schon, dass es in der Schule Zensuren gibt – aber wie sie sich anfühlen, das erfahren sie jetzt. „Ich habe mich überhaupt nicht angestrengt – und trotzdem eine 2!???" oder „Ich hab mir solche Mühe gegeben und nun steht da eine 5!???" Wie merkwürdig ist das denn? Die Aussage einer Lehrerin trifft die Lernverkümmerung auf den Punkt:: „Ich möchte, dass die Kinder Englisch lernen, die Kinder aber wollen eine gute Zensur." Ja, immer noch kooperieren die Kinder – sie werfen dem Lehrer nicht sein ganzes Zeug vor die Füße, sie kooperieren mit den Erwachsenen, die sie verlassen haben und die sagen, dass alles nur zu ihrem besten ist und bemühen sich nun um gute Zensuren.
Gut gelernt, denn nun ist klar, dass die Zensuren wichtiger sind als die Inhalte. Die Eltern fragen selten: „Was hast du denn gelernt? Was habt ihr gemacht? Zeig doch mal, das interessiert mich!" sondern: „Was hast du im Test?"
Da können die Lehrer/-innen und Eltern lange erzählen, dass man für das Leben und nicht für die Schule lernt, dass sie einen lieben, – sie machen sich mit dem Überbewertung von Zensuren völlig unglaubwürdig, sie überanpassen sich an das gängige System Schule und reden ihr ungutes Gefühl dabei schön statt sich gegen die auch von ihnen geforderte Überanpassung zur Wehr zu setzen.
Es ist eine riesengroße Anpassungsleistung, die v.a. Kinder im Laufe der ersten Schuljahre erbringen müssen. Die Selbstbestimmung bleibt auf der Strecke, und das frustriert viele von ihnen. Die große Vorfreude, der Mut, die Lust auf Lernen versickern schnell, und schon in der 2. Grundschulklasse gibt es viele Kinder, die nicht gern in die Schule gehen. Lernen ist eine langweilige Angelegenheit geworden!
Zensuren kommen so unumgänglich daher, diese Ziffern, so scheinbar objektiv – als wüsste man nicht, wie absolut subjektiv sie sind. Das Buch „Die Fragwürdigkeit der Zensurengebung" von Karl-Heinz Ingenkamp mit all seinen Forschungsergebnissen zur Subjektivität von Zensuren ist über 40 Jahre alt – es hat sich am Gegenstand der Kritik nichts geändert. Eine eins ist sehr gut, eine sechs ist sehr schlecht – so einfach ist das.

Zensuren scheinen untrennbar mit der Schule und mit „Lernen" verbunden – schon ewig. Uns allen ist das sehr vertraut. Es scheint kein politisches Interesse daran zu bestehen, etwas zu verändern.
Zensuren sind ein Machtmittel und ein Selektionsinstrument..
Zensuren schaden der Beziehung zwischen Kindern und Lehrer/-innen und auch Eltern. Noch weniger als Erwachsene sind Kinder in der Lage, die Zensur nur auf die Leistung und nicht auf sich als Person zu beziehen. Das gilt für gute und für schlechte Zensuren.
Zensuren verhindern Lernen – echtes Lernen, das mit der Erforschung der Welt, mit dem Brennen für einen Sachverhalt, mit dem Erlangen von Meisterschaft zu tun hat.
Zensuren täuschen Qualität vor, die so gar nicht erfasst werden kann. Daher gehen immer mehr wirtschaftliche Betriebe dazu über, sich einen persönlichen Eindruck von den Menschen zu machen.
Zensuren ermöglichen den Zugang zu Universitäten, ohne Ansehen der Person. Je perfekter die Anpassungsleistung, je besser der Notendurchschnitt – desto eher gibt es einen Studienplatz.
Die Kinder, die diese Anpassungsleistung nicht erbringen konnten oder wollten, sind die „schwierigen" Kinder. Zu ihnen gehören auch heute allseits bewunderte: Pablo Picasso, Giacomo Puccini, Paul Cezanne, Marcel Proust – und sicherlich auch etliche Frauen - sie alle waren schlechte und unangepasste Schüler/-innen.
„Es ist tatsächlich ein Wunder,, dass die modernen Unterrichtsmethoden die heilige Neugier auf Nachforschungen nicht vollständig stranguliert haben." (Albert Einstein)
Die Wahrscheinlichkeit, dass Zensuren abgeschafft werden, ist sehr gering.
Was können Lehrer/-innen und Eltern also tun, um Kindern und Jugendlichen trotzdem möglichst oft Glückserlebnisse beim Lernen zu ermöglichen? Wie können sie Meisterleistungen anregen, die die Kraft der intrinsischen Motivation voraussetzen? Wie können sie Begabungen entdecken und ihnen zur Blüte verhelfen?
An vielen Schulen, in vielen Klassen wurde und wird die Selbstverständlichkeit von Zensuren hinterfragt. Es werden kreativ Lösungen und Möglichkeiten für Lehrer/-innen und Eltern ersonnen, an der Seite der Kinder zu bleiben, etwas Ungewohntes zu entwickeln und damit vielleicht das vertraute Unglück zu erlösen, für den Moment und auf Dauer.

Diesen Ideen werden wir nachgehen, vielleicht neue entwickeln und weiter nach Möglichkeiten suchen, Leistungsglück in die Schulen zu holen.

Literatur

Assig, D. & Echter, D. (2012). Ambition. Campus-Verlag.
Csikszentmihalyi, M. (2010). Flow – Das Geheimnis des Glücks. Kett-Cotta.
Hüther, G. & Hauser, U. (2012). Jedes Kind ist hochbegabt. Knaus-Verlag.
Kohlrieser, G. (2012). Care to Dare. Jossey-Bass.
Largo, R. H. (2010). Lernen geht anders. Piper-Verlag.
Markova, D. (1997). Wie Kinder lernen. VAK-Verlag.
Steinberger, P. (2013). Die Wachablösung. Süddeutsche Zeitung, 9./10. Februar 2013, Nr. 34.

Die Entwicklung von Eigen-Sinn – Transaktionsanalyse-Konzepte in der Karriereberatung

Daniela Riess-Beger

„The Dreamer"[1] hieß eine Dokumentation über Thomas Quasthoff, die den Künstler und seinen Werdegang porträtierte. Der Bariton bestreitet Liederabende, übernimmt große Rollen in Opern und singt Jazz, er hat eine Professur an einer Musikhochschule inne und er ist durch Contergan an Armen und Beinen behindert. Nichts ließ erahnen, dass dieser Mann eine solche Karriere machen würde. Vielmehr verbrachte er seine Kindheit zu großen Teilen in einem „KZ-ähnlichen Wohnstift für Schwerstbehinderte"[2] und wurde zu Beginn seiner Laufbahn bei vielen Ausbildungsinstitutionen abgelehnt. Was hat Quasthoff ermöglicht gegen alle Widerstände seinen Berufswunsch zu verfolgen? Welche Kraft hat ihm geholfen, erfolgreich zu sein? Und wie hat er gewusst, dass er singen möchte – singen, und nichts anderes?
Klienten mit Anliegen zur Karriereberatung kommen meist in biographischen Übergangsphasen, professionellen Umbruchsituationen oder getrieben durch eine diffuse Unzufriedenheit in ihrem Beruf. Sie suchen etwas, was Thomas Quasthoff gefunden zu haben scheint: Sinn und Erfüllung im Beruf. Ihre Fragen lauten: Will ich so weiter machen? Und wenn nicht, wo will ich hin? Oder auch: Wie kann ich trotz der Notwendigkeiten und Rahmenbedingungen für meine berufliche Zufriedenheit sorgen? Unlustgefühle, Langeweile, Überforderung oder Unterforderung im organisationalen Umfeld sind mögliche Symptome solcher Themen.

---

[1] Thomas Quasthoff: THE DREAMER , DVD 2004 Mit T. Quasthoff, Daniel Barenboim und Sir Simon Rattle, Regie: Michael Harder
[2] siehe ebenda, Umschlagtext der CD

Es existieren bewährte Tools, um Klienten bei diesen Fragestellungen zu unterstützen. Karriereberatung baut dabei vorwiegend auf ressourcenaktivierende und lösungsorientierte Methoden.[3] Welchen Mehrwert liefern Konzepte der Transaktionsanalyse in diesem Kontext? Der folgende Beitrag stellt dar, welche transaktionsanalytischen Konzepte in der professionellen Karriereberatung hilfreich sind – und macht exemplarisch Einsatzmöglichkeiten deutlich.

Beruf und Arbeit sind ein zentraler Bezugsrahmen der Biographie[4]. Was wir arbeiten und wie wir arbeiten prägt unseren Lebenszusammenhang. Arbeit stiftet Identität durch Gruppenzugehörigkeit und sozialen Status, sie formt die Entwicklung von Persönlichkeit und Professionalität, sie beeinflusst mittelfristig Wahrnehmung und Denken eines Menschen. Umgekehrt haben Persönlichkeit und Wertvorstellung eines Menschen Einfluss auf die Berufswahl und Berufsausübung. Welchen Beruf wir ergreifen und wie wir diesen Beruf ausüben, ist eng verbunden damit, welche Überzeugungen wir gewonnen haben über Beruf und Erfolg, über Werte und über den Stellenwert von Beruf im Leben.[5] Das transaktionsanalytische Konzept des Skriptsystems[6] beschreibt diesen Zusammenhang der wechselseitigen Beeinflussung und Bestätigung von Skriptüberzeugungen und Lebens- bzw. Arbeitsrealität. Wie ein inneres Logbuch bestimmen unsere Einstellungen, Gefühls-, Denk- und Verhaltensmuster, unsere Inszenierungen von Wirklichkeit[7] professionelle Entscheidungen und Karrierewege mit.

---

[3] Einen guten Überblick findet man bei Martin Wehrle: Karriereberatung: Menschen wirksam im Beruf unterstützen, 2. aktualisierte Auflage 2011 und Thomas Lang-von Wins, Claas Triebel: Karriereberatung. Coachingmethoden für eine kompetenzorientierte Laufbahnberatung, 2011. Der Klassiker: Richard Nelson Bolles: Durchstarten zum Traumjob, 8. aktualisierte Auflage 2007

[4] die Einführung von Walter R. Heinz: Arbeit, Beruf und Lebenslauf. Eine Einführung in die berufliche Sozialisationsforschung, 1995, der besonders die Individualisierung von Berufsverläufen herausarbeitet. Vgl. hierzu S.173 ff den Abschnitt „Berufsbiographie und Persönlichkeitsentwicklung".

[5] siehe hierzu Ute Grabowski: Berufliche Bildung und Persönlichkeitsentwicklung. Forschungsstand und Forschungsaktivitäten der Berufspsychologie, 2007 Die Autorin referiert Ergebnisse von Längsschnittstudien, die genau diesen Zusammenhang belegen. Vgl. Kapitel 6.

[6] Vgl. Richard Erskine, Rebecca Trautmann: The ‚Racket System', TAJ 9,1, 1979

[7] Schmid/Gèrard, 2012 führen aus, dass Menschen absichtlich oder unabsichtlich zu ganz bestimmten Wirklichkeiten und Inszenierungen neigen. Sie wählen intuitiv gesteuert Situationen und Menschen und laden zu gemeinsamen Inszenierungen ein, die ihren Neigungen und Lebensthemen entsprechen." S. 140

Abbildung 1: Beruf und Skript: Einflussfaktoren

Ein Gedankenexperiment: Welche Kriterien waren für Ihre Berufsentscheidung wichtig? Was fühlten, taten und dachten Sie? Welche Ich-Zustände spielten in diesem Prozess eine Rolle? Sind Sie heute zufrieden mit Ihrer Entscheidung?

In Beratungen zur Studien- und Berufswahl erlebe ich immer wieder, wie junge Menschen sich mit ihrer Entscheidung plagen. Es ist die erste große Lebensentscheidung überhaupt – und der Einfluss der Eltern ist enorm – im etablierten Lebensmodell, in den Auffassungen über bestimmte Berufe und über deren Erfolgsaussichten, im vorgelebten Beruf der Eltern, usf. Meist wollen sich die jungen Leute in dieser ersten eigenständigen Lebens-Entscheidung loyal ihren Eltern gegenüber verhalten – oder umgekehrt: sie wollen es auf jeden Fall anders machen. In beiden Fällen sind sie stark beeinflusst von elterlichen Vorbildern. In ihrem Eltern-Ich-Zustand sind Vorstellungen gespeichert darüber, was Erfolg ist, darüber, welcher Beruf sicher ist usf. Auch der Kind-Ich Zustand ist energetisch stark besetzt: Fragen von Sicherheit, die Angst einen Fehler zu machen oder die Eltern zu enttäuschen, die fehlende Innere Erlaubnis, den eigenen Weg zu gehen oder eine Entscheidung später zu korrigieren – diese Faktoren können dazu führen, dass sich jemand unfähig fühlt, zu entscheiden, oder ängstlich und unsicher angesichts der vielen Möglichkeiten, die sich heute bieten. Andere Dilemmata von inneren Vorstellungen und deren emotionale Folgen erlebe ich bei Klienten oder (allermeist) Klientinnen, die Familie und Beruf erfolgreich vereinbaren möchten und eine Führungsposition anstreben. Auch hier kann unbewusst Übernommenes eine Rolle spielen: Das Wort „Rabenmutter", das nur in der deutschen Sprache existiert, gibt einen Eindruck von möglichen Eltern-Ich-Vorstellungen. Dem gegenüber stehen Ängste und Unsicherheiten sowie Skriptthemen im Kind-Ich-Zustand. Vergleichbar ist die Situation bei Führungskräften oder Fachkräften, die sich in ihrem Beruf verausgaben, sich unter Druck fühlen und auf ein Burnout zusteuern. Wie sich abgrenzen gegenüber äußeren und (vor allem) inneren Ansprüchen?

Eine berufliche Umorientierung ist wie eine Wanderung in unbekanntem Gelände. Für eine Standortbestimmung ist es wichtig, zu wissen, wo ich herkomme, wo mein Ziel ist und wie der bisherige Weg weitergehen könnte. Erst dann kann ich entscheiden, welchen Weg ich einschlagen will. TA-Konzepte können bei dieser Bestandsaufnahme auf zwei verschiedenen Ebenen eingesetzt werden: als Analysekonzepte und als zukunftsorientierte Entwicklungstools. Der Mehrwert von Transaktionsanalyse-Konzepten besteht darin, diese beiden unterschiedlichen Analyserichtungen - Vergangenheit und Zukunft, Blockaden und Ressourcen - in eingängigen bildhaften Beschreibungen aufeinander beziehen zu können.

TA als Analyse und Reflexionsinstrument

Als Analyse und Reflexionsinstrument bietet die Transaktionsanalyse mit dem Ich-Zustands-Modell eine Sprache, mit der Klienten innere Prozesse nachvollziehen, Muster erkennen, Zusammenhänge der Dynamik verstehen und beschreiben können. Hier geht es um die Rekonstruktion von Skriptinhalten:
Auf der Ebene von Inhalten des Eltern-Ich-Zustands kann erarbeitet werden, was an Vorstellungen über Arbeit und Beruf übernommen wurde. Mögliche Fragen sind:
– Welche Botschaften haben Sie von Ihren Eltern über Beruf, den Stellenwert von Arbeit und über Erfolg erhalten?
– Wie haben Sie Ihre Eltern bei der Arbeit erlebt? Gab es Rollenmuster?

- Gibt es in Ihrer Familie so etwas wie eine Tradition von Berufen? (Berufsgenogramm) Hat des etwas mit dem Thema „Zugehörigkeit" zu tun?

Auch die Erforschung von Antreibern und deren Auswirkung auf Persönlichkeit und Professionalität gehört in diesen Zusammenhang.
Inhalte des Kind-Ich-Zustands lassen sich mit folgenden Fragen explorieren:
- Welche Botschaften haben Sie über Ihre Talente und Fähigkeiten erhalten?
- Gab es Zuschreibungen zu Ihrer Person?
- Welche Informationen haben Sie als Kind über Wahlmöglichkeiten erhalten?
- Wie sind Ihre Eltern mit Ihren Ideen und Ihren Träumen umgegangen?
- Haben Sie Interesse, Wertschätzung und Ermutigung erfahren für Ihre Vorhaben?
- Durften Sie sich ausprobieren?
- Fühlten Sie sich unterstützt auf ihrem eigenen Weg und in ihrer eigenen Art, Dinge zu tun??

Und: Was haben Sie daraus geschlossen, wie wichtige Bezugspersonen mit Ihnen umgegangen sind? Hier kann es auch um die Erforschung von Grundbotschaften gehen, die hinderlich im Berufsleben sind – etwa „Werde nicht erwachsen!" oder „Schaff es nicht!" Diese Fragen ermöglichen es, den intrapsychischen Hintergrund von Entscheidungsproblemen oder Inneren Blockaden zu erfassen. Häufig ist es für Klienten eine große Erleichterung, mögliche Ursachen zu erkennen und Zusammenhänge zu verstehen. Dabei ist es nicht notwendig, in aller Breite Kindheitsgeschichte zu erforschen. Vielmehr ist ein Spezifikum der Transaktionsanalyse, dass ausgehend von einem aktuellen Thema ganz spezifisch ein Skriptkontext eruiert wird. Von hier aus können Situationen in der Gegenwart beobachtet werden: Wo werde ich angetriggert, in meine alten Muster (Denken, Verhalten und Gefühle) zu gehen? Auf welche Signale reagiere ich? Und: Wie könnte ich Alternativen finden? Diese Stärkung des Erwachsenen-Ichs im Umgang mit den eigenen Mustern ist bereits eine Ressource für eine berufliche Neuorientierung.

TA als Instrument zur Entwicklung von Ressourcen

Mein eigener Weg: Bewusstheit und Klärung im Erwachsenen-Ich

Ein bewusster Umgang mit Skriptfestlegungen stärkt die innere Autonomie und Fähigkeit, sich zu entscheiden. Es wird möglich, Überzeugungen zu überprüfen und sich über eigene Wert- und Lebensvorstellungen Gedanken zu machen.

Welche Überzeugungen gelten für mich heute noch, welche davon möchte ich übernehmen und welche ablegen? Der stärkenorientierte Blick auch auf dysfunktionale Skriptmuster verändert die Bilanz: Welche einmaligen Fähigkeiten habe ich gerade wegen meiner speziellen Situation entwickelt?

Welche Ressourcen stecken für mich in diesen Mustern oder welche Fähigkeiten, Kompetenzen usf. könnte ich zukünftig daraus entwickeln? Informationen über das individuelle Möglichkeitsfeld unterstützen diesen Prozess.

Erlaubnis zur Individualität: Entwicklung von Selbstakzeptanz

Die Entwicklung eines akzeptierenden Blicks auf sich selbst und die eigene Biographie mit ihren Ecken und Kanten eröffnet Kraftfelder und einen Raum für Kreativität und Wachstum. In der Begrifflichkeit der Transaktionsanalyse wird die Haltung eines positiven fürsorglichen Eltern-Ichs sich selbst gegenüber mit Energie besetzt. Je nach individueller Geschichte geht es dabei auch um innere Erlaubnisse, wie beispielsweise die Erlaubnis, eigenen Talenten und Neigungen zu folgen oder die Erlaubnis, sich selbst wichtig zu nehmen. Wesentlich ist für mich in jedem Fall die Erlaubnis zu experimentieren und ein für sich gedeihliches Umfeld zu suchen. Eine experimentierende Haltung erlaubt Entwicklung und gegebenenfalls Korrekturen. Sie schützt vor inneren Perfektionsansprüchen und Vorstellungen von Grandiosität.

Vorbilder

Eine vergleichbare Wirkung in diesem Prozess hat Vergegenwärtigung von guten Vorbildern. Vorbilder bieten Modelle und innere Bilder, an denen Klienten sich orientieren können. Dies können Menschen aus dem persönlichen oder professionellen Umfeld sein, die mit einer bestimmten Eigenschaft, einem bestimmten positiven Kontext oder einem angestrebten Verhalten verknüpft werden. Zu inneren Vor-Bildern können auch eigene positiv bewältigte Schritte und frühere Erfolge werden, die es auf die aktuelle Situation bezogen nochmals zu vergegenwärtigen gilt – unter dem Fokus: damals habe ich das schon einmal geschafft, damals habe ich das so gelöst, oder auch: damals hat mir das geholfen . usf.

Die Kraft der Inneren Bilder

Eine wesentliche Ressource ist der Kontakt zu den spontanen und natürlichen Anteilen unserer Persönlichkeit. In der Transaktionsanalyse sprechen wir von der Energie des „Freien Kind-Ichs": Sie speist sich aus unseren Bedürfnissen und Wünschen und hat viel zu tun mit den unbewussten Anteilen des Ichs. Welche Wünsche bewegen mich? Was tue ich gerne? Was macht mich zufrieden – innerlich satt? Alleine die Metapher des „Freien Kind-Ichs" weckt bei den meisten Klienten eine Fülle von Assoziationen. Um dieses Eigene herauszufinden gibt es verschiedene Methoden, die gut mit TA-Konzepten kombiniert werden können: Der Ansatz des Zürcher Ressourcen-Modells setzt auf Projektion von unbewussten Motiven und Wünschen in äußeren Bildmotiven (z.B. in Postkarten) und bietet einen strukturierten Prozess der Erfassung, kreative Methoden wie Malen oder Schreiben gehen davon aus, das sich das Unbewusste in Formen, Farben, Strukturen mitteilt. Auch andere Methoden der Imagination wie die Arbeit mit Sprachbildern, mit Geschichten, oder mit Methoden wie Phantasiereisen oder Focusing stellen einen Zugang zu unbewussten Ebenen unseres Ichs her. Solche Inneren Bilder[8] können Antworten geben zu der Frage, ob und wie jemand sich in seiner professionellen Arbeit entfalten kann, ob jemand seine berufliche Identität lebt und weiter entwickeln kann – und ob die organisationale Umgebung passend ist und wachstumsfördernd. Sie sind angereichert mit unbewussten Motiven und Emotionen und sie sind sinn- und werteerfüllt. Sie reichen über die kognitive Ebene hinaus, auch über das, was wir kognitiv formulieren können. Als Imagination oder

---

[8] Vgl. zum Thema der Inneren Bilder Schmid/Gèrard, 2012

reales Bild, als Poesie, als Geschichte - ein Inneres Bild transportiert verschiedene nicht bis ins letzte auslotbare Ebenen.[9] Darin liegt seine Kraft. Aufgabe des Coach ist es, Methoden zur Verfügung zu stellen, um Innere Bilder ins Bewusstsein zu rücken und dann deren Gehalt und deren Bedeutung für die aktuelle Frage des Klienten sorgfältig zu explorieren.

Eigen-Sinn finden: Worin bin ich einmalig und unverwechselbar?

Die Transaktionsanalyse bietet eine Struktur, die es ermöglicht, auf verschiedenen Ebenen in ein Karrierecoaching einzusteigen: Neben Analysetools zu hinderlichen Mustern bietet sich die TA auch für ein ressourcenorientiertes Vorgehen an: Das Verstehen der eigenen Biographie, der daraus resultierenden Dynamik und der Stärken ist selbst eine Ressource, sie stärkt die Autonomie des Klienten, seinen Sinn für das Eigene und das Bewusstsein seiner Einmaligkeit. Die Entwicklung von Selbstakzeptanz als eine Form von Selbstfürsorge weitet den inneren Raum für Weiterentwicklung dieses Eigen-Sinns. Der innere Kontakt zum Kind-Ich mit seinen spontanen und freien Anteilen kann als eine Art innerer Leitstern dienen, als „Arbeitshypothese" zu der Frage: Worin bin ich einmalig und unverwechselbar? Und worin kommt das zum Ausdruck? Die Stärke von Transaktionsanalyse ist es, ein Modell zu bieten, das diese verschiedenen Perspektiven vereint.

Literatur

Bolles, R. N. (2007). Durchstarten zum Traumjob. 8. aktualisierte Auflage.
Lang-von Wins, T. & Triebel, C. (2011). Karriereberatung. Coachingmethoden für eine kompetenzorientierte Laufbahnberatung. Springer.
Richards, D. (1999). Weil ich einzigartig bin. Dem inneren Genius folgen – der eigenen Stärke Raum geben. Freiburg.
Schmid, B. & Gèrard, C. (2012). Systemische Beratung jenseits von Tools und Methoden. Mein Beruf, meine Organisation und Ich.
Wehrle, M. (2011). Karriereberatung: Menschen wirksam im Beruf unterstützen, 2. aktualisierte Auflage. Beltz-Verlag.

---

[9] Der Autor Dick Richards prägt für diese inneren Bilder als Ausdruck eines den Menschen innewohnenden Prinzips den Begriff des Genius. Dieses Prinzip umfasst zugleich eine Gabe und eine Aufgabe. In seinem Buch finden sich einige interessante Fragen und Übungen, um den Genius aufzuspüren.

Neu in einer Führungsrolle: Herausforderungen, Stolpersteine und Fettnäpfchen

Kathrin Rutz & Tanja Kernland

Es gibt grundsätzlich zwei Möglichkeiten, die Rolle einer Führungskraft neu zu übernehmen: entweder wird jemand aus der eigenen Organisation rekrutiert oder ein so genannter „Seiteneinsteiger", sprich jemand von ausserhalb der eigenen Organisation, wird eingestellt. Bei der ersten Möglichkeit wird wiederum unterschieden zwischen „Aufstieg" und „Quereinstieg". Beim „Aufstieg" wird jemand aus den eigenen Reihen zum Chef ernannt, während im „Quereinstieg" jemand aus einer anderen Organisationseinheit den Führungsposten in einer anderen Einheit übernimmt (vgl. Fischer 1999 in Schreyögg 2010). Die Herausforderungen – sowohl für die Führungsperson als auch für die Mitarbeitenden – sind jeweils unterschiedlich.
Weiter gilt es zu unterscheiden, ob jemand tatsächlich zum ersten Mal eine Führungsfunktion übernimmt oder ob jemand bereits in einer vorangehenden Tätigkeit Führungserfahrung sammeln und sich entsprechend mit der Profession Führung und den ihr eigenen Rollen auseinandersetzen konnte.
So wird in einem ersten Teil dieses Artikels auf diesen Aspekt der persönlichen und fachlichen Führungsentwicklung eingegangen. Der zweite Teil bewegt sich entlang der eingangs erwähnten „Typologie" von neuen Führungskräften. Hier werden die Besonderheiten des jeweiligen Einstiegs thematisiert. Theoretische Modelle und mentale Landkarten sind dienlich für die Reflexion und sollen der Leserin/dem Leser Ideen für die eigene Führungspraxis und/oder die Begleitung von Führungskräften im Coaching geben.

Abschliessend werden die zentralen Punkte für die neu ernannte Führungskraft zusammengefasst sowie übergeordnete Ziele für das Coaching formuliert.

Bezugsrahmen von Führung: in vernetzten Bezügen bewusst handeln

Diesem Artikel liegt ein systemisches Verständnis von führen und geführt werden zu Grunde. Führung weckt Bilder – beim Geführten wie beim Führenden. Führen regt Vorstellungen über gesellschaftlichen Status, Rang und Macht, Einflussnahme und Einsamkeit in der Rolle an. Eine grosse Herausforderung von Führung in der heutigen Zeit stellt die Komplexitätsbewältigung dar: Aufgaben bündeln, Zusammenhänge sehen und wechselseitige Abhängigkeiten in den Griff bekommen (vgl. Lotmar/Tondeur 2004). Diese Komplexität wird jemandem, der zum ersten Mal eine Führungsfunktion inne hat, besonders bewusst, da er/sie in der neuen Funktion Neuland betritt.

Wer Neuland betritt, hat meist ein grosses Bedürfnis, dieses Neuland baldmöglichst zu erfassen, in einen Zusammenhang zu bringen und im grösseren Gesamten zu verstehen. Eine Landkarte, sprich eine möglichst genaue Aufzeichnung über die Situation, ermöglicht es dem Ortsunkundigen, sich im neuen Gelände zu orientieren und die Strukturen und Kulturen auf sich wirken zu lassen.

Die Komplexität und Wechselwirkungen von Führung werden im Modell von Lotmar/Tondeur (2004) sichtbar (s. Abb. 1).

Führen wird verstanden als ein „in vernetzten Bezügen bewusstes Handeln" (Lotmar/Tondeur 2004, S. 32). Diese Aussage und die Veranschaulichung machen deutlich, dass Führen in Organisationen ein Prozess ist, „der das Zusammenwirken verschiedener Einflussgrössen so gestaltet, dass alles Handeln auf die vereinbarten Ziele hin ausgerichtet ist" (Lotmar/Tondeur 2004, S. 33). Weiter liegt die Annahme zugrunde, dass Führen als Lernprozess für alle Beteiligten verstanden wird. (und) So ist es eine zentrale Aufgabe einer Führungskraft, sich um die Rahmenbedingungen der Arbeit zu kümmern und diese so zu gestalten, dass persönliches und organisationales Lernen angeregt und erleichtert wird (vgl. von der Oelsnitz 2012).

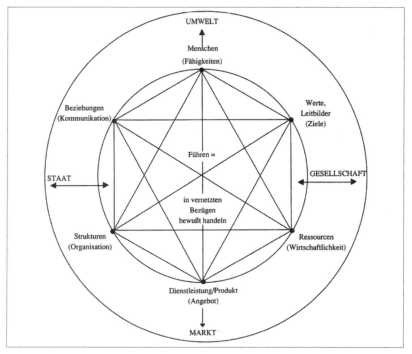

Abbildung 1: Die sechs Aspekte des Führens in einer leistungsgerichteten Organisation (Lotmar/Tondeur 2004, S. 32)

Systemisches Führen orientiert sich sowohl am organisationalen System wie am individuellen, intrapsychischen System. Neuberger bringt das Dilemma des systemischen Führens auf den Punkt:
„Der Begriff systemische Führung ist ein Hybridbegriff, der zwei entgegengesetzte Elemente in sich vereinigt: Zu System wird im Allgemeinen Ganzheitlichkeit und Selbstorganisation oder gar Autopoiese [...] assoziiert, zu Führung dagegen individuelle Einwirkung und Fremdbestimmung" (Neuberger 2002, S. 597, Hervorh. im Orig.).
Führen bedeutet also, sich in verschiedenen Spannungsfeldern zu bewegen, Zusammenhänge und Abhängigkeiten zu verstehen und so eine Arbeitsumgebung zu gestalten, die es dem einzelnen ermöglicht, seinen Beitrag zur Erreichung der organisationalen Ziele zu leisten und seine fachlichen und persönlichen Kompetenzen weiter zu entwickeln.

Persönliche und fachliche Führungsentwicklung

Nimmt jemand neu eine Führungsfunktion an, so gilt es anzuerkennen, dass diese Person bereits Führungserfahrung – im weiteren Sinn – mitbringt, nämlich durch das Erleben von Führung in der Rolle der/des Geführten. Entsprechend wird diese Erfahrung das Führungsverständnis wie auch die Gestaltung von Führungsprozessen und -beziehungen prägen und in der Entwicklung der eigenen Führungsidentität eine wichtige Rolle spielen.

Zbinden (2012) stellt die fachliche und persönliche Führungsentwicklung wie in Abb. 2 dar.

Die Managementkompetenz setzt sich zusammen aus der Fach-, Führungs-, Sozial- und Persönlichkeitskompetenz (vgl. Hilb 2009 in Zbinden 2012, S. 67). In der Interaktion zwischen Führenden und Geführten spielt der Aspekt der Persönlichkeitsentwicklung bzw. die Reife einer Führungsperson eine bedeutende Rolle.

Während Zbinden (2012) ein systemisch-ganzheitliches Modell der menschlichen Entwicklung in Organisationen entwirft, welches die Systemebenen in der Person (spirituelles System, familiäres Herkunftssystem, gegenwärtiges Familiensystem, organisationales System) berück-

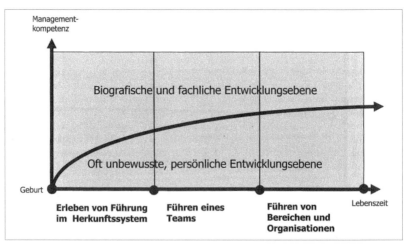

Abbildung: Drei Phasen der persönlichen und fachlichen Führungsentwicklung (Zbinden 2012, S. 67)

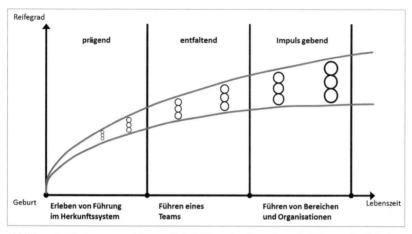

Abbildung 3: Die äussere und innere Entwicklung des Menschen als Führungskraft (adaptiert mit dem Ichzustandsmodell nach Zbinden 2012, S. 75)

sichtigt, so schlagen wir (die Autorinnen) an Stelle dieses systemischen Modells von Persönlichkeitsentwicklung das transaktionsanalytische Modell der Ichzustände vor. Von einer gelingenden Ichzustandsentwicklung wird dann gesprochen, wenn die Ichzustände integriert werden und jemand die Ichzustände situationsadäquat aktivieren kann (Autonomieentwicklung) (s. Abb. 3).

Zbinden beschreibt die einzelnen Phasen wie folgt (vgl. Zbinden 2012, S. 68ff):

Phase 1: Erleben von Führung im Herkunftssystem
Bereits das Kleinkind erlebt Führung und Autorität. Idealerweise erlebt das Kind Unterstützung, wird ermutigt und kann ein gesundes Selbstvertrauen entwickeln. Genauso, wie frühe Erfahrungen ein positives Bild von Führung, Macht und Autorität prägen können, kann auch das Gegenteil der Fall sein. Aus den Führungs- und Sozialisierungserfahrungen in Familie, Schule und Vereinen entwickeln sich persönliche Werte, Überzeugungen und Alltagstheorien, die das Führungshandeln prägen. Beziehungs- und Führungsmuster (bspw. bevorzugte Rolle im Dramadreieck) reproduzieren sich in der gegenwärtigen Organisation und die junge Führungsperson ist gefordert, sich diesen persönlichen Themen zu stellen, um sich als Führungskraft zu bewähren und zu profilieren.

Phase 2: Führen eines Teams
Personen, die eine Führungsaufgabe in einem Team übernehmen, verfügen im Idealfall über einen gut gerüsteten Kompetenzrucksack für die anstehende Führungsaufgabe. Spezifisches Führungswissen wird in Weiterbildungen (off-the-job) angeeignet, und so ist die Führungsperson fachlich bestens gerüstet für die Übernahme einer noch anspruchsvolleren Funktion wie z.B. einer Projektleitung, in der sie ihre persönlichen und fachlichen Kompetenzen weiter entwickeln und entfalten kann. Im Fokus dieser Betrachtung steht deshalb weder die Theorie noch die Schulung, sondern die Führungspraxis: ein Team leiten, gemeinsam definierte Ziele erreichen, Führungsbeziehungen aufbauen und aktiv gestalten, sich in Netzwerken organisieren und sich täglich in der Profession Führung bewähren. In dieser Phase stossen insbesondere junge Führungskräfte in ihrer Funktion immer wieder auf eigene, ganz spezifische Entwicklungsthemen. Kommunikations- und Konfliktfähigkeit bauen nicht primär auf dem Knowhow über Kommunikationsstrategien oder Konflikteskalation auf, sondern insbesondere auf der persönlichen Auseinandersetzung mit inneren Konflikten, Prägungen und Mechanismen. Junge Führungspersonen sollen ermutigt werden, ihren individuellen, authentischen Stil zu finden und zu entfalten. Dies ist dann möglich, wenn jemand bereit ist, sich mit den individuellen Mustern (Skript) auseinanderzusetzen und so persönliche Ressourcen und Potenziale erkennen und (er)leben kann.

Phase 3: Führen von Bereichen und Organisationen
Komplexität und Dynamik beim Führen in grossen Systemen nehmen sprunghaft zu und das Spannungsfeld von Führung und Sich-Führen-Lassen wird grösser: „Das verlangt eine weitere Professionalisierung auf hohem Niveau, theoretisch, praktisch und persönlich" (Zbinden 2012, S. 73). Wünschenswert wäre, dass Führungspersonen in dieser dritten Phase die zentralen, persönlichen Entwicklungsthemen erkannt und aufgearbeitet haben, damit die persönlichen Themen nicht die neuen Herausforderungen blockieren. Häufig geht diese Phase einher mit Sinnfragen: nicht mehr die eigene Profilierung steht im Vordergrund, sondern der Wunsch nach initiierenden, unterstützenden und befruchtenden Aufgaben. Diese setzen persönliche Reife (Autonomie) und viel (reflektierte) Erfahrung voraus.

Im Folgenden werden nun die verschiedenen Ausgangssituationen von Personen, die neu eine Führungsrolle übernehmen, beschrieben, die Chancen und Risiken reflektiert und einige Stolpersteine ausführlicher erläutert.

Neu in einer Führungsfunktion

Der Aufsteiger - die Aufsteigerin

„Aufsteiger" – nennt man Führungspersonen, die in derselben Organisation, ggf. in derselben Abteilung von einer Hierarchie-Ebene in die nächste aufsteigen.
Die „Aufsteigerin" hat den Vorteil, dass sie meist mit den fachlichen Anforderungen bestens vertraut ist und somit abschätzen kann, was sie von ihren Mitarbeitenden erwarten kann und was nicht. Gemäss Schreyögg (2010) verleiht ihr das in den Augen ihrer Mitarbeitenden fachliche Autorität und für sich selbst fachliche Sicherheit. Ein weiterer Vorteil der „Aufsteigerin" liegt in ihrer Vertrautheit mit der Organisationskultur: Sie kennt die heimlichen Spielregeln, weiss um die Tabus und kennt sich mit der Mikropolitik im Unternehmen aus.
Die Herausforderung für die „Aufsteigerin" liegt darin zu realisieren, dass sie nun eine übergeordnete Aufgabe innehat und entsprechend Aufträge an ihre vormaligen Kollegen delegieren kann und muss. Weiter vergessen beide Seiten oft, dass mit der neuen Rolle auch neue Sichtweisen verbunden sind und eine Einschätzung oder Beurteilung einer Sachlage aus einer anderen Perspektive anders sein kann. Somit wird deutlich, dass die Aufsteigerin aufgefordert ist, die neue Rolle bewusst und aktiv zu gestalten. Tritt sie die Nachfolge von einer im Team geschätzten Führungskraft an, wird sie sich mit ihrem Vorgänger vergleichen und das werden ihre vormaligen Kolleginnen auch tun:

Stolperstein: Der Vergleich mit dem Vorgänger

Wenn der bisherige Teamleiter ein hohes Ansehen genoss, ist die Versuchung gross, möglichst ähnlich zu führen wie er. Aussagen wie „Es lief ja bisher alles bestens; ich werde vorerst alles beim Alten lassen", können ein Team zu Beginn beruhigen. Doch wie steht es mit der Akzeptanz der neuen Teamleiterin, wenn sie quasi lediglich den Nachlass ihres Vorgängers verwaltet? Was geschieht, wenn sie unbequeme Entscheide fällen muss? Die Gefahr bei einem solchen Vorgehen ist, dass die neue Teamleiterin nicht so richtig in die Rolle der Vorgesetzten findet. Sie hat zwar eine Art administrative Leitung, aber die Entscheidungsmacht gibt sie ein Stück weit aus der Hand.

Hier ist eine explizite +/+-Einstellung hilfreich. Explizit meint, dass die „Aufsteigerin" einerseits die Leistungen ihres Vorgängers wert schätzt, dass sie andererseits aber auch ihre eigenen, vielleicht abweichenden Ideen ernst nimmt und darlegt. Es ist zentral, dass die „Aufsteigerin" besonderen Wert darauf legt, ihre Führungsposition eigenständig zu entwickeln.

In einem Teamworkshop kann sie beispielsweise klären, was die Mitarbeiterinnen und Mitarbeiter unbedingt beibehalten wollen, was sie aber auch lieber ändern möchten. Ausserdem kann sie offen legen, wo sie selbst Veränderungspotenzial sieht.

Stolperstein: Rollenwechsel

Wenn eine Mitarbeiterin die Rolle der Teamleitung übernimmt, steht ein Rollenwechsel an. Um diesen Rollenwechsel zu beschreiben, ist das Drei-Welten-Modell der Persönlichkeit von Bernd Schmid (2004) hilfreich.

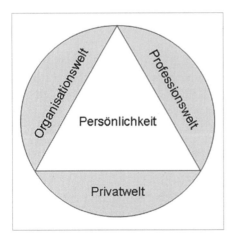

Abbildung 4: Drei-Welten-Modell der Persönlichkeit (Schmid 2004, S. 84)

Eine Mitarbeiterin/Teammitglied wird primär in ihrer Professionsrolle und in ihrer Fachlichkeit wahrgenommen. Als Teamleiterin steht nun nicht mehr die fachliche Expertise, sondern die Führungskompetenz/-qualität im Vordergrund. Sie hat also innerhalb der Organisationswelt (Schmid, 2004) einen Wechsel von der Mitarbeiter- in die Vorgesetztenrolle vorgenommen. Dazu gehören spezifische neue Verhaltensweisen. An Sitzungen wird genau beobachtet, ob die ehemalige Kollegin hauptsächlich wie bisher fachlich mitdiskutiert (Professionsrolle), oder ob sie die Sitzung leitet, Entscheide herbeiführt und fällt (Organisationsrolle). Gerade Personen, die Freude an ihrer Fachlichkeit haben und gerade auch deswegen in die Leitungsposition gewählt wurden, bekunden manchmal Mühe mit diesem Rollenwechsel. Die Managementfunktion ist eine neue Herausforderung und beschränkt ggf. ein Stück weit die Weiterentwicklung der Expertise. Die Mitarbeiterinnen und Mitarbeiter erwarten jedoch von ihrer Vorgesetzten in erster Linie Führung und nicht unbedingt, dass sie fachlich die Beste ist.

Hilfreich ist es, in der ersten Übergangszeit den Rollenwechsel ganz bewusst zu vollziehen. Dies kann auch bedeuten, dass jemand beschliesst, den Mittag nicht mit den ehemaligen Kolleginnen und Kollegen zu verbringen. Verhaltensweisen, die in der neuen Funktion gefragt sind, müssen erprobt und eingeübt werden, während Gewohnheiten, die an die alte Rolle erinnern, abgelegt werden sollen.

Im Coaching wird die junge Führungskraft darin unterstützt, ihre neue Rolle als formale Vorgesetzte besser anzunehmen und – auch gegen den Widerstand des Teams – einzuüben. Nebst der Auseinandersetzung mit der neuen Rolle dürfte die ehemalige Teamkollegin auch damit konfrontiert sein, dass sie in der Führungsfunktion Beziehungen in der Organisation neu gestalten muss, sowohl zu hierarchisch gleichgestellten, wie auch ihr unterstellten Personen. Diese Veränderung kann zu einem Gefühl von Einsamkeit führen. Es kann deshalb sehr hilfreich sein, wenn die neue ernannte Führungskraft dieses Gefühl im Coaching thematisiert und herausfindet, was dieses mit ihr macht und wie sie damit konstruktiv umgehen kann.

Der Quereinsteiger – die Quereinsteigerin

Der Quereinsteiger reüssiert zwar ebenfalls in der gleichen Organisation, jedoch klettert er auf der Karriereleiter nicht über die direkte Hierarchie nach oben, sondern wählt den Aufstieg über eine andere Abteilung.

Der Quereinsteiger steht vor der besonderen Herausforderung, in der eigenen Organisation, also im Vertrauten, fremd zu sein. Führungspersonen in einer solchen Situation neigen oft dazu, die Erfahrungen aus der eigenen Abteilung auf die neue zu übertragen. Oder wie Schreyögg (2010, S. 124) es ausdrückt: „Sie antizipieren im Allgemeinen nicht, dass jede Abteilung ihre eigene Subkultur entwickelt, weil die Mitarbeiter sich mehr oder weniger deutlich von anderen Abteilungen abzugrenzen suchen".

Stolperstein: Organisationskultur

Jede Organisation hat ihre ganz eigene Kultur und so hat – wie oben erwähnt – auch jede Abteilung ihre eigene Subkultur. Ein „Quereinsteiger" muss sich also meist darauf vorbereiten, dass er nuanciert andere Kulturmuster vorfinden wird (vgl. Schreyögg, 2010). Diese kulturspezifischen Eigenheiten sind meist wenig offensichtlich und es braucht eine gute Beobachtungsgabe und ein aktives Hinschauen und Hinhören, um mehr darüber herauszufinden. Diese „stillen Übereinkünfte" können

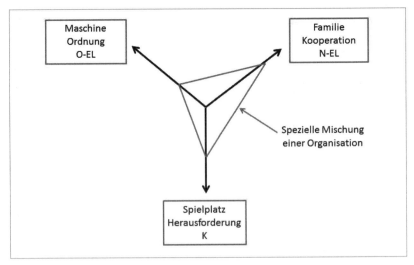

Abbildung 5: Der Kultur-Stern (Balling 2012)

nirgends nachgelesen werden. Hier liegen einige Fettnäpfchen, in die eine neu berufene Führungskraft treten kann und wird - das lässt sich kaum ganz vermeiden. Trotzdem ist eine Kulturdiagnose hilfreich, um zumindest einige der Fettnäpfchen vorauszusehen und zu umgehen. Balling (2012) bietet mit dem Kultur-Stern ein Instrument zur Analyse der Organisationskultur.

In einer „Maschinen-Kultur" stehen Prozesse und Zahlen im Zentrum. Psychosprache oder das Sprechen über Gefühle bereits beim Einstieg können einen Teamleiter ins Abseits manövrieren. Anders in einer „Familien-Kultur": Hier stehen die Menschen im Zentrum. Zusammenhalt und Loyalität sind sehr wichtig. Ein Fettnäpfchen besteht darin, Firmenwerte in Frage zu stellen oder die Konkurrenz zu loben; das würde als Illoyalität ausgelegt. In einer „Spielplatz-Kultur" arbeiten die Angestellten aus Spass an der Sache. Sie brauchen viel Freiraum, um ihre Kreativität entfalten zu können. Wer hier gleich beim Einstieg auf das Einhalten von Regeln pocht oder darauf besteht, dass Sitzungen pünktlich beginnen, wird schräg angesehen.

Gerade wenn man die Organisation kennt, ist es hilfreich, sich explizit mit der Organisationskultur und den Unterschieden zwischen den Abteilungen zu beschäftigen. Interessant ist auch, dass die jeweiligen Fettnäpfchen in einer Organisation gleichzeitig darauf hin deuten, in welchem Bereich die Organisation oder Abteilung Entwicklungspotenzial bzw. -bedarf hat. Es sind dies die Felder, welche abgewertet und ausgeblendet werden. Spricht eine neue Führungskraft diese Entwicklungsbereiche jedoch zu früh an, läuft sie Gefahr, wieder aus dem System hinaus katapultiert zu werden. Es gilt also, zuerst die jeweilige Sprache der Organisation bzw. der Abteilung zu lernen, dort anzudocken, um später schrittweise auch die Lernfelder anzusprechen.

Stolperstein: Schattenleitung

In jeder Organisation entwickeln sich informelle Statushierarchien der Abteilungen. Wird jemand von einer anderen Einheit neu in die Rolle des Abteilungsleiters portiert, ist es wahrscheinlich, dass er eine gewisse Skepsis bzgl. seiner „Herkunft" spüren, gleichzeitig kann er auch auf die – vermeintliche? - Unterstützung im Team zählen. Solange er tut, was die Schlüsselpersonen goutieren, geht auch alles gut. Sein partizipativer Führungsstil ist auf Konsens ausgerichtet. Erhebt er Führungsanspruch und setzt er eigene Entscheide durch, was von ihm in seiner Funktion auch erwartet wird, stösst er auf Widerstand. Das kann so weit gehen, dass die erfahrenen Kollegen in ihrem langjährigen Netzwerk – unter anderem bei höheren Vorgesetzten – platzieren, dass die Entscheide des jungen Teamleiters den langfristigen Zielen der Organisation widersprechen. Der Druck wächst, bis der neue Abteilungsleiter sich entweder anpasst und seine Entscheide wieder mit der „Schattenleitung" abspricht oder die Organisation frustriert verlässt.

Schreyögg weist darauf hin, dass ein „Quereinsteiger" auch damit rechnen muss, „dass 'Randfiguren', also Personen, die in der informellen Statushierarchie bislang nicht besonders hoch standen, ihn mit seiner anfänglich immer bestehenden leichten Verunsicherung zu einer Koalition verleiten wollen" (Schreyögg 2010, S. 124).

Es wird deutlich, dass die Gefahr einer Instrumentalisierung für den „Quereinsteiger" ziemlich gross ist, und es braucht eine sorgfältige Reflexion der jeweiligen Situationen. Es ist wichtig, dass der „Quereinsteiger" ein Gespür dafür entwickelt, wo er sich wie positionieren muss. Im Coaching bietet sich das Passivitätskonzept zur Analyse und Einschätzung der Situation an: Was wird hier von wem abgewertet oder ausgeblendet?

Der Seiteneinsteiger – die Seiteneinsteigerin

Die Seiteneinsteigerin startet als Führungskraft in einem Unternehmen, das ihr noch gänzlich unvertraut ist. Wie bereits beim „Quereinsteiger" ist der „Seiteneinsteigerin" die Organisationskultur fremd. So wird sie sich vorerst nur auf die formalen Implikationen ihrer Rolle beziehen können, da ihr die „Geheimnisse" der Organisation noch verborgen sind (vgl. Schreyögg 2010). Gelingt es ihr nicht, bald mit Mitarbeitenden und Kolleginnen und Kollegen ins Gespräch zu kommen und sich aus der kommunikativen Isolation zu befreien, besteht die Gefahr, dass die Mitarbeitenden auf Distanz gehen. Die Vertrautheit in Organisationen aber basiert auf gemeinsam geteilten informellen Übereinkünften (vgl. Schreyögg 2010). Es wird also deutlich, dass im Coaching wiederum ein Schwerpunkt auf das Verständnis von psychodynamischen Zusammenhängen und das Zusammenspiel von Struktur – Strategie – Kultur im Unternehmen gelegt werden muss. Idealerweise beginnt das Coaching bereits vor Antritt der neuen Funktion.

Stolperstein: Dienstalter

In einer Organisation wirken zwei unterschiedliche Kräfte: die Hierarchie und das Dienstalter. Je höher jemand in der Hierarchie ist, desto grösser ist die Macht, die ihm zugeschrieben wird. Diese Kraft ist allgemein bekannt. Weniger offensichtlich ist der grosse Einfluss des Dienstalters und somit die Dauer der Organisationszugehörigkeit. Bei Organisationsaufstellungen z.B. wird immer wieder sichtbar, wie wichtig die Wertschätzung und Beachtung des Dienstalters einer Person ist. Wird das Dienstalter nicht genügend anerkannt, entsteht Widerstand. Die „Seiteneinsteigerin" steht also vor der Herausforderung, einen Spagat zu meistern: Hierarchisch ist sie im Team ihren Mitarbeiterinnen und Mitarbeitern überstellt. Gemäss Organigramm und Stellenbeschreibung hat sie die Entscheidungsmacht. Gleichzeitig ist sie die oder zumindest eine der Dienstjüngsten. Der Spagat besteht also darin, einerseits ab Tag 1 in die Rolle der Führungskraft zu gehen, Entscheide zu fällen, Sitzungen zu leiten, Konflikte zu lösen, Veränderungen einzuleiten etc. Andererseits gilt es, das Bisherige wert zu schätzen und die Expertise der erfahrenen Mitarbeiter einzubeziehen.

Hilfreich ist hier das Modell der Strokes. Das Dienstalter wertschätzen kann beispielsweise heissen, die Erfahrung einer Mitarbeiterin explizit zu stroken. Es kann auch bedeuten, positives Feedback von aussen an die Mitarbeiterinnen und Mitarbeiter weiter zu geben. Also frei nach Malik: Das Lob gehört den Mitarbeitern, die Kritik gehört dem Chef.

Ein impliziter Stroke kann auch sein, einen erfahrenen Mitarbeiter für fachlichen Rat beizuziehen oder ihn mit einer anspruchsvollen Aufgabe zu betrauen. Vertrauen aufbauen heisst, miteinander im Gespräch zu sein, Fragen zu stellen und das anzuerkennen, was ist.

Stolperstein: Fach-, Organisations- und Branchenkenntnisse

Die „Seiteneinsteigerin" ist von Mitarbeitenden umgeben, die das Geschäft, die Branche und die Organisationskultur kennen – während ihr noch vieles fremd ist. Die Führungsfunktion von Tag 1 weg innehaben und gestalten und sich mit den neuen Begebenheiten vertraut zu machen, ist enorm anspruchsvoll. Es ist oft gar nicht möglich, sich fachlich einzuarbeiten und gleichzeitig tragfähige Beziehungen zu den Mitarbeiterinnen und Mitarbeitern aufzubauen sowie alle relevanten externen Stakeholder kennen zu lernen. Es gilt also Prioritäten zu setzen. Was geschieht nun, wenn sich die Seiteneinsteigerin dafür entscheidet, möglichst rasch ihre Fach- und Branchenkenntnisse wett zu machen und dafür eine Weiterbildung bucht? – Vermutlich wird sie dann von ihren Mitarbeiterinnen und Mitarbeitern primär in ihrem Defizitbereich wahrgenommen werden. Gestaltet sie aber die Beziehungen zu ihren Mitarbeitenden aktiv und im Wissen darum, dass das Knowhow dort liegt, zeigt sie Präsenz in ihrer neuen Funktion und kann gleichzeitig die Expertise im Team würdigen. Der Mehrwert hier dürfte sein, dass sie sich so Fach- und Branchenkenntnis quasi „on-the-job" aneignet und gleichzeitig zeigen kann, wie sie ihre Führungsrolle gestaltet. In einem weiteren Schritt ist der aktive Kontakt zu Vorgesetzten, hierarchisch gleich gestellten Kolleginnen und Kollegen sowie weiteren Stakeholdern zentral.

Gelingt das nicht in der ersten Zeit, ist es wahrscheinlich sehr schwierig für die „Seiteneinsteigerin", die notwendige Anerkennung im System zu erlangen.

In den ersten Coachinggesprächen ist es wichtig, dass die „Seiteneinsteigerin" darin ermutigt wird, den neuen Arbeitskontext bewusst in der Differenz zum ehemaligen Arbeitsplatz zu beleuchten und sich so auch innerlich richtig von ihrer vorhergehenden Position zu verabschieden.

Sich das Fremde vertraut machen

Abschliessend lassen sich folgende Punkte zusammenfassen, die förderlich sind für einen gelingenden Einstieg in eine neue Führungsposition (vgl. Klingenberger 2011, Lammers 2007, Schreyögg 2010, Weka 2009):
- Zuhören, beobachten und analysieren, um sich ein Bild der neuen Situation zu machen
- Aktive Auseinandersetzung mit der neuen Führungsrolle: Selbstbild und eigene Rolle klären
- Mitarbeitende in ihren Funktionen und Rollen kennenlernen
- Wertschätzung gegenüber Geleistetem und Kollegen ausdrücken
- Meinungen erfragen, Perspektivenwechsel wagen
- Feedback geben und einholen
- Zusammenarbeit aktiv gestalten bzw. definieren
- Erwartungen klären, sich neu positionieren

- Eigene Ziele setzen und Prioritäten festlegen
- Netzwerke pflegen
- Auf eigene Ressourcen achten

Diese Punkte fokussieren besonders die eigene Führungsrolle, das Kennenlernen der Mitarbeitenden sowie die Organisationskultur. Es versteht sich von selbst, dass auch das Kennenlernen von Aufgaben und Zielen der organisationalen Einheit, aber auch der Gesamtorganisation unabdingbar sind.

Folgende übergeordnete Themen und Ziele können für das Coaching der neu ernannten Führungskraft daher als zentral gelten (vgl. Schreyögg 2010, Lammers 2005, Willi 2007):

Ein Positionswechsel stellt einen beruflichen Übergang dar und dürfte somit ein Schlüsselerlebnis in der eigenen beruflichen Karriere sein. Übergänge oder Wendepunkte im Lebenslauf sind spannend, aber persönlich auch sehr anspruchsvoll. Im Coaching kann diese Veränderung bewusst gemacht und kompetent begleitet werden.

Der Coach unterstützt die neue Führungskraft darin, mit ihrer persönlichen Dynamik Prozesse im neuen Umfeld in Gang zu setzen, „die ihre Glaubwürdigkeit und ihre Reputation in den Augen ihrer komplementären Interaktionspartner stärken" (Schreyögg 2010, S. 189).

Es ist auch Aufgabe des Coaches, die Führungskraft auf Verhalten und Handeln aufmerksam zu machen, welche ihrer Glaubwürdigkeit schaden könnten.

Im Coaching wird die neue Führungskraft darin unterstützt, die Chancen und Risiken im System zu erkennen und, wenn immer möglich, durch eigene Stärken positiv einzuwirken.

Die im Coaching systematisch und zielführend eingesetzten Arbeitsformen helfen Handlungsoptionen realistisch einzuschätzen und tragen dazu bei, dass die Gefahren von Misserfolgen der Führungskraft minimiert werden.

Auf der individuellen Ebene geht es um eine Bezugsrahmenerweiterung und die Entwicklung neuer Deutungs- und Handlungsmuster für die neue Rolle. Dabei gilt es zu berücksichtigen, in welcher Phase der persönlichen Führungsentwicklung sich die Person befindet und was für sie unterstützend und förderlich ist.

Das Coaching zielt primär auf die individuelle Förderung der neuen Führungskraft in einem neuen (Sub-)System. Aus organisationaler Perspektive soll aber auch ein Mehrwert für das Unternehmen daraus resultieren. Und selbstverständlich werden im Coaching auch spezifischere individuelle Ziele zwischen der Führungskraft, dem Coach und idealerweise dem Vorgesetzten der Führungskraft in einem Dreiecksvertrag vereinbart.

Literatur

Andresen, U. (2011). Als Führungskraft starten. Grundlagen und Handlungsfelder. Berlin: Cornelsen.
Balling, R. (2012). Organisationskultur: Kulturdiagnose mit dem Kultur-Stern. Internes Papier.
Klingenberger, H. (2011). Grundlagen der Führung. Neu im Führungsjob – Was man als neuer Chef beachten sollte. http://www.bvs.de/fileadmin/mediapool/publikationen/Lehrbuecher/Lehrbuch_Band_12_Leseprobe.pdf (abgerufen am 12.1.2013)
Lammers, W. (2005). Vom Mitarbeiter zum Chef. http://www.iasag.ch/fileadmin/docs/pdf/artikel.lammers.mitarbeiter.chef.pdf (abgerufen am 12.1.2013)
Lotmar P. & Tondeur, E. (2004, 7. Auflage). Führen in sozialen Organisationen. Ein Buch zum Nachdenken und Handeln. Bern: Haupt Verlag.
Schmid, B. (2004). Systemische Professionalität und Transaktionsanalyse. EHP: Bergisch Gladbach.
Schreyögg, A. (2010). Coaching für die neu ernannte Führungskraft. Berlin: Springer Verlag.
Von der Oelsnitz, D. (2012). Einführung in die systemische Personalführung. Heidelberg: Carl-Auer Verlag.
Weka (2009). Neue Führungsrolle – das müssen Sie beachten. http://www.weka-personal.ch/praxistipp_view.cfm?nr_praxistipp=1186 (abgerufen am 12.1.2013)
Willi, J. (2007). Wendepunkte im Lebenslauf. Persönliche Entwicklung unter veränderten Umständen – die ökologische Sicht der Psychotherapie. Stuttgart. Klett Cotta.
Zbinden, R. (2012). Führen aus eigener Kraft. Die Entwicklung von Führungspersonen und Managern. Wiesbaden. Springer Gabler.

Chancen und Möglichkeiten des Unterrichts in multikulturellen Klassen

Sylvia Schachner

Unterricht findet heute, vor allem in Großstädten und Ballungsgebieten, unter stark veränderten Bedingungen statt. In meinem Workshop beschäftige ich mich mit diesen Bedingungen und gehe der Frage nach, welche Auswirkungen und Konsequenzen daraus folgen.
Was ich aus meiner persönlichen Arbeit mit Schulklassen beschreibe, hat in ähnlicher Form auch Gültigkeit in Deutschland und der Schweiz. Diese deutschsprachigen Länder haben ein vergleichbares Schulsystem, einen ähnlichen Bezugsrahmen und ähnlich zusammengesetzte Klassenstrukturen.
In der nachfolgenden Tabelle 1 stelle ich Bedingungen vor, die für mein Arbeitsfeld gelten. Es geht in der Gegenüberstellung nicht um ein besser oder schlechter, um ein altmodisch oder modern, es geht um eine wertfreie Gegenüberstellung, die anregen soll aus transaktionsanalytischer Sicht über die Konsequenzen dieser veränderten Bedingungen zu reflektieren und zu überlegen, welche Veränderungen es in der Planung, Gestaltung und Reflexion von Unterricht braucht um für Schüler und Schülerinnen bestmögliche Lernergebnisse zu erzielen.
Grundsätzlich kann davon ausgegangen werden, dass die Klassenverbände heute vielfältig, komplex und individuell zusammengesetzt sind. Die unterschiedlichen Bezugsrahmen, aus denen heraus die Kinder die Schulwelt sehen und die oft sehr stark auseinanderklaffenden Strategien, mit denen sie in Beziehung gehen und sich ausdrücken, sind gekoppelt mit sprachlichen Problemen, die Verhaltensweisen provozieren, in denen deutlich mehr über körperliches Agieren und vereinfachte Sprachstrukturen kommuniziert wird, als es dem tatsächlichem Lebensalter entsprechen würde.

Tabelle 1

Stand vor 2000	Aktuell
• Altersmäßige Streuung der Schüler und Schülerinnen maximal 12 Monate. Schulreife war klar definiert und war Voraussetzung den Schulbesuch zu beginnen.	• Größere altersmäßige Streuung durch Rückstellungen, vorzeitige Einschulungen oder Quereinsteiger aus anderen Kulturen. Schulreife ist Ziel der Grundstufe 1, in der in unterschiedlichen Modellen Kinder der Vorschulstufe und der Klasse 1 und/oder2 gemeinsam unterrichtet werden
• Muttersprache Deutsch ist die Norm, eine zweite Sprache wird selten beherrscht.	• Mehrsprachigkeit ist sehr häufig (oft bis zu 90% der Klasse). Manche Kinder beherrschen bei Schuleintritt bis zu drei unterschiedliche Sprachen, viele allerdings die Unterrichtssprache nur mangelhaft oder gar nicht.
• Mobilität beschränkt sich auf die nähere Umgebung, vor allem Reisen im Heimatland.	• Viele Kinder haben Reiseerfahrung und kennen zumindest aus touristischer Perspektive Sitten und Gebräuche anderer Länder
• Kinder stammen aus ähnlichen Schichten und eher aus der näheren Schulumgebung	• Durch die erhöhte Mobilität ist das Einzugsgebiet größer
• Es gibt einen Schultyp der Grundschule, der von der überwiegenden Mehrzahl der Kinder besucht wird. Die Benotung erfolgt nach allgemeingültigen bekannten Kriterien in Notenform.	• Bereits in der Grundschule stehen unterschiedliche Modelle zur Auswahl. Der Schwerpunkt der jeweiligen Schule hat mehr Einfluss auf die Schulwahl als der Standort. Die Leistungsbeurteilung erfolgt in unterschiedlicher Form, zum Teil keine Notenbeurteilung mehr.
• Die Betreuungszeit in der Familie ist länger, Kindergartenerfahrung nicht selbstverständlich und die Anzahl der Bezugspersonen ist überschaubar. Der Schulbeginn wird als „ Einstieg und Erkundung von Neuem"erlebt	• Die Kinder haben zu Schuleintritt schon lange Erfahrung mit außerhäuslicher Betreuung – Tagesmutter, Krabbelstufe, Kindergarten und einer großen Anzahl von außerfamiliären Bezugspersonen
• Es gibt zwei Fernsehprogramme, Filme werden im Kino angeschaut	• Aufwachsen mit einer großen Anzahl von Medienangeboten: Fernsehen, Film, Computer, Handy, Internet...

Stand vor 2000	Aktuell
• Es gibt einen klassenführenden Lehrer, einen Religionslehrer und ev. einen Nachmittagsbetreuer.	• Ab der ersten Klasse unterrichtet ein Lehrerteam, im Schnitt sind die Kinder von Beginn an mit 6 bis 8 unterschiedlichen Lehrpersonen konfrontiert.
• Als Kernpunkte des Unterrichts wird der Erwerb der Grundfähigkeiten in Deutsch und Mathematik gesehen. Sachunterricht und praktische Fächer haben untergeordnete Bedeutung.	• Erweiterter Lehrplan, Englisch ab der ersten Klasse, Einsatz des Computers, individualisierter Unterricht, Projektunterricht
• Einhalten von Regeln und Gehorsam waren wesentliche Werte, die den Kindern bei Schuleintritt bekannt waren und für alle ziemlich gleich eingefordert wurden.	• Vielfalt an Werten und Regeln, die nicht nur individuell unterschiedlich vermittelt werden, sondern auch kulturell ziemlich unterschiedlich sind.
• Die Lehrperson gilt für Eltern und Schüler als Respektperson.	• LehrerInnen gelten als Partner und Lernbegleiter und werden von den Kindern (und oft auch deren Eltern) als Trainer, Berater, Elternfigur,... gesehen.
• Emotionen und Gefühle stehen nicht im Vordergrund. Schule wird als Ort der Wissensvermittlung gesehen.	• Emotionen und Gefühle haben einen gleichberechtigten Platz neben und in der Wissensvermittlung. Schule wird als bedeutsamer Lebensraum der Kinder gesehen.
• Der Unterricht sieht für alle gleiche Inhalte, Themen und Tempo vor. Abweichungen werden nur bedingt berücksichtigt.	• Individualisierung des Unterrichts, Differenzierung nach Begabung und Interesse, Vielfalt an Lehr- und Lernmethoden.
• Es gibt klare Strukturen und Regeln, die weitgehend mit den im Elternhaus erlernten übereinstimmen.	• Regeln und Werte in der Schule weichen oft deutlich von den bisher erlebten oder zu Hause geltenden Regeln ab.

Diese Entwicklungen beinhalten sowohl Risiken als auch Chancen.

Risiken:
– Die ersten Wochen der Schuleingangsphase verlaufen oft anstrengend und turbulent. Der Zeitraum aus der komplex zusammengewürfelten Kindergruppe eine Gemeinschaft zu bilden dauert lange.

- Jedes Kind in seiner Individualität zu erkennen und es auf seinem Lernweg dort abzuholen, wo es gerade steht, erfordert mehr Aufmerksamkeit und Beobachtung als ein gemeinsames Lerntempo und gleiche Anforderungen für alle.
- Die Verständigung mit Kindern ohne Deutschkenntnisse ist am Anfang oft recht herausfordernd. Es ist zudem schwierig zu beurteilen, inwieweit Schwierigkeiten sprach-, entwicklungs- oder leistungsbedingt sind, was aber speziell für das Erlernen des Lesen und Schreibens unterschiedliche Interventionen notwendig macht.
- Das Nicht- Einhalten - Können oder - Wollen von Regeln erfordert viel Zeit und Energie auf Seiten der Kinder und Lehrpersonen.
- Der Einsatz des Lehrerteams, das Kennenlernen der Eigenheiten der jeweiligen Personen , die Struktur der komplexen Leistungs- und Unterrichtsanforderungen zu erkennen, ist für viele Kinder herausfordernd und schwierig, für einige sogar Angst einflößend. Speziell Kinder aus Kulturen, die starke Anpassung erfordern, sind die Anforderungen einer mit eher offenen Regeln geführten Gemeinschaft anfangs sehr ungewohnt, während andere sich äußerst schwer tun überhaupt Regeln und Strukturen zu akzeptieren. Dazu kommen große Unterschiede darin, wie die Rolle und Stellung von Männern und Frauen in manchen Kulturen gesehen und gelebt werden.

Chancen:
- Vielfalt bietet einen Reichtum an Anregungen und Lernmöglichkeiten.
- Kulturelle Vielfalt erweitert den Bezugsrahmen, hilft Vorurteile abzubauen, lehrt Toleranz im Umgang miteinander und ist ein wesentlicher Baustein gelungener Integration.
- Unterschiedliche Leistungsanforderungen vermindern Leistungsdruck und Antreiberverhalten und helfen mit ein positives Selbstbild und eine positive Einstellung dem Lernen gegenüber zu erwerben.
- Speziell auf die Möglichkeiten des Kindes abgestimmte Anforderungen, verbunden mit positiven Strokes geben stark wirkende Erlaubnisse zum Denken und autonomen Handeln.
- Teamfähigkeit und Gruppenarbeit, von Beginn an gefördert und trainiert, sind wichtige Fähigkeiten in der heutigen Gesellschaft.
- Das Auskommen müssen mit unterschiedlichsten Persönlichkeiten – Schülern wie Lehrpersonen - fördert den Erwerb von Flexibilität und

Kreativität, ebenfalls wichtige Fertigkeiten in der modernen Gesellschaft.
- Die Kinder erhalten vielfältige Modelle dafür, wie Beziehung gelebt werden kann.
- Gemeinsame Regeln und Umgangsformen in der Klasse zu erarbeiten und einzuhalten, auch wenn sie sich unter Umständen stark vom zu Hause gelebten unterscheiden, führt zu erhöhter Sensibilität Gruppenprozessen gegenüber und erweitert die Sozialkompetenz.

Schlussfolgerungen

In der transaktionsanalytischen Pädagogik finden sich viele Elemente, die wesentlich dafür sind, dass Lernen und Zusammenleben in der Schule gelingt.
Die Basis bilden die Grundannahmen, dass jedes Kind wichtig und wertvoll ist und im Rahmen seiner Möglichkeiten imstande seine Lernprozesse und sein Denken zu organisieren und produktiv einzusetzen. Die Pädagogen begegnen ihren Schülern aus der +/+ Haltung heraus und achten darauf, dass sich auch die Kinder untereinander in dieser Haltung begegnen.
Lehrpersonen begleiten ihre Schüler und Schülerinnen auf diesem Weg, indem sie einen Rahmen bereit stellen, in dem die Kinder Lernerfahrungen machen können (PPP).
Sie geben Erlaubnis zu denken, zu experimentieren, Fehler zu machen und daraus zu lernen. Sie begleiten das Kind auf dem Weg zu autonomer Lebensgestaltung.
Antreiberverhalten und skriptverstärkendes Verhalten kann identifiziert und abgeschwächt werden. Erlaubnisse helfen förderliche Strategien aufzubauen.
Strokes werden angemessen eingesetzt, Discounts vermieden. Die Schüler und Schülerinnen erhalten Rückmeldungen über die Qualität ihrer Leistung und die Auswirkungen ihres Verhaltens.
Es wird ein Raum geschaffen, in dem gemeinsam geltende Regeln erarbeitet werden und vertragsorientiert Ziele angestrebt werden.
Es werden in Rollenspielen und vertiefenden Übungen Sprachmuster geschaffen mit denen Wünsche geäußert, Bedürfnisse ausgedrückt und Konflikte gelöst werden können.

Die Lehrpersonen achten auf klare und offene Kommunikation.
Die SchülerInnen erlernen Lernstrategien und unterschiedliche Arbeitsformen. Passives Verhalten wird konfrontiert. Durch Kennen der Discounttabelle werden die Lernenden auf dem Lern- oder Verständnisniveau abgeholt, wo sie gerade stehen.
Die Schüler erleben und erlernen Konfrontationskultur und erhalten Einblick in Gesprächsführung und Konflikttraining.
Sie erhalten die Möglichkeit, ihre Ursprungskultur und ihre Besonderheiten in den Unterricht einzubringen und erleben Wertschätzung. Ihr Bezugsrahmen wird erweitert.
So meine ich, dass Schule in der heutigen Zeit komplex, spannend und herausfordernd ist. Die bunte und lebendige Schullandschaft, die sich derzeit zeigt, kann einen wesentlichen Beitrag zur Integration leisten und den Reichtum und die Ressourcen einer multikulturellen Gesellschaft nutzen.

Schokoladepudding und andere Zugänge: Intensive Mehrfamilientherapie, von Ruth McClendon und Les Kadis, 1983

Eine beschreibende Reflexion der Übersetzerin und Herausgeberin der Deutschen Fassung, Bea Schild, 2013

Bea Schild

Vielen älteren TA-Häsinnen und -Hasen ist das Therapeuten-Paar Ruth und Les sowie ihr TA-Familientherapie-Klassiker, genannt „Schokoladepudding", gut vertraut. Jüngere TA-Füchsinnen und -Füchse können darin viel heute noch Vertrautes finden. Was aus heutiger Sicht das „Vertraute" und das „Fremde" ist, umreisse ich hier kurz.

Emotionen zu empfinden, sie zuzulassen, zu benennen und auszudrücken sowie sich in andere einfühlen zu können ist eine Qualität unserer Lebendigkeit und unseres Lebens.

Gepaart mit unserer Fähigkeit zu denken, die Wirkung unseres Handelns einzuschätzen, im Sinne der ethischen Haltung, macht dies unser Leben lohnenswert (frei nach Gitta Sereny) und ist die Qualität des eigenständigen und verantwortungsvollen Miteinanders.

Da unsere zugelassenen Gefühle, unser Denken und unser Verhalten durch das bestimmt sind, was wir in der TA frühe Entscheidungen nennen, ist unsere Wahrnehmung von uns selber und anderen eingeschränkt. Diese eingrenzende Struktur gibt uns Orientierung und Halt und ist für Einzelne, das Zusammensein mit anderen und in manchen Situationen im Hier und Heute manchmal nicht mehr so passend oder hilfreich, wie damals, als wir sie gelernt haben. Interaktionale Muster zwischen mehreren Personen und intrapersonale/intrapsychische Erfahrungen sind bestimmt durch diese eingrenzende Wahrnehmung von sich selber, den anderen und der Welt, dem Leben. Dies führt dazu, dass Familienmitglieder ihre beruflichen Tätigkeiten und ihre Partnerschaften entsprechend wählen und anpassen.

Wenn im Buch „Schokoladepudding und andere Zugänge: Intensive Mehrfamilientherapie" Berenice Barker, eine Mutter einer der teilnehmenden Familien, ihren Ehemann und ihre Kinder mitsamt deren Familien, durch intensive Angst vor dem Leben und ihr Sich-hilflos machen, machtvoll zu einer auf sie zentrierten Lebensgestaltung hin führt, erkennen wir deutlich, was Foucault meinte, wenn er sagte, dass Macht nicht nur ausgeübt, sondern auch akzeptiert wird.

Die Loslösung der Individuen aus der Verstrickung in der Familie - durch sorgfältige Wahrnehmung, Erkundung und Validierung der je eigenen Erlebensweisen und erzählten Geschichten - führt zu einer Neuorientierung in der Familie, zu Selbstdefinition, Beziehungs- und Lebensqualität für die Einzelnen.

Die Neuentscheidungsarbeit in der Familientherapie nach McClendon & Kadis verknüpft in der progresssiven Regression sowohl das Aufdecken der „unerhörten" Geschichte und der daraus folgenden Überlebensschlussfolgerungen von damals, die das Hier-und-Jetzt beeinflussen, als auch die ganz konkreten nächsten Schritte, die auf die Erkenntnis und Durcharbeit der Zusammenhänge und die allfällige Neuentscheidung folgen.

Dieses Buch zeigt deutlich auf, wie transgenerationale Weitergaben von Überlebensschlussfolgerungen das Leben der Einzelnen und ganzer Familien über Generationen prägen können.

Ein Beispiel für transgenerationale Weitergabe von Skript finden wir bei der Familie Dellapietra. Dom, der Ehemann, ist in die Fussstapfen von Vater und Grossvater getreten. Er lebt sein Leben wie sie, nach dem Motto „Die Dellapietra-Männer arbeiten hart und trinken viel." Es stellt sich heraus, dass seine kleine Tochter seine verdrängte suizidale Stimmung von Verlorenheit, Bedrängtheit und Ärger aus seiner Kindheit stellvertretend für ihn aufgenommen hat und sich den Ausweg aus der für sie beklemmenden Situation zu Hause ebenfalls (möglicherweise mittels verdrängtem, nicht gehörtem Ärger, als Rache) durch Suizid vorstellt.

Ein anderes Beispiel finden wir in der Barker-Familie. Die Barkers leben ein von den Frauen über vier Generationen transgenerational weitergegebenes Skript mit der Überzeugung, dass man sich in der gefährdenden Welt nur selbstbestimmt behaupten kann, wenn man als Familie eng zusammen bleibt. Die einzelnen Mitglieder der Familie können sich nur unter so dramatischen Umständen wie Suizid oder Tod ablösen. Es ist beglückend, mit zu erleben, wie die Individuen und die Familie wachsen, ihre Lebensqualität sich verbessert und neue Verbindungen miteinander hergestellt und aufrechterhalten werden.

Das Thema von Selbst- und Fremdschädigung wird bei einigen Beteiligten aufgegriffen, um Sicherheit für sich selber und andere herzustellen. Dies ist auch eine Vorbereitung, um Schwierigkeiten und Ängsten vor möglichen Veränderungen vorbeugend den Notausgang des Eskalierens zu verschliessen. Die Entscheidungen zu „Kein Suizid", „Keine Gewalt", „Kein Schaden an sich und anderen" werden vor der Familie und den anderen anwesenden Familien durch die Betreffenden erarbeitet und mitgeteilt. Das direkte Ansprechen dieser überlebenswichtigen Themen wird modellhaft vorgestellt.

Der Inhalt der Arbeit ist die Differenzierung der Einzelnen, für sich selber und innerhalb des Systems. Dies verlangt von den Beteiligten einerseits Mut und andererseits die Fähigkeit zum Aushalten von Ambivalenzen, Unterschiedlichkeiten und unerwarteten Wendungen.

Die Therapeut/-innen benötigen nicht nur einen vollgepackten Methodenkoffer (Skulpturen, Zwei-Stuhl-Arbeit, Zeichnung, Spiel, Symbolische Aufstellungen mit Puppen, Rollenspiel, Reflecting Team etc.), sondern vor allem ihre eigene emotionale Präsenz, den Mut sich einzulassen, neugierig zu sein auf die Person vor ihnen. Geduldiges, aber beharrliches eigenes Fühlen und Denken und verantwortliches Handeln wird bei allen Beteiligten ungeachtet ihres Alters eingefordert und unterstützt. Die Differenzierungsarbeit betrifft einerseits das Trennen von Vergangenheit vom Hier-und-Jetzt (z. Bsp. Eltern-Introjekte von Kind-Ich- und Erwachsenen-Ich-Inhalten trennen), andererseits das sich von anderen unterscheiden dürfen. (Dies entspricht Beziehungsbedürfnissen nach Bestätigung der eigenen Erfahrung, der Bedeutsamkeit der eigenen Person in den Augen anderer und der Selbstwirksamkeit, nach Erskine, 2008.)

Der achtzehnjährige Robin trifft verwirrt und voller Zwänge mit seiner Mutter und seinem jüngeren Halbbruder im Workshop ein. Es wird ihm zugemutet und er wird unterstützt, sein eigenes Fühlen und Denken zuzulassen. Die erste therapeutische Intervention ihm gegenüber ist denn auch das direkte Ansprechen seiner Angst. Die zweite direkte Intervention ihm gegenüber ist, ihn die Skulptur seiner verstückelten Familie aufstellen zu lassen und ihm zu helfen, dies nach seinem Empfinden zu tun. Die dritte Intervention ist, seine Rolle in der Familie direkt mit seiner Mutter anzusprechen etc. Es ist spannend und schmerzhaft zugleich, auf der interpersonalen Ebene mit ihm und seiner Familie mitzuleiden, bis das Familiengeheimnis offen ausgesprochen werden darf und die Rollen und Beziehungen in der Familie geklärt werden können.

McClendon & Kadis arbeiten mit Einzelnen, mit Paaren, mit der ganzen Familie in der Grossgruppe und mit Untergruppen in Kleingruppen (junge Kinder mit der Spieltherapeutin, junge Erwachsene, Eltern, Frauen, Männer). Je nach Thema kann in den spezifischen Kleingruppen gearbeitet werden. Der jüngste Teilnehmende ist drei Jahre alt und scheint intuitiv viel von dem zu erfassen, worum es bei seinem Vater geht. Er liefert damit wichtige Beiträge. Der älteste Teilnehmende ist fünfzig Jahre alt und kann für sich einige wichtige emotionale und kognitive Erkenntnisse über sein Gewordensein gewinnen und dann damit eine lebensverändernde Entscheidung treffen.

Kognitive gegenseitige Vertragsarbeit wird als wesentliches Element der Therapie mit allen Beteiligten durchgeführt und ist einer der spezifischen Wirkfaktoren der TA (Johnsson, 2012). Andererseits ist der emotionale Aspekt für das therapeutische Bündnis und die Arbeit mit Übertragung (nach Johnsson, 2012) ausschlaggebend für den Erfolg der Veränderungsarbeit. Klient/-innen „testen" die Therapeut/-innen daraufhin, ob die alte Erfahrung oder Überzeugung bestätigt wird oder nicht, wie wir im Buch beispielsweise bei Bette Sarnon sehen können.

Johnsson (ibidem) schliesst denn auch, dass es riskant sein könnte, nur einen einzigen therapeutischen Zugang zu nutzen. Wenn nur auf der Ebene der unbewussten Gefühle/Bedürfnisse gearbeitet werde, könnte es geschehen, dass keine konkreten Veränderungen bezüglich offenbartem Verhalten angeschaut werden und umgekehrt kann der steuerndbeeinflussende Zugang, der mehr die Interaktion denn die Beziehung beachtet, den stillen, internalen Prozess ausblenden. McClendon & Kadis zeigen auf, wie sie beide Zugänge verknüpfen, indem sie diese in ein fliessendes Phasenmodell integrieren. Die eingestreuten und im

Schlusskapitel angefügten theoretischen Erklärungen von McClendon & Kadis beleuchten dies zusätzlich.
Als emotionale Unterstützung verwenden sie strokes und Erlaubnisse sowie Rollenmodelle. Die beiden zeigen auf, wie sie an manchen Stellen Beziehung initiieren, was (nach Erskine, ibidem) auch ein Beziehungsbedürfnis befriedigt. Johnsson (ibidem) bestätigt, dass dies einen hilfreichen Zugang ermöglichen kann. (Ausdrücklich sei darauf hingewiesen, dass es sich um zusammengesetzte Transkripte mehrerer Fälle während eines einwöchigen Therapie-Workshops handelt, mit Vorlauf und Nachbefragung).
Der wahrscheinlich „altersbedingte Schönheitsfehler" der beschriebenen Arbeiten liegt meiner Meinung nach hauptsächlich an drei Dingen:
erstens im Gebrauch von aktiven Aufforderungen zu bestimmten Übungen. Aus heutiger Sicht empfinden wir dies als manipulativ (nach Johnsson) oder als Einladung in die Anpassung (mündlicher Hinweis von Reith, 2012) und gehen anders damit um,
zweitens elaborieren wir bei Non-Verträgen sorgfältig alle möglichen Gegenreaktionen im Vorfeld, so dass der explizite Vertragsabschluss nicht unbedingt im Vordergrund steht (frei nach Gooss, 1980),
drittens würden wir mit dem heutigen Wissen über Trauma und seine Behandlung vorsichtiger mit dem Zurückgehen in früheres Erleben umgehen, wenn es sich um traumatische Inhalte, wie bei Angela Dellapietra, handelt, welche Dissoziation anstelle von Integration begünstigen können.
Es ist mir eine grosse Ehre, das Vertrauen von Ruth McClendon und Leslie B. Kadis gewonnen zu haben, so dass sie mir grosszügig erlaubten, ihr Buch zu übersetzen. Es erfüllt mich mit Stolz, dass Dr. Ellyn Bader und Dr. Roland Johnsson, die beide um TA-Methoden forschten und damit doktorierten, gewonnen werden konnten, um ein Vorwort zur Übersetzung beizusteuern. Und es freut mich sehr, dass Dr. med. Gudrun Jecht-Hennig sich bereit erklärte, ebenfalls ein neues Vorwort zu verfassen. Allen sei an dieser Stelle herzlich für ihre tatkräftige Mitarbeit gedankt!
Das übersetzte Buch ist erhältlich bei Bea Schild (siehe unten stehende Angaben). Der Gewinnanteil aus dem Buchverkauf, der Ruth McClendon und Leslie B. Kadis zusteht, geht auf deren ausdrücklichen Wunsch an ein TA-Gremium. Ich habe mich für den Wissenschaftsrat der DGTA entschieden.

Literatur

Johnsson, R. (2011). Transactional Analysis Psychotherapy, Three Methods Describing a Transactional Analysis Group Therapy. Department of Psychology, Lund University.

Erskine, R. (2008). Beziehungsbedürfnisse. Zeitschrift für Transaktionsanalyse, 4.

Gooss, B. (1980). Contrats de non-suicide. Actualités en Analyse Transactionelle, 4 (13).

Partnerschaft und Alkohol

Bea Schild

„*Wenn sich niemand zu uns umdrehte, wenn wir den Raum betreten; wenn niemand antwortete, wenn wir sprechen; wenn niemand wahrnähme, was wir tun; wenn wir von allen geschnitten und als nicht existent behandelt würden, dann würde eine derartige Wut und ohnmächtige Verzweiflung in uns aufsteigen, dass im Vergleich dazu die grausamste körperliche Qual eine Erlösung wäre*", zit. nach Watson, 1890, in Bauer, 2011.

Im Buch „Partnerschaft und Alkohol" geht die Autorin den Fragen nach, welche Gemeinsamkeiten in den Belastungen von Angehörigen, insbesondere Partner/-innen, von psychisch Kranken und Alkoholabhängigen bestehen; ob es Co-Abhängigkeit gibt oder ob andere Anschauungen für „typische" Verhaltensweisen hilfreicher wären; wie die Belastungen sich zeigen (beispielsweise in Einsamkeit während Krankheitsphasen oder bei chronischem Verlauf) und welche Unterstützungsmöglichkeiten es gibt oder geben könnte.

Die vertraute Anschauungsweise der Co-Abhängigkeit Nahestehender im Bereich der Abhängigkeitserkrankungen wird in Frage gestellt und beispielsweise aufgrund der Erläuterungen eines vertrauten Autors aus der TA-Szene neu betrachtet.

Kösel (2007) beschreibt Abgrenzung eines Systems gegen Aussen, wie z. Bsp. das Paar, die Familie, mit zu vielen Erwartungen, *unerfüllbaren*, die auf das System treffen.

Die Kommunikation nach Aussen wird zur Abgrenzungskommunikation, damit nicht Schädigungen und Einbrüche für die Kernbildung des Systems erfolgen.

Dem Phänomen der Abgrenzung gegen Aussen begegnen wir auch bei Paaren, Familien mit Alkoholproblemen.

Ich lade Sie ein, Ihre Augen zu schliessen und für einen Moment innere Bilder aufsteigen zu lassen, die Ihnen beim Stichwort „Alkoholiker/-

in" in den Sinn kommen, bzw. durch den Geist gehen. Atmen Sie dazu ruhig ein und aus, ein- und aus.
Was haben Sie gesehen? Waren es eher abschreckende, abstossende Bilder von verwahrlosten Individuen und ohnmächtig-hilflosen oder gewalttätig-unterdrückten Familien, Partner/-innen, Kindern, oder solche von kranken Menschen, die ausserhalb akuter Krisen liebende Partner/-innen und Eltern sind, solche von Partner/-innen, die immer wieder Mut haben und solchen zusprechen, die dankbar sind für Unterstützung und Entlastung oder haben Sie eher ein Bild von Krankheit, Armut, Not und Verzweiflung?
Die Bilder, welche wir uns machen, prägen unsere innere Haltung und damit unseren Umgang mit Menschen und Situationen (Hüther, 2004). Die innere Abgrenzungslinie verläuft zwischen Eltern- und Kindersystem: das Elternsystem bildet üblicherweise die Hauptgrenzlinie gegenüber dem Kindersystem. Die Kinder untereinander können sich durch verschiedene Alter und Geschlecht voneinander unterscheiden und Nebensysteme (Berne, 1986) bilden. Nach Kösel (ibidem) sind es die interne Stabilität und Kohärenz unter den Mitgliedern eines Systems, welche die kommunikative Plattform gegen Aussen bilden. In Systemen mit Alkoholiker/-innen wird die Grenze gegen Aussen aufrechterhalten durch unausgesprochene Gebote wie „Sprich nicht", „Fühl nicht", „Trau niemandem" (Black, 1981). (*Zitat Partner: Sie hat von mir verlangt, dass ich nichts sage, zu niemandem. Aus Schild, 2012*) Dies führt zu rigidem Verhalten, Stress- und Angstreaktionen etc. Die Grenze zwischen Eltern- und Kindersystem ist verwischt, wenn Elternteile der Fürsorge der Kinder bedürfen. Eine klare Orientierung ist nicht mehr möglich. Es entstehen Ambivalenzen bei den Einzelnen und im System, die oft zugunsten des Erhalts des Systems nicht wahrgenommen oder ausgedrückt werden. Die direkte Kommunikation untereinander ist dann blockiert, was mit dazu führt, dass Probleme nicht gelöst werden. Auftretende Kontingenzen (Schicksalsschläge, unerwartete Ereignisse etc.), welche das System erschüttern könnten, können zu einer Verfestigung der bestehenden Muster führen, damit nach Kösel (ibidem, siehe Beginn Artikel) die Kernbildung des Systems nicht beeinträchtigt wird.
Es gibt natürlich nicht DIE Alkoholikerfamilie, jedoch gibt es Verhaltensweisen, welche in alkoholbelasteten Familien und Partnerschaften öfter vorkommen (Copello, Orford, Velleman, Templeton) und es erwies sich in meinen narrativen Interviews mit männlichen Partnern nebst den

Themen der Partnerschaft als das Wichtigste, doch lag mein Fokus mehr auf den Paaren als auf der Elternschaft. Steiner hat 1971 in „Games Alcoholics Play" fünf mögliche Gegenübertragungsreaktionen im Umgang mit Alkoholiker/-innen beschrieben. Sehr häufig erwähnt sind Verhaltensweisen, welche wir in TA-Begriffen mit Retten und Verfolgen bezeichnen. Wie wir wissen, handelt es sich dabei um Rollen aus dem Dramadreieck, die nicht die Lösung des Problems fokussieren, sondern das Verharren im Ist-Zustand. Der Vergleich mit neuerer Literatur scheint diese Reaktionsweisen zu bestätigen, wie wir am Beispiel von Retter- und Verfolgerrolle nach Steiner (ibidem) sehen können (s. Tab. 1). Drei weitere, häufig auftretende Gegenübertragungen Nahestehender sind im Buch „Partnerschaft und Alkohol", nach Steiner, beschrieben. Es wird auch aufgezeigt, welche Reaktionsweisen von Partner/-innen Gender-typisch sind. Es wird vorgeschlagen, dass Partner/-innen in der Krisensituation eher auf traditionelle Rollenmuster zurück gehen und Männer eher mit Verfolgen reagieren - Frauen eher mit Retten. Das vielerwähnte Retten der Frauen findet sich nach Noriega Gayol (2004) hauptsächlich bei ungebildeteren Frauen, die wenig oder keine Lebens-Alternativen haben. Eine fürsorglich-kontrollierende Haltung wird auch von Welter-Enderlin & Jellouschek eher den weiblichen Partner/-innen zugeschrieben (s. Tab. 2).

Tabelle 1

Verfolger (ähnlich beschrieben bei Schweizer und von Schlippe, 2007)
- Ärger über Verhalten der Abhängigen - Verschärfte Regeln - Diskriminieren oder überhören von Aussagen - Nicht-Wahrhaben-Wollen von Erfolgen - Negative Zuschreibungen aus bitterem Groll
Retter (ähnlich beschrieben auch bei Schaef, 1987, Klein, 2001, Noriega Gayol, 2004, Schweizer und von Schlippe, 2007)
- Emotionales Überengagement - Überschätzung eigener Kraft und eigener Einflussmöglichkeiten - Nicht-Wahrnehmen der eigenen Fähigkeiten der Erkrankten

Tabelle 2

Lebensbereich	Partner	Partnerin
Rolle	Verfolger, ärgerlich- kontrollierend (Steiner, 1971)	Retter, fürsorglich-kontrollierend (Noriega Gayol, 2004, Welter-Enderlin & Jellouschek, 2002)
Lebensposition	Ich bin okay - Du bist nicht okay, wenn Du trinkst	Ich bin okay, wenn ich Dein Verhalten kontrollieren kann (Orford et al., 2005) - Du bist okay, wenn Du nicht trinkst

Wie wir sehen, löst das Trinken des Partners bei der Frau erhöhten Stress aus, da SIE sich eher dafür verantwortlich zu fühlen scheint, es zu kontrollieren, während beim Partner die erhöhte Trennungsrate bei Alkoholabhängigkeit der Frau (Klein, 2002) aufzeigt, dass ER sich eher eine neue emotionale Unterstützungsquelle sucht. Männer sind für sozial-emotionale Unterstützung stark auf ihre Partnerinnen angewiesen (BAG, 2008, Hüther, 2009), während Frauen sich auf verschiedene Quellen stützen, wie Partner, Kinder, Verwandte, Freund/-innen (BAG, 2008).
Weibliche Alkoholiker haben oft Konflikte in ihren Familien und Partnerschaften (Beer, 2001, zit. nach Blankfield & Maritz, 1990) und sie erleben wenig Unterstützung von ihnen, besonders von ihren Partnern (Eisenbach-Stangl, 1997, zit nach Haver, Franck, 1997). Sie sind weniger zuversichtlich über die Möglichkeit der Lösung der Partnerschaftsprobleme (Kelly, Halford & Young, 2000, in Anderson & Baumberger, 2006). Frauen mit Alkoholabhängigkeit berichten von hoher Aggressivität ihrer Partner (Miller et al„ 1989, Miller& Downs, 1993, in Anderson & Baumberger, ibidem). Männliche Partner werden als fordernd wahrgenommen (Kelly, Halford & Young, 2002) und äussern Aggression durch Kontrolle von Substanzen, Geld, Freundschaften etc. (Walter, 2006).
Was denken, wissen oder erleben Sie, wie Wohlbefinden in der Partnerschaft definiert werden kann?

Beispielsweise so?

> Wohlbefinden ist, wenn ich mich geliebt fühle und ich weiss, dass andere für mich verfügbar sind, wenn ich sie brauche (nach Bauer, 2011).
>
> Wohlbefinden in der Partnerschaft, nach Beer, 2001, kann sein, gemeinsam oder gemeinsame Ziele zu verfolgen. Das Gefühl der Gemeinsamkeit wirkt sich positiv auf die Partnerschaftszufriedenheit aus.
>
> Wohlbefinden in der Partnerschaft ist, wenn wir auch im Streit in das Positive in unseren Partner/-innen und der Partnerschaft vertrauen (nach Gottman, 2011).

Ob etwas positive Gefühle und damit subjektives Wohlbefinden hervorruft, hängt von der Interaktion mit der Umwelt ab. Negative Gefühle und damit vermindertes Wohlbefinden hängen mit der vorgenommenen Selbstbewertung der Person selber, im Hinblick auf die Erreichung und Befriedigung der eigenen Ziele, Wünsche und Bedürfnisse zusammen. Alle können jedoch, je nach Kontext oder weiterem Verlauf in der Zeit, sowohl als Ressourcen oder als Risikofaktoren auftreten (nach Kunzmann, 1999, für das Wohlbefinden älterer Leute).

Aus der Forschung wissen wir, dass Angehörige und insbesondere Partner/-innen von Alkoholabhängigen in Krankheitsphasen hohen Belastungen ausgesetzt sind. Diese Belastung resultiert aus individuell etwas unterschiedlichen Aspekten, allgemein kann jedoch festgehalten werden, dass sie herrührt von (Schild, ibidem):

- Untereinander und mit anderen nicht darüber sprechen, Geheimhalten
- Fehlendem Wissen zu Ursachen, Ernsthaftigkeit der Erkrankung, Bewältigungsstrategien und möglichen Folgen
- Unsicherheiten im Umgang mit den Erkrankten
- Aufgeben müssen von Plänen für Gemeinsames
- Lebensgestaltung abhängig machen von Erkrankten
- Alleinsein, Alleinverantwortung, im Stich gelassen sein
- Negative innere Bilder
- Enttäuschung, Wut, Ärger, Aggression, Hoffnungs- und Hilflosigkeit

Stutz, Schläfli, Eggli & Ridinger (2011/2012) kommen in ihrer Studie (Befragung bei Ein- und Austritt der Patient/-innen, 98 vornehmlich weibliche Partner [71% der Studienteilnehmenden] in verschiedenen

Suchtfach-Kliniken in der Schweiz, zwischen Januar 2009 und Juni 2010) zu folgendem Schluss: „Diese Befunde lassen sich dahingehend interpretieren, dass bei Partnerinnen und Partnern von Alkoholabhängigen der Wunsch nach individueller Information zu verschiedenen Aspekten der Alkoholabhängigkeit sowie die Unterstützung bezüglich Partnerschafts- und Familienkonflikten zentrale Anliegen darstellen. „ Es ist nicht auszuschliessen, dass männliche Partner die Partnerschafts- und Familienkonflikte sogar an die erste Stelle des Unterstützungsbedarfs setzen (wie Schild, ibidem, vorschlägt), da sie sich als sozial-emotionale Unterstützungsquelle oft einzig auf die Partner/-innen verlassen. Gemäss Copello et al., 2000, stehen die Themen der eigenen Gesundheit und der eigenen Gefühle im Vordergrund.

Interessant ist, dass wir wissen, und auch viele Partner/-innen angeben, dass Alkoholabhängigkeit zu erheblichen finanziellen, sozialen und juristischen Problemen führt, dass diese jedoch bei den Befragten (auch in der Studie von Stutz, Schläfli, Eggli & Ridinger, ibidem) nicht als Unterstützungsbedarf mitgeteilt werden. (*Zitat Partner: Ich habe ein Leben lang gespart, ich habe nie Schulden gehabt. Ich werde jetzt in etwas reingepfercht. Ich kann nicht mehr arbeiten gehen, sonst würde ich. Aus Schild, ibidem*).

Die Wahrnehmung von Verfügbarkeit von Ressourcen hat Einfluss auf die Stressbewältigung und auf die Gesundheit, bzw. mögliche Krankheitsfolgen. Ressourcen im Zusammenhang mit der Herstellung von Wohlbefinden in Krisensituationen sind: finanzielle Engpässe überbrücken, Ausgleich von Mangel an wichtigen Gütern, Beschaffung wichtiger Informationen oder Übernahme von Aufgaben (nach Filipp & Aymanns, 2009). (*Zitat Partnerin: Da wir nun finanzielle Unterstützung erhalten, kann ich von meinem Mann verlangen, dass er seine Alkoholabhängigkeit in einer spezialisierten Klinik behandeln lässt.*) Soziale Unterstützung wirkt motivierend, um problemlösungsorientierte Bewältigungshandlungen vorzunehmen, wenn sie in Absprache mit den Empfänger/-innen da erfolgt, wo benötigt und nicht mehr, als erwünscht. In der Transaktionsanalyse und in der Verhaltenstherapie werden dazu Verträge mit den Hilfeempfangenden abgeschlossen. Ein Zuviel mindert die Leistungsfähigkeit und die emotionale Befindlichkeit nachhaltig (ibidem, zit. nach Knoll, Schulz, Schwarzer & Rosenmeier, 2006). Selbstwertgefühl und Handlungskompetenz sowie Wirksamkeit der Empfänger/-innen müssen durch die soziale Unterstützung gestärkt werden. Selbstgesteuertes Handeln ermöglicht die Befriedigung der Grundbedürfnisse nach Selbst-

definition und Selbstwirksamkeit. Mangelnde Unterstützung und Einbindung sind oft hohe Risikofaktoren (Filipp & Aymanns, ibidem). Obwohl Unterstützung nicht an sich positive Effekte zeigen muss, zeigt der Mangel an Unterstützung negative Effekte.
Menschen lernen und wachsen im sozialen Bezug. Sie schreiben dem Kontext, den eigenen Handlungen und denen Nahestehender Bedeutung zu (Graham, Young, Valach & Wood, 2008, zit. nach Frohlich et al., 2002). Das Lernen der Selbstregulation beim Empfinden heftiger Gefühle, wie Angst, Wut, Trauer etc. beginnt nach Tatkin (2011) im Alter von 10-12 Monaten und geschieht im externalen Prozess mit den primär Versorgenden. Sicher Gebundene entwickeln so Optimismus, dass Konflikte sich lösen lassen, dass die nahen Bezugspersonen, im Erwachsenenalter die Partner/-innen, sich entschuldigen werden. Ihre Bestrebungen dienen dem Heilen der Beziehung, sie engagieren sich für angepasstes Problemlösen, für das Herstellen einer guten Stimmung im Anschluss an einen Konflikt.
Hüther, 2013, definiert in URO- online das, was zufrieden machen würde, folgendermassen: hirntechnisch nennt man das Kohärenzgefühl. Dafür müssen die drei salutogenetischen Grundregeln für ein gesundes Leben eingehalten werden.
Erstens: zur Verstehbarkeit der Welt beitragen.
Zweitens: eine Lebenswelt schaffen, in der man Gestaltende/-r und nicht Opfer seiner jeweiligen Lebensumstände ist.
Und *drittens* sollte das, was man gestaltet, sinnvoll in einen größeren Kontext eingebettet sein.
Um diese gesundheitserhaltenden Grundregeln, welche zu Kohärenz führen, angesichts einer Partnerschaft mit Alkoholabhängigen zu realisieren, braucht es verlässliche zwischenmenschliche Kontakte: Selbsthilfegruppen (wie die Al-Anon, die IOGT, das Blaue Kreuz), es braucht Initiativen von Betroffenen, die sich für ihre Bedürfnisse einsetzen und nebst den Fachstellen Aufklärungsarbeit betreiben, es braucht niederschwellige Anlaufstellen wie Hausarztpraxen, Kirchl. Dienste, Soziale Zentren etc., welche Betroffenen zuhören und Hilfe leisten, wo nötig und erwünscht. Um Eigenaktivität zu entfalten, braucht es jedoch ein gutes Selbstwertgefühl und ein Gefühl der Selbstwirksamkeit, welche oft in Krisensituationen, Krankheitsphasen erst hergestellt werden müssen. Copello et al. (2000) haben zu Letzterem ein 5-Schritte-Programm für Angehörige entwickelt, zu dem auch die alkoholabhängigen Partner/-

innen eingeladen werden können. Es wird mit Vorteil an einer leicht zugänglichen Stelle angeboten, an die bereits eine Anbindung besteht (und [nach Schild, ibidem] allenfalls nach Beendigung weiter bestehen kann). Im Vordergrund stehen die Reduktion von Stress und der Aufbau des Selbstwertgefühls.

- *Schritt 1:* Stressoren und Schwierigkeiten explorieren, Idee einführen, dass diese Probleme in der Situation normal sind
- *Schritt 2:* Wichtige Informationen vermitteln
- *Schritt 3:* Beratung zu verschiedenen Umgangsweisen: Das Gewahrsein über mögliche Alternativen soll erhöht werden und Vor- und Nachteile für alle Umgangsformen sollen mit Respekt vor den Anschauungsweisen und Lösungen des/der Anderen und vorurteilsfrei erörtert werden
- *Schritt 4:* Explorieren und Fördern von sozialer Unterstützung. Wie kann positive Unterstützung vermehrt und nicht hilfreiche vermindert werden?

Als Resultat über die Erforschung der als hilfreich erlebten Unterstützung werden folgende Kriterien an die Person genannt: ist sich des Problems gewahr und weiss davon; ist zugänglich, um zu zuhören und versteht; ist nicht voreingenommen und ist akzeptierend; ist sensibel im Ratschläge erteilen; bietet materielle Hilfe an; bietet Hilfe für den Zugang zu Unterstützungsleistenden

- *Schritt 5:* Beenden und den Bedarf nach weiterführender Hilfe besprechen: Informationen und Angebote bereitstellen und Zugang dazu erleichtern, falls weitere Unterstützung benötigt wird.

Es gibt auch andere Hilfsmöglichkeiten und -programme für Angehörige, wie z. Bsp. Ärger- und Stressmanagement. Das Fokussieren auf die Angehörigen in deren eigenem Anspruch ist jedoch neu und das pragmatisch realisierbare 5-Schritte-Programm von Copello et al. überzeugt durch seine Einfachheit und Machbarkeit.

Es gilt auch hier, die Genderunterschiede zu berücksichtigen. Frauen und Männer reagieren altersunabhängig auf verschiedene Belastungen. Frauen weisen insgesamt höhere Belastungswerte auf und erleben mehr chronische Belastungen als Männer, auch durch ein höheres Mass an Alltagsbelastungen. Sie erleben Belastungen signifikant häufiger als Männer bei Ereignissen, die mit unmittelbarer Familie oder mit gesundheitlichen Problemen von Personen aus dem nahen Umfeld zu tun haben, ebenfalls bei Konflikten mit Personen aus dem nahen Umfeld, bei Verlust von vertrauten Personen etc.

Männer hingegen erleben kritische Lebensereignisse öfter im Zusammenhang mit der Arbeitswelt (Verlust, Probleme etc.) und der Existenzsicherung, mit Gesetzesübertretungen und mit Alkohol am Steuer (in 90% der Fälle sind dies Männer). Ihre eigene körperliche Unversehrtheit oder die anderer Personen ist häufiger bedroht oder verletzt und sie machen mehr Angaben zu eigenen Krankheiten (Filipp& Aymanns, ibidem).

Frauen werden bei Belastungen eher in ihren Grundüberzeugungen über die anderen und die Welt erschüttert. Sie neigen unter Belastung auch eher als Männer zum Grübeln, Gedankenkreisen, zum Ruminieren etc., verstanden als Vulnerabilitätsfaktor im Zuge des depressiven Verarbeitens und der Unfähigkeit zu problemlösendem Denken und Handeln in dieser Phase (ibidem, zit. nach Nolen-Hoeksema & Jackson, 2001).

Abschliessend sei klargestellt, dass es sich bei den Verhaltensweisen Angehöriger um „...angepasste Reaktionen auf stressreiche und traumatische Situationen" handelt (Orford et al., 2005, zit. nach Krestan & Bepko, 1991). Ehefrauen von Alkoholikern, die ihre Trinkprobleme lösen, sind von normalen Kontrollpersonen nicht zu unterscheiden (zit. nach Kogan & Jackson, 1965; Moos, Finney & Gamble, 1982).

Literatur

Anderson, P. & Baumberger, B. (2006). ec.europa.eu/health-eu/news_alcoholin-europe-EN.HTM.17.01.2011.ec.europa.eu/health/archive/ph_determinants_lifestyle/alcohol/document/alcohol_europe_en.pdf, 17.01.2011

BAG (Schweizerische Eidgenossenschaft: Bundesamt für Gesundheit) (Hrsg.) (2008). http://www.bag.admin.ch/themen/gesundheitspolitik/00394/00 402/index.html?lang=de, 21.07.09

Bauer, J. (2011). Schmerzgrenze. Vom Ursprung alltäglicher und globaler Gewalt. München: Karl Blessing Verlag.

Beer, R. (2001). Merkmale von Partnerschaftszielen als Veränderungs-Mediatoren in der verhaltenstherapeutischen Kurzzeit-Paartherapie. Georg-August-Universität zu Göttingen, wwwuser./gwdg.de/~rbeer/dissertation_beer.pdf, 14.11.2010.

Berne, E. (1986/1963). Struktur und Dynamik von Organisationen und Gruppen. Frankfurt a. M.: Fischer TB Verlag, Geist und Psyche.

Black, C. (1981). It will never happen to me. USA: Ballantine Books: The Random House Publishing Group.
Copello, A., Orford, J., Velleman, R., Templeton, L. & Krishnan, M. (2000). Methods for reducing alcohol and drug related family harm in non-specialist settings. Journal of Medical Health, 9, 3.
Copello, A., Templeton, L., Orford, J., Patel, A. &Velleman, R. (2007). The 5-Step family intervention in primary care: II. The views of primary health care professionals. Drugs: education, prevention and policy, 14 (2).
Eisenbach-Stangl, I. (1997). Selbsthilfe und Sucht. Wiener Zeitschrift für Suchtforschung, 20 (3/4).
Filipp, S. H. & Aymanns, P. (2010). Kritische Lebensereignisse und Lebenskrisen. Vom Umgang mit den Schattenseiten des Lebens. Stuttgart: Kohlhammer.
Gottman, J. M. (2011). The Science of Trust. Emotional Attunement for Couples. London/New York: W. W. Norton & Company.
Graham, M. D., Young, R. A., Valach, L. & Wood, A. R. (2008). Addiction as a complex social process: An action theoretical perspective. Addiction Research and Theory, 16 (2), 121-133.
Hüther, G. (2004). Die Macht der inneren Bilder. Wie Visionen das Gehirn, den Menschen und die Welt verändern. Göttingen: Vandenhoeck & Ruprecht.
Hüther, G. (2009). Männer. Das schwache Geschlecht und sein Gehirn. Göttingen: Vandenhoeck & Ruprecht.
Kelly, A. B., Halford, K. & Young, R. M. (2002). Couple Communication and Female Problem Drinking: A behavioral Observation Study. Psychology of Addictive Behaviors, 16 (3).
Klein, M. (2001). Das personale Umfeld von Suchtkranken. In F. Tretter & A. Müller (Hrsg.), Psychologische Therapie der Sucht. Grundlagen, Diagnostik, Therapie (S. 201-229). Göttingen: Hogrefe.
Klein, M. (2002). Mit einem suchtkranken Partner zusammen leben. In Staatsinstitut für Frühpädagogik (IFP), Das Familienhandbuch (S. 1-6). www.familienhandbuch.de/cmain/f_Aktuelles/a_Partnerschaft/s_636.html, 21.07.09
Kösel, E. (2007). Die Modellierung der Lernwelten. Band III, Die Entwicklung postmoderner Lernkulturen. Bahlingen a. K.: SD Verlag für Subjektive Didaktik.
Kunzmann, U. (1999). Being and Feeling in Control. Two Sources of Elder Peoples Emotional Wellbeing, http://library.mpib-berlin.mpg.de/dl/Studien_066/pdf/Studien_Berichte_MPIB_066.pdf.07.05.2011
Noriega Gayol, G. (2004). Codependence: A Transgenerational Script. Transactional Analysis Journal, 34 (4).
Orford, J., Natera, G., Copello, A., Atkinson, C., Mora, J., Velleman, R., Crundall, I., Tiburcio, M., Templeton, L., & Walley, G. (2005). Coping with Alco-

hol and Drug Problems. The Experiences of Family Members in three Contrasting Cultures. East Sussex: Routledge, GB-Hove.
Schaef, A. W. (1987). Im Zeitalter der Sucht. München: DTV.
Schild, B. (Hrsg.) & Wiebeck, G. A. (2012). Partnerschaft und Alkohol. Lengerich: Pabst Science Publishers.
Schindler, C. & Körkel, J. (2003). Rückfallprävention mit Alkoholabhängigen. Das strukturierte Trainingsprogramm S. T. A. R. Berlin-Heidelberg: Springer Verlag.
Schweitzer, J. & von Schlippe, A. (2007). Lehrbuch der Systemischen Therapie und Beratung. Das störungsspezifische Wissen. Göttingen: Vandenhoeck & Ruprecht.
Selbsthilfe- und Abstinenzverbände Deutschland (2005). Gemeinsames Positionspapier: Angehörige von Suchtkranken im Blickpunkt: Warum spezifische Selbsthilfeangebote notwendig sind, http://www.freundeskreise-sucht.de/homepage/angeh/media/PopapAng2005.pdf, 26.04.2009
Steiner, C. (1971). Games Alcoholics Play. New York: Ballantine Books.
Stutz, S., Schläfli, K., Eggli, P. & Ridinger, M. (2011/2012). Bedeutung der Erwartungen Angehöriger an die stationäre Behandlung von Alkoholabhängigen. Abhängigkeiten 3/2011 - 1/2012.
Tatkin, S. & Solomon, M. (2011). Love and War in Intimate Relationships: Connection, Disconnection, and Mutual Regulation in Couple Therapy. USA: W. W. Norton's Interpersonal Neurobiology Series.
Walter, W. (2006). Gender, Geschlecht und Männerforschung. In C. von Braun & I. Stephan (Hrsg.), Gender Studien. Stuttgart: Metzler.
Welter-Enderlin, R. & Jellouschek, H. (2002). Systemische Paartherapie - Ein integratives Konzept. In M. Wirsching & P. Scheib (Hrsg.), Paar- und Familientherapie. Berlin, Heidelberg: Springer.

Milton H. Erickson's, John Bowlby's und Katherine Symor's wertvolle Menschenbilder für den Bereich der Pädagogik und Beratung

Jürg Schläpfer

Kurze Übersicht über meinen Workshop: *Milton H. Erickson* (revolutionierte die Arbeit mit dem Unbewussten), *John Bowlby* (stellte Bindungstheorien ins Zentrum der Entwicklung) und *Kathérine Symor* (Entwicklungsmodell zur Autonomie) haben uns mit ihren Menschenbildern Leitbildhaftes geschenkt. Im Mittelpunkt meines Workshops stehen Leitbilder dieser Persönlichkeiten. Wir suchen einen gemeinsamen Kontext, setzen diesen transaktionsanalytisch um und diskutieren die Alltagstauglichkeit für uns persönlich.

Milton H. Erickson (1901-1980)

Die moderne *Hypnotherapie* ist weltweit mit einem Namen verbunden: Milton H. Erickson. Der amerikanische Mediziner warf akademische Leitsätze über Bord und formte ein System auf dem Boden von Praxis und Menschenkenntnis. Seine eigene schwere Krankheit nutzte er als permanentes Experiment zur Selbsterfahrung.

Als 17-jähriger, im Jahr 1918, entging Milton nur knapp dem Tod durch Kinderlähmung. Die Polio-Infektion hatte ihn vorübergehend völlig gelähmt. Er konnte nur seine Augen ein wenig bewegen, Sprechen bereitete ihm große Mühe. Um seine Bewegungsfähigkeit wiederzugewinnen, nutzte er neben seinem unbändigen Willen auch Trancezustände: Er starrte stundenlang auf seine Hand und versuchte sich daran zu erinnern, wie es sich anfühlte, eine Heugabel zu halten. Die Bewusstlosigkeit, in die ihn die Erkrankung brachte, nannte er später den Beginn seines Interesses an Trance-Zuständen. Die Phase der Rekonvaleszenz, in der ihm die Medizin wenig Hoffnung auf völlige Genesung ließ, nutzte Milton, um partielle Dissoziationen zu üben. So gelang es dem 17 jährigen nach stundenlanger Konzentration und monatelangem Üben auf – vor dem Ausbruch der Krankheit - erfolgreiche Muskelbewegungen seine unwillkürliche Muskulatur in feinsten Ansätzen zu aktivieren. Diese Erfahrungen bestärkten Milton in der Annahme, dass im unbewussten Erfahrungsrepertoire ein enormes Kompetenzpotential verborgen sei, welches aktiviert werden kann.

Nach elf Monaten konnte Milton wieder an Krücken gehen. Landwirt - wie sein Vater - zu werden, kam jedoch für ihn nicht mehr in Frage. So studierte er Medizin und Psychologie. Von einem Kanu-Trip, den er mit 20 Jahren allein, trotz ärztlichem Verbot, in den Semesterferien unternommen hatte und der ihn 600 Meilen den Mississippi abwärts und 600 Meilen wieder zurückführte, kehrte er ohne Krücken zurück. Was blieb, war ein leichtes Hinken. Die letzten Lebensjahre allerdings verbrachte er halbseitig gelähmt im Rollstuhl. Trotzdem arbeitete und lehrte er bis eine Woche vor seinem Tod im Jahr 1980.

Auf Grund seiner eigenen Erfahrungen wandte sich Milton H. Erickson nicht nur von der bis dahin traditionellen Psychotherapie ab, sondern ebenfalls von der klassischen Methode der Hypnose.

Es ist ihm zu verdanken, dass Hypnose in der Psychotherapie wieder häufiger eingesetzt wird – nachdem sie von ihm neu definiert worden ist. Sein neuer Ansatz – im Gegensatz zu Freud's Ansatz – betont die Individualität jedes Patienten und macht es daher für die Therapeutin / den Therapeuten notwendig, für jeden Patienten einen besonderen Ansatz und Zugang zu finden. Damit stand Milton H. Erickson im Gegensatz zu den bis dahin standardisierten Methoden, die bis in die 50er und 60er Jahre vorherrschten. Milton H. Erickson betont ferner die positive Rolle des Unbewussten. Anders als bei Freud ist für Erickson das Unbewusste eine unerschöpfliche Ressource zur kreativen Selbstheilung. Eriksons Ansatz erhebt den Anspruch, die durch starre Denkmuster begrenzte Fähigkeit des Bewusstseins zu erweitern, indem der Hypnotiseur durch spezielle verbale und nonverbale Techniken es dem Unbewussten ermöglicht, die führende Rolle einzunehmen. Gleichzeitig soll es dem Bewusstsein ermöglicht werden, unbewusste Selbstheilungskräfte und kreative Ressourcen zu nutzen.

Milton H. Erickson wollte nicht einen möglichst passiven Patienten (angepasstes Kind) „umprogrammieren", der sich dann etwas später, womöglich über das rebellisches Kind wieder von den Suggestionen „befreit". Sein Ziel war es, dem Patienten im hypnotischen Trancezustand dessen Begabungen vor Augen zu führen und damit die konstruktiven, förderlichen Ich-Zustände (positives fürsorgliches Eltern-Ich, Erwachsenen-Ich und positives freies Kind-Ich) zu stärken. Die Trance erleichterte den Zugang zu unbewussten Fähigkeiten, die sonst durch die Logik des Denkens überdeckt werden. Veränderungen zu fördern, auch wenn sie dem Behandelten unbewusst suggeriert wurden, war Milton H. Erickson wichtiger, als Vergangenes zu erhellen. Auch das Analysieren der verschiedenen Symptome eines psychischen Leidens und diese dann bis ins Detail dem bewussten Denken zuzuführen war Milton E. Erickson nicht so wichtig.

Das Unbewusste, das Milton H. Erickson durch die Hypnotherapie der Erinnerung zugänglich machte, definierte er völlig anders als Freud: Es war nicht mehr der Hort aller verbotenen, verdrängten und unerwünschten Triebe und Ängste. Vielmehr lagen für ihn hier die wahren Fähigkeiten des Menschen verborgen. Milton H. Erickson versuchte mit dem Unbewussten des Patienten „kreativen Kontakt" (freies Kind-ich) aufzunehmen. Das gelang ihm oft durch das Erzählen von Märchen, Parabeln, Metaphern und Anekdoten. Er war überzeugt, dass eine auf die Situation des Patienten zugeschnittene Geschichte ihn in der Trance tiefer berührt, ihn für die Botschaft empfänglicher macht als eine konventionelle Behandlungsmethode. So gelang es Erickson hervorragend seinen Patienten suggestiv anzuregen und seine eigenen Verhaltensmuster zu überdenken.

Schon zu Lebzeiten hatte sich Milton H.Erickson den Ruf eines Meisters der Hypnose erworben. Seine zahlreichen wissenschaftlichen Veröffentlichungen haben die Auffassungen über Hypnose revolutioniert.
(Text modifiziert, in Anlehnung an Ulrich Fricke und Gunther Schmidt)

John Bowlby (1907 – 1990)

John Bowlby setzte seinen Therapieschwerpunkt mehr auf die aktuellen Lebensschwierigkeiten als auf die Aufarbeitung unbewusster Kindheitserinnerungen wie es in der klassischen Psychoanalyse üblich war. Zum

Beispiel bezog er bei einem hyperaktiven Knaben auch die unter psychischen Problemen leidende Mutter in die Behandlung ein. Schon damals war Bowlby überzeugt, dass reale frühkindliche Erlebnisse in der Beziehung zu den Eltern die Entwicklung eines Kindes grundlegend bestimmen können.

Bowlby's eigene Kindheitserfahrungen, seine spätere Lehrtätigkeit mit verhaltensauffälligen Schülern und die klinischen Erfahrungen über die hohe Zahl von stark zerrütteten frühen Mutterbindungen bei jugendlichen Dieben lenkte seine Aufmerksamkeit auf die Auswirkungen von *Trennungen*.

1958 legte er in seiner Schrift *The nature of the child's tie to his mother* erstmals seine Überlegungen dazu vor, dass es ein biologisch angelegtes System der Bindung gibt, das für die Entwicklung der emotionalen Beziehung zwischen Mutter und Kind verantwortlich ist. Seine Überlegungen waren von seiner Bekanntschaft mit der ethnologischen Forschung (Untersuchungen von Harlow und René Spitz) beeinflusst, beinhalten aber auch entwicklungspsychologisches, psychoanalytisches und systemisches Denken. John Bowlby's Beitrag zur Familientherapie war enorm, er lieferte Grundlegendes für das Feld Pädagogik.

Mit seinem 1969 erschienen Buch *Bindung – Eine Analyse der Mutter-Kind-Beziehung* begründete John Bowlby die Bindungstheorie. Damit wandte sich die Forschung neben den hindernden auch den *fördernden Faktoren* in der Mutter-Kind-Beziehung zu.

Sein Buch *Frühe Bindung und Kindliche Entwicklung* wurde in die Liste der 100 Meisterwerke der Psychotherapie aufgenommen (siehe Literatur-Verzeichnis am Schluss des Artikels).

Grundlagen der Bindungstheorie

Bowlbys Theorie besagt, dass der Säugling das angeborene Bedürfnis hat, in bindungsrelevanten Situationen die Nähe, die Zuwendung und den Schutz einer vertrauten Person zu suchen. Das Bindungsverhalten zeigt sich insbesondere im Suchen der Bindungsperson, im Weinen, Nachlaufen, Festklammern und durch Protest, Ärger, Verzweiflung und Trauer sowie emotionalen Rückzug und Resignation beim Verlassenwerden.

Das Bindungsverhalten wird durch Trennung von der Bindungsperson sowie durch äussere oder innere Bedrohung, Schmerz und Gefahr aktiviert. Die wichtigste Funktion der Bindungsperson ist es, den Säugling bzw. das Kind in Situationen von Bedrohung zu schützen und ihm emotionale und reale Sicherheit zu geben. Wenn das Bindungsbedürfnis durch eine sichere emotionale Basis befriedigt ist, wird Explorationsverhalten möglich.

Das Bindungssystem ist ein relativ eigenständiges Motivationssystem, welches als evolutionäres Erbe von Geburt an bis ins hohe Alter wirksam ist. Das klinisch formulierte Konzept Bowlbys wurde durch die empirischen Untersuchungen seiner Mitarbeiterin Mary Ainsworth etwas erweitert und zusätzlich bekannt.

Das Konzept der Feinfühligkeit der Bindungsperson gegenüber den Signalen des Kindes wurde von Mary Ainsworth durch ihre Forschungsarbeiten entdeckt. Für die Entwicklung einer sicheren Bindung ist es wichtig, dass sich die jeweilige Bindungsperson dem Kind gegenüber feinfühlig verhält. Dies bedeutet, dass sie die kindlichen Verhaltensweisen wahrnimmt, die Signale des Kindes richtig interpretiert und angemessen und prompt, entsprechend dem Alter des Säuglings, auf die Bedürfnisse des Kindes reagiert. Das so versorgte Kind entwickelt allmählich ein Gefühl der Selbstbestimmung, weil seine Bindungswünsche wie auch seine Neugierimpulse verstanden und akzeptiert werden. Unter diesen Voraussetzungen entwickelt das Kind eine sichere Bindung an die Mutter.

John Bowlby und Mary Ainsworth sprechen von drei Bindungsklassifikationen:
- sicheres Bindungsmuster
- unsicher-vermeidendes Bindungsmuster
- unsicher-ambivalentes Bindungsmuster

Dabei wurde die Balance zwischen Bindungs- und Explorationsverhalten des Kleinkindes beobachtet. Ainsworth faszinierte die unterschiedlichen Verhaltensweisen der Kinder unter zunehmendem Trennungsstress sowie bei der Begrüßung der rückkehrenden Mutter.

Hier die drei Bindungsklassifikationen etwas ausführlicher:

Sicheres Bindungsmuster
Das sicher gebundene Kind hat Vertrauen in die Zuverlässigkeit und Verfügbarkeit der Bindungsperson und exploriert in deren Anwesenheit ungestört. Die Bindungsperson wird als sichere Ausgangsbasis zur

Erkundung der Umwelt wahrgenommen. Bei der Trennung von ihr, zeigt das Kind deutliches Bindungsverhalten mit Rufen, Suchen und Weinen. Es wirkt sehr gestresst. Das Kind differenziert deutlich zwischen der Bindungsperson und lässt sich von einer fremden Person nicht trösten. Bei der Rückkehr der Bindungsperson demonstriert das Kind Freude und sucht sofort den körperlichen Kontakt. Infolge der Erfahrung von vorhersagbarer Beruhigung durch die Bindungsfigur, kann es sich schnell wieder explorierend seiner Umwelt zuwenden.

Unsicher-vermeidendes Bindungsmuster
Das unsicher-vermeidende Kind zeigt bei Abwesenheit der Bindungsperson kein Anzeichen der Beunruhigung oder des Vermissens. Es exploriert scheinbar ohne Einschränkung weiter, zeigt nur wenig Bindungsverhalten und akzeptiert die fremde Person als Ersatz. Innerlich ist das Kind sehr aufgewühlt. Spätere Untersuchungen konnten belegen, dass die Deaktivierung und Unterdrückung des Bindungsverhaltens mit einer hohen emotionalen Belastung einhergeht. Bei der Rückkehr der Bindungsperson wird diese ignoriert und Körperkontakt abgelehnt. Das unsicher-vermeidend gebundene Kind hat die Bindungsperson als zurückweisend verinnerlicht. Um diese Zurückweisung nicht permanent erfahren zu müssen, wird der Kontakt vermieden und möglichst keine Verunsicherung gezeigt. Die Bindungsperson zeichnet sich durch einen Mangel an Affektäußerung, durch Ablehnung und Aversion gegen Körperkontakt sowie häufige Zeichen von Ärger aus. Das Kind kann kein Vertrauen auf Unterstützung entwickeln, sondern erwartet Zurückweisung. Infolge dessen unterdrückt das Kind seine Annäherungsneigung, um zumindest in einer tolerierbaren Nähe zur Mutter zu bleiben. Negative Gefühle werden unterdrückt.

Unsicher-ambivalentes Bindungsmuster
Das unsicher-ambivalent gebundene Kind ist stark auf die Bindungsperson fixiert. Durch seine chronische Aktivierung des Bindungssystems ist es auch bei Anwesenheit der Bindungsperson stark in seinem Explorationsverhalten eingeschränkt. In seinem inneren Arbeitsmodell ist die Bindungsperson nicht berechenbar. Die unvorhersagbaren Interaktionserfahrungen mit der Bindungsperson führen zu Ärger und Widerstand beim Versuch der Bindungsperson, das Kind zu trösten. In mehrmaliger Aufeinanderfolge scheint das Kind aggressiv und ärgerlich auf die Bin-

dungsperson, andererseits sucht es im nächsten Moment Kontakt und Nähe. Negative Gefühle können nicht integriert werden.

Durch die internalisierten Bindungserfahrungen bildet sich ein sicheres oder unsicheres Bindungsmuster heraus. Diese inneren Arbeitsmodelle regulieren das Verhalten des Kindes zur Bezugsperson und strukturieren später das Verhalten und Erleben in allen emotional relevanten Beziehungen, einschließlich der zu sich selbst. Sie wirken im Laufe der Entwicklung auch in Abwesenheit der Bindungspersonen und determinieren, inwieweit jemand in Beziehungen Nähe und Sicherheit erwartet und inwieweit er sich selbst der Zuwendung, der Liebe und Aufmerksamkeit wert fühlt, also Nähe zulassen kann.

Das Explorationsverhalten wird als komplementär zum Bindungsverhalten angesehen, wobei der Erwartung des Kindes über die Fähigkeit der Bezugsperson, Schutz zu bieten, eine vorrangige Bedeutung zukommt. Dieser erste wichtige Internalisierungsschritt im Laufe des ersten Lebensjahres ist der Grundstein für die Ausbildung innerer Arbeitsmodelle von Bindung, die über die frühkindliche Erfahrungen eine lebenslange Bedeutung erlangen. Die Bindungsmuster werden im Laufe der Zeit zu inneren Arbeitsmodellen.

Die Bindungsforschung verleitet natürlich dazu, einfache Erklärungsmodelle zur Entstehung individueller Unterschiede zu entwickeln. Dies wird der Komplexität von Entwicklungsprozessen und menschlichem Verhalten nicht gerecht. Zudem ist eine Überbetonung des mütterlichen Verhaltens sowie eine deterministische Verantwortung der Bindungsqualität für die weitere Entwicklung zu kritisieren. Deshalb ist es wichtig, hervorzuheben, dass der Säugling außer zu der Hauptbindungsperson in der Regel auch noch zu drei oder vier weiteren Personen Bindungsbeziehungen entwickelt, die hinsichtlich ihrer Bedeutung in einer Art Beziehungshierarchie geordnet werden. In der Regel lässt sich der Säugling auch von einer dieser sekundären Bezugspersonen beruhigen, wenn auch oft nicht so unmittelbar wie durch die Hauptbezugsperson selbst.

Das Bindungssystem entwickelt sich innerhalb des ersten Lebensjahres und bleibt während des gesamten Lebens aktiv. Das bereits im ersten Lebensjahr erworbene Bindungsmuster ist im Laufe des Lebens durchaus veränderbar. Es unterliegt einwirkenden Einflüssen und kann durch

neue Bindungserfahrungen und durch Einstellungsveränderungen (modifizierte Grundeinstellungen) verändert werden.
Eine sichere Bindung sollte als Schutzfaktor angesehen werden, ebenso wie eine unsichere Bindung als Risikofaktor für die konstruktive psychische Entwicklung. Sichere Bindungsmuster sind als beziehungserhaltend zu verstehen. Im unsicheren Bindungsmuster besteht eine gewisse Vulnerabilität aufgrund der potenziell dysfunktionalen Affektregulation. Die frühe Beziehungsqualität ist von großer Bedeutung für die Ausprägung des mentalen Verarbeitungssystems eines Kindes. Und dies ist wiederum die Basis für die Beziehungsgestaltung und die Handlungssteuerung in der Zukunft.
Geübten Diagnostikern ist es – mittels der Gegenübertragung – möglich, die Bindungserfahrung seines Klienten, feststellen zu können. Wie das genau funktioniert ist in der Doktorarbeit von Annegret Martin (siehe Literatur-Verzeichnis) nachzulesen.
(Text modifiziert in Anlehnung an Berichte von Susanne Stegmaier und Annegret Martin)

Nola Katherine Symor

Bevor ich Nola Katherine Symor's Entwicklungsmodell zur Autonomie beschreibe, mache ich einen kleinen Vorspann, der über Franklin Ernst's Modell führt.
Franklin Ernst führte das bekannte O.K.- Geviert mit seinen vier Feldern ein, mit denen die Bern'schen Grundeinstellungen, im Diagramm aufgezeigt werden. Diese vier Grundeinstellungen können als Basis jeder persönlichen Skriptbildung bezeichnet werden.

-+	++
--	+-

Im Gegensatz zum Modell von Franklin Ernst, welches eher eine statische Natur aufweist und somit auf Grundhaltungen (Ausdruck von Selbstwertgefühlen) hinweist, welche wir in frühester Jugendzeit festlegten, verweist später Nola Katherine Symor auf einen kontinuierlichen Entwicklungsprozess hin, welcher in chronologisch aufeinanderfolgenden Etappen zur Autonomie führt. Autonomie kann als eine Form von

Heteronomie definiert werden, dh. es wird eine interdependente Beziehung vorausgesetzt – Autonomie ist dann kein intrapsychisches Phänomen. Ein Individuum kann demnach paradoxerweise in dem Mass frei werden, indem es bewusst im Hinblick auf ein Zusammenleben mit anderen auf einen Teil seiner Freiheit verzichtet.

Nola Katherine Symor veränderte die eher starre Variante des O.K.-Gevierts, kreisförmig, um damit einen kontinuierlichen Zyklus anzudeuten. Diesen Zyklus nannte sie dann Abhängigkeitszyklus.

Die Erlangung von Autonomie als oberstes TA-Ziel bekommt durch dieses zyklische Modell, wie mir scheint, eine bemerkenswerte Erweiterung. Zudem wird jedem der Quadranten Wertschätzung als wichtige und notwendige Entwicklungsetappe zugesprochen.

Nola Katherine Symor (beschrieben in Integrative Transaktionsanalyse, Band 1 von G. Kottwitz und V. Lenhardt) nannte ihr Modell *Zyklus der Abhängigkeit*, weil sie dieses Modell in den 1970er Jahren vorwiegend in der Arbeit mit unterprivilegierten Frauen in Kanada entwickelte. Für sie gab es einen klaren Entwicklungsprozess, welcher bei der *Abhängigkeit* (1) beginnend, über die *Gegenabhängigkeit* (2) und *Unabhängigkeit* (3) zur *wechselseitigen Abhängigkeit* (4), sprich bezogene Autonomie, führt. Diese vier Stufen, das erste Mal in seinem Leben vollständig durchlaufen zu haben, kann unter Umständen Jahrzehnte dauern, unter Umständen auch niemals vollendet werden. Wenn der Zyklus allerdings ein erstes Mal erfolgreich durchlaufen ist, dann ist die Wahrscheinlichkeit gross, dass die nachfolgenden Zyklen zügiger durchlaufen werden können. In neuen Lebenssituationen (z.B. Arbeitswechsel, Abhängigkeitsverhältnis, Macht-Thematik etc.) beginnt der Kreislauf jeweils wieder im Feld „Abhängigkeit". In diesem Feld ist Anpassung, Gehorsam, Dienst nach Vorschrift etc. angesagt. Der Preis ist Unselbständigkeit, in der Regel kommt es zu symbiotischen Verbindungen, welche meistens mit Passivität und mit mässiger Energiebesetzung des Erwachsenen-Ich-Zustandes einhergehen. Diese mangelhaft zum Einsatz kommende Autonomie kann allerdings viel Sicherheit vermitteln.

Johann Schneider (2001) bezeichnet die vier „Abhängigkeiten" aus Gründen der möglichen negativen Assoziationen, die in unserem Kulturkreis möglich sind, folgendermassen: Geborgensein (1), Abgrenzung (2), Selbständigkeit (3) und wechselseitige Bereicherung (4).

1. Geborgensein   → - +   (ich bin nicht OK - du bist OK)
2. Abgrenzung   → - -   (ich bin nicht OK - du bist nicht OK)
3. Selbständigkeit   → + -   (ich bin OK - du bist nicht OK)
4. Wechselseitige Bereicherung → + +   (wir beide sind OK)

Viele Menschen sind zeitlebens nicht in der Lage den ganzen Zyklus einmal durchlaufen zu können. Sie bleiben dann in irgend einem Quadranten „hängen". Die Frage stellt sich nun, welche Voraussetzungen zum erfolgreichen Durchlaufen des Zyklus und damit zur eigentlichen Autonomieentwicklung notwendig sind und wie solche Voraussetzungen allenfalls entwickelt werden können.

Die folgende Grafik zeigt den Zyklus, beginnend bei der Abhängigkeit. Die Pfeile markieren jeweils den Übergang von einer Phase in die nächste. Diese Übergänge sind in der Regel „schwierig", gilt es doch Abschied von liebgewordenen Mustern zu nehmen. Wer im vierten Quadranten angelangt ist, wird dann spiralförmig erneut die Gelegenheit vom Leben erhalten in einer nächsten, neuen „Anfänger"-Situation auf höherem und bereits geübtem Niveau eine neue Runde zu ziehen. Im Laufe des Lebens immer zügiger und auch bewusster. Der bewusste erneute Kreislauf, spiralförmig auf einer höheren Ebene kann dann sogar der Autonomie zugeordnet werden.

Abbildung 1

In Ich-Zuständen gesprochen ist der 1. Sektor (Abhängigkeit) besonders stark mit dem angepassten Kind, der 2. Sektor (Gegenabhängigkeit) mit dem rebellischen Kind, der 3. Sektor (Unabhängigkeit) mit dem kritischen Eltern-Ich und im 4. Sektor (wechselseitige Abhängigkeit) mit dem integrierten Erwachsenen-Ich in Verbindung zu bringen – und damit verbunden ist eine bewusste Steuerfähigkeit aller Ich-Zustände.
Im folgenden beschreibe ich die vier Stufen, beginnend bei der Abhängigkeit:

1. *Abhängigkeit* (oder auch: Geborgensein)   - +
Hier wird die Identität hauptsächlich durch Beziehung, Symbiose und durch Passivität definiert. Verbale Schlüsselbegriffe sind oft: *ja, man, wir* .
„*Ich bin nicht OK*" wird hier vorwiegend dem *angepassten Kind* zugeordnet. Die Person A ist auf das Eltern-Ich und auf das *Erwachenen-Ich* einer Person B angewiesen. Bei übermässiger Ausdehnung dieser Phase kann es zur Erstarrung in der symbiotischen Phase kommen. Die Person A bleibt dann der Person B gégünber unterwürfig und kann sich kaum mehr weiter entwickeln.

2. *Gegenabhängigkeit* (oder auch: Abgrenzung)   - -
Hier wird die Identität hauptsächlich durch Rebellion definiert. Der wichtigste verbale Schlüsselbegriff heisst: *nein*.
„*Ich bin nicht OK und du auch nicht*" wird hier vorwiegend dem rebellischen Kind. zugeordnet.
In dieser Position geht es um eine „gesunde" Loslösung von der Bezugsperson, die eigene Identität wird gesucht, durch Abgrenzung vom Eltern-Ich und vom Erwachsenen-Ich der Bezugsperson. Dies zeigt sich in der Regel im *Nein-Sagen* zu allem und jedem. Bei Fixierungen in dieser Phase kann es zu einer permanenten (oft sogar lebenslangen) Oppositionshaltung kommen, damit verbunden ist die Weigerung Verantwortung zu übernehmen. Im weiteren ist eine aggressive, anklagende Grundhaltung dann allgegenwärtig.
Diese Position wird in der Regel von den Symbiosepartnern als schlimm empfunden. Loslösung tut weh! Der sich Loslösende übertreibt in der Regel das Negierende, das Abwertende, das Absolute, weil er sich eben nur so – wie er meint – aus der Symbiose lösen kann. Wenn diese Phase als notwendiger Entwicklungsprozess

betrachtet werden kann, dann kann dieser Phase auch Verständnis oder sogar Würdigung entgegengebracht werden. Viele Übertreibungen in der Pubertät gehören in diese Phase. Diese Übertreibungen können – vom ehemaligen Symbiose-Partner –bekämpft werden, sie können aber auch im Sinne von Nola Katherine Symor wohlwollend, vorausblickend und in Erinnerung an die eigene Geschichte, gewürdigt werden.

3. *Unabhängigkeit* (oder auch: Selbständigkeit) **+ -**
Hier wird die Identität hauptsächlich durch Selbstbezogenheit definiert. Die wichtigsten verbalen Schlüsselbegriffe heissen: *ich, selber, allein* „Ich bin OK" wird hier vorwiegend aus dem kritischen Eltern-Ich und dem fürsorglichen Eltern-Ich gelebt. Eigene Erfahrungen mit der Realität werden weitergegeben. Es kommt auch zu einer klaren Trennung von früheren Autoritätspersonen, insbesondere ist die damalige Symbiose weitgehend aufgehoben. Es handelt sich also um eine recht konstruktive Phase, das eigene Ich wird aufgebaut. Bei Fixierungen in diesem Sektor kann es zu übergewichteter Unabhängigkeit kommen (und einer damit verbundenen Meinung, autonom zu sein), im weiteren zu Narzissmus-Tendenzen, zu Isolation und zu verhärtetem Individualismus.

4. *Wechselseitige Abhängigkeit* (oder auch: Wechselseitige Bereicherung) **+ +**
Hier wird die Identität hauptsächlich durch Gleichrangigkeit definiert. Der wichtigste verbale Schlüsselbegriff heisst: *Ja, vorausgesetzt, dass...*
„Ich bin OK, du bist auch OK" wird hier vorwiegend dem integrierten Erwachsenen-Ich zugeordnet.
Diese Personen definieren sich niemals über eine Symbiose. Allfällige Symbiosen sind funktionaler Art und niemals struktureller Art wir in der Phase 1.
Das Unterordnen unter eine Autorität ist bewusst ebenfalls möglich. Verantwortung wird übernommen.

Mögliche Entwicklungsschritte

Wichtig scheint mir, dass wir uns unserer augenblicklichen Grundeinstellung - +, - -, + -, + + immer wieder bewusst werden. Das Bewusstmachen der drei negativen Einstellungen und das deutliche Üben der OK-OK-Grundhaltung bezeichne ich als eine anspruchsvolle Lebensaufgabe. Dabei kann das Beobachten des inneren Dialoges hilfreich sein. Eine hilfreiche Übung, die mit Gruppen oder auch mit sich selbst gemacht werden kann:
Es gilt, irgendeine „Knobel"-Aufgabe zu lösen. Während der Suche nach der geeigneten Lösung besteht der Auftrag, sämtliche Gedanken des inneren Dialoges aufzuschreiben. Im Anschluss werden die verschiedenen Sätze mit den entsprechenden Grundeinstellungen verglichen. Es zeigt sich immer wieder, dass, wer im „ Minus-Bereich" (- +, - -, + -) bleibt, kaum zur Lösung kommt. Wer hingegen zu einer + + Formulierung findet, hat in der Regel im nächsten Schritt die kreative Lösung gefunden. Ganz einfach deshalb, weil in der + + Grundeinstellung innere Kräfte und Kreativität mobilisiert werden können.
Einen weiteren wichtigen Punkt sehe ich in der Würdigung des Symor'schen Entwicklungskreislaufes, bei sich selbst und auch bei anderen. Das heisst, wenn wir mit Menschen aus einem der drei ersten Quadranten - +, - -, + - zu tun haben, ist es zwischenmenschlich und ethisch von grossem Nutzen, sich seines eigenen Entwicklungsstandes bewusst zu sein und den fortlaufenden Entwicklungsprozess beim Mitmenschen (wo immer er steht!) ressourcenorientiert zu würdigen, wenn nötig auch mal zu reframen. Eine solche Würdigung macht die eigene Entwicklung und den oft damit verbundenen schmerzhaften Prozess deutlich und kann sich in Form von Verständnis, Grosszügigkeit und Reife äussern.

Verbindendes der drei Theorien

Milton H. Erickson, John Bowlby und Nola Katherine Symor haben alle drei ein humanistisches Weltbild und, soweit ich es feststellen kann, auch eine OK- OK-Grundhaltung. Determinismus ist ihnen fremd. Für alle drei ist im Menschen grundsätzlich ein enormes Entwicklungspotential angelegt.

Milton H. Erickson legt seinen Schwerpunkt auf die Aktivierung des Unbewussten, dies mittels seiner hypnotherapeutischen Verfahren. Auch John Bowlby's Bindungstheorie ist nicht festgefahren. Das Bindungsverhalten kann im Laufe des Lebens verändert werden. Das Ziel in einem erfüllten Leben, sehe ich im sicheren Bindungsmuster.

Nola Katherine Symor, die einzige Transaktionsanalytikerin in diesem Verbund, gelingt es, das eher starre Modell der Grundpositionen, in ein flexibles zirkuläres und hoffnungsvolles Entwicklungsmodell umzugestalten.

Weitere Verbindungen werden wir wohl im Workshop am DGTA-Kongress gemeinsam entwickeln.

Literatur

Milton H. Erickson
Erickson, M.H.; Rossi, E.L.: Hypnotherapie: Aufbau - Beispiele –Forschungen. ISBN 3-608-89672-4
Erickson, M.H.; Rossi, E.L.: Der Februarmann. Persönlichkeits- und Identitätsentwicklung in Hypnose., ISBN 3-87387-033-9
Erickson, M.H.; Rossi. E.L.: Hypnose erleben: veränderte Bewusstseinszustände therapeutisch nutzen. ISBN 3-608-89718-6
Erickson, M.H.; Rossi, E.L.: Gesammelte Schriften von Milton H. Erickson. ISBN 978-3-89670-020-9
William Hudson O'Hanlon und Angela L. Hexum: Milton H. Ericksons gesammelte Fälle, ISBN 978-3-608-94546-1
Gunther Schmidt: Liebesaffären zwischen Problem und Lösung ISBN 978-3-89670-430-6

John Bowlby
John Bowlby und Ursula Seemann: Frühe Bindung und Kindliche Entwicklung ISBN 978-3-497-02146-8
Jeremy Holmes: John Bowlby und die Bindungstheorie. ISBN 978-3497015986
Liselotte Ahnert: Frühe Bindung, ISBN 978-3-497-02047-8
Annegret Martin: Bindungsmuster und Gegenübertragung/ Dissertation zur Erlangung des akademischen Grades doctor medicinae / diese Arbeit ist im Internet abrufbar

Nola Katherine Symor
G. Kottwitz und V. Lenhardt (1992) Integrative Transaktionsanalyse, Band 1, Institut für Kommunikationstherapie, Berlin
Johann Schneider (2001): Supervision, ISBN 3-87387-418-0

TA und Salutogenese – „don't worry, be happy?"

Almut Schmale-Riedel

Vertrauen in sich selbst, in die eigenen Ressourcen und ins Leben allgemein, in „mein in der Welt sein"? Oder vorsichtig sein, sich über vieles Sorgen machen, über und durch äußere Belastungen sowie durch innere Antreiber und Skriptmuster gebremst sein?
Wann machen Sorgen gesund, wann machen sie krank? Wie finden Menschen eine gesundmachende Balance in ihren verschiedenen Lebens- und Daseinsbereichen? Und wie können wir Kommunikation für uns und andere gesundheitsfördernder gestalten?
Zu diesen Fragen gibt es hilfreiche verwandte und sich ergänzende Anregungen in der TA und in den Salutogenese-Konzepten von Antonovsky(1997) und Petzold (2010, 2012): *Autonomie und Kohärenz als Ziel für gesunde Entwicklung!*
Die Konzepte der Salutogenese befassen sich mit den Fragen, wie Gesundheit entsteht, was Menschen gesund macht bzw. gesund erhält (u.U. auch trotz widriger Umstände).
Zunächst ein paar Gedanken zu *Gesundheit und Krankheit:* Gesundheit ist nach Definition der WHO „ein Zustand des vollständigen körperlichen, geistigen und sozialen Wohlergehens und nicht nur das Fehlen von Krankheit oder Gebrechen." Nach dieser Definition ist wohl kaum jemand gesund. Zwischen den Polen von Gesundheit und Wohlergehen auf der einen Seite und Krankheit oder Unbehagen oder Unglücklich sein auf der anderen Seite gibt es eher viele Zwischenstationen. Aaron Antonovsky u.a. (Antonovsky, 1997) sprechen hier von einem *Kontinuum.* Wir bewegen uns also nicht in einem Entweder- Oder –Zustand sondern in einem Sowohl-Als-Auch. So wie es keine totale Gesundheit geben kann, hat auch der, der ganz krank ist, noch etwas, was gesund ist. Auch mit *Ängsten* bewegen wir uns auf einem Kontinuum: Sind wir in unserer beruflichen Tätigkeit, in unseren *Ängsten* persönlichen Bezie-

hungen oder im Leben allgemein eher ängstlich und besorgt oder eher zuversichtlich und vertrauensvoll? Welche Schwankungsbreite haben wir zwischen diesen Polen?

Arbeitsblatt zu Salutogenese

Markiere auf den Linien den Punkt oder die Spanne, wo Du Dich selber zurzeit empfindest:

krank   gesund

Und wo erlebst Du Dich zurzeit zwischen einer ängstlich/besorgten und einer zuversichtlich/vertrauensvollen Haltung in den folgenden 3 Aspekten Deines Lebens:

in Deiner beruflichen Tätigkeit:

ängstlich/besorgt   zuversichtlich/vertrauensvoll

in Deinen persönlichen Beziehungen:

ängstlich/besorgt   zuversichtlich/vertrauensvoll

zum Leben allgemein:

ängstlich/besorgt   zuversichtlich/vertrauensvoll

© Almut Schmale-Riedel, M.A., Institut TEAM, 2012

Mary Goulding hat sich viel mit den „Kopfbewohnern" (Goulding, 2011) beschäftigt, d.h. damit, wie elterliche Introjekte, Antreiber und Skriptbotschaften aktiv sind und uns in unserer gesunden Entwicklung einschränken können. Gouldings Buch „Not to worry" (Goulding/Goulding, 1989) enthält einen Fragebogen mit *100 Sorgen!* und darüber hinaus Überlegungen, wie Sorgen identifiziert und Skripteinschärfungen zugeordnet und umgewandelt werden können. Sorgen sind natür-

lich nicht gleich Sorgen. Wir müssen unterscheiden zwischen kleinen und großen, zwischen realen und irrealen, übernommenen, skriptgebundenen oder selbstkreierten, gesellschaftlich ausgelösten...
Ich finde es eine lohnenswerte Übung, für sich selbst und auch in der Arbeit mit Klienten, mal die eigenen kleineren und größeren Sorgen unter dem Aspekt der beteiligten Ich-Zustände zu reflektieren.
Sorgen, die aus dem Erwachsenen-Ich kommen, regen meistens zur aktiven Bearbeitung an, haben lösungsorientierenden Charakter. Diese realitätsangemessenen Sorgen sind ein wichtiger Schutzfaktor und aktivieren Lösungs-Energie. Sorgen, die der Quelle der Eltern-Ichs oder Kind-Ichs entspringen, beinhalten häufig Trübungen, können skriptgebunden sein und uns ins Miniskript oder Maschensystem führen.
Die Betrachtungsweise von Sorgen und Ängsten ist häufig eher pathologieorientiert und aktiviert weniger Energie und Vertrauen zur Gesundung. Wenn wir die Sorgen und Ängste betrachten als ein Signal dafür, dass bestimmte Bedürfnisse nicht ausreichend befriedigt werden oder wurden, dann verstehen wir auch skriptgebundene Sorgen als Überlebensstrategien. Interessant ist ja nicht nur, dass hinter jeder Art von Sorge ein unerfülltes Bedürfnis steckt. Darüber hinaus zeigt sich an der Art der eigenen Sorgen auch eine bestimmte Stärke – oder mehrere - , die wir gleichzeitig haben.
Wenn jemand sich immer wieder darum sorgt, ob er zu ungeschickt oder fehlerhaft ist, so zeigt sich dahinter das Bedürfnis, Dinge gut machen zu wollen, geschickt zu sein und eine Stärke, sich einzusetzen für gute Leistung. Oder wenn eine Frau z.B. die Sorge äußert, dass sie nach den vollen Arbeitstagen zu müde sein wird, um noch Gäste zu empfangen, steckt dahinter vermutlich das Bedürfnis sowohl nach Kontakt als auch nach Ruhe und Rückzug. Ihre Stärke, die sich in dieser Sorge zeigt: ihr sind Freundschaften nicht egal – ein guter Kontakt ist ihr wichtig. Außerdem ist es ihr wichtig, auf sich zu achten und sich nicht zu überfordern. Der Blickwinkel ändert sich und führt zu Gedanken darüber, was hilfreich ist, uns stärkt und gesund macht.
Häufig bringt schon allein die Anerkennung dieser dahinterliegenden Bedürfnisse Entlastung, mildert die Ängste und fördert die Selbstakzeptanz. Wir verstehen, warum wir die Ängste und Sorgen haben, sie machen einen neuen Sinn, und helfen dann, besser mit ihnen umzugehen.

Damit bin ich bei den drei Komponenten, die zum „Kohärenzempfinden" (Antonovsky, 1997) beitragen und damit salutogenen Charakter haben. Aus seinen Forschungen darüber, was Menschen auch trotz widriger Umstände gesund erhält, kristallisierte er eine Reihe von Aspekten heraus, die er in seinem übergeordneten Begriff „Kohärenzempfinden" zusammenfasste.

Er versteht unter *Kohärenzempfinden* („sence of coherence") „ eine globale Orientierung, die ausdrückt, in welchem Ausmaß man ein durchdringendes, andauerndes und dennoch dynamischen Gefühl des Vertrauens hat, dass 1. die Stimuli, die sich im Laufe des Lebens ergeben aus der inneren und äußeren Umgebung, strukturiert, vorhersagbar und erklärbar sind; 2. einem die Ressourcen zur Verfügung stehen, um den Anforderungen, die diese Stimuli stellen, zu begegnen; 3. diese Anforderungen Herausforderungen sind, die Anstrengung und Engagement lohnen" (Antonovsky, 1997, S. 36)

Kohärenzempfinden ist also eine *Orientierung des Vertrauens,* dass ich
1. Dinge/Situationen erkennen und verstehen kann (in meinem Bezugsrahmen)
2. mit ihnen umgehen kann (Autonomie zu handeln)
3. und dass sie bedeutungsvoll für mich sind, ich ihnen einen Sinn geben kann.

Diese drei Komponenten werden zusammengefasst als
1. *Verstehbarkeit* = eine kognitive Komponente
2. *Handhabbarkeit* = Handlungskomponente
3. *Bedeutsamkeit* = emotionale und Sinn-Komponente

Nach Antonovsky entsteht diese Kohärenzgefühl vor allem in den ersten drei Lebensjahrzehnten. Spätere Forschungen zeigen aber, dass es unter anderem auch durch Psychotherapie erheblich verbessert werden kann, auch durch Ausbildung in Transaktionsanalyse, wie Rosa Nowak in ihrer Forschung (Nowak, 2011) belegt hat.

Nach Antonovsky müssen Menschen mit höherem Kohärenzempfinden und guter physischer (und psychischer) Gesundheit nicht unbedingt auch eine ethisch und moralisch einwandfreie Haltung haben (sein), wie z.B. Nationalsozialisten u.a. Rosa Nowak schlägt hier vor, zum Kohärenzbegriff als 4. Komponente die Ok-Ok-Haltung der TA hinzuzunehmen, um die ethische Komponente zu integrieren. (Nowak, 2011, S. 318)

Das Kohärenzempfinden geht einher mit gutem Selbstwertgefühl, Optimismus, Selbstvertrauen, Gefühl von Selbstwirksamkeit, Leistungsfähigkeit, Kontaktfreudigkeit, psychosozialem Wohlbefinden, guten Copingstrategien bei Stress und Konflikten, sorgfältiger Umgang mit Erkrankungen etc. Das finden wir alles wieder in den drei Komponenten der Autonomie: Bewusstheit, Spontaneität und Intimität (Berne, 1967, S. 244-248).

Mit dieser Orientierung des Vertrauens bekommen Sorgen und Ängste ein neues Gegengewicht. D.h. wir schauen dann darauf, welche wichtigen Bedürfnisse sich in unseren Sorgen verstecken, sie bekommen einen Sinn und werden handhabbarer. Der Blick geht dann weg von der Pathologie wie „Warum hast Du das schon wieder gemacht", „ Warum mache ich immer die gleichen Fehler?" „Warum trau ich mich nicht?" und hin zu „Was ist mir wichtig", „Wie kann ich mich dafür einsetzen? „Welche Unterstützung kann ich mir dazu holen?"

Petzold spricht im Zusammenhang von Kohärenzgefühl auch von „Stimmigkeit" oder „Stimmiger Verbundenheit". (Petzold, 2011, S. 31f) Wir sind immer in Resonanz nach innen (Kontakt mit mir selbst) und nach außen (Situationen, andere Menschen). Dabei suchen wir: stimmige Verbundenheit

- ich mit mir,
- ich mit Dir,
- ich mit Euch,
- ich mit der Welt.

Diese stimmige Verbundenheit, diese Autonomie in Beziehungen muss nicht konfliktfrei sein, denn Bedürfnisse sind verschieden. Die Selbstwahrnehmung, Kommunikation mit mir selbst und meine Bedürfniskommunikation nach außen bedarf allerdings der Achtsamkeit und Pflege, um immer wieder in Balance zu kommen und immer wieder für mich selbst die Kohärenz, die Stimmigkeit herzustellen.

Ängste und Sorgen aktivieren unsere Angstzentren und häufig damit unser *Vermeidungssystem*, Antreiber und Einschärfungen. Der Blickwinkel auf wesentliche Bedürfnisse und auf attraktive Ziele aktiviert dagegen unser Lustzentrum, unser *Annäherungssystem* (Petzold, 2010, S. 69-75), unseren Lebensdrang bzw. *Physis* (Berne, 1975, S.62).

Die Frage ist, wie unser Kohärenzempfinden, unsere stimmige Verbundenheit, unsere Autonomie gefördert werden können, statt dass sich im Skript-Zirkel die einschränkenden und negativen Erfahrungen und Ängste immer wieder bestätigen.
Petzold beschreibt in seinem *Konzept der Selbstregulation* folgenden Kreislauf (Petzold, 2010, S. 148ff)
1. *Wahrnehmen:* was sind meine bedeutsamen Bedürfnisse, Wünsche und Ziele? Das schafft Motivation
2. *Handeln:* welche Ressourcen und Fähigkeiten habe ich, diese Ziele zu erreichen, was tue ich dafür?
3. *Lernen:* Bilanzieren und auswerten, was hat mir geholfen, meinem Ziel näher zu kommen, was kann ich weiter tun, was neues ausprobieren, was ist jetzt mein nächstes Ziel?

Diese vertrauensvolle Bedürfnisorientierung wirkt
- entwicklungsanregend,
- autonomiefördernd,
- als Empowerment.

Ich sehe einen ähnlichen, sich positiv verstärkenden und gesundmachenden Kreislauf im Gewinner-Miniskript (Kahler und Capers, 1974, nach Henning/Pelz, 1997, S. 250f), wo eine Erlaubnis zur einer Bestätigung führt und verbunden mit der Energie des freie-Kind-Ichs Begeisterung auslöst.
Statt sich Sorgen zu machen, statt sich mit verstärkenden (negativen) Erinnerungen zu schwächen oder blockieren, geht es bei der Salutogenese um *Schatzsuche* (und nicht um Fehlerfahndung).
Zu dieser Schatzsuche gehört *Vertrauen,* Vertrauen in uns selbst, in andere Menschen, ins Leben, in die Welt- „trotz alledem", was die Welt auch Schmerzhaftes oder Ängstigendes für uns bereithält. (Sebastian, 2012, s. 29ff)
Die TA-Modelle tragen viel bei zur *Verstehbarkeit.* Mit Berne's Intervention der *Erklärung* wird den Klienten eine kognitive Hilfestellung angeboten, v.a. durch die einfachen Konzepte, mit der sie sich und ihre Psychodynamik besser verstehen und einordnen können. Dieses wirkt meist emotional erleichternd und fördert die Selbstannahme.
Erwachsenen-Ich-Stärkung, Veränderungsverträge, Autonomieförderung, Erlaubnisarbeit erhöht die *Handhabbarkeit.* Durch Erwachsenen-

> **Fragen zur Anregung der autonomen Selbstregulation**
> (nach Theodor Dierk Petzold, Praxisbuch Salutogenese, München 2010)
> 1. Zur Selbstwahrnehmung: was tut mir gut und was tut mir nicht gut?
> 2. Welche positiven, attraktiven Ziele habe ich? Oder: was ist meine Wunschlösung für das bestehende Problem?
> 3. Welche hilfreichen Fähigkeiten habe ich?
> 4. Wer unterstützt mich? Wer tut mir gut, mit wem habe ich Freude?
> 5. Was kann ich tun, was kann ich lernen?
> 6. Was kann und will ich für mein nachhaltiges Wohlbefinden tun?

Ich-Stärkung und Enttrübung wird es Klienten möglich, aus Engpässen auszusteigen und Passivität zu überwinden.

Enttrübung und Entwirrung, Engpassarbeit, Neuentscheidung und Autonomieentwicklung fördern die *Bedeutsamkeit*. Klienten bekommen Zugang zu dem, was ihnen wirklich wichtig ist, was ihre Lebensziele sind, welche Interessen und Stärken in ihnen liegen. Skriptauflösung bzw. –milderung kann sie zu ihrem wahren Kern führen, Kind-Ich-Energie kann wieder frei fließen und ein integriertes ER kann wachsen.

Literatur

Antonovsky, A. & Franke, A. (1997). Zur Entmystifizierung der Gesundheit. DGVT Verlag.

Berne, E. (1967). Spiele der Erwachsenen. Reinbek.

Berne, E. (1975). Was sagen Sie, nachdem Sie guten Tag gesagt haben. München.

Goulding, M. (2011). Kopfbewohner – oder wer bestimmt Dein Denken. Paderborn.

Goulding, M. & Goulding, R. (1989). Not to worry. How to free yourself from unnecessary anxiety and channel your worries into positive action. New York.

Hennig, G. & Pelz, G. (1997). Transaktionsanalyse. Lehrbuch für Therapie und Beratung. Freiburg.

Krause, Lehmann, Lorenz & Petzold (Hrsg.). Verbunden gesunden. Zugehörigkeitsgefühl und Salutogenese. Bad Gadersheim.

Nowak, R. C. (2011). Transaktionsanalyse und Salutogenese. Der Einfluss transaktionsanalytischer Bildung aufs Wohlbefinden und emotionale Lebensqualität. Münster.

Petzold, T. D. (2010). Praxisbuch Salutogenese. Warum Gesundheit ansteckend ist. München.

Petzold, T. D. (2012). Vertrauen schafft positive Resonanz. In T. D. Petzold (Hrsg.), Vertrauensbuch zur Salutogenese. Bad Gandersheim.

Sebastian, U. (2012). Trotz alledem, sich und dem Leben vertrauen. In Petzold, 2012.

Wie arbeite ich erfolgreich und komme erholt in den Feierabend? Burn-out vorbeugen und heilen

Johann Schneider

Den Text meines Workshops habe ich mit den nachfolgenden Fragen, Thesen und Zitaten aus dem Manuskript meines Buches „Burnout vorbeugen und heilen" gestaltet. Viel Spaß beim Lesen und Diskutieren.

Burn-out – eine Modeerscheinung?

Burn-out ist ein Thema, das es schon immer gab, das aber zur Zeit sehr aktuell ist, weil sich die Arbeitsbedingungen dahingehend verändert haben, dass die meisten Menschen unter höherem Druck arbeiten. Sie müssen daher mehr auf sich selbst achten, sich definieren und abgrenzen, was sie so schnell noch nicht gelernt haben.

„Burn-out hat zwar als Thema zur Zeit Konjunktur wie nie zuvor. Doch mit dem Risiko des Ausbrennens haben sich die Menschen schon immer auseinandergesetzt. Leistungsfähigkeit aufbauen, sie erhalten, ihre Grenzen ausloten und diese achten – dies ist und bleibt eine zentrale menschliche Herausforderung. Ohne Augenmaß für ihre Tatkraft müssen auch noch so intelligente und einfühlsame Menschen, noch so ausgeklügelte Organisationen scheitern." (Schneider 2013 aus dem Vorwort des Buches)

Burn-out – was ist das?

Burn-out ist ein Vorgang und schließlich ein Zustand, in dem Menschen sich schlecht fühlen, oft auch körperliche Beschwerden haben und nicht fühlen, dass sie erschöpft sind oder dieses Gefühl nicht wahrhaben wollen und sich weiter ohne Rücksicht auf ihr Wohlergehen verausgaben.

„Menschen bringen sich in Gefahr, in Burn-out–Zustände zu geraten, wenn sie „zu sehr in ihrer Arbeit aufgehen", „zu begeistert" sind, „zu engagiert", sich „vor Leidenschaft verbrennen", es ihnen nicht gelingt, ihr Feuer zu hüten, ihre Begeisterung und Tatkraft besonnen in ihrem Leben einzusetzen: „Wenn ich an etwas dran bin, dann arbeite ich sieben Stunden, oder auch einen ganzen Tag, ohne zu essen, oder Pause zu machen!"
Wenn die Begeisterung, das Engagement, die Leidenschaft zum eigenen inneren Zwang und überzogene Anforderungen von außen unbedacht übernommen werden, verbrennen sich Menschen und fühlen sich schließlich massiv erschöpft, ausgebrannt und innerlich leer.

Definition Burn-out-Syndrom

Als Burn-out-Syndrom wird ein Zustand
- totaler körperlicher, seelischer und geistiger Erschöpfung,
- mit verringerter Leistungsfähigkeit
- und dem Gefühl
  - extremer Erschöpfung,
  - innerlicher Leere,
  - und des Ausgebranntseins

bezeichnet.

Erschöpfungszustände haben biologische, physikalische, lebensgeschichtliche, geistige, seelische, soziale, politische und wirtschaftspolitische Hintergründe. Ohne diese Hintergründe gibt es kein Burn-out-Syndrom und auch keine anderen „krankhaften" Erschöpfungszustände.

„Ein Burn-out-Syndrom entwickeln Menschen in der Regel über einen längeren Zeitraum, über Wochen, Monate, ein Jahr, häufig über einen Zeitraum von drei und mehr Jahren, dies ist der Burn-out-Vorgang oder Burn-out-Prozess. Gar nicht selten habe ich Entwicklungen gesehen, die einen Verlauf von 7 bis 12 Jahren bis zum vollen Ausbruch der totalen Erschöpfung, des Burn-out-Syndroms, nahmen. Dabei bewegen sich diese Menschen von anfänglicher Begeisterung, Motivation und Überengagement langsam hin zu Resignation und sozialem Rückzug. Schließlich entwi-

ckeln sie starke seelische und körperliche Beschwerden, mit denen sie schließlich zum Arzt kommen." (Schneider 2013 aus der Einleitung)

Wen trifft Burn-out?

Anfänglich beschrieb man insbesondere Menschen, die in helfenden Berufen arbeiten, als am meisten betroffen. Das ist zwar heute auch noch der Fall, aber „es trifft" auch andere.

„Betroffen sind Männer und Frauen aus allen Berufen, genauso auch Frauen und Männer, die voll zu Hause arbeiten, den Haushalt machen, Kinder großziehen und alte Menschen versorgen. Solche, die sowohl erwerbstätig als auch zu Hause und in einem Ehrenamt arbeiten, sind besonders davon betroffen." (Schneider 2013)

Ist Burn-out eine Krankheit?

Darüber streiten sich die Fachleute, doch ganz offiziell ist Burn-out nicht als Krankheit definiert. Ob das nun von Vorteil oder Nachteil ist, hängt von der Seite der Betrachter ab: Betroffene fühlen sich meist besser, wenn Burn-out als Krankheit betrachtet wird, denn dann haben sie in unserem Gesundheitssystem einen Anspruch auf Versorgung, weshalb unser Gesundheitssystem zutreffender als Krankheitssystem zu bezeichnen wäre. Aus einem übergeordneten Blickwinkel betrachtet, wäre es günstiger, Burn-out nicht als Krankheit zu bezeichnen, da Firmen ein Thema dann in der Regel mit der Einstellung „Der Kranke hat ja selbst schuld!" auf die Seite schieben.

„ Als Burn-out-Syndrom wird nach der internationalen Klassifizierung von Krankheiten, ICD-10, International Statistical Classification of Diseaseses and Related Health Problems, eine „Totale Erschöpfung" bezeichnet. Es wird im Abschnitt XII (Faktoren, die den Gesundheitszustand beeinflussen und zur Inanspruchnahme des Gesundheitswesens führen) unter der Rubrik Z (Personen, die das Gesundheitswesen unter sonstigen Gründen in Anspruch nehmen) als Z73 „Probleme mit Bezug auf Schwierigkeiten bei der Lebensbewältigung" aufgeführt. Das Burn-out-Syndrom ist nach ICD-10 also nicht als Krankheit klassifiziert.

So wie ich das Burn-out-Syndrom als Zustand totaler körperlicher, seelischer und geistiger Erschöpfung mit verringerter Leistungsfähigkeit und dem Gefühl extremer Erschöpfung, innerlicher Leere und des Ausgebrannt seins beschrieben habe, finden sich im ICD-10 andere Diagnosen, die sich einzelnen Symptomen des Syndroms zuordnen lassen.

Beschwerden, im Sinne eines Erschöpfungszustandes wie bei einem Burn-out-Syndrom kommen auch vor, wenn andere körperliche und/oder seelische Schwierigkeiten vorliegen und der Erschöpfungszustand eine Auswirkung dieser Schwierigkeiten ist, wie z.B. bei einer Erschöpfungsdepression. Diese und andere Formen einer Erschöpfung lassen sich anderen Diagnosen im ICD-10 zuordnen und sind unter Berücksichtigung der Dynamik der dahinter liegenden Erkrankung zu behandeln.

Was man - wie mit dem ICD-10 - als Krankheit definiert und wie man sie definiert, ist Ausdruck fachlicher, gesellschaftlicher, politischer und wirtschaftspolitischer Machtkonstellationen und Konsensbildungen, Krankheit also etwas relatives. Es wird rege diskutiert, ob denn Burn-out eine Krankheit sei oder keine. Dabei ist der Begriff Krankheit ein zweischneidiges Schwert: Zum einen fühlen sich Betroffene entlastet, wenn ihre Schwierigkeiten als Krankheit bezeichnet werden, weil sie damit von finanziellen Regelungen des Gesundheitssystems und der Rentenversorgung profitieren können, zum anderen fühlen sie sich diskriminiert und abgestempelt. Seelische Erkrankungen sind auch heute mit einem negativen Stigma behaftet. Eine Krankschreibung mit einer Diagnose aus dem Bereich der Psychosomatik oder Psychiatrie oder durch einen Facharzt für Neurologie und Psychiatrie oder einem Facharzt für Psychotherapeutische Medizin führt bei dem Klienten oder im Betrieb eventuell zu negativen Auswirkungen.

Sehr interessant ist für mich die Beobachtung, dass in vielen Betrieben eine natürliche Erschöpfung oder ganz alltägliche Krankheiten schon als inakzeptabel gelten: „Hätte sich der Betroffene gut verhalten, sich gesund ernährt, Sport gemacht, die Fortbildungskurse besucht und Psychohygiene betrieben, wäre er schließlich nicht krank geworden!" (Schneider 2013)

Ursachen des Burn-out

Die Ursachen sind vielfältig, gesellschaftliche Bedingungen und Arbeitsbedingungen tragen dazu bei. Letztendlich liegen die Ursachen des Burn-out bei den Betroffenen selbst darin, dass sie ihre eigenen Grundbedürfnisse vernachlässigen, insbesondere das Bedürfnis nach Erholung und Pausen.

„Menschen mit Burn-out-Erscheinungen haben sich zu sehr verausgabt und dabei das Gleichgewicht von Energie aufnehmen und Energie abgeben verloren. In der Regel verwechseln sie nach meinen Beobachtungen im ersten Stadium von Burn-out seelische Energie und Kraft als Ausdruck und Empfinden einer eigenen inneren Bestätigung mit physikalischer Energie und Kraft. Sie spüren und wissen in dieser Verfassung nicht (mehr), wann und wie sie ihre Energie aufnehmen und wann oder wie sie sie verbrauchen, weggeben." (Schneider 2013)

Schon einmal etwas von dem Leistungs-Pause-Rhythmus gehört? Burn-out und die Vernachlässigung von Pausen

Ich habe ab 1984 meine Zeitgestaltung in Seminaren nach dem folgenden Schema eingerichtet, da ich mich damit wohl fühlte und die besten Arbeitsergebnisse bei den Teilnehmenden sah:
1,5 Stunden Arbeitsphase
0,5 Stunden Pause
1,5 Stunden Arbeitsphase
2   Stunden Mittagspause
1,5 Stunde Arbeitsphase
0,5 Stunden Pause
1,5 Stunden Arbeitsphase
    Feierabend

Ich wurde oft in Frage gestellt und angegriffen: Das sind zu viele Pausen, wir müssen hier schließlich arbeiten! Doch letztendlich merkten auch die Teilnehmenden, so arbeiteten sie am effektivsten und mehr als je zuvor! Erst 2000 fand ich ein Buch, in dem ich die wissenschaftlichen Erkenntnisse und Hintergründe meiner Erfahrung fand, den Leistungs-Pause-Rhythmus (Rossi, Zwanzig Minuten Pause). Arbeit entsprechend dem Leistungs-Pause-Rhythmus einzurichten, halte ich für den wesentlichsten Punkt zur Vorbeugung und Behandlung des Burn-out-Syndroms.

„Unser Organismus, eine körperlich-geistig-seelische Einheit, ist so aufgebaut, dass wir einem ständigen Wechsel von Leistung und Pausen unterworfen sind. Dieser Rhythmus besteht aus Abschnitten von 60 bis 90 Minuten Leistung und 20 bis 30 Minuten Pause. In den Ruhephasen finden Stoffwechselumstellungen statt. Unser Körper regeneriert sich. Unsere Atmung verändert sich. Wir geraten in Bewusstseins-

zustände, die der Trance ähneln, und geben uns Tagträumen hin. In den Leistungsphasen wiederum sind wir wach, voll da, bereit, unsere Kraft einzusetzen und fließen zu lassen, schöpferisch zu arbeiten, zu gestalten, zu schaffen, mit vollster Konzentration tätig zu sein.

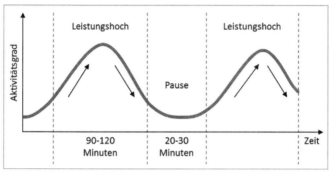

Abb. 3-4: Natürlicher Leistung-Pause-Rhythmus modif. nach Rossi 1998 (© Schneider 2013)

Die Pausephasen beginnen mit „Mach-mal-Pause-Signalen" (Rossi 1998), abschweifenden Gedanken, Unkonzentriertheit, Fehlern, Schlaffheit, Müdigkeit, dem Bedürfnis, sich setzten oder legen zu wollen (sofern wir uns körperlich bewegt haben), dem Drang nach Bewegung (sofern wir gesessen oder gelegen haben), Hungergefühlen, dem Bedürfnis, zur Toilette zu gehen, zu essen, zu trinken, zu ruhen, abzuspannen, loszulassen. Die Grundbedürfnisse melden sich von ganz allein.

- Sie hängen im Stuhl
- Sie schleppen sich dahin
- die Schritte, die Arme, die Beine, der Körper werden schwer
- Sie haben das Gefühl sich recken, umherlaufen oder eine Pause machen zu wollen
- Sie gähnen oder seufzen
- Sie stellen fest, dass Ihr Körper erschöpft ist
- Sie bekommen plötzlich Hunger
- Sie haben trockene Lippen und Durst
- Sie stellen fest, dass Sie zur Toilette müssten
- Sie fühlen sich irgendwie „daneben"
- Es fällt Ihnen schwer, sich zu konzentrieren
- Sie schweifen ab
- Sie merken, dass Ihr Gedächtnis nachlässt
- Sie bekommen Schwierigkeiten Wörter zu finden, die Sie sagen wollen
- Sie erleben einen Leistungsabfall

Tab. 3-5: „Mach-mal-Pause-Signale" erweitert nach Rossi 1993, S. 53 (© Schneider 2013)

Wenn wir die Pausen zulassen, atmen wir tief aus, gehen den Grundbedürfnissen nach und spüren nach etwa 20 bis 30 Minuten wieder Kraft und Energie in uns aufsteigen. Wir fühlen uns erholt und frisch und können erneut ans Werk gehen.
Am Tag durchlaufen wir sieben solcher Leistungs-Pause-Rhythmen; in der Nacht sind es fünf. In der Nacht entsprechen diese Rhythmen den Tiefschlafphasen und den sogenannten REM-Schlafphasen, in denen wir träumen, uns bewegen, sprechen, schmatzen und mit den Augen rollen (Rapid Eye Movements). Die Pause entspricht der Tiefschlaf-, die Leistung der REM-Phase.
Wir haben die Fähigkeit und auch die grundsätzliche Möglichkeit, Pausen zu übergehen. Wenn wir Pausen übergehen, schütten wir Adrenalin aus und kurbeln so unseren Organismus an. Diese Möglichkeit ist evolutionär (im Laufe der Menschheitsentwicklung) als Anpassung entstanden und auch sinnvoll. Denn wenn wir früher, als Jäger in weit zurück liegenden Tagen unserer Menschheitsgeschichte, dem Mammut bereits anderthalb Stunden oder auch länger auf den Fersen waren, dann machte es wenig Sinn, gerade dann eine Pause einzulegen, wenn uns danach war - unser Essen wäre ausgefallen. Allerdings hatten unsere Vorfahren die Angewohnheit, sich ausgiebig zu erholen, wenn sie von der Jagd zurückgekehrt waren. Auch heute macht es manchmal Sinn, eine Pause zu übergehen. Wenn dies bewusst geschieht und die Pause nachgeholt wird, entsteht dadurch kein Problem.
Wenn wir die Pause(n) übergehen, dann bringen wir uns in Distress, eine unangenehme und krankmachende Form des Stresses. Je nach Ausmaß und Dauer des Übergehens von Pausen nimmt der Schweregrad des Distress zu. Wir entwickeln körperliche Funktionsstörungen: Unwohlsein, Verspannungen, verschiedene Schmerzzustände wie Muskelschmerzen, Kopfschmerzen, Bauchschmerzen u. a. Möglich ist auch, dass

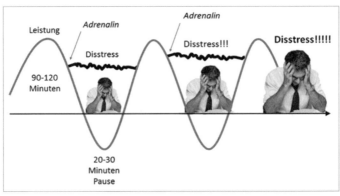

Abb. 3-7: Übergehen von Pausen durch Ausschütten von Adrenalin (© Schneider 2013)

wir auf diese Weise psychosomatische Erkrankungen auslösen. Bei langer und ausgeprägter Unterdrückung der Erholung durch Pausen entwickeln Menschen körperlich nachweisbare Erkrankungen bis hin zum Herzinfarkt." (Schneider 2013)

Wie können Sie nur so einen Untertitel wählen! „Erfolgreich arbeiten – erholt in den Feierabend"?

Jede nicht gemachte Pause muss nachgeholt werden. Jede Pause, die wir bei der Arbeit nicht machen, geht zu Lasten des Privatlebens. In unserem Privatleben erfüllen wir auch Grundbedürfnisse, die für unser Wohlbefinden grundlegend wichtig sind (z.B. Ruhe, Allein sein, persönliche Zuwendung, Schlafen). Wenn wir keine Pausen machen, beuten wir als erstes unser Privatleben aus, denn dort holen wir unsere nicht gemachten Pausen nach! Und als nächstes sind wir dann auch in der Erwerbsarbeit ineffektiv und arbeiten uns systematisch und unbewusst in ein Burn-out-Syndrom hinein. In einem kranken System arbeitet man, um die Berechtigung zu haben, sich erst zu Hause und im Urlaub erholen zu dürfen. Wenn dann der Urlaub zum Erholen auch nicht reicht, kommt der Zusammenbruch!

Also: Doch lieber von vorneherein den Erholungsbedürfnissen nachgehen und erfolgreich arbeiten.

Übrigens: Alle meine Burn-out Klienten waren nach erfolgreicher Behandlung mit wesentlich weniger Zeitaufwand erfolgreich und zudem noch glücklich!

Apropos Feierabend. Mich fragen schon Leute, was das denn sei? So etwas würden sie gar nicht mehr kennen. Das sei doch ein veralteter Begriff!

Feierabend bedeutet, sich abends zurückzusetzen, das Tagewerk zu betrachten und zu feiern!

Mit dieser Einstellung und täglichen Übung schaffen auch Sie es nicht, sich in ein Burn-out-Syndrom hinein zu arbeiten.

Burn-out und Freiheit

Burn-out ist ein Ausdruck innerer Unfreiheit: „Ich komme mir vor wie in einer Tretmühle!" „Ich funktioniere nur noch!" Menschen im Burn-out gestalten nicht mehr selbst und schöpferisch. Sie fühlen sich nicht mehr als selbstbewusste, selbstschöpferische und selbstbestimmte Menschen. Sie verhalten sich in einer Überanpassung an Gesetze und Vorgaben anderer, handeln nicht mehr autonom (autos =selbst, nomos = Gesetz). Im Burn-out sind die Menschen im Endeffekt weder selbstbestimmt noch fühlen sie sich verbunden, sie fühlen sich – wenn es ganz schlimm gekommen ist - wie ein Nichts und einsam!

Es ist ein grundlegendes Bedürfnis von Menschen, sich selbstbestimmt und mit anderen verbunden zu fühlen. Diesen Zustand herzustellen und aufrecht zu erhalten bedarf es ständiger Bewusstheit und Beziehungsarbeit zu sich, anderen und der Welt.

Burn-out – ein Ausdruck von Verhalten unter inneren Zwängen

Wenn Menschen sich in einen Burn-out bringen, verhalten sie sich unter inneren Zwängen. Sie handeln nicht mehr frei. „Ich funktioniere nur noch!" sagen sie. Sie haben das Gefühl, es nur zu schaffen, wenn sie „stark sind und auf die Zähne beißen", „es anderen recht machen", „sich

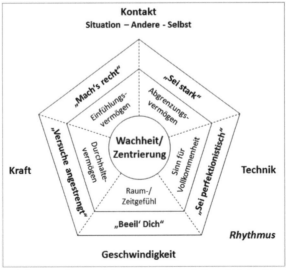

Abb. 4-22: Motti der Antreiber- und Gegenantreiberverhalten (© Schneider 2013)

über ihre Kraft verausgaben, anstrengen", „perfekt sind" und sich „beeilen". Dabei überziehen sie ihre Fähigkeiten, verausgaben sich und arbeiten sich, ohne es zu wollen, so in einen Erschöpfungszustand hinein. Ohne zu wissen wie, überziehen oder untertreiben sie ihre Fähigkeiten und Leidenschaften, die sie brauchen, um Dinge zu bewegen.
Nur wenn wir unsere Fähigkeiten dosiert und bewusst einsetzen, unsere Leidenschaften zügeln, werden sie zum Segen, sonst zum Leid!

Auch Burisch hebt in seinem Buch (2010) das Antreibermodell als sehr praktikables Modell hervor und fasst die Charakteristika so zusammen:

Antreiber	Bedeutung	Gegengift
1. Sei perfekt!	Mach alles, was Du tust, so gut wie möglich - auch wenn es wirklich nicht wichtig ist. (Sei erst mit dem Besten zufrieden, und weil man selbst das beste immer noch ein bisschen besser machen kann, sei *nie* zufrieden, schon gar nicht mit dir.)	Auch ich darf Fehler machen! Ich brauche mich nur um Perfektion zu bemühen, wo es lohnt.
2. Streng Dich an!	Gib stets Deine ganze Kraft – der Erfolg ist zweitrangig. (Und hör erst dann auf, dich anzustrengen, wenn Du völlig am Ende bist; auf gar keinen Fall mach´s dir leicht!)	Ich darf es mir leicht machen. Intelligente arbeiten nicht hart!
3. Beeil Dich!	Mach alles, was Du tust, so schnell, wie möglich! (Am besten noch ein bisschen schneller. Auch wenn die Sache gar nicht eilig ist – es gibt immer viel zu tun!)	Ich darf mir Zeit lassen.
4. Sei stark!	Zeig keine Gefühle! (Gefühle sind ein Zeichen von Schwäche – also empfinde am besten gar keine.)	Ich darf wahrnehmen und zeigen, wie mir zumute ist.
5. Mach´s den anderen recht!	Denk an Dich zuletzt, wenn überhaupt! Nimm Dich nicht wichtig! (Die Ansprüche der anderen sind immer wichtiger als deine eigenen.)	Meine Bedürfnisse sind mindestens so wichtig wie die anderer. Ich bin der wichtigste Mensch in meinem Leben.

Abb. 4-32: Charakteristika der Antreiberverhalten nach Burisch 2010, S. 259 (© Schneider 2013)

„Wann aktivieren Menschen Antreiber- und Gegenantreiberverhalten?
Meistens reagieren Menschen mit Antreiber- und Gegenantreiberverhalten in inneren oder äußeren Stresssituationen, insbesondere dann, wenn sie gleichzeitig schon ein Defizit in ihrer Bedürfnisbefriedigung haben. Sie legen dann dieses früher gelernte Verhaltensmuster „automatisch" an den Tag. Sie haben früher in schwierigen

Situationen mit den Eltern oder in der Schule, oder in anderen heftigen Lebenssituationen wie Krieg, Armut, Missbrauch körperlich und seelisch, überlebt, so Zuwendung, eventuell sogar auch Anerkennung erhalten." (Schneider 2013)

Wie verläuft ein Burn-out: Der Burnout- oder Distressverlauf

Der Verlauf von Burn-out lässt sich mit unterschiedlichen, aufeinander folgenden Zuständen von Unbehagen und Distress beschreiben.

„Den ganzen Vorgang, wie Menschen sich in ein Burn-out-Syndrom hinein und wieder hinaus bewegen, lässt sich sehr schön mit dem Distressverlauf (siehe Abb. unten) darstellen: Kommen Menschen in eine Stresssituation und gelingt es ihnen, eine jetzt passende Handlung zu kreieren und zu vollziehen, fühlen sie sich gut. Von außen gesehen würden wir dies als Eustressverhalten bezeichnen. Gelingt es ihnen in einer Stresssituation nicht, eine jetzt passende Handlung zu kreieren, wiederholen sie unbewusst oder halb bewusst früher gelernte Lösungsstrategien und aktivieren dabei Antreiber- (3) und/oder Gegenantreiberverhalten (1) und fühlen sich dabei kaum. Hier (im Antreiber- oder Gegenantreiberverhalten) verhalten sie sich so, als wären sie nur in Ordnung, wichtig, erfolgreich, ..., wenn sie „es recht machen", „stark sind", „es angestrengt versuchen", „immer perfekt sind", „sich beeilen". Sie zeigen Distressverhalten ersten Grades.

Gelingt es ihnen, aus diesem Verhaltensmuster wieder spontan oder durch bewusstes Innehalten, das Erfassen der Situation und passendes Handeln, auszusteigen, fühlen sie sich wieder gut und handeln erfolgreich, sie meistern das Leben (Meisterschaftsebene). Je öfter und je länger sie jedoch -durch Bedürfnismangelsituationen ausgelöst- im Antreiber- und Gegenantreiberverhalten strampeln, dadurch viel Energie verbrauchen und immer weniger Energie zur Verfügung haben und sich auspowern, desto tiefer geraten sie in Distress und treiben dem Disstressverhalten 2. Grades zu (2). Hier kommen sie mit früheren und alten Erfahrungen und Gefühlen aus ihrem Leben in Kontakt, die sich ihnen aufdrängen. Sie fühlen sich selbst schlecht und haben das Gefühl schlechter zu sein als andere und irgendwie nicht richtig (-/+).

Je nach den in dieser Situation aktivierten Antreiber- und Gegenantreiberverhalten und den früher gemachten Erfahrungen machen sie Fehler, ziehen sich unangemessen zurück, geben anderen die Schuld, versuchen andere und die Situation irgendwie hinzudrehen, fangen an, Überzeugungen zu predigen (Kahler 2008, 142 f), treiben sich oder andere zu immer größerer Eile an, oder blockieren und sind massiv angespannt.

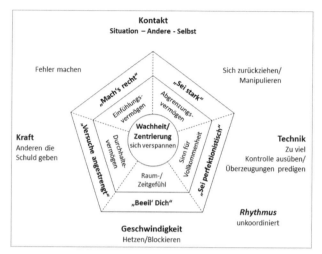

Abb. 4-34: Verhalten bei Disstress 2. Grades (© Schneider 2013)

Instinktiv versuchen sie auf alle Fälle zu vermeiden, die früher real erlebten unangenehmen Gefühle, die mit den Einschärfungserlebnissen verknüpft waren, zu spüren. Deshalb bäumen sie sich gegen diese Erlebnisse und Gefühle auf. Im Zustand des Aufbäumens (3) legen sie oft eine selbstgerechte Haltung an den Tag, mit der sie alte Beschämungen und schmerzliche Erfahrungen (wie zum Beispiel geschlagen werden) abwehren. Sie befinden sich in einer „Ich bin besser als Ihr" (+/-) Haltung und in Gegenantreiberverhaltensweisen. Sie zeigen Gefühle überzogenen Ärgers, Rache, Triumph und Trotz, Vorwürfe sind an der Tagesordnung. Von hier aus können sie in Antreiberverhalten (1) zurück gehen oder auch aussteigen (0).

Wenn sie durch zu lange Zeit an den Tag gelegtes Antreiber- und Gegenantreiberverhalten, Distressverhalten 1. und 2. Grades zu stark ausgepowert sind, geraten sie in Verzweiflung, Krankheit, oder erleiden einen Zusammenbruch (4) und entkommen so den schmerzlichen Gefühlen aus ihrer Vergangenheit.

Dieser Zustand wird auch Endauszahlung genannt, sagen Leute in diesem Zustand doch auch: „Sehen Sie, das hab ich nun davon!", „Das ist nun das Ende vom Lied!?" Wir bezeichnen dies als Distressverhalten 3. Grades. Sie fühlen sich fix und fertig, müde, konzentrationslos, und fertig mit der Welt. Sie sehen sich, andere und die Welt oder das Leben negativ (-/-/-). Je nach vorherrschendem Antreiberverhalten und früheren Einschärfungserlebnissen fühlen sie sich „ungeliebt", „unerwünscht", „im Stich gelassen", „hilflos", „wertlos", „hoffnungslos" (Kahler 2008, S. 183), „leblos", „fertig mit der Welt", „kaputt".

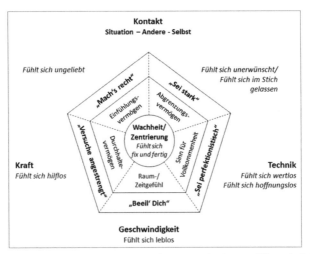

Abb. 4-35: Einstellung zu sich selbst bei Distress 3. Grades modif. nach Kahler 2008 (© Schneider 2013)

Hier im Zusammenbruch, in der Verzweiflung, in der Krankheit, sind sie am nächsten im Kontakt mit ihrer Geschichte. Gelingt es ihnen an dieser Stelle - mit oder auch ohne Fachmann- sich bewusst zu machen, wie all das kam, wie sie gelernt haben mit Distressverhalten zu überleben, wie sie anders reagieren könnten, sich anders zum Leben einstellen könnten, gelingt ihnen langfristig der Ausstieg aus diesem Teufelskreis.
Der Durchlauf durch Distress ersten, zweiten und dritten Grades kann durch die Distresspositionen (1)-(4) beliebig von einer Position zur anderen und auch aus dem Distressverlauf hinaus zurück auf die Meisterschaftsebene (0) stattfinden. Zur Endauszahlung (4) kommen die Leute in der Regel über Position (2) oder im Anschluss an (2) über (3). Die Zeit, in der sich jemand in diesen Positionen aufhält, kann von 1 Sekunde bis zu vielen Stunden und in abwechselnden Positionen insgesamt über Jahre dauern.
Auch jemand, der sich gut fühlt und sein Leben meistert, hält sich ab und zu kurz in Distresspositionen auf, schafft es jedoch, diese wieder zügig zu verlassen. Anfällig sind und bleiben wir, wenn wir mit unserer Grundbedürfnisbefriedigung in einem Mangelzustand sind. Dann „fallen wir" in Stresssituationen ins Antreiber- und Gegenantreiberverhalten, oder noch tiefer.

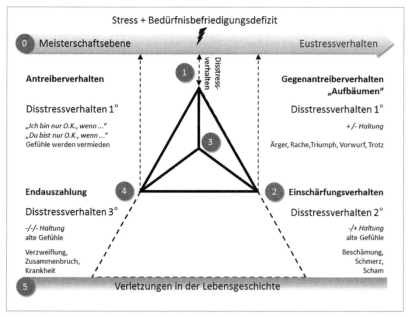

Abb. 4-36: Distressverlauf (wesentlich verändert nach Kahler 1974 u. 2008) (© Schneider 2013)

Bei Antreiber- und Gegenantreiberverhaltensweisen kann die Einschärfungsebene je nach Geschichte verschieden stark ausgeprägt sein. Der Grad der Ausprägung und Hartnäckigkeit des Antreiber- und Gegenantreiberverhaltens entspricht der Schwere der vorangegangenen Einschärfungssituationen, den Erfahrungen und Verletzungen im Lauf der eignen Lebensgeschichte als Kind und/oder später.
Wenn jemand sein Antreiber- oder Gegenantreiberverhalten auflöst, kommt er in Kontakt mit den unangenehmen Gefühlen der Einschärfungssituationen aus der Vergangenheit. In der Regel sind dies Beschämungsgefühle, körperliche und seelische Schmerzen und damals nicht ausdrückbarer Ärger und Wut (Empörung) über diese Situationen. Darunter sind dann ursprüngliche Schamgefühle, deren Beachtung zu sinnvoller Grenzsetzung und Stolz führen und der Wille nach Eigenständigkeit und Verbundenheit wird spürbar. Die Auflösung des Antreiber- und Gegenantreiberverhaltens gelingt abschließend und nachhaltig, wenn auch diese Gefühle durchgearbeitet, gefühlt, verstanden und gewürdigt sind. Ich unterscheide deshalb zwei Auflösungsvorgänge, den ersten auf der Antreiber- und Gegenantreiberebene, der durch aktuell passendes Verhalten oder Handeln und den zweiten, nachhaltig wich-

tigsten auf der Einschärfungsebene, der durch eine andere Haltung geschieht. (Schneider 2013)

Behandlung von Burn-out durch Fachleute
„Menschen in einem Erschöpfungszustand brauchen von uns als Fachleuten
- *Unsere Präsenz (Da sein)*
- *Wachheit und Konzentration*
- *Ehrliches Interesse an ihnen als Person und Individuum*
- *Fürsorge*
- *Halt und Richtung*
- *Kreativ spielerischen und ehrlichen Kontakt*
- *Information*
- *Sorgfalt und Geschicklichkeit*
- *und die Freiheit, für sich selbst zu entscheiden, was für sie das Richtige ist."*

(Schneider 2013)

Warum ist es gerade heute so schwer, nicht in einen Burn-out Zustand zu geraten?

In unserer Kultur wird insbesondere durch die großen Wirtschaftskonzerne und ihre Werbung ein Bild von „Immer höher und noch weiter!" und von „Unsterblichkeit" verheißen, Glück durch mehr Konsum, der allerdings nur durch mehr an Arbeit zu erreichen ist und bei den gegebenen Arbeitsbedingungen durch Lohnabbau und Billiglöhne noch erschwert wird. Gegebene Endlichkeit, Enttäuschung, Grenzen, Erschöpfung und Versagen werden tabuisiert.

Doch unser Organismus hat Grenzen, er kann nicht beliebig immer höher und weiter. Diese Grenzen, diese Endlichkeit, wahr zu nehmen und zu achten, fällt umso schwerer, je weniger sie als gegeben vermittelt werden. Heute gilt es in Großkonzernen teilweise ja schon als nicht akzeptabel, eine Erkältung zu haben, geschweige denn, krank zu werden. Krank werden wird als persönliches Versagen gewertet.

So sehr Menschen ihre Endlichkeit und ihren Tod leugnen, so sehr leugnen sie auch ihre natürlichen Bedürfnisse und Grenzen.

Eine Gesellschaft, in der Menschen sich schämen, natürlich erschöpft oder auch krank zu sein, schafft den Nährboden für extreme Erschöpfungszustände wie das Burn-out-Syndrom.

Burn-out – eine erfolglose Suche nach Zuwendung

Zuwendung, Anerkennung und Wertschätzung sind starke Antriebe im Leben der Menschen. Wenn sie Anerkennung und Wertschätzung hauptsächlich über ihre Arbeit zu erhalten versuchen, laufen sie Gefahr, in einen Burn-out-Prozess zu geraten.

„Bei Menschen mit Burn-out und anderen Erschöpfungszuständen finden wir ausgeprägt das Phänomen, dass sie sehr wenig oder gar keine bedingungslose Zuwendung für sich in Anspruch nehmen, sie in ihrer Lebensgeschichte gelernt haben, hauptsächlich Zuwendung für Leistung zu erhalten. Wenn sie etwas erhalten, oder sich etwas nehmen, haben sie das Gefühl, es sich verdient haben zu müssen, sonst haben sie Schuldgefühle. Sie haben häufig das innere Gefühl, nur dann eine Lebensberechtigung zu haben, wenn sie etwas leisten. Ihnen nicht bewusst, versuchen Sie die Lücke der fehlenden bedingungslosen Zuwendung mit bedingter Zuwendung zu füllen. Ein Unterfangen, das nie gelingt und in Stresssituation in die Erschöpfung führt, da das Bedürfnis nach bedingungsloser Zuwendung langfristig nicht durch bedingte Zuwendung gestillt werden kann." (Schneider 2013)

Menschen erhalten und geben Zuwendung für Leistung und Pünktlichkeit, für Leistung und Überzeugungen, für sie als Person, ihr Sein. Sie generieren selbst Zuwendung für sich über Aufregung, spielerischen Kontakt, Ruhe und Stille.

„Mir ist in meiner Arbeit aufgefallen, dass Menschen, die mit einem Burn-out-Thema zu mir kamen, bestimmte Formen der Zuwendung überzogen und andere vermisst hatten, ohne es zu wissen. Sie hatten Zuwendungsarten und Zuwendungsformen, die sie nicht gelernt hatten, durch andere ersetzt. Wenn es ihnen nach dem Burn-out wieder gut ging – manchen „so gut wie nie zuvor", stellten sie erstaunt fest: Vor dem Burn-out waren sie hauptsächlich der Anerkennung von Leistung, von Überzeugungen, von Struktur und Zeitstruktur (Pünktlichkeit) sowie der Aufregung hinterhergelaufen, ohne es selbst zu merken.
Jetzt, wo sie sich wirklich wohl fühlten, verbrachten sie Zeit allein, pflegten den Kontakt in der Paarbeziehung, mit Kindern und Freunden, genossen sinnliche Anregung, genossen auch sich und andere als Person. Vor dem Burn-out hatten sie versucht, die fehlende persönliche Zuwendung durch Zuwendung für Leistung, Überzeugung, Struktur und Aufregung zu bekommen, waren dadurch aber in ein „Hamsterrad", einen „Teufelskreis" geraten, bis sie nicht mehr konnten oder zusam-

menbrachen. Sie hatten Zuwendung meistens in negativer Art gegeben und erhalten. Erst nach einiger Zeit der Arbeit an sich selbst und im Gespräch mit Vertrauten war ihnen dann aufgefallen, was ihnen gefehlt hatte: Positive bedingte, vor allem aber bedingungslose Zuwendung zu geben und zu empfangen sowie in den Zuwendungsformen eine ausgewogene individuelle Diät zu genießen.

Herr K. stellte fest, dass immer dann, wenn es im Betrieb ruhiger wurde, er in sich Unruhe verspürte und das Gefühl hatte, es müsse etwas getan werden. Er hatte in der Vergangenheit in vergleichbaren Situationen stets neue Projekte angeschoben, die er im Nachhinein bereute, weil er sie als blinden Aktionismus entlarvte und sie außer „Action" nichts eingebracht hatten. Als er diese Unruhe nun erneut spürte, machte er dies im Coaching zum Thema und fand heraus, dass er diese „aktionistische" Verhaltensweise bei seinem Vater erlebt hatte und er in Momenten der Unruhe das Verhalten seines Vaters kopierte. Der könne noch heute, in hohem Alter, nicht ruhig sitzen und zettle immer noch zu viele Aktionen an.

Für ihn, den Sohn, passe dies nicht, er wolle auch einfach mal da sitzen und sich erholen, lesen, joggen, mit seinen Kindern spielen oder sich mit seiner Frau eine schöne Zeit machen. Er hatte in seiner Ursprungsfamilie gelernt, diesen Zuwendungsformen keinen so großen Raum einzuräumen, wie er es wirklich wollte. Nach dieser Erkenntnis setzte mein Coachee seine Zuwendungsbedürfnisse so um, wie es für ihn passte und fühlte sich dabei ausgesprochen wohl und war auch im Geschäft sehr erfolgreich. Er stellte fest, dass es ihm gut tat, sich von seinem Vater zu unterscheiden, eine eigenständige andere Person und einzigartig zu sein. Dies fühlte sich nicht nur im Kontakt zu sich selbst, seinen Kindern, seiner Frau und den Leuten in der Firma gut an, sondern verbesserte auch den Kontakt zum Vater." (Schneider 2013)

Burn-out – oder wenn die Begeisterung einen wegträgt und man keine Enttäuschungen erleben möchte

Im Burn-out lassen sich Menschen von ihren Fantasien, ihrer Begeisterung wegtragen, sie erden sich nicht mehr durch natürliche Enttäuschung und reagieren im Zusammenbruch gekränkt.

„Mit der Enttäuschung sind sie voll in der Realität angekommen. Zu einem vitalen, natürlichen Leben gehört es, dass wir Fantasien und Ideen entwickeln, Ideale anstreben, uns begeistern. Darin zeigt sich unsere Kreativität. Wenn wir ein Ideal nicht erreichen und scheitern, setzt die Enttäuschung ein. Lassen wir sie zu, justieren wir uns an der Realität, sortieren uns sozusagen neu ein. Wir lassen unseren Geist

wieder „arbeiten", entwickeln Fantasien und gehen weiter. So entstehen lebendige Prozesse. Das evolutionäre Grundprinzip lautet: Versuch und Irrtum. Wichtig erscheint mir dabei, dass wir irgendwann begreifen, dass Ziele und Ideale selten genau so erreicht werden können, wie wir sie uns vorgestellt haben. Fantasien und Ideale helfen uns dabei, uns vorwärts und in die gewünschte Richtung zu bewegen. Die zugelassene Enttäuschung hilft uns dabei, uns zu erden." (Schneider 2013)

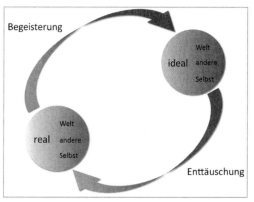

Abb. 3-13: Begeisterung und Enttäuschung, ein Ausdruck lebendiger Auseinandersetzung mit sich selbst, anderen und der Welt (© Schneider 2013)

Der grundlegende Weg aus dem Burn-out – die Handlungskaskade

Der grundlegende Weg aus dem Burn-out hinaus, oder besser gar nicht hinein, besteht darin, Handlungen bewusst zu vollziehen. Eine bewusste Handlung beginnt damit, innezuhalten, um wahrzunehmen, was in uns und um uns herum ist und setzt sich darin fort, über die angereicherte Wahrnehmung (z.B. meine Augen reiben) zu einer Einschätzung zu gelangen („Ich bin müde"), um dann eine geeignete Handlung („schlafen") auszuführen und schließlich zu überprüfen, ob die Handlung Erfolg zeitigte („Ich bin ausgeschlafen und erholt, meine Augen sind klar"). Wenn die Handlung nicht zu einer Lösung führte, („Meine Augen reiben immer noch!") gehen wir erneut durch die Handlungskaskade, um eine passende Lösung zu finden (Einschätzung „Bindehautentzündung", Augentropfen, Ursache „zu grelles Licht" angehen, „Sonnenbrille")

Im Burn-out sieht das in meiner Abbildung dargestellt so aus:

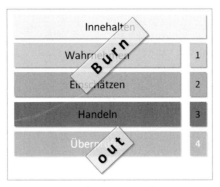

Abb. 4-9: Einfache Handlungskaskade im Burn-out (© Schneider 2013)

„Innehalten
Um die Handlungsschritte mit dem Wahrnehmen zu starten und nicht einfach ohne Sinne, sinnlos, gefühllos und kopflos handelnd loszurennen, bedarf es des Innehaltens. Mit Innehalten meine ich den bewussten Akt, Zeit und Raum dafür zu schaffen, sich für das Wahrnehmen und Einschätzen zu öffnen, um sich dann bewusst für eine Handlung zu entscheiden.
Vielleicht kennen Sie aus dem Sport (Basketball, Handball) die Möglichkeit des „Time-Out", einer Auszeit. Beide Mannschaften haben die Möglichkeit, sich pro Spielabschnitt eine Auszeit zu nehmen. Diese nehmen sie sich, wenn sie „keinen

(Bild: Rolf Balling, Stuttgart)

Fuß mehr auf den Boden bekommen", „unterzugehen drohen", „schlecht drauf sind", „nichts mehr geht", „der Gegner sie im Moment überrollt". Sie nehmen sich die Auszeit, um letztendlich erfolgreich zu sein. Sie verschnaufen, atmen durch, besinnen sich, sammeln sich, stellen sich neu auf, stellen sich neu ein, richten sich anders aus, besinnen sich auf ihre Stärken. Dafür gibt es ein Zeichen, das der Trainer gibt: Es ist ein Kreuzzeichen, ein T. Er zeigt mit der linken Hand auf Brusthöhe vor sich eine waagrechte Fläche und in einem rechten Winkel dazu senkrecht mit der linken Hand mit den Fingerspitzen darunter auf die Handfläche.
In meiner Praxis hat es sich bewährt mit Klienten das Innehalten und dieses Zeichen visuell und sensorisch einzuüben, sodass sie insbesondere in Stress- und Distresssituationen einen Anker dafür haben, um inne zu halten, ihren Radar kreisen lassen, hinschauen, hinhören, fühlen, riechen, schmecken (wahrnehmen), abwägen, einschätzen, sich ein eigenes Urteil bilden, sich Handlungsmöglichkeiten eröffnen, passende auswählen (einschätzen), handeln (handeln) und das Handeln genau nachverfolgen (überprüfen) und, wenn nützlich, Anpassungen vornehmen." (Schneider 2013)

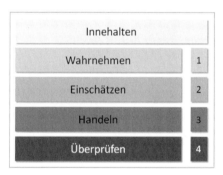

Abb. 4-6: Innehalten und die Einfache Handlungskaskade (Schneider 2011, Abb.3)

Burn-out und die Balance der Lebensbereiche (Work-Life-Balance)

Im Burn-out stimmt die Balance der Lebensbereiche nicht mehr. Dadurch werden einzelne Grundbedürfnisse nicht mehr gestillt und die Menschen erschöpfen sich und bekommen Beschwerden. Eine ausgewogene Balance herzustellen, bleibt eine natürliche immer wieder durchzuführende Übung im Leben.

"Ich habe für die unterschiedlichen Lebensbereiche das Bild einer Blume, der Lebensblume, entworfen (Schneider 2003, S. 50). Sie entstand in einer Beratungssituation, als ich auf dem Flipchart die Lebensbereiche eines Ausbildungskandidaten aufzeichnete. Aus Skizzen und Strichen ergaben sich Blätter, dann die Blume. Obwohl ich mir manchmal auch einen Baum mit den Ästen für die verschiedenen Lebensbereiche vorstellen konnte, bin ich bei der Blume als Bild geblieben.

Abb. 2-1: Lebensblume, die Balance der Lebensbereiche, modifiziert nach Schneider 2003, S. 50 (© Schneider 2013)

Sie steht in meiner Vorstellung für einen lebendigen Organismus, der sich entwickelt und wächst. Blätter welken und fallen ab. Knospen sind angelegt und entfalten sich zu neuen Blütenblättern. Auch in unserem Leben erfahren wir ständige innere und äußere Entwicklungen. Das Leben ereignet sich aus uns heraus und um uns herum. Selbstgestaltend und steuernd greifen wir in unser Schicksal ein. In verschiedenen Lebensphasen wechselt die Blume ihre Gestalt, manche Bereiche sind mehr, manche weniger ausgeprägt, manche nur als Knospen angelegt und noch nicht oder nicht mehr entfaltet." (Schneider 2013)

„Wichtigkeit und Gewichtung der verschiedenen Lebensbereiche
Eine sehr entscheidende Erkenntnis für das Ausbalancieren der Lebensbereiche war für mich die Beobachtung, dass Menschen ihre Probleme chronisch beibehalten und zu keinen Lösungen in der Balance der Lebensbereiche finden, solange sie ihre Lebensbereiche gegeneinander abwägen. Sie kommen zu keiner wirklichen Lösung,

solange sie sich fragen, welcher der wichtigere Bereich oder gar der wichtigste sei, welcher vor dem anderen komme." (Schneider 2013)
„Zu tragfähigen Lösungen kommen Sie, wenn Sie sich klar machen, dass alle Lebensbereiche für Sie wichtig und wertvoll sind. Im nächsten Schritt können Sie für sich erkunden, wie Sie Ihre einzelnen Lebensbereich ein der jetzigen Lebensphase gestalten wollen, was Sie tun und was Sie lassen wollen und wie viel Zeit Sie sich für die einzelnen Bereiche geben möchten. Dieser Prozess braucht eine gewisse Zeit und geht meist mit inneren und eventuell auch äußeren Konflikten einher.

Tragfähige Lösungen erreichen Sie meistens nicht mehr in der Ihnen gewohnten Weise, sondern über ein anderen Weg. Dieser führt, wie oben angedeutet, in der Regel durch eine Phase voller Zweifel." (Schneider 2013)

Leben ohne Burn-out – was ist das?
Leben ist
- *ein Zustand körperlichen, seelischen und geistigen Schaffens*
  - *mit Phasen von Leistung und Erschöpfung,*
  - *mit Erfolgen und Scheitern*
- *und dem Gefühl*
  - *die eigene Kraft und Erschöpfung, Macht und Ohnmacht zu spüren,*
  - *aus dem eigenen Wesen heraus gelassen und besonnen zu handeln*
- *und sich, andere und die Welt immer wieder neu*
  - *zu empfinden, zu fühlen und emotional und geistig zu*
  - *durchdringen und zu genießen.*

(Schneider 2013)

Unterwegs
Immer wieder anhalten,
wahrnehmen, was ist,
uns freuen an dem, was wir erreicht haben,
annehmen, dass nicht alles gelungen ist.
Uns Zeit gönnen,
neue Kräfte schöpfen,
uns neu orientieren,
uns leiten lassen von dem,
was für uns wesentlich ist.
Weiter schreiten, wie es mir entspricht,
in der Hoffnung, dass wir immer mehr werden,

was wir letztlich sein können.
Wieder sehen,
was dem Leben Sinn gibt.
Wieder hören,
was meine Seele nährt.
Wieder spüren,
was letztlich wichtig ist.
Wieder aufstehen
und meinen Weg gehen
(Max Feigenwinter)

Literatur

Schneider, J. (2013). Manuskript zum Buch „Burnout vorbeugen und heilen." Paderborn: Junfermann.
Burisch, M. (2010). Das Burnout-Syndrom. Berlin/Heidelberg: Springer.

Bemerkt oder unbemerkt – Fremde wirkt! Welchen Einfluss nimmt sie auf den Beratungskontext?

Daniela Sonderegger-Dürst

Der vorliegende Artikel fokussiert zuerst das Fremde im Allgemeinen und geht danach auf die Bedeutung des Fremden in der Beratungsarbeit ein.

Das Fremde

Auf Lateinisch heisst das Fremde *alienum*. Dieses Wort ist auch der Ursprung für den Begriff Alien, der für die Bezeichnung von ausserirdischen Wesen verwendet wird. Schmunzelnd erinnere ich mich daran, dass mein Partner und die Partnerinnen und Partner meiner Geschwister in den Anfängen der Zugehörigkeit zu meiner Ursprungsfamilie sich selber spasseshalber Aliens nannten und dies inmitten von für mich durchaus irdischem Geschehen.

Wie es zur Begegnung mit dem Fremden kommen kann

Um das Gefühl des Nicht-Wissens und Nicht-Kennens, die Unmöglichkeit zu benennen oder gar einzuordnen und die Erfahrung der Ratlosigkeit in der Begegnung mit dem Fremden zu erleben, kann der Mensch in die Ferne reisen. Wir können die Fremde gewissermaßen aufsuchen. Aber auch, wenn der Mensch seine vertraute Umgebung kaum verlässt, kommt er um diese menschliche Erfahrung mit all ihren Herausforderungen und Chancen nicht herum. Das Fremde kann den Menschen ganz unverhofft und ohne, dass es gesucht worden wäre, überraschen: In einer Begegnung, durch eine Erfahrung, über eine Sinneswahrnehmung beispielsweise einen Geruch oder einen Geschmack und in unzähligen andern Varianten. Es gibt also sowohl die Bewegung des Fremden auf den Menschen zu, wie auch die bewusst gesuchte Bewegung des Menschen zu dem Fremden hin. Das heißt, dass die Begegnung mit dem Fremden in einem frei *gewählten Kontext* oder aber in einem gewissermaßen *aufgezwungenen Kontext* geschehen kann. Das Erleben der Erfahrung und der Umgang mit dem Fremden werden durch die zwei Faktoren wesentlich geprägt.

Wo das Fremde anzutreffen ist

Die Begegnung mit dem Fremden bedeutet immer Auseinandersetzung mit Neuem. Dieses kann mit einem Subjekt oder einem Objekt im Außen verbunden sein. Der Mensch trifft auf einen andern Menschen, der ihm unbekannt ist. Fragen tauchen auf: „Wer ist er oder sie? Was tut er? Wie denkt sie? Durch welche Kultur ist er geprägt? Wie begegnet sie mir?" und viele mehr. Unzählige bewusste oder unbewusste Fragen tauchen auch in der Begegnung mit einem bisher unbekannten Gegenstand, mit einer unbekannten Gegend, mit einem unbekannten Objekt auf. „Welche Bedeutung hat das für mich? Wie will ich damit umgehen? Mit welchen Gefühlen ist die Begegnung damit verbunden? etc. Das Unbekannte kann aber auch ein Aspekt des Menschen selbst sein, eine noch nie erlebte Stimmung, ein noch nie gedachter Gedanke, ein bisher unbekanntes Körpergefühl. Somit existiert es im Innern des Individuums und fordert dieses, bei seinem Bewusstwerden, zur Einnahme einer mutig betrachtenden Position gegenüber sich selbst und zur Auseinandersetzung mit den entdeckten Aspekten auf. Das Fremde kann dem Menschen folglich sowohl in der *Außenwelt*, wie auch in der eigenen *inneren Welt* begegnen.

Die Herausforderung in der Begegnung mit dem Fremden

Die Begegnung mit Fremdem fordert den Menschen heraus, sich im *Spannungsfeld von Anziehung und Abwehr* zu positionieren. Transaktionsanalytisch gesprochen setzt die Auseinandersetzung mit Unbekanntem die Bereitschaft voraus, den eigenen Bezugsrahmen zu erweitern. Der Mensch fühlt sich im Augenblick des Bewusstwerdens des Fremden vor die Entscheidung gestellt, ob er in dem jeweiligen Moment der Begegnung dazu bereit ist oder ob er seine bisherige Sicht der Welt verteidigen und bewahren will. Die Neurobiologie führt die sich widerstrebenden Bedürfnisse des Menschen nach bewahren und Beständigkeit einerseits und nach Wachsen und Entwicklung andererseits auf früheste Erfahrungen zurück, welche vom Moment der Zeugung an Spuren im Gehirn des Menschen hinterlassen. (Gerald Hütner) Die Art und Weise, wie sich eine Person in dem durch das Fremde evozierten Spannungsfeld bewegt, wird nicht nur durch Faktoren der Realität im Hier und Jetzt, sondern auch durch die eigene Biographie beeinflusst.

Motivation zur Annahme der Herausforderungen

Bei der Durchforstung des literarischen Kulturgutes lassen sich in allen Kulturen unzählige Märchen, Geschichten und Romane finden, in denen die Heldin oder der Held mal gezwungenermaßen, mal freiwillig in die Ferne zieht, das heißt das Fremde aufsucht. Durch das Bestehen von schwierigen Aufgaben, das Besiegen von schrecklichen Ungeheuern, die Auseinandersetzung mit Fremdem und Unberechenbarem findet die Heldin oder der Held Glück, Reichtum, Liebe und letztlich sich selbst. Die Fremde lockt mit der Chance auf *Begegnung mit sich selbst*.
„Der Mensch ist von Natur aus neugierig und lernfähig." So lautet eine der Grundannahmen der Transaktionsanalyse. Diese Eigenschaften bedeuten Antrieb für die Auseinandersetzung mit Fremdem und Neuem. Das Phänomen der Neugierde kann neurobiologisch erklärt werden. Wenn ein Reiz zu einer positiv erlebten Erfahrung führt, wird im Gehirn Dopamin produziert, welches im Frontalhirn eine hohe Zellaktivität bewirkt und ein gutes Gefühl auslöst. Wenn dies mehrfach erfahren wird, genügt künftig der Reiz, um diesen Vorgang auszulösen. Manfred Spitzer nennt dies die Mechanik des Lernens. „Was unerwarteter Weise positiv ist, das wird gelernt." Neuer ist die Erkenntnis, dass bei Unsicherheit darüber, ob sich etwas als positiv oder als negativ erweisen wird, das gleiche System langsam und immer mehr zu feuern beginnt. Die Belohnung für das Aufsuchen von Unsicherheit, die mit der Begegnung mit Fremden verbunden ist, ist lernen. Neugierde ist mit *Lernchan-*

cen und gleichzeitig auch mit höherem *Risiko* verbunden. Wie viel davon in der jeweiligen Situation für den Menschen gut ist, hängt von den realen Gegebenheiten ab. Ich bin überzeugt, dass ein freies und Erwachsenen-Ich-gesteuertes Ausleben der natürlichen Neugierde ein gewinnbringender Umgang mit dem Fremden ist.

Worin liegen die Lernchancen im Fremden?

Fremdes will vorerst einfach mal „marsisch" wahrgenommen werden. Zu diesem Begriff meint Leonhard Schlegel in dem Artikel „Was versteht Berne unter „marsisch"?" (TA 2/87) *„Unter „marsisch" versteht Berne aber auch eine bestimmte Lebensauffassung, nach welcher es sich dann zu leben lohnt, wenn wir nach Art eines „unverdorbenen Kindes" uneingeschränkt offenen Sinnes und entspannt wahrzunehmen vermögen, was sich uns bietet (awareness) und wenn wir uneingeschränkt die spontan in uns aufsteigenden Gefühle zulassen (spontaneity)"* Es bedarf also der Bewusstheit um das, was noch nie gesehen, wahrgenommen, benannt oder bedacht wurde, offen und unvoreingenommen wahrzunehmen und zu erfassen. Wie lange ist der Mensch bereit, das Fremde fremd sein zu lassen? Wie schnell ist er versucht, das Unbekannte zu beurteilen und zu bewerten?
In einem nächsten Schritt braucht es die Spontaneität, da sich der Fokus unmittelbar auf die eigenen Reaktionen richtet, auf die durch das Fremde ausgelösten Gedanken, Gefühle, Empfindungen und Bedürfnisse. Hier wiederum wirken nebst Faktoren aus der gegenwärtigen Situation eigene Vorerfahrungen. Wie kennt der Mensch sich selber im Umgang mit dem Fremden? Welchen Sinn gibt er der Begegnung damit?
In einem dritten Schritt wird das Unbekannte bewusst oder unbewusst bezüglich seiner Bedeutung für das eigene Leben beurteilt: interessant – belanglos, spannend – langweilig, gewinnbringend – bedeutungslos, bereichernd – bedrohlich, willkommen – störend etc.
Auf Grund dieser Beurteilung fällt der Mensch auch mehr oder weniger unbewusst die Entscheidung, ob er sich damit befassen will oder gar muss, oder aber ob er es mittels seiner Wahrnehmung redefinieren, abwerten oder als nicht existent ausblenden wird. Letzteres wird er als Selbstschutz dann wählen, wenn das Fremde eine Ambivalenz zu inneren Themen auslöst, die als bedrohlich erlebt wird. Ist die Bereitschaft da, sich mit dem Fremden zu befassen, beginnt erst der Weg auf dieses

zu bis hin zu dem Punkt, an dem es teilweise oder gänzlich vertraut geworden ist. Dieser Prozess bedarf der Offenheit für gänzlich neue, eigene Erfahrungen damit. Es setzt die Fähigkeit voraus, sich einzulassen und den eigenen Bezugsrahmen als Orientierung und nicht als einziges richtiges Wertesystem zu nutzen. Es ist die Erfahrung im Bewusstsein der eigenen Fähigkeiten, Fertigkeiten und Grenzen und mit Einbezug des Ufers des Bekannten gänzlich und mit allen Sinnen einzutauchen. Was soviel bedeutet wie mit Einbezug aller Ich-Zustände unter der Führung des integrierenden Erwachsenen-Ichs das Neue sich selbst gemäß zu integrieren und einen weiteren Schritt in Richtung Autonomie zu gehen.

Fremde wirkt – auch auf den Beratungskontext

Der Beratungsprozess als Reiseprojekt

Als Beraterin erlebe ich immer wieder, wie der Beratungsprozess einer abenteuerlichen Reise in die Fremde gleicht. Die beratende und die ratsuchende Person werden auf Grund ihres Arbeitsbündnisses zu Reisegefährten. Was die Reise betrifft, verfügen beide über ganz unterschiedliches Vorwissen und unterschiedliche Vorerfahrungen und Vorahnungen. Diese sind zu Beginn dem jeweils anderen noch gänzlich fremd. Aus diesem Verständnis heraus sehe ich mich als Beraterin und meine Klientin oder meinen Klienten als „Fachleute" auf vorerst gänzlich unterschiedlichen Gebieten. Diese meine Vorstellung über die beabsichtigte, gemeinsame Arbeit und meine Überzeugung, dass es daher für das Gelingen eine ergänzende Zusammenarbeit beider bedarf, mache ich gegenüber den Klienten transparent. Ich betrachte die Beratungsarbeit als eine Co-Kreation der daran Beteiligten, welche nur auf der Basis von grundsätzlicher Offenheit, Wertschätzung und Bezogenheit gelingen kann.
Die beratende Person wird auf Grund ihres beruflichen Knowhows und durch den administrativen Vertrag gewissermaßen zur Reiseleitung. Transaktionsanalytische Beraterinnen und Berater schaffen eine solide Basis für das gemeinsame Vorhaben: Durch die Grundannahmen der Transaktionsanalyse und durch eine gelebte OK-Haltung ermöglichen sie eine gleichwertige Arbeitsbeziehung, in welcher Ziele, Möglichkei-

ten und Verantwortlichkeiten durch die Vertragsarbeit geklärt sind. Ihre Verpflichtung gegenüber den ethischen Richtlinien prägt die Art der Beziehungs- und Prozessgestaltung, für die sie während der Reise die Verantwortung übernehmen. Durch ein reiches Repertoire an Diagnoseinstrumenten zur offenen Planung, durch das angemessene Anwenden von Interventionen und durch den Einsatz verschiedener Methoden, welche den Menschen in seiner Individualität und in seiner Ganzheit berücksichtigen, fördert die beratende Person während der gemeinsamen Wegstrecke intuitiv und verantwortungsbewusst das Vorwärtskommen der ratsuchenden Person. Diese Förderung geschieht bezogen auf die gemeinsam festgelegten Ziele und auf die Entwicklung über das noch Unbekannte hin zu einer erweiterten Autonomie.

Den ratsuchenden Menschen erachte ich auf der „Beratungsreise" ebenfalls als Fachfrau oder Fachmann. In seinem Innern weiß er um all das Bisherige, das Vertraute, was ihm als Anknüpfungspunkt für den Umgang mit den Herausforderungen des Neuen dienen kann. Er kennt, wenn vielleicht auch im jeweiligen Augenblick noch nicht bewusst, alle seine bisherigen Erfahrungen, seine Denk- und Verhaltensmuster, die Dynamik seiner Gefühle und seinen ihm eigenen Umgang damit, seine Ressourcen und seine Grenzen und die Beziehungen, welche er mit sich selbst und mit andern lebt. Unabhängig davon, was ihn zur Reise veranlasst und wie groß seine Motivation dafür ist, bedeutet das Unternehmen in Richtung Veränderung für ihn auch einen Schritt ins Ungewisse. Dabei kann es sein, dass dieser Schritt mit ambivalenten Gefühlen verbunden ist: neugierige, hoffnungsvolle Aufregung und märchenhafte Erwartungen auf der einen Seite, Unsicherheit, Ängste, Phantasien und Selbstzweifel auf der anderen. Auf jeden Fall erfordert es ein großes Maß an Mut und Risikobereitschaft, welche von der Reiseleitung, soll die Reise glücken, wertgeschätzt und berücksichtigt werden müssen. Bei der bewusst gesuchten, begleiteten Reise in einer professionellen Beratung ist das Vertrauen des Reisenden in die Reiseleitung Voraussetzung für die Bereitschaft die eigene Wahrnehmung zu öffnen und sich dem Neuen und Unbekannten zu stellen.

Unterwegs

Während der Reiseroute beggnen die ratsuchende und die beratende Person unterschiedlichsten Herausforderungen, welche durch die

Begegnungen mit Fremdem an sie gestellt werden. Die beratende Person führt, im Dienste der durch das Beratungsziel definierten, angestrebten Entwicklung, die ratsuchende oft ganz bewusst an Fremdes heran: fremde Ansichten, neues Wissen, andersartige kulturelle Aspekte, unbekannte emotionale oder körperliche Erfahrungen, alternative bisher vielleicht vermisste Beziehungserfahrungen oder unerwartete Reaktionen und Interventionen. Durch die therapeutische Triade kann die Klientin oder der Klient neue Erfahrungen mit dem Geschützt-Sein, mit der Freiheit durch Erlaubnisse und mit der Wertschätzung durch ein präsentes und kraftvolles Gegenüber machen.

Verschiedene Reisetempi prägen den Weg: Kontinuierliches Vorankommen, steile und mühselige Aufstiege, Rückschritte, Treten an Ort und Stelle, freudiges Vorwärtsgleiten, reflektierendes Innehalten und vieles mehr. Die Auseinandersetzung mit Neuem und Fremdem braucht Zeit. Das Fremde, das sich durch Konfrontation, durch Enttrübung, durch neue Erkenntnisse zeigt, muss wahrgenommen werden können. Die eigenen Reaktionen darauf (z.B. Gefühle, Widerstände, Discounts) brauchen Raum, um erkannt, zugelassen und benannt zu werden. Es ist von Bedeutung, die ratsuchende Person dabei zu unterstützen, dem Neuen einen für ihr Leben adäquaten, eigenen Sinn zu geben, damit diese die oft auch anstrengende Phase des Übens und der Integration erfolgreich bewältigen kann.

Und dann gibt es die Highlights, welche ich Perlenmomente nenne. Das sind die Momente, in denen sich Reisende und Reiseleiter, oft sogar unverhofft, auf einem glänzenden Parkettboden wiederfinden, der es ihnen erlaubt, in der gemeinsamen Arbeit in einem harmonievollen Tanz leichtfüßig neue Kreationen und fremdartige Bewegungsmomente zu gestalten. Durch das als positiv empfundene Erleben wird das Lernen von Neuem in besonderem Masse begünstigt. (Siehe oben) Im erlebten Flow können sich neue Varianten, Sichtweisen und Möglichkeiten eröffnen. Solche Augenblicke sind Quelle der Motivation für die Phasen des Übens und des Integrierens des Erarbeiteten.

Die Abschlussphase

Ein gelungenes gemeinsames Unterwegssein endet, wenn das Ziel der Reise, das heißt das Ziel des Beratungsvertrages, erreicht ist und die reisende Person durch die gestaltete Arbeit in ihrer Selbstwirksamkeit und

Autonomie gestärkt ist. Dabei braucht die Abschlussphase wiederum besondere Aufmerksamkeit. Die möglicherweise einander zu Beginn der Arbeit gänzlich unbekannten Beteiligten sind durch das gemeinsame Tun und durch die geteilten Erfahrungen im Rahmen der Arbeitsbeziehung einander darin wichtig und vertraut geworden. Die Idee, selbstständig den eigenen Weg weiter zu gehen, kann der Klientin oder dem Klienten zum Zeitpunkt des Abschieds wiederum fremd vorkommen. Es gilt zu prüfen, was die betroffene Person noch braucht, um diesem Neuen mit Offenheit, Neugierde und Mut zu begegnen, damit künftig weitere, stärkende Erfahrungen möglich werden.

Die Transaktionsanalyse in der Beratung – eine Übersicht

Die untenstehende Graphik verdeutlicht meine innere Landkarte, die ich von transaktionsanalytischer Beratungsarbeit habe. Ich verzichte an dieser Stelle auf ein ausführliches Eingehen auf die verschiedenen Bereiche der Graphik. Ich ziehe sie in diesen Artikel mit ein, um in den zwei Positionen der Beraterin/des Beraters und der Klientin/des Klienten nach möglichen Begegnungen mit Bekanntem oder eben dem Fremden zu suchen.

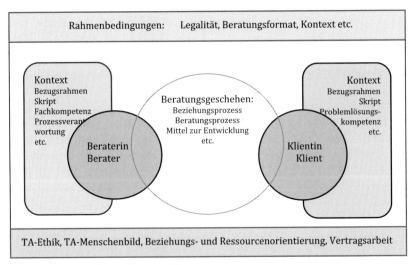

Abbildung 1 (Daniela Sonderegger-Dürst)

Die Position der Beraterin/des Beraters

Die Beratungsperson bringt nebst ihrer Selbstkompetenz und Sozialkompetenz, welche sie im Laufe ihrer fundierten und persönlichkeitsbildenden Ausbildung weiterentwickelt hat, auch ganz spezifische Sachkompetenz in die Beratungsarbeit ein. Gerne zitiere ich an dieser Stelle Hedi Bretscher : *„Die Transaktionsanalytische Beratung beinhaltet die Vertragsarbeit, den Beziehungs- und den Problemlösungsprozess. Sie wird dann transaktionsanalytisch, wenn die Beratungsperson in der Beratungsbeziehung die Grundhaltung der Transaktionsanalyse lebt, deren Ethikregeln respektiert und wenn sie mit ihrem spezifischen Fachwissen auch die schlüssigen Konzepte, Modelle und Methoden der Transaktionsanalyse, dem Beratungsauftrag und der Beratungssituation entsprechend, vertragsorientiert und wirksam anwendet."*
Der beratenden Person sind sowohl die allgemeinen Rahmenbedingungen ihrer Arbeit, wie auch die transaktionsanalytische Basis, auf der diese steht, bekannt. Dennoch können auch in diesen Bereichen noch nie bedachte Fragen zum Beispiel ethischer Art auftreten, die durch neue Impulse zur Auseinandersetzung und Weiterentwicklung aufrufen. Mit ihrem persönlichen Kontext hat sich die Beratungsfachperson im Laufe ihrer Ausbildung auseinandergesetzt. Durch die Arbeit mit der Klientin oder dem Klienten oder in der Begegnung mit den fokussierten Themen können eigene, noch unbekannte Facetten der Persönlichkeit auftauchen. Die beratende Person ist aufgefordert, das Fremde selbstverantwortlich wahrzunehmen und sich ihm außerhalb der Beratungsarbeit, zum Beispiel in der Selbstreflexion oder Supervision, zu stellen, um zu verhindern, dass eigene Themen die Arbeit der ratsuchenden Person behindern. Sie muss in der Lage sein, sich ihrer eigenen intrapsychischen Vorgänge bewusst zu werden und diese im Dienste der Arbeit adäquat zu nutzen.
Die komplexe Tätigkeit des Beratens fordert von der Beratungsperson die Fähigkeit zu einer metasystemischen Perspektive. Um den Prozess zu steuern braucht sie ein tiefgehendes Engagement. Die Beratungsarbeit bedingt die Fähigkeit der prozessverantwortlichen Person, den Überblick über den gesamten Beziehungskontext zu behalten, gut bei sich zu bleiben und gleichzeitig am Prozess teil zu haben, während dem sie diesen achtsam beobachtet und reflektiert. Prägend und zentral ist für die Beratungsarbeit letztlich auch die Fähigkeit der beratenden Person, marsisch zu „sehen", das heißt, gewissermaßen mit den Augen eines

Fremden zu betrachten und die eigene Intuition für die Gestaltung des Prozesses zu nutzen.

Die Klientin oder der Klient sind der Fachperson zu Beginn oft ganz fremd. Selbst wenn durch die gemeinsame Arbeit ein gewisses „einander Kennen" entsteht, so bleibt doch dieses Fremdsein, dieses Anderssein als wichtige Realität bestehen. Gerne beziehe ich mich an dieser Stelle auf das Seerosenmodell, welches von Manfred Gellert und Claus Nowak beschrieben wird (siehe Abb. 2). Das Blatt der Seerose und die Blüte liegen sichtbar oberhalb der Wasseroberfläche. Daher symbolisieren sie all das, was beim Gegenüber an Verhalten beobachtet werden kann. Der Stängel, welcher in dem Bild für Haltungen und Wertungen steht, das heißt für Vertrauen, Misstrauen, Motivation, Freude, Annahme von Neuem, Vorurteile und vieles mehr, liegt bereits nicht mehr klar erkennbar unter der Oberfläche. Einiges von dem, was davon in der Arbeit Inhalt wird, mag die beratende Person nicht erstaunen, anderes wirkt vorerst einmal fremd. Ebenso ist es mit den Werten, Normen und frühen Prägungen und entwickelten Strategien der Klientin oder des Klienten, welche im Symbol Seerose durch die Wurzeln repräsentiert sind. Für das Erreichen des Beratungszieles ist es notwendig, die unter der Oberfläche verborgenen, relevanten Themen zu erkennen und weiterzuentwickeln.

Abbildung 2 (Daniela Sonderegger-Dürst)

Die Position der Klientin/des Klienten

Für die Person, die sich entschieden hat, professionelle Unterstützung in Anspruch zu nehmen, ist außerhalb des eigenen Kontextes vorerst alles fremd und unbekannt. Sie ist auf Orientierung gebende Informationen über die angehende gemeinsame Arbeit angewiesen. Die Vertragsarbeit bietet auf unterschiedlichen Ebenen die Möglichkeit, Eckpfeiler und Handlungsspielräume auszuhandeln und einander im gemeinsamen Tun und durch das entwickelte Ziel der Zusammenarbeit etwas vertrauter zu werden. Die beratende Person ist dafür verantwortlich, dass sie ihrem Gegenüber bezüglich der Rahmenbedingungen, der transaktionsanalytischen Grundlagen, der Möglichkeiten und Grenzen des Beratungsgeschehens und des eigenen Kontextes die notwendigen Einblicke gewährt. Dies ist für das Entwickeln von Sicherheit und das Bilden einer Vertrauensbeziehung von Bedeutung. Beim Einblick in den eigenen Kontext entscheidet die Fachperson, wo und wie weit es bezogen auf ihre Rolle und ihre Aufgabe wichtig ist, dass sie dem Gegenüber vertraut wird und wo es für das Gelingen einer professionellen Begleitung von Bedeutung ist, bewusst fremd zu bleiben. Die Klientin oder der Klient lernen die Fachperson primär in ihrer beruflichen Rolle kennen. Dadurch entsteht der Freiraum, in dem die ratsuchende Person in ihrem Menschsein ganz in den Mittelpunkt stehen kann. Gemäß meinen eigenen Erfahrungen bedarf es für die Entwicklung einer tragenden und vertrauten Arbeitsbeziehung jedoch auch der Bereitschaft und der Fähigkeit der Fachperson, sich bewusst und spontan im eigenen Menschsein in die Beratung einzubringen, damit Momente der echten Begegnung, der Intimität möglich werden.

Dies ist von Bedeutung, da sich die ratsuchende Person zeitweise als bedürftig erlebt, gerade wenn sie Dinge bei sich entdeckt, die sie befremden. Der eigene Kontext kann, durch die Fokussierung darauf, die Klientin oder den Klienten mit Befremdendem oder Beschämendem herausfordern. Diese eigenen Inhalte wurden oft zu einem Zeitpunkt entwickelt, als vom damals kleinen Kind die Umgebung auf Grund der fehlenden Erfahrungen und fehlendem Wissen immer wieder als fremd empfunden wurde und Beschämungserfahrungen im Kontakt mit andern gemacht wurden. Damit für die ratsuchende Person alternative Erfahrungen mit diesen Inhalten möglich werden, braucht diese einen Kontext des Vertrauens und die Gewissheit, dass jemand ihre Erfahrungen und ihre Bedürfnisse erkennt und annimmt und diese, vielleicht sogar aus eigenen Erfahrungen heraus, auch nachvollziehen kann.

Das Beratungsgeschehen

Die Beratungsarbeit ist eine Co-Kreation zwischen den beiden oben benannten Positionen. Die Beraterin/der Berater modelliert den Prozess mit Hilfe der entwickelten Beratungskompetenzen. Die Fachgruppe Beratung der SGTA definiert die folgenden Kompetenzen: *Anwendungsfeld kennen und verstehen, Beratungsauftrag einschätzen, Beratungskonzept entwerfen, Beziehungsprozess gestalten, Beratungssituation analysieren, Vertragsarbeit leisten, Interventionen planen und durchführen, sich an Ressourcen orientieren, Krisen erkennen und beherrschen, Qualität erzielen und Professionalität entwickeln.* Die Verantwortung für die Modellierung des Prozesses liegt ganz bei der Fachperson. Die ratsuchende Person bringt ihre Themen, ihre Bedürfnisse, ihre Gedanken, ihre Gefühle, ihre bisherigen Möglichkeiten, ihre Vorlieben und Abneigungen, ihre Wünsche und vieles mehr in die Arbeit ein. Diese werde durch ihre Biographie bestimmt. Durch das Zusammenwirken der zwei so unterschiedlichen Reisegefährten, ich mag an dieser Stelle das Bild der Beratungsreise wieder aufnehmen, entsteht in der noch nie so dagewesenen Zusammenarbeit und durch die Fremde in der Beratungssituation Raum für die Auseinandersetzung mit Bekanntem, für die Kreation von Neuem und für erste Erfahrungen damit.

Wenn mehrere miteinander reisen

Die „transaktionsanalytische Beratungsreise" kann sowohl von Einzelpersonen als auch von Paaren oder Gruppen zur Unterstützung in unterschiedlichsten Lebenssituationen genutzt werden, z.B. in Problemlösungs- oder Entscheidungsprozessen, bei biographischen Fragestellungen, bei partnerschaftlichen oder familiären Fragen, in beruflichen Herausforderungen und zur Bewältigung von Lebenskrisen. Sobald sich mehrere Personen gemeinsam auf einen Entwicklungsprozess begeben, sind die Fähigkeit der beratenden Person zur Allparteilichkeit und zur Einnahme einer multiperspektivischen Sichtweise von bedeutender

Relevanz. Das Fremde nimmt durch die starke Präsenz der Themen „einzigartig sein", „anders denken", „unterschiedlich fühlen", „verschieden handeln" einen großen Raum ein. Von dem vielen Vorhandenen, das den jeweils anderen fremd ist, muss das, was zur Bewältigung der gemeinsam gesteckten Ziele notwendig ist, bekannt und vertraut gemacht werden und in die Arbeit einfließen oder bewusst bei Seite gestellt werden können. Die beratende Person hat die Aufgabe, ein Klima der Offenheit gegenüber Fremdem oder Andersartigem zu schaffen. Leonard Schlegel betitelt einen seiner Artikel mit „Das Wunder des Andersseins". (Der Begriff stammt von Martin Buber.) Im Artikel schreibt er über die Schwierigkeiten zwischen polaren Charaktertypen. Gerne zitiere ich hier eine Stelle daraus: *„Wenn jemand vom „Wunder des Andersseins" ergriffen wird, geht das mit dem Verzicht einher, seine Einstellung und Betrachtungsweise zu verabsolutieren, was durchaus nicht heißt, dass er sie aufgeben muss. Als Möglichkeit darf sie durchaus bestehen bleiben."* Jede an der Arbeit teilhabende Person bringt vielseitige Möglichkeiten ein, welchen Wertschätzung zusteht und welche angemessen für das Erreichen der Ziele eingesetzt werden können.

Wenn jemand eine Reise tut ...

Gerne gebe ich an dieser Stelle einer persönlichen Reiseerfahrung Raum. Ich erwachte eines Morgens eingehüllt von einem großen Moskitonetz, in einer auf Stelzen gebauten Holzhütte mit Netzen vor den Fensterluken und wurde von einem heute tief in mir gespeicherten Sinnesrausch beschenkt: ein riesiges Geräuschkonzert in allen möglichen Tönen, Lautstärken und Modulationen und - kein einziges dieser Geräusche war mir bekannt. Lange blieb ich liegen, wohlig eingehüllt in diese Fremde. Zusammen mit der Flussfahrt vom Vorabend war dies der Start in eine intensive, staunende und aktive Auseinandersetzung mit dem Fremden. Flussfahrten in einem engen, langen Holzboot in mitten von unzähligen, vielfältigsten Vögeln, Wasserschildkröten, Krokodilen und Kaimanen, eine zarte, flüchtige Berührung eines alten Kaimans, meine Entdeckung einer Anakonda inmitten einem stark bewachsenen Fluss, kleine, zappelnde, rote Piranhas am einfachen Metallhaken am anderen Ende meines Silchfadens, eine Dusche in einer offenen Kabine, die schon von unzähligen Käfern und Fröschen bevölkert war und noch vieles mehr. Alles was ich an Feldkompetenz brauchte, um vertrauensvoll und gänzlich einzutauchen holte ich mir von unserem Guide, der sein Wissen großzügig teilte. Ihm war das kleinste Detail vertraut und er vermochte mir gewissermaßen mit „einer Pampas Triade" zu begegnen. Ich übernahm freudig die Verantwortung für meine eigene Art und Weise mich einzulassen. Hätte mir davor jemand gesagt, dass ich mich all dem Fremden nicht nur stellen, sondern es schlichtweg mit allen Sinnen genießen und es als Erinnerungsperle mir ein Stück zu eigen machen werde, hätte ich ihm nicht geglaubt.

Ich nehme das Bild der „transaktionsanalytischen Beratungsreise" auf. Reisen bedeutet, ein weiteres Stück Welt kennen zu lernen und sich dadurch auf Erfahrungen mit dem Fremden einzulassen, um auf Grund der dabei gemachten eigenen Erfahrungen Teile davon für sich zu adaptieren und zu integrieren. Transaktionsanalytische Beratung hat zum Ziel, durch das Ermöglichen von alternativen Erfahrungen, das Gewinnen von Einsichten und das Finden von neuen Handlungsmöglichkeiten die entwicklungsmotivierten Klientinnen und Klienten darin zu unterstützen, ihre bisherige Sicht der Wirklichkeit, deren Deutung und die bislang bekannten Handlungsoptionen zu erweitern. Transaktionsanalytische Beratung dient so primär der Weiterentwicklung und dem persönlichen Wachstum.

Möge das Fremde im Sinne von Francis Bacon wirken. *„Wenn ein Reisender nach Hause zurückkehrt, soll er nicht die Bräuche seiner Heimat eintauschen gegen die des fremden Landes. Nur einige Blumen, von dem, was er in der Ferne gelernt hat, soll er in die Gewohnheiten seines eigenen Landes einpflanzen."*

Literatur

Gellert, M. & Nowak, K. Ein Praxisbuch. Limmer Verlag.
Schlegel, L. Das Wunder des Andersseins. ZTA 3/2006.
Broschüre der Fachgruppe Beratung SGTA-Fachgruppe.
Spitzer, M. Geist und Gehirn. DVD alpha.

Das Konzept des Aktivierenden Staates und sein Menschenbild

Sascha Weigel

Ein Reiz und eine der Stärken der transaktionsanalytischen Methode, sich einen Reim auf die Phänomene der Welt und ihrer Beziehungsgeflechte zu machen, ist, den Ausgangspunkt im Bezugsrahmen des Beobachters zu verorten. Der eigene Bezugsrahmen ist es, der maßgeblich beeinflusst, was wir sehen und wie wir es einschätzen und beurteilen. Wer sich folglich ein Bild von zwischenmenschlichen Prozessen machen möchte, um sie zu verstehen und zu „beeinflussen", tut gut daran, sich und anderen über sein eigenes „Bild vom Menschen" Klarheit zu verschaffen.[1]

Mit diesem Gedanken vor Augen erscheint es einleuchtend, dass der Staat und seine Verwaltung, d.h. die entsprechenden Amtspersonen, die mittels ihrer gesetzlichen Vorgaben zwischenmenschliche Prozesse steuern und beeinflussen (wollen und sollen!), ihrem gesetzlichen und insoweit (vor)gesetzten Bild vom Menschen Ausdruck verleihen. Andererseits, Gesetze und andere staatliche Handlungsformen verdeutlichen nicht nur, welches Menschenbild vom Staatsbürger" besteht, es wird auch deutlich – jedenfalls ganz sicher in einer Demokratie – welches Staatsbild die Bürger selbst vor Augen haben und mittels der demokratisch legitimierten Institutionen zu verwirklichen versuchen. Im Folgenden werden deshalb sowohl das Staats- als auch das Menschenbild des Aktivierenden Staates skizziert. Die Intention des Autors ist dabei, für die aktuellen, zuweilen problematischen und konfliktären Beobachtungsphänomene im öffentlichen Sektor „Landkarten" zur Verfügung zu stellen, die sie erklären und verständlich machen – und damit Orientierung anzubieten.

---

[1] Zur Funktion von Menschenbildern in der psychotherapeutischen Beratung grundlegend *Hagehülsmann* 1994; zum transaktionsanalytischen Menschenbild ausführlich *Weigel* 2012, 228 ff. m.w.N.

I. Staats- und Menschenbilder in der europäischen Staatsentwicklung

Es entwickelten sich in der Historie des modernen Staates[2] unterschiedliche Staats- und Menschenbilder. Einerseits sind und waren sie dabei Leitbilder bei der Schaffung von Gesetzen, andererseits wurden sie durch die Gesetze selbst erst gezeichnet und ausgebildet. Das Gesetz oder andere staatliche Handlungsformen sind und waren nicht nur das Ergebnis von Staats- und Menschenbildern, sondern auch Ursache.

Untertan im absolutistischen Obrigkeitsstaat

Im *absolutistischen Obrigkeitsstaat* des 18. Jahrhunderts – der Name deutet es an – war der Bürger juristisch konstruiert zunächst einmal „Untertan". Zwar war ihm durchaus rationales und moralisches Handeln zuzutrauen, aber nicht ohne des Staates Hilfe und Unterstützung. Der Staat tendierte stark zu einem Erziehungsstaat, sah sich zur Herausbildung individueller Wohlfahrt durch individuelle Vervollkommnung verpflichtet und mit Unterworfenen, die zu erziehen seien, bevölkert. Staatszweck war Glückseligkeit, die (ausschließlich) staatlich-bevormundet möglich erschien. Eine entsprechende Rechtskonstruktion zog sich späterhin durch alle Epochen hindurch und erlebte in der Verwaltungskultur im Nationalsozialismus und im ostdeutschen Sozialismus in weiten Teilen seine Renaissance.[3]

Bürger im liberalen Rechtsstaat

Diese Vorstellungen lässt das *liberale Staatsbild* in den Hintergrund treten, das im 19. Jahrhundert seiner ersten Hochzeit entgegenstrebte. Sein Zweck war es nicht mehr, die individuelle oder gesellschaftliche Wohlfahrt zu fördern, sondern individuelle Rechte zu schützen. Konstitutionalismus und Kontrolle staatlicher Handlungen auf ihre Rechtmäßigkeit

---

[2] Dazu *Weigel* 2012, 180 ff.; ausführlich *Reinhard* 1999; *Schulze* 1999.
[3] Vgl. *Baer* 2006, 94 f., die für die sozialistische Verwaltung der DDR darauf hinweist, dass der „Bürger als Gegenüber der Verwaltung" juristisch generell abgeschafft war. Ein Verwaltungsrecht, aus dem ein obrigkeitsstaatliches Verständnis herausgefiltert werden könnte, gab es an sich nicht.

sind prägende juristische Elemente des liberalen Staatsbildes. Der Staat sorgte lediglich für Ruhe und (Eigentums-)Ordnung, damit der Bürger als Bürger mit gleichen Rechten untereinander ausgestattet seinen Geschäften und individuellen Lebensplanungen nachgehen konnte. Der Bürger hat zwar mehr Rechte als der Untertan, muss sich aber um sie (eigenverantwortlich / „allein") kümmern. Oftmals konnten die gesetzten Rechte tatsächlich nicht in Anspruch genommen werden: Recht wurde (noch) nicht als „proaktives Instrument sozialer Gestaltung"[4] begriffen. Auch deshalb führten die weiteren gesellschaftlichen Entwicklungen dazu, dass der Staat wieder verstärkt auf Wohlfahrt ausgerichtet wurde – oder werden musste.

Konsument im Versorgungsstaat

Zwar ausgestattet mit individuellen Grundrechten, die staatliche Abwehr erlaubten, war es gleichwohl für den Großteil der „gleichberechtigten" Bürger nicht mehr möglich, ein sozialverträgliches Leben zu gestalten, wie es die Gesetze vorgesehen hatten. Es wurde mehr und mehr erforderlich, dass der Staat, wenn er für Ruhe und Ordnung zu sorgen hatte, auch die Bedingungen beeinflussen musste, die für soziale Unruhen verantwortlich waren. Deutlich wird dieser Prozess an der Ausgestaltung der Grundrechte, die nicht mehr bloß Abwehrrechte gegen den Staat blieben („my home is *my* castle"), sondern nunmehr auch Leistungsrechte wurden, „soziale Grundrechte" und der Staat „Sozialstaat", Versorgungs- und Interventionsstaat zugleich. Entsprechend wurde die Verwaltung im Sozialstaat für den Bürger präsenter und generell wichtiger. Das brachte eine juristische Differenzierung mit sich, der Bürger wurde – je nach Kontaktforum – einerseits zum „mündigen Bürger", andererseits aber auch „Verbraucher" und „Konsument" im Vertragsrecht. Andernorts wurde er zum „Sozialbedürftigen" oder zum „Arbeitslosen".

Kunde im schlanken Staat

Bereits in den 1980er Jahren wurde deutlich, dass die Vision vom steuerungsfähigen Interventions- und Versorgungsstaat nicht weiter tragen würde. Phänomene einer *Überregulierung und Verrechtlichung* des sozialen

---

[4] *Baer* 2006, 111.

Lebens ließen erkennen, dass die Probleme nicht durch genauere Regelungen gelöst wurden. Die zirkulären Wechselwirkungen von immer neuen Detailregelungen wurden schlicht nicht mehr überblick-, geschweige denn beherrschbar: Mehr von denselben Lösungen hatte nicht mehr Lösungen zur Folge, sondern mehr derselben Probleme. Die Sozial- und Kommunikationswissenschaften unterstützten diesen Befund, sodass der Staat begann, sich auf seine Grundsätze zu besinnen. Das scheinbar bzw. vergleichsweise aufgebläht-überbordende Staatsgebilde sah sich gezwungen, sich zu beschränken. Das Bild des *schlanken Staates* erschien Ende der 1980er Jahre am Horizont einer finanziellen Durststrecke wie eine Oase der Ruhe oder zumindest der Freiheit von Verantwortung – ohne an Verantwortungslosigkeit zu denken. Nur noch die essentiellen Gemeinschaftsaufgaben sollten dem Staat zugewiesen bleiben, die er sodann finanzieren und erfüllen könnte. Die anderen, die er sich vorher im Wege seiner „Kompetenz-Kompetenz", der juristischen Macht, sich neue Aufgabenfelder zuzuschreiben, zugewiesen hatte, würde er wieder abgeben. Die Idee der *gesellschaftlichen Selbstregulierungskräfte* und einer sozialen Marktwirtschaft, die von einer „unsichtbaren Hand" gelenkt würden, wurde als Lösung in einem geordneten Rückzug erhofft. *Privatisierung* und *Deregulierung* waren die neuen Schlagworte, das Ziel der *Minimalstaat*. Dabei wurde davon ausgegangen, dass ein Großteil der Probleme durch private Hände ohnehin besser gelöst würden, als durch die staatliche Hand. Die Privatisierungswelle begann sich aufzubauen, um den gesamten öffentlichen Sektor in den 1990er Jahren durcheinander zu wirbeln. Vieles, was der Staat als seine Aufgabe angesehen hatte, wurde konsequent dereguliert und privatisiert. Das entlastete nicht nur den Staatshaushalt, sondern schaffte zudem neue Märkte für privat-unternehmerische Tätigkeiten. Die Debatte kreiste allein um die Frage, welche staatlichen Tätigkeiten eingestellt werden konnten und die damit verbundenen öffentlichen Aufgaben (zurück) in die gesellschaftliche Verantwortungssphäre zu entlassen waren. Der Staat sah sich nicht mehr nur als Organisation, sondern zunehmend auch als „*Unternehmen sui generis*" und den Bürger als *Kunden*.[5]

Der Schlankheitsdiskurs hätte in einem Minimalstaat gegipfelt, der den sozial- und rechtsstaatlichen Anforderungen keine Realisierungschancen belassen hätte. Die rechtlichen Anforderungen, denen sich der Staat auf-

---

[5] *Lamping* u.a. 2002, 24.

grund seiner vorangegangenen Entwicklung ausgesetzt sah bzw. hatte, ließen es kaum noch zu, den Schlanken Staat in letzter Konsequenz zu verwirklichen. Erforderlich waren vielmehr Antworten auf die Frage, was der Staat noch tun könne, als sich „bloß" zu verschlanken. Denn die gewünschte Schlankheitskur geriet in den Verruf einer Flucht vor den staatlichen Pflichten.

Und das ist auch der erste Ansatzpunkt für die Konzeption des aktivierenden Staate: Sie ist eine Idee und die Einladung zum gemeinsamen Diskurs darüber, wie das Beziehungsgeflecht Staat-Bürger neu auszuhandeln ist und vereinbart werden könnte. Das ist der erste Kooperationsprozess, der aktivierend wirken könnte.

II. Das Konzept des Aktivierenden Staates

1. Einführung

In Deutschland forderten neben der Europäischen Integration und der – gerade Fahrt aufnehmenden – wirtschaftlichen Globalisierung zusätzlich die Anstrengungen der staatlichen Wiedervereinigung die staatliche Verwaltung heraus, die Leistungsgrenzen auszuloten.[6] Da jedoch der Staat unbeeindruckt als der „gesellschaftliche Problemlöser"[7] angesehen wurde, lag es nah, dass die Gedanken um den Staat eine andere Richtung aufnehmen würden, als lediglich zwischen den Polen eines fürsorglichen Maximalstaates und eines schlanken Minimalstaates hin und herzupendeln.

Und dennoch, bei der Idee vom Aktivierenden (Sozial-)Staat geht es in erster Linie nicht um ein theoretisch ausformuliertes Konzept, sondern um ein „pragmatisches Leitbild". Dieses Leitbild[8] soll als grundlegende Idee ausreichend Zugkraft für praktische Reformen bieten und stellt keine konsistente Staatstheorie des modernen Staates dar.

Politische Praxis seit 1998

In der politischen Praxis griff die Bundesregierung seit 1998 zwei wesentliche Kernelemente des originären Konzepts des Aktivierenden

---

[6] Siehe dazu *Zacher* 2002, 652 ff.
[7] *Blanke u.a.* 2001, 7.
[8] *Wohlfahrt* NDV 2001, 82.

Staates auf. Einerseits baute sie auf die Aktivierung des staatlichen Institutionensystems, andererseits wollte sie die Rolle des Staates sowie der anderen gesellschaftlichen Kräfte diskursiv neu bestimmen (lassen)[9].
Eine grundlegende Idee des Konzepts ist es, „weniger nach der Verantwortung des Sozialstaats als nach der Verantwortung für den Sozialstaat"[10] zu fragen und mit dem Ziel, die Rechte und Pflichten aller gesellschaftlichen Akteure in eine neue Balance zu bringen. Es geht angesichts der Schwierigkeiten des Sozialstaats nicht allein um einen schlichten *Sozialabbau*, wohl aber, dass es sich um einen enormen *Sozialumbau*. Metaphorisch liesse sich sagen, dass der Staat weniger selbst rudert, aber mehr steuert.[11]

2. Kernideen des Konzepts des Aktivierenden Staates

Eine der Kernideen des Leitbildes des aktivierenden Staates war, die öffentliche Verwaltung zu reformieren und zu modernisieren. Ihr sollte zukünftig eine größere Effektivität in ihrem strukturellen Aufbau zugesprochen werden können. Insoweit handelt es sich bei den konzeptionellen Überlegungen zum Aktivierenden Staat nicht ausschließlich um abstrakte Gesellschafts- und Politikreformüberlegungen, sondern auch ganz praktisch um Überlegungen zur Verwaltungsreform. Dabei bauten die Vertreter der Aktivierungsstrategien maßgeblich auf den Konzepten und Praxiserfahrungen zum *Neuen Steuerungsmodell* sowie zum *Bürgerschaftlichen Engagements* auf.[12]
Bernard Blanke, ein maßgebender Autor des Aktivierungskonzepts, betonte frühzeitig, dass der Aktivierende Staat im Kern bedeutet
- „...eine neu gelebte Verantwortungsteilung zwischen Staat und Gesellschaft *zur Realisierung gemeinsamer Ziele im Hinblick auf Fortschritt und Solidarität*" zu kreieren.
- Dabei gehe es um „*Kooperation und Koproduktion staatlicher, halbstaatlicher und privater Akteure in der Verfolgung des öffentlichen Interesses*".

---

[9] Vgl. *Lamping u.a.* 2002, 4; Der Koalitionsvertrag von 1998 ist im Internet unter *http://www.boell.de/downloads/stiftung/1998_Koalitionsvertrag.pdf* zu finden, letzter Aufruf 11.08.2012.
[10] *Lamping* u.a. 2002, 29.
[11] *Wohlfahrt* NDV 2001, 82.
[12] Dazu *Damkowski/ Rösener* 2003, 23 ff, 45 („Grundelemente des Aktivierenden Staates").

– Der Aktivierende Staat wolle „*sein Engagement mit Eigeninitiative und Eigenverantwortung von Bürgerinnen und Bürgern verbinden* und eine neue Leistungsaktivierung in allen Stufen der Wertschöpfungskette öffentlicher Leistungen erreichen"[13]

Diese Grundlagen sollen für die weiteren Gedankengänge zum Aktivierenden Staat als Richtschnur dienen.

a. Überwindung der dichotomischen Vorstellung von Staat und Gesellschaft „...zur Realisierung gemeinsamer Ziele im Hinblick auf Fortschritt und Solidarität"

Entgrenzungen des klassischen Nationalstaates

Um die Phänomene Staat und Gesellschaft im Zuge der Internationalisierung und Globalisierung angemessen zu beschreiben und die anstehenden gesellschaftlichen und staatlichen Probleme zu lösen, gilt es die eingetretenen *Entgrenzungen des klassischen Nationalstaates* zu beachten.[14] Es spricht vieles dafür, dass mit dem Konzept einer Dichotomie von Staat und Gesellschaft heute keine angemessene Beschreibung mehr gelingt.

Staat als Mittler und Moderator im gesellschaftlichen Diskurs

Deshalb knüpfen die Überlegungen an dieser Stelle an die Realisierung *„gemeinsamer Ziele"* unter Rückgriff auf den Begriff der *„Solidarität"*. Solidarität wird nicht mehr als moralische Aufforderung zur sozialen Umverteilung von oben nach unten verstanden, sondern als Ansatzpunkt beid- bzw. allseitiger Verbundenheit. Insoweit versteht sich der Aktivierende Staat in einer neuen Rolle als bisher. Er ist nicht mehr der Führer in einer hierarchischen Staats- und Gesellschaftsstruktur, sondern als Mittler und Moderator im Zentrum eines Netzes von gesellschaftlichen Kräften. Hierbei steuert er den öffentlichen Diskurs, vermittelt zwischen den widerstreitenden Interessen und arbeitet auf einen kooperativen, aber keineswegs konfliktfreien Interaktionsprozess zwischen den beteiligten Interessengruppen hin. Der Staat sieht sich diesmal nicht

---

[13] Vgl. *Blanke u.a.* 2001, 8 (Hervorhebungen vom Autor S.W.).
[14] Vgl. *Blanke u.a.* 2001, 5.

als Ergebnis des Gesellschaftsvertrages (wie im Prozess der frühneuzeitlichen Staatswerdung), sondern als Initiator und Koordinator eines neuen Gesellschaftsvertrages zwischen sich, den Individuen und der Bürgergesellschaft als solche.[15] Dabei stellt das staatliche Fördern und Fordern des gesellschaftlichen Engagements und die Beteiligung der Bürger an den öffentlichen Diskursen den vertraglichen Kern dar.
Praktisch bedürfen solche Aufgaben fähiges Personal innerhalb der Verwaltung. Um es deutlich zu sagen: Verwaltungsmitarbeiter sind hierfür nicht allein mit den „richtigen" Gesetzen unterm Arm auszustatten, sondern benötigen neben einer persönlichen vor allem einer organisationalen Kompetenz und Unterstützung, um neue Wege selbstverantwortlich, aber nicht allein und verlassen zu beschreiten. Hierzu bedarf es breit gefächerter Kompetenzen im Umgang mit Großgruppen und organisationalen Dynamiken in konflikträchtigen Situationen, die nicht aus Gesetzen abgeleitet und gelernt werden könnten, sondern sich aus praktischen Erfahrungen ergeben. Dabei werden Fehler auftreten, die als Ausgangspunkte für Lernprozesse dienen müssen, statt als Endpunkte persönlicher Karrieren. Hier wird es sich lohnen, über eine neue „Fehlerkultur" innerhalb der Verwaltung nachzudenken und die aktuelle zumindest aufzulockern.
Hier wird deutlich, dass die Aktivierung vom Staate auch im Staate und vor allem in der Verwaltung beginnt. Aktivierung ist zunächst Staats- und Verwaltungsaktivierung.[16]

b. Verantwortungsteilung und -stufung zur Verbindung staatlichen Engagements mit der Eigeninitiative und Eigenverantwortung von Burgerinnen und Burgern

Neue Verantwortlichkeitslehre

Das Konzept der Verantwortungsstufung sowie der Neuverteilung von Verantwortungsanteilen kann hier nicht gänzlich dargelegt und erläutert werden. Das ist anderswo eingehend unternommen worden.[17] Jedenfalls meint eine aktivierende Verantwortlichkeitslehre nicht eine schlichte

---

[15] Vgl. *Bürsch* 2005, 76.
[16] Ähnlich *Damkowski / Rösener* 2003, 16 (siehe dortige Übersicht).
[17] Siehe bspw. *Blanke u.a.* 2001, 22 ff.; *Lampe u.a.* 2002, 29 f.; ausfrl. *Schuppert* DV 1998, 422 ff.; *ders.* 2000, 402 ff., 404

Verantwortungsverlagerung oder -umverteilung. Es geht nicht um eine Staatsentlastung allein durch Privatisierungs- und Outsourcing-Prozesse. Aktivierung der Gesellschaft ist kein Synonym dafür, dass der Staat sich seiner Verpflichtung zur Aufgabenerfüllung entledigt. Aktivierungsprozesse sollen bestenfalls Lösungen ermöglichen, bei denen alle gesellschaftlichen Akteure, einschließlich der Staat, kooperative Beiträge leisten. *Blanke* weist in diesem Zusammenhang zurecht auf eine Gefahr hin, die er als psychologischen Vertrag[18] zwischen Bürgern und Verwaltung qualifiziert: Eine wie auch immer geartete neue Verantwortungsteilung und -stufung entfaltet nur dann Aktivierungspotenzial, wenn der Staat die Eigeninitiative und Eigenverantwortung der Bürger nicht bloß um der eigenen Entlastung willen fordert und fördert.

Richtig daran ist, dass sich die Bürger sicherlich den Veränderungsprozessen verweigern würden, wenn die Intention des Aktivierenden Staates allein die eigene Entlastung sei. Genauso richtig ist aber auch, dass die Bürger ein gutes Stück (Mit-)Verantwortung daran tragen und der Aktivierungsprozess von ihrem Wohlwollen abhängt, ob sie auch andere Intentionen des Staates zu Kenntnis nehmen und ihrer Ernsthaftigkeit Vertrauen schenken. Hier wie generell in der Kommunikation gilt, dass sie ohne gegenseitiges Wohlwollen nicht von gegenseitigem Verständnis geprägt sein wird. Maßgebend wird als sein, ob der Staat ernsthaft aus der Einsicht guten Regierens aktivieren wird, dies entsprechend kommuniziert und die Bürger dieses Ansinnen auch verstehen (wollen).[19]

Praktisch geht es bei der neuen Verantwortungsteilung und -stufung um Modalitäten der Aufgabenerfüllung, weniger um Aufgabenverschiebungen oder gar -abschiebungen. Es geht um die Verbesserung der Aufgabenerledigung unter Nutzung der vorhandenen Gestaltungspotenziale, die von den gesellschaftlichen Akteuren eingebracht werden können. Dabei steht die Vermutung Pate, dass es bisher ungenutzte Gestaltungspotenziale auf Seiten der gesellschaftlichen Akteure auch tatsächlich gibt. Deshalb spielen kooperative Interaktionsprozesse zwischen den Akteuren im Aktivierenden Staat eine größere Rolle als bisher. Hier soll genau

---

[18] *Blanke* V&M 2009, 122 f.
[19] Nach dem systemtheoretischen Kommunikationskonzept würden (erst!) damit alle drei Komponenten einer Kommunikation (Information – Mitteilung – Verstehen) gegeben sein, vgl. *Luhmann* IP 1987, 8; auch *Simon* 2006, 91 ff.; Bereits anhand dieses Aspekts von Aktivierungsprozessen wird deutlich, dass es sich „Gemeinschaftsarbeit" handelt, um Kooperationsprozesse, die lediglich gemeinsam gestaltet werden können.

das geklärt werden. Beachtlich bleibt jedoch – und das transaktionsanalytische Konzept des Bezugsrahmens stützt diese These –, dass die erhofften Effekte weder sofort noch stets und überall eintreten werden. Interaktionsprozesse über eine neue Verantwortungsteilung setzen sich der Gefahr aus, in eine Diskussion zur Zuständigkeitsverteilung und antizipierten Schuldverteilung abzugleiten. Denn genau das ist der aktuelle und bisherige Bezugsrahmen, wenn es um Verantwortung und Problemlösungsversuche geht. Unsere Fehlerkultur ist eine Schuldkultur, keine Lernkultur. Damit wird es die Idee des Aktivierenden Staates zu tun bekommen.

Wie können gesellschaftliche Kompetenzen eingebunden und genutzt werden?

c. Neue Steuerungskonzeption zur Aktivierung von Kooperation und Koproduktion staatlicher, halbstaatlicher und privater Akteure bei der Verfolgung des öffentlichen Interesses.

Um keinem Trugschluss zu unterliegen, der Aktivierende Staat geht nicht davon aus, dass seine Bürger ein ungeordneter Haufen von Passiven ist. Bei der Steuerungsfrage und Konzeptualisierung von staatlicher Steuerung geht es darum, aktivitätswillige und engagierte Bürger Beteiligungsräume und -möglichkeiten tatsächlich zu gewähren. Die maßgebende Frage für den Aktivierenden Staat ist nicht, wie werden passive Bürger aktiviert. Die Frage lautet vielmehr, wie muss der Staat handeln, damit sich engagierte Bürger an gesellschaftlichen Problemlösungen auch beteiligen können. Wie können ihre Kompetenzen eingebracht und genutzt werden? Tatsächlich ist ein Großteil der Bevölkerung in Deutschland in Vereinen und Verbänden organisiert, bauen Netzwerke auf und beteiligen sich an der Lösungssuche für gesellschaftlich relevante Problemlangen.[20] Der aktivierende Staat möchte dieses Engagement verstärkt koordinieren und die Kompetenzen der Bürger „anzapfen", um die Bewältigung gesellschaftlicher Problemlagen und Herausforderungen effektiver zu gestalten.
Als Einflussfaktor im Umfeld des gesellschaftlichen Lebens möchte der Staat einerseits Beteiligungsmöglichkeiten einräumen und andererseits

---

[20] Ausführlich dazu *Bürsch* 2005, 75 f.

Zugangsbarrieren abbauen, um Kooperation und Koproduktion zu ermöglichen. Aus diesem Grunde wird der Aktivierende Staat deshalb verstärkt auf prozessorientierte und netzwerkbasierte Steuerungsinstrumente zurückgreifen.[21] Nach diesem Vorstellungsbild ist der Staat *insoweit* nicht mehr eine übergeordnete Steuerungsinstanz, sondern ein Akteur in der Mitte gesellschaftlicher Kräfte, dessen Steuerung „durch das Zusammenwirken politischer und gesellschaftlicher Akteure entsteht"[22] – und jenes Zusammenwirken auch ermöglicht. Dabei wird die Frage für den Aktivierenden Staat und insbesondere für dessen Verwaltung lauten, wie sein Steuerungsinstrumentarium beschaffen sein muss, um die anvisierte Vermittler- und Koordinatorenrolle ausfüllen zu können.[23]

Steuerung in sozialen Systemen

Gesteht man zu, dass auch eine Steuerung von Großorganisationen und sozialen Systemen nicht nach dem Prinzip „Lenkrad und Fahrtrichtung" funktioniert, wird schnell einsichtig, dass es sich um das Resultat von interdependenten Kommunikationsmustern auf der Grundlage beidseitiger Selbstorganisation handelt.[24] Derartige Wechselwirkungen sollten beachtet werden, wenn man dem Begriff „Steuerung" irgendein Element der Absicht oder Intention zuschreiben möchte. Auch staatliche Steuerung funktioniert nicht nach dem mechanischen Prinzip bzw. in Form von Befehl und Gehorsam: Denn wer zwischen Herrchen und Hund tatsächlich der Steuermann ist, bleibt – systemtheoretisch betrachtet – eine offene Frage. Schließlich ist es perspektivenabhängig, ob der Befehl den Gehorsam nach sich zieht oder der Ungehorsam den Befehl vor sich herschiebt. Mechanische Steuerung für soziale Systeme bleibt ein Wunschtraum.

Ein am Leitbild des aktivierenden Staates orientiertes, politikumsetzendes Verwaltungshandeln wird sich innerhalb eines gesetzlich gewährten Freiraums eigenständig verorten müssen. Dabei wird dieser Freiraum durch ein Spektrum an Handlungsmöglichkeiten ausgefüllt werden, aus

---

[21] Dazu sogleich eingehender.
[22] Damkowski / Rösener 2003, 69.
[23] Ausführlich zum Folgenden *Weigel* 2012, 379 ff.
[24] Einen beachtlichen Entwurf einer akteurs- und systemtheoretischen Basiskonzeption für die Steuerung von Organisationen hat nunmehr *Fischer* 2009 vorgelegt.

dem die Verwaltung schöpfen kann und zuvorderst durch eine „intentionale Gesetzgebung"[25] gewährleistet wird. Verwaltungshandeln bleibt zwar gesetzesumhegt, aber keineswegs gesetzesdeterminiert. Als Verfahrensverantwortliche kreiert die Verwaltung vielmehr fallbezogene Prozesse, um die gewünschten Wirkungen konkret zu erreichen. Verwalten stellt sich damit ebenso wie die gesetzgeberische Tätigkeit als Bewirken von Wirkungen im Netzwerk von selbstorganisierten Organisationseinheiten dar.[26]

Verhandlungssysteme etwa, mögen sie auch „nicht direkt und für alle anstehenden öffentlichen Aufgaben...im Aktivierenden Staat...intendiert"[27] sein, werden jedenfalls verstärkt genutzt werden, um koproduktive Maßnahmen zur Problemlösung zu vereinbaren. Damit rückt der Vertrag als verwaltungsrechtliche Handlungsform neben dem klassischen Verwaltungsakt[28] in den Vordergrund. So wurden beispielsweise neue Erfahrungen mit sog. Expertenrunden gemacht, die unverbindliche Vorschläge und Lösungsideen erarbeiten, denen sich sodann die jeweiligen Regierungen anschließen oder zumindest zur Grundlage für eigene Entscheidungen machen können.[29] Grundsätzlich wird jedoch ein besonderes Augenmerk darauf zu legen sein, dass derartige Verhandlungsrunden nicht zur „Verantwortungsverwischung"[30] missbraucht werden. Hier mag generell das transaktionsanalytische Vertragskonzept sowie die strikte Vertragsorientiertheit transaktionsanalytischer Arbeitsweise hilfreiche Dienste leisten.

---

[25] *Pitschas* 2002, siehe auch *Pitschas* 2008.
[26] *Blanke/Plaß* 2005, 39 („Bewirkungsketten").
[27] Vgl. Heinze/Hilbert/Spalink(Stöbe-Blossey 2005, 15, die zurecht darauf hinweisen, dass „Runde Tische" mitunter das Problem auf die „lange Bank" verschieben.
[28] Und im Rahmen des Verwaltungsakts dürfte das beratende und verständigende Element im Entscheidungsfindungsprozess der Verwaltung gleichsam gestärkt werden. Denn Information und beidseitige Verständigung und damit die Voraussetzung von gelingender Kommunikation zwischen selbstorganisierten Einheiten ist das grundlegende Merkmal im aktivierenden Staat, dazu auch *Baer* 2006, 250 f.
[29] Erinnert sei etwa an die *Hartz-Kommission* „für moderne Dienstleistungen am Arbeitsmarkt" (Februar 2002 – August 2002), an die sog. *Rürup-Kommission* „für die Nachhaltigkeit in der Finanzierung der sozialen Sicherungssysteme" (November 2002 – August 2003), an die *Herzog-Kommission* „zur Reform der deutschen Sozialversicherung" (– September 2003).. sowie an die nordrhein-westfälische *Bull-Kommission* zur „Zukunft des öffentlichen Dienstes - öffentlicher Dienst der Zukunft" (Frühjahr 2001 – Januar 2003).
[30] *Blanke u.a.* 2001, 30.

Steuerungsinstrumente

Ebenso wird die gesamte Verwaltungsorganisation, insbesondere die Ablauforganisation auf diese Veränderungen eingestellt werden. Das wirft besondere Herausforderungen für das Verwaltungspersonal wie dessen Rekrutierung auf. Die Verwaltung in ihrem Aufbau und ihrer Organisation sowie ihrer Personalstruktur wird durch die „Umformulierung des Verwaltungsrechts", das sich am Kommunikationsbegriff ausrichtend als Verwaltungsinformationsrecht darstellen wird, erheblichen Veränderungsprozessen ausgesetzt sein und ihrerseits derartige bewirken.[31] Organisatorisch wird mehr team- und projektorientiert gearbeitet werden.[32] Rechtswirksame Verträge, sonstige bindende Absprachen, unverbindliche Vereinbarungen, aber auch Zielvereinbarungen und Beratungsleistungen stehen den Verwaltungsmitarbeitern zur Verfügung und werden zu einem selbstverständlichen Handlungsinstrumentarium der Verwaltung – für alle Beteiligten. Ebenso wird die informierende Öffentlichkeitsarbeit der Verwaltung eine verstärkte Rolle in der Verwaltungsarbeit einnehmen, so dass aufs Ganze besehen von einer Steuerungs- und Regulierungsvielfalt gesprochen werden kann, die dem Staat in seiner historischen Entwicklung bisher nicht zu Eigen war.

III. Das Menschenbild des Aktivierenden Staates

Welches Menschenbild liegt dem Handeln des Aktivierenden Staates zugrunde? Wie lässt sich der zu aktivierende Bürger beschreiben, wenn er mit den Bildern des „Konsumenten", „Kunden" oder des zu verwaltenden „Bürgers", dessen Name und Adresse polizeilich hinterlegt sind, nicht ausreichend erfasst werden würde. Maßgebend ist dabei – wie bei jeder Kommunikation – die innere Haltung der Kommunikationspartner. Es wird sich im Folgenden zeigen, dass die Transaktionsanalyse gerade wegen ihres Menschenbildes sowie ihrer Beratungskultur ausgezeichnet an die Konzeption des Aktivierenden Staates sowie dessen praktischen Herausforderungen der Verwaltungs(um)organisation ankoppeln kann und hilfreiche Impulse zu setzen vermag.

Aspekte des Menschenbildes im Aktivierenden Staat

Anhand dreier Grundgedanken soll sich Menschenbild des Aktivierenden Staates skizzenhaft entfalten. Zuvorderst wird dabei der *Gedanke der Eigenverantwortlichkeit des Individuums* zur Sprache kommen, dem die Transaktionsanalyse mit dem Konzept der Autonomie Wichtiges abgewinnen wird, ohne die Gefahren innerhalb einer Großorganisation, namentlich der Überforderung des Einzelnen, zu übersehen. Sodann schließt sich der Gedanke, dass der *Bürger der Kooperationspartner des Staates* ist, an. Dabei wird das transaktionsanalytische Vertragskonzept dazu dienen können, dass der „Steuerstaat" den Bürger nicht doppelt in Anspruch nimmt, um das Gemeinwohl zu sichern. Abschließen wird die Skizze des Menschenbildes im Aktivierenden Staat der *Gedanke der Eigeninitiative und Lernfähigkeit des Menschen*. Hier besteht die Gefahr, dass der Staat darunter eine Anpassungsfähigkeit verlangt, die es ihm „erlaube" destruktiv und zu Lasten der Bürger zu agieren, also unter dem Deckmantel der Förderung und des Lernens zu fordern.

1. Eigenverantwortlichkeit des Bürgers

Als Bürger, der nicht mehr nur allein als „Gegenüber des Staates", als ausschließlich schützenswertes Subjekt („fördern") konstruiert wird, sondern auch als aktives, engagiertes und initiierendes Mitglied der Gesellschaft formuliert ist, wird er im Aktivierenden Staat durchaus „im Sinne einer anspruchsvollen ‚citizenship' konstruiert"[33]. Der Bürger tritt nicht mehr nur allein als Untertan der Verwaltung gegenüber („Obrigkeitsstaat"[34]) oder als Konsument derer Leistungen („Sozialstaat"[35]), sondern auch als Mitproduzent und Kooperator. Verwaltungsrechtlich wie - organisatorisch erscheint er ausgerichtet am „Modell des Sozialarbeiters" als Mitglied der Gesellschaft sowie der Verwaltung selbst. Das ist letzt-

---

[31] Vgl. *Vesting* 2008.
[32] Siehe auch zum Folgenden *Baer* 2006, 251.
[33] Siehe auch zum Folgenden *Baer* 2006, 249.
[34] Siehe ausfrl. *Baer* 2006, 93 ff.
[35] Siehe ausfrl. *Baer* 2006, 128 ff., wobei zutreffend hervorgehoben wird, dass das Recht auf Sozialleistung tatsächlich mehr als „passiver Rezipient" einforderbar war, denn als aktives Rechtssubjekt. Der „Leistungsempfänger hat weniger Rechte als derjenige, der Eingriffe hinnehmen muss.", S. 129.

lich eine Konsequenz aus der kommunikativen Wechselwirkung im kooperativen Zusammenwirken von Bürger und Verwaltung.

Mitverantwortlichkeit

Der Bürger *konsumiert* nicht nur die Leistungen des Staates (für die er gewissermaßen Steuern zu zahlen bereit ist), sondern *produziert* im Wege der wechselwirkenden Kommunikation und Kooperation mit den staatlichen Stellen auch derartige „staatliche Leistungen". Die integrierende Konsequenz erscheint offenbar und wird von *Tomerius* klar benannt: „Öffnet sich der verwaltende Staat in seinen Entscheidungsprozessen der Mitwirkung betroffener Bürgergruppen, so entfaltet sich eine Reflexwirkung auf das Individuum, das sich innerhalb der jeweiligen Gruppe oder durch deren Repräsentant vertreten sieht. In dem Gefühl, nicht nur als fremdbestimmter Untertan, sondern als mitwirkender und damit auch verantwortungstragender Bürger an hoheitlichen Entscheidungen teilzunehmen, fällt die Identifikation mit dem abstrakten Gebilde ‚Staat' leichter."[36]

Verantwortungsfähigkeit

Neben diesem Aspekt der Mit-Verantwortung, des Mit-in-die-Verantwortung-nehmens und -gehens, ist ein vorgeschalteter Aspekt für die Frage des Menschenbildes bedeutsam: Der Aktivierende Staat sieht seine Bürger als verantwortungsfähig an. Er sieht sie als selbstorganisierte Entscheidungsträger zu aktiver Antwort fähig. Das transaktionsanalytische Konzept der Autonomie mag diesen Aspekt verdeutlichen: Autonomie und Eigenverantwortlichkeit beinhalten die Entscheidungsfähigkeit sowie die Korrekturfähigkeit von getroffenen Entscheidungen und damit auch die Bereitschaft, die Konsequenzen von Entscheidungen zu tragen.[37] Herausgehoben wird der eigene Anteil am Ist-Zustand, betrachtet wird der Aspekt im eigenen Erleben, der durch eigenes Tun veränderlich ist und insoweit das Element fokussiert, bei der sich der Bürger als Gestalter seiner Umwelt entdeckt und erkennt.

---

[36] *Tomerius* 1995, 131 f.
[37] Ausfrl. dazu *Weigel* 2012, 230 ff. m.w.N.

Hier verschreibt sich der Aktivierende Staat einer „Politik des Empowerments"[38], die sich zuvorderst im Bereich der Sozialpolitik zeigt, jedoch auch in anderen Politiken der Verwaltungsorganisation und -verfahren Auswirkungen haben wird.[39] So wurde zum Beispiel erst in den kürzlich vergangenen Jahren untersucht, ob – wie allgemein angenommen – das bürgerschaftliche Engagement in Deutschland im Vergleich zu anderen Nationalitäten hinterherhinkt. Das überraschende Ergebnis war eindeutig: Keineswegs. Und die Politik ist erst dadurch bereit, die Bereitschaft und das Engagement der gesellschaftlichen Kräfte zu nutzen und in die Politikgestaltung einfließen zu lassen.[40]

2. Kooperationspartner des Staates bei der Gemeinwohlkonkretisierung

Kooperationspartnerschaft

Der Aktivierende Staat anerkennt den Bürger als Kooperationspartner bei der Gemeinwohlkonkretisierung[41] und geht davon aus, dass die Bürgerschaft grundsätzlich interessiert, engagiert und bereit ist, sich für die eigenen Interessen vermittelt durch das Gemeinwohl einzusetzen. Der Gedanke der Kooperationspartnerschaft verdeutlicht, dass Bürger einerseits mitbestimmen, was im Interesse des Gemeinwohls verwirklicht werden soll, und andererseits sich an der Umsetzung beteiligen. Das soll knapp anhand von kommunalen und sozialpolitischen Konzepten erläutert werden: Einerseits anhand des Konzepts der „Bürgerkommune"[42] bzw. des später entwickelten Leitbilds der „Bürgerorientierten Kommune"[43], die ihrerseits Früchte des sog. Neuen Steuerungsmodells sind und zu mehr Bürgerbeteiligung[44] führen sollen; andererseits anhand „personenbezogener Dienstleistungen", die im Bereich der Arbeitsmarkt- und Sozialpolitik eine verstärkte Rollen im Aktivierenden Staat spielen.

---

[38] Vgl. für Sozialleistungen etwa *Evers* TuP 2001, 86 f.
[39] Dazu die Studien zu Beteiligungsverfahren und -erfahrungen von *Klages* 2007.
[40] Vgl. *Klages* 2007, 17 f.
[41] Siehe *Schuppert* 2000, 281 f.
[42] Siehe dazu *Wohlfahrt* NDV 2001, 83.
[43] www.buergerorientierte-kommune.de
[44] Siehe dazu ausfrl. *Dahme/Wohlfahrt* TuP 2001, 10.

„Bürgerorientierung meint in diesem Zusammenhang, Bürgerinnen und Bürger an Entscheidungen zu beteiligen, ihnen die Übernahme von öffentlichen Aufgaben zu ermöglichen und bürgerschaftlich Engagierte tatkräftig zu unterstützen. Die Bürgerinnen und Bürger sind somit Adressaten der Bürgerorientierung. Bürgerengagement begreift die Bürgerinnen und Bürger dagegen als Akteure und erfasst ihr konkretes Handeln für das Wohl des Gemeinwesens. Bürgerorientierung und Bürgerengagement ergänzen sich gegenseitig."[45] Ausgangspunkt der Überlegungen ist, dass der Bürger als Partner der Gemeinde zusammen mit ihr die kommunalen Aufgaben erledigt. Die Gemeinde gibt ihm nicht mehr allein aufgrund ihres öffentlichen Auftrags, so dass der Bürger am öffentlichen Leben teilhat, sondern er wird zur aktiven Teilnahme an der Gestaltung des öffentlichen Lebens ermuntert. So wird der Bürger insbesondere zum Ko-Planer des Rathauses, zum Berater und Dienstleister bei gemeindlichen Vorhaben etwa im Straßenbau oder bei städtischen Sanierungen. Die lokale Politik und unteren Verwaltungseinheiten stellen zunehmend mehr lediglich den erforderlichen Wirkungsrahmen für das bürgerschaftliche Engagement zur Verfügung.

personenbezogene Dienstleistungen

Aber auch in der Sozial- und Arbeitsmarktpolitik wird das Prinzip der Eigenverantwortlichkeit und Koproduktivität gestärkt. Hier wird materielle Hilfe zunehmend abgelöst durch „persönliche Unterstützung" in Gestalt von „personenbezogenen Dienstleistungen"[46] durch den Staat. Dabei handelt es sich um Kooperation und Koproduktion „staatlicher Leistungen", weil hier Produktion und Konsum der staatlichen Leistungen zeitlich zusammenfallen. Personenbezogene Dienstleistungen, sind vor allem Beratungsleistungen, was bedeutet, dass sie nicht speicherbar sind und kein materielles Produkt darstellen, sondern einen (Beziehungs-)Prozess kreieren. Die Qualität der Leistung wird während der und durch die Interaktionen der Beteiligten produziert. Der „Konsument" ist dabei nicht passiv, Nachfrager und Empfänger, sondern Mitproduzent, Kreierender und deshalb Mit-Verantwortlicher. Transaktions-

---

[45] So das Leitbild Bürgerorientierte Kommune. Orientierungsrahmen und Qualitätsmaßstab, S. 8, das von der CIVITAS-Zukunftskonferenz ausgearbeitet wurde, herunterzuladen als pdf-Dokument unter www.bertelsmann-stiftung.de/documents/leitbild.pdf.
[46] Zum Folgenden *Reis* NDV 2001.

analytisch konzeptualisiert handelt es sich im Sozial(-verwaltungs-)recht um die Bemühung, nicht mehr zu retten, sondern tatsächlich zu helfen.[47] Das erfordert vom staatlichen Personal konstruktive Interventionen, die auf der Basis von „Ich bin ok., Du bist ok." lösungsfokussiert das Anliegen der Bürger ernst nehmen. Hierfür ist ein Maß an Reflexionsarbeit und Professionalisierung im staatlichen Beratungssegment, dass für sich bereits zeigt, dass es sich bei dem Konzept des Aktivierenden Staates zunächst um ein Selbstaktivierungskonzept handelt,[48] was es als „rein finanzielle Sparmaßnahme" ausschließt.

Und genau hier liegt eine Gefahr für das Konzept des Aktivierenden Staates, die sich realisiert, wenn das zugrundeliegende Welt- und Menschenbild nicht reflektiert und geklärt ist. Wird der Bürger als nimmersatter Anspruchssteller gesehen, dessen Undankbarkeit den Staat in den Ruin treiben, dann ist man schnell geneigt, das Forderungselement überzubetonen und das Förderungselement zu vernachlässigen. Die Nagelprobe für das Konzept des Aktivierenden Staates findet tatsächlich bei den staatlichen Leistungsangeboten der „persönlichen Beratung in prekären materiellen Lebenslagen" statt. Hier wird sich zeigen, ob der Staat bzw. sein Personal aktivierend wirken können: Denn Beratung weist wesentliche Unterschiede zu klassischen Sozialleistungen auf, wobei hier nur auf die Ergebnisoffenheit eingegangen werden soll: Hier kann kaum über die Qualität der Leistung ohne den Leistungsempfänger in den Blick zu nehmen gesprochen werden. Denn über den Sinn und Nutzen von Beratung entscheidet wesentlich der Leistungsempfänger. Dem Beratenden stehen zwar unterschiedliche diagnostische und intervenierende Konzepte zur Verfügung, um den Beratungsprozess anhand des Beratungsauftrags zu steuern und zu evaluieren,[49] aber eben nicht allein zu produzieren und zu verantworten. Gerade bei Beratungsleistungen wird die Koproduktivität besonders deutlich. Kooperation zwischen selbstorganisierten und selbstverantwortlichen Einheiten ist lediglich dann möglich, wenn sich diese Einheiten miteinander vertragen – im wahrsten Sinne des Wortes – was auch bedeutet, dass sie konstruktiv

---

[47] I.S.d. Dramadreiecks nach *Karpman* TAB selected 1976.
[48] *Lamping u.a.* 2002, 5: „Nicht allein die Modernisierung von Staat und Verwaltung, sondern die gezielte Selbstaktivierung und Selbstveränderung des Staates und die Aktivierung der Gesellschaft auf verschiedenen Ebenen sind Kernaussagen des Konzepts."; siehe dazu auch *Damkowski / Rösener* 2003, 16 f.
[49] Zur Beratung als Element der Sozialhilfe im Aktivierenden Staat: *Hoffmann* NDV 2002.

und lernend mit Konflikten umgehen. Es ist deshalb nur konsequent, wenn der transaktionsanalytische Vertragsgedanke sowie eine Fehlerkultur, die sich als Lernkultur definiert, zum praktischen Instrumentarium im Umgang miteinander Platz greifen. Ebenso konsequent sind allerdings auch die praktischen Schwierigkeiten für die Beteiligten, die in klassischen und hierarchisch betonten Beauftragungs- und Delegationswelten ihre Erfahrungen haben.

3. Lernfähigkeit und Lernwilligkeit des Bürgers

Der Aktivierende Staat ist undenkbar, wenn nicht davon ausgegangen werden würde, dass Menschen lernfähig und lernwillig sind. Es dürfte deshalb kein Zufall oder gar eine Mode sein, sondern Konsequenz, dass staatlich-aktivierende Strategien ihre Wurzeln im Kontext des „sozialen Lernens" haben und der „Wissensgesellschaft" zugeordnet werden können.[50]

Neue Lernkultur

Aktivierungsstrategien zielen somit auf eine konstruktive Lern- und Fehlerkultur ab, deren Eckpfeiler Ressourcen- und lösungsorientiertheit sind. Nicht der Ärger über Falschgemachtes soll allein zur Verbesserung führen, weil der Mensch ja Schuld von sich abhalten möchte, sondern die Freude am Erreichen liefert weitere Energie dafür, sich zu schulen und zu verbessern. Derlei Ideen aus der Individualpädagogik dienen auch dem aktivierenden Staat als Richtschnur im Umgang mit dem Bürger. So definiert der Aktivierende Staat Sozialleistungen nicht mehr als Ausgleich eines (finanziellen) Defizits auf Seiten des Bürgers, sondern leistet derart, dass dessen Stärken gestärkt und die individuelle Leistungsfähigkeit gefördert werden.[51] Dabei geht der Aktivierende Staat davon aus, dass der Mensch nicht nur lernfähig und -willig ist, sondern auch lernbedürftig, soweit er sein individuelles Leben nicht ohne fremde (und gegebenenfalls staatliche) Hilfe menschenwürdig zu meistern in der Lage ist. Das begründet mitunter staatlichen Druck und Anpassungsfähigkeit des Bürgers und eine wahre Gratwanderung zwischen Fördern

---

[50] Vgl. dazu *Blanke* 2001, 4.
[51] *Bürsch* 2005, 80.

und Fordern, zwischen Einforderung von Eigenverantwortlichkeit und Zugestehen eigener Gewährleistungsverantwortlichkeit.

Politik des Empowerments

Kern der sozialen Politik ist nicht mehr die Absicherung eines allein monetär bezifferbaren Lebensstandards, sondern die persönlichen Veränderungsmöglichkeiten und staatlich beeinflussbaren Veränderungsbedingungen.[52] Bezogen auf das Menschenbild scheint hier wieder primär die individuelle Eigenverantwortlichkeit durch. Sozialpolitik gebiert sich zur Politik des Empowerments. Die Verringerung der direkten sozialen Geldzahlungen, die eben auch Abhängigkeiten schaffen, ermöglichen bestenfalls Gewährung von (Fort-)Bildungschancen und Lernmöglichkeiten. Der Staat sichert gewissermaßen zu, dass er den Einzelnen oder ganze Gruppen darin unterstützt, die notwendigen Veränderungsprozesse zu meistern, entsprechende Lernprozesse zu begleiten bzw. Begleitprozesse zu finanzieren, um damit letztlich zu gewährleisten, dass ein menschenwürdiges und damit grundrechtskonformes Leben wahrgenommen werden kann. So verlagert sich der Schwerpunkt etwa von der Frage, wie viel Geld ein menschenwürdiges Dasein i.S.d. Art. 1 Abs. 1 GG heutzutage kostet, hin zu der Frage, was bedarf es an Unterstützungsleistungen für den Einzelnen, damit dieser in der Lage ist, sein Leben menschenwürdig zu gestalten. Das bedeutet vor allem auch, dass der Staat und „sein" Recht akzeptieren, dass es sich dabei nicht um einen Begriff handelt, dessen Gehalt objektiv feststellbar ist – sondern zunächst individuell definiert und im sozialen Kontakt abgeglichen wird.

Bild des Beamten im Aktivierenden Staat

Die angesprochenen Aspekte des Menschenbildes zeigen sich auch im *Bild des Beamten*, dass der Aktivierende Staat von seinem Amtspersonal hat. Gewissermaßen treffen sich Staats- und Menschenbild im Bild des Beamten. Im Frühjahr 2001 trat die nordrhein-westfälischen Regierungskommission „Zukunft des öffentlichen Dienstes – öffentlicher

---

[52] Beides schließt freilich nicht aus, dass auch weiterhin finanzielle Mittel als Sozialleistungen fließen werden. Jedoch weiten sich die Hilfsangebote und Unterstützungsmöglichkeiten des Staates darüber hinaus aus und sind zwar Geld wert, aber werden nicht als solches ausgezahlt.

Dienst der Zukunft" unter der Leitung von *Hans P. Bull* („*Bull-Kommission*") zusammen.[53] Neben konkreten Verbesserungsvorschlägen formulierte die Kommission überdies ein Leitbild des öffentlichen Dienstes, das „das Selbstverständnis der Mitarbeiter und ihre Identifikation mit der Aufgabe"[54] verdeutlicht. Folgende Elemente enthält es:
- Bürger- und Kundenorientierung
- Leistungsorientierung
- Wirtschaftliches und unternehmerisches Denken und Verhalten
- Qualifizierte Führung
- Anpassungsfähigkeit und Verantwortungsbewusstsein

Auch in diesen Punkten, die hier im Einzelnen nicht näher erläutert werden,[55] kommt die Vorstellung zum tragen, dass der Mensch, ob als Bürger oder Beamter, eigenverantwortlich, aber kontextbedingt seine Entscheidungen trifft. Es mag mitunter zu Kollisionen der Leitbildelemente kommen, aber auch hier setzt eine aktivierende Verwaltung auf das Verantwortungsbewusstsein und damit auf die Eigenverantwortlichkeit seiner Beamten. Das wird im Rahmen einer hierarchisch organisierten und an Recht und Gesetz orientierten Verwaltung besonders beachtenswert und herausfordernd. Die leidliche Erfahrung nicht nur in Organisationswelten, dass Persönlichkeit und Eigenverantwortung nur hinter Wenigem besser versteckt werden können, als hinter Genauigkeit und Rechtmäßigkeit, deutet bereits an, welche Herausforderungen auf eine aktivierende Verwaltungs(-durch-)führung zukommen wird. Es ist daher begrüßenswert, dass die Bull-Kommission in dieser Frage Stellung bezogen hat: Sie bringt (unmissverständlich?) zum Ausdruck, dass es nicht mehr allein darauf ankommt, die richtige Ausführung der Rechtsnormen zu gewährleisten („input"-Orientierung), sondern auch das Erreichen bestimmter Ziele („output") bzw. langfristige Wirkungen des eigenen Handelns in die Überlegungen einzubeziehen („outcome").[56] Eine derar-

---

[53] Der Abschlussbericht ist unter *http://www.regierungskommission.nrw.de/imnrw/pdf/berrk.pdf* bereitgestellt. Letzter Aufruf 9.7.2012.
[54] *Bull-Kommission* 2003, 80.
[55] Siehe aber etwa zum Thema Kundenorientierung im Sozialverwaltungsverfahren *Jährling-Rahnefeld* VSSR 2003, die zurecht feststellt, dass es sich dabei nicht um einen Rechtsbegriff handelt, sondern um eine Einstellung der Mitarbeiter, das Anliegen der Bürger aus deren Sicht zu behandeln.
[56] Siehe zum Folgenden *Bull* 2005, 89 f.

tige Ergebnisorientierung wird, so die *Bull-Kommission*, viel zu sehr – sowohl in der Juristenausbildung als auch in der Ausbildung des öffentlichen Dienstes – vernachlässigt. Hier liegt tatsächlich ein enormer Veränderungs- und Entwicklungsbedarf in der öffentlichen Verwaltung vor. Wie die *Bull-Kommission* ausführt, bedarf es einer Organisationskultur des Vertrauens.[57] Das Menschenbild des Aktivierenden Staates jedenfalls bietet einen guten Dünger für diesen Entwicklungs- und Veränderungsprozess, der in den deutschen Verwaltungsorganisationen im Gange ist.

V. Literatur

Baer, S. (2006). „Der Bürger" im Verwaltungsrecht. Subjektkonstruktion durch Leitbilder vom Staat, (Jus Publicum, Beiträge zum Öffentlichen Recht, Bd. 146). Tübingen.

Blanke, B. (2009). Erzählungen zum aktivierenden Staat. Verwaltung & Management. Zeitschrift für moderne Verwaltung, 15 (3), 115-125.

Blanke, B., Lamping, W., Schridde, H. & Plaß, S. (2001). Aktivierender Staat – aktive Bürgergesellschaft. Eine Analyse für das Bundeskanzleramt. Hannover.

Blanke, B. & Plaß, S. (2005). Vom schlanken Staat zum aktivierenden Staat. Leitbilder der Staats- und Verwaltungsmodernisierung. In F. von Behrens, R. G. Heinze, J. Hilbert & S. Stöbe-Blossey (Hrsg.), Ausblicke auf den aktivierenden Staat. Von der Idee zur Strategie (S. 27-42). Berlin.

Bull, H. P. (2005). Verwaltungspolitik konkret. Der Kommissionsbericht „Zukunft des öffentlichen Dienstes – öffentlicher Dienst der Zukunft". In F. von Behrens, R. G. Heinze, J. Hilbert & S. Stöbe-Blossey (Hrsg.), Ausblicke auf den aktivierenden Staat. Von der Idee zur Strategie (S. 85-97). Berlin.

Bull-Kommission (2003). Zukunft des öffentlichen Dienstes – öffentlicher Dienst der Zukunft. Bericht der von der Landesregierung Nordrhein-Westfalen eingesetzten Kommission, Düsseldorf 2004. Als pdf-Datei unter http://www.regierungskommission.nrw.de/imnrw/pdf/berrk.pdf downzuloaden.

Bürsch, M. (2005). Engagierte Bürger und aktivierender Staat. Auf dem Weg zu einer neuen Arbeitsteilung, In F. von Behrens, R. G. Heinze, J. Hilbert & S. Stöbe-Blossey (Hrsg.), Ausblicke auf den aktivierenden Staat. Von der Idee zur Strategie (S. 75-84). Berlin.

---

[57] Siehe *Bull-Kommission* 2003, 80.

Dahme, H.-J. & Wohlfahrt, N. (2001). Zur Theorie eines aktivierenden Sozialstaats (I) – Aktivierender Staat: Neues Leitbild für die Sozial- und Gesellschaftspolitik? In Arbeiterwohlfahrt Bundesverband e. V. (Hrsg.), Theorie und Praxis der Sozialen Arbeit (S. 10-14). Bonn.

Damkowski, W. & Rösener, A. (2003). Auf dem Weg zum Aktivierenden Staat. Vom Leitbild zum umsetzungsreifen Konzept. Sonderband 18: Modernisierung des öffentlichen Sektors. Berlin.

Evers, A. (2001). Aktivierender Sozialstaat (II) – Ein Beitrag zur Vitalisierung der Burgergesellschaft? In Arbeiterwohlfahrt Bundesverband e. V. (Hrsg.), Theorie und Praxis der Sozialen Arbeit (S. 83-89). Bonn.

Fischer, J. H. (2009). Steuerung in Organisationen.

Franzius, C. (2003). Der Gewährleistungsstaat – Ein neues Leitbild für den sich wandelnden Staat? Der Staat. Zeitschrift für Staatslehre und Verfassungsgeschichte, deutsches und europäisches Öffentliches Recht, 42, 493-517.

Franzius, C. (2008). Die europäische Dimension des Gewährleistungsstaates. Der Staat. Zeitschrift für Staatslehre und Verfassungsgeschichte, deutsches und europäisches Öffentliches Recht, 42 2006, 547-581.

Franzius, C. (2008). Der Gewährleistungsstaat. Verwaltungs-Archiv. Zeitschrift für Verwaltungslehre, Verwaltungsrecht und Verwaltungspolitik, 98, 351-379.

Hagehülsmann, H. (1994). Begriff und Funktion von Menschenbildern in Psychologie und Psychotherapie – Wissenschaftstheoretische Überlegungen am Beispiel der Humanistischen Psychologie. In H. Petzold (Hrsg.), Wege zum Menschen – Methoden und Persönlichkeiten moderner Psychotherapie. Ein Handbuch. Band I (S. 9-44). Paderborn.

Heinze, R. G., Hilbert, J., Spalink, D. & Stöbe-Blossey, S. (2005). Einführung – Der aktivierende Staat, Hintergründe und Merkmale eines Leitbildes für öffentliches Handeln. In F. von Behrens, R. G. Heinze, J. Hilbert & S. Stöbe-Blossey (Hrsg.), Ausblicke auf den aktivierenden Staat. Von der Idee zur Strategie (S. 9-24). Berlin.

Hoffmann, S. (2002). Beratung als zentrales Element der Sozialhilfe im aktivierenden Sozialstaat. Sozialpolitische Bedeutung und Konsequenzen für die Gestaltung sozialer Dienste. Nachrichtendienst des Deutschen Vereins für öffentliche und private Fursorge, Frankfurt am Main 2003, 86-92.

Jährling-Rahnefeld, B. (2003). Der Bürger als Partner der Verwaltung – Möglichkeiten und Grenzen eines kundenorientierten Sozialverwaltungsverfahrens. Vierteljahresschrift für Sozialrecht, herausgegeben von W. Boecken & R. Pitschas 2003, 293-315.

Karpman, St. B. (1976). Fairy tales and script drama analysis. Transactional Analysis Bulletin 1968, 39-43; hier entnommen aus Transactional Analysis Bulletin. Selected Articles from Volumes 1 through 9, 1976, 51-56.

Klages, H. (2007). Beteiligungsverfahren und Beteiligungserfahrungen. Bonn.

Lamping, W., Schridde, H., Plaß, S. & Blanke, B. (2002). Der Aktivierende Staat. Positionen, Begriffe, Strategien. Studie für den Arbeitskreis Bürgergesellschaft und Aktivierender Staat der Friedrich-Ebert-Stiftung. Hannover.

Luhmann, N. (1987). Was ist Kommunikation? Information Philosophie, 1987, 5-16.

Pitschas, R. (2002). Verantwortungskooperation zwischen Staat und Bürgergesellschaft. Vom hierarchischen zum partnerschaftlichen Rechtsstaat am Beispiel des Risikoverwaltungsrechts. In K. P. Sommermann & J. Ziekow (Hrsg.), Perspektiven der Verwaltungsforschung. Beiträge zur Wissenschaftlichen Arbeitstagung aus Anlass des 25-jährigen Bestehens des Forschungsinstituts für öffentliche Verwaltung vom 8. bis 10. Oktober 2001 in Speyer (S. 223-267). Berlin.

Pitschas, R. (2008). Maßstäbe des Verwaltungshandelns. In W. Hoffmann-Riem, E. Schmidt-Aßmann & A. Voßkuhle (Hrsg.), Grundlagen des Verwaltungsrechts, Band II, Informationsordnung, Verwaltungsverfahren, Handlungsformen, § 32 (S. 1567-1682). München.

Reinhard, W. (1999). Geschichte der Staatsgewalt. Eine vergleichende Verfassungsgeschichte Europas von den Anfängen bis zur Gegenwart. München.

Reis, C. (2002). Personenbezogene Dienstleistungen als Element der Sozialhilfe. Nachrichtendienst des Deutschen Vereins fur öffentliche und private Fursorge, Frankfurt am Main 2003, 284-289.

Schulze, H. (1999). Staat und Nation in der europäischen Geschichte. München.

Schuppert, G. F. (2000). Verwaltungswissenschaft. Verwaltung, Verwaltungsrecht, Verwaltungslehre, Baden-Baden.

Schuppert, G. F. (1998). Die öffentliche Verwaltung im Kooperationsspektrum staatlicher und privater Aufgabenerfüllung. Zum Denken in Verantwortungsstufen. Die Verwaltung. Zeitschrift für Verwaltungsrecht und Verwaltungswissenschaften, hrsg. von W. Berg u. a., 31, 415-447.

Simon, F. B. (2006). Einführung in Systemtheorie und Konstruktivismus. Heidelberg.

Tomerius, S. (1995). Informelle Projektabsprachen im Umweltrecht. Möglichkeiten und Grenzen im kooperativen Normenvollzug aus verfassungsrechtlicher Sicht. Baden-Baden.

Vesting, T. (2008). Die Bedeutung von Information und Kommunikation für die verwaltungsrechtliche Systembildung. In W. Hoffmann-Riem, E. Schmidt-Aßmann & A. Voßkuhle (Hrsg.), Grundlagen des Verwaltungsrechts, Band

II, Informationsordnung, Verwaltungsverfahren, Handlungsformen, § 32 (S. 1-35). München.

Voßkuhle, A. (2006). Neue Verwaltungsrechtswissenschaft. In W. Hoffmann-Riem, E. Schmidt-Aßmann & A. Voßkuhle (Hrsg.), Grundlagen des Verwaltungsrechts, Band I, Methoden – Maßstäbe – Aufgaben – Organisation, § 1 (S. 1-61). München.

Wohlfahrt, N. (2001). Der aktivierende Sozialstaat – Konzept und Konsequenzen einer veränderten Sozialpolitik. Nachrichtendienst des Deutschen Vereins fur öffentliche und private Fursorge, Frankfurt am Main 2003, 82-86.

Zacher, H. F. (2002). Zur Lage des deutschen Sozialstaates. In C.-E. Eberle, M. Ibler & D. Lorenz (Hrsg.), Der Wandel des Staates vor den Herausforderungen der Gegenwart. Festschrift für Winfried Brohm zum 70. Geburtstag (S. 645-657). München.

Spiegelbilder – Das Fremde und das Vertraute im Dialog mit dem Pferd

Kerstin Wiese

Im Kontext der Sozialpädagogischen Familienhilfe nutze ich pferdegestützte Interventionen in meiner Beratung und Begleitung von Eltern, insbesondere alleinerziehenden Müttern. Im Kontakt mit dem Pferd trifft die KlientIn mit ihrem Bezugsrahmen auf den des Pferdes – Vertrautes tritt in Dialog mit dem Fremden. Dies wirkt verstörend, konfrontierend sowie auch belebend und erweiternd.

Pferdegestützte Interventionen stellen eine erlebnisorientierte Methode dar mit dem Ziel, Ressourcen der Klienten zu aktivieren und dessen Bezugsrahmen zu erweitern. In Verbindung mit den Konzepten der TA sind pferdegestützte Interventionen hoch wirksam für die Autonomieentwicklung als grundlegendes Ziel transaktionsanalytischer Beratung. Mit diesem Beitrag möchte ich

- Die Wirksamkeit pferdegestützter Interventionen aufzeigen und gerade auch für den Bereich der ambulanten Familienhilfe bekannter machen.
- Den Einsatz des Pferdes als erlebnisorientierte Ergänzung der transaktionsanalytischen Beratung verdeutlichen.

Im Folgenden werde ich dazu zunächst eine Begriffsbestimmung vornehmen zum Terminus der „pferdegestützten Intervention" und dem jeweiligen Bezugsrahmen des Klientel der Sozialpädagogischen Familienhilfe (SPFH) und den des Pferdes. Daran anschließend erläutere ich die Spiegelungsfähigkeit des Pferdes als förderlichen Wirkfaktor in der Beratung und zeige Praxisbeispiele für eine Bezugsrahmenerweiterung beim Klienten.

Begriffsbestimmung „pferdegestützte Interventionen"

Pferde haben die Menschheit schon vor zigtausenden von Jahren fasziniert und tief berührt – emotional und spirituell lange vor ihrer Domestikation und (Aus-)Nutzung – und faszinieren uns bis heute.
Der Einsatz des Pferdes zu entwicklungsförderlichen und heilsamen Zwecken ist in Deutschland seit den 1960er Jahren belegt und begründete das Therapeutische Reiten.[1]
Gleichermaßen wie sich die Erkenntnisse tiergestützter und erlebnisorientierter Ansätze entwickelten ist der Einsatz des Pferdes aktuell in wachsendem Maße im Bereich von Therapie und Beratung sowie Coaching und Organisationsberatung interessant.
Die stete Ausweitung und Weiterentwicklung der Anwendungsfelder in den letzten Jahren macht eine klare, verbindliche Begriffsbestimmung notwendig und wird national wie international diskutiert (Opgen-Rhein; 2011, S.8).
Ein Definitionsvorschlag nach M. Riedel (MuP Nr. 4, S. 187-189, 2011) führt den Terminus „Pferdegestützte Interventionen" ein:
„Pferdegestützte Interventionen basieren auf den Kernwissenschaften Medizin, Psychologie, Sportwissenschaft und Pädagogik. Sie beinhalten unterschiedliche Interventionen auf und mit dem Pferd in den Handlungsfeldern „Therapeutische Förderung mit dem Pferd", Pferdesport" und „Erwachsenenbildung mit dem Pferd", mit dem Ziel der motorischen, sensorischen, kognitiven, sprachlichen, psychischen und sozialen Förderung sowohl in therapeutischen, sportlichen, gesundheitsfördernden und arbeitsbegleitenden Kontexten – immer auf die ganzheitliche Entwicklung der Gesamtpersönlichkeit ausgerichtet."
In diesem Sinne verwende ich den Begriff „pferdegestützte Interventionen" als übergeordneten Terminus in meiner Beratungstätigkeit.
Der Einsatz des Pferdes erfolgt in der Regel vom Boden aus, in Form angeleiteter Aufgabenstellungen je nach Thema der KlientIn, wie z.B. der freien Kontaktaufnahme und das Führen und Weichen lassen des Pferdes am Seil.

---

[1] In der BRD hat Antonius Kröger als Sonderschullehrer als erster dazu seine Erfahrungen zum persönlichkeitsfördernden Einsatz des Pferdes in der Erziehungsarbeit publiziert (Kröger, 1969).

Innerhalb meines beraterischen Konzeptes fungiert das Pferd in seiner Rolle als spezieller Trainings- und Beziehungspartner, dessen Beziehungsqualitäten ich in der freien Begegnung und im Dialog für die Klientin nutzbar mache und so Impulse für einen ganzheitlich persönlichkeitsfördernden Prozess im Sinne von Integrität und Autonomie anbiete.

Die Definition des Bezugsrahmens

„Die Wahrnehmung der Realität eines Menschen wird bestimmt durch das eigene Selbstverständnis, das Verständnis der anderen und der Welt, welches sich in Begriffsbildungs-, Emotions- und Handlungsweisen ausdrückt. Diese Ausgestaltung des Wahrnehmungsapparates wird in der TA als Bezugsrahmen bezeichnet. Die Skriptformation ist ein Teil dieser Ausgestaltung. Der Bezugsrahmen lässt sich auch beschreiben als Zusammenstellung von Definitionen über die Welt bzw. als Gesamtsichtweise derselben. Einige dieser Definitionen können möglicherweise ungünstig sein für eine gelungene Lebensbewältigung und können sich unter Umständen negativ auf Denk-, Erlebens- und Handlungs- und Beziehungsfähigkeit auswirken." (A. Glöckner 2011, S. 10)

In der pferdegestützten Beratung nehme ich eine Rolle als Mittlerin zwischen KlientIn und Pferd ein, um die Aspekte einer kongruenten und konstruktiven Kommunikation zu verdeutlichen. Die Beachtung und Vermittlung des Bezugsrahmens beider Dialogpartner ist dazu maßgeblich.

Bezugsrahmen der Klienten der Familienhilfe

Ich treffe in der SPFH auf Erziehungsberechtigte, deren Bezugsrahmen allgemein geprägt ist durch das Bedingungsgefüge staatlicher Hilfe und Kontrolle, der Zugehörigkeit zu einer sozial benachteiligten Gesellschaftsschicht und individuell durch biographische Einbrüche in Form von Lebenskrisen und Traumatisierungen. Die Welt im Außen wird als ängstigend, überfordernd und feindselig wahrgenommen, das Selbsterleben zeigt sich in massiven Selbstabwertungen (Discounts). Das bedeutet, dass die staatliche und soziale Beurteilung und Kontrolle als übermäch-

tig und stigmatisierend erfahren wird und das Vertrauen in die eigene Wirksamkeit nur unzureichend oder gar nicht ausgeprägt ist. Die Klienten treten mir oft mit einen „fundamentalen Zweifel an sich selbst und einer Tendenz, sich für alle möglichen Gefühle und Verhaltensweisen zu schämen" (English; 2001, S.70) gegenüber. Die Besetzung von Erwachsenen-Ich-Qualitäten ist durch Trübungen stark eingeschränkt:
„Die anderen wissen es eh besser, ich kann sowieso nichts ausrichten, egal was ich mache, am Ende schaffe ich's doch nicht".
Die tiefgreifenden lebensgeschichtlichen Kränkungen und Verwundungen gepaart mit einer großen unerfüllten Bedürftigkeit nach Strokes der Adressaten von staatlicher Familien-/ Erziehungshilfe zeigen sich oft mit dem Phänomen der erlernten Hilflosigkeit, das einem Verliererskript nach Berne entspricht.
Die problematischen Erziehungsthemen innerhalb der Familienhilfe weisen vor diesem Hintergrund vor allem auf eine unzureichende elterliche Präsenz gegenüber den Kindern hin, welches sich meist in allen Abstufungsgraden passiven Verhaltens bis hin zu eskalierender Gewalt zeigt.

Der Bezugsrahmen des Pferdes

Ungeachtet einer Diskussion, ob das Pferd in den Ich-Zustandskategorien zu erfassen ist, sehe ich auch bei Pferden einen Bezugsrahmen als gegeben an.
Die Realität, in der das Pferd lebt, wird durch zwei naturgegebene Gesetzmäßigkeiten bestimmt: Das Pferd ist
– ein Beute- und Fluchttier und
– und es ist ein Herdentier in einem klaren sozialen Gefüge.

Diese Determiniertheit bestimmt, dass das Pferd ein äußerst scharfsinniges Wahrnehmungsvermögen hat. Es kann auf weite Entfernung Veränderungen erkennen, es reagiert auf Impulse und ist daher schnell ablenkbar; es ist physisch wie psychisch auf Flucht eingestellt, sobald es etwas als Bedrohung wahrnimmt. Das Pferd braucht die Herde zum Überleben; als soziales Lebewesen ist es neugierig und kontaktfreudig. Das Pferd kommuniziert non-verbal, jede körperliche Regung stellt eine Information dar. Die Beziehungsgestaltung – d.h. ob es sich anschließt,

folgt und vertraut, richtet sich beim Pferd nach seinem Sicherheitsempfinden. Innerhalb dieses Bezugsrahmens deutet das Pferd den Menschen von seiner Physiognomie und seines Verhaltens folgerichtig als Raubtier: Der Mensch isst Fleisch und riecht danach. Er ist linear strukturiert, d.h. er hat wie alle Raubtiere seine Augen an der Vorderseite und kann Objekte vor sich fokussieren; er geht frontal, zielstrebig auf alles zu und verhält sich äußerst sicherheitsbewusst, in der Weise, dass für das Pferd gefährliche Reize wie Geräusche, Bewegungen ignoriert werden. Er macht laute Geräusche und sendet widersprüchliche Signale zwischen Gestimmtheit und Körperhaltung aus. (vgl. Roberts,M. 2011, S.13ff)
Zu diesem allgemeinen Deutungszusammenhang ist natürlich der individuelle Bezugsrahmen, den ein Pferd aufgrund seiner lebensgeschichtlichen Erfahrungen in Abhängigkeit von den jeweiligen Haltungs- und Nutzungsbedingungen entwickelt hat, zu berücksichtigen.

Fremdes und Vertrautes im Dialog

Im Verständnis des Bezugsrahmens konstruieren wir uns die Wirklichkeit in unserer Wahrnehmung, so wie sie für uns einen Sinn macht und Bedeutung hat. Für die gegenseitige Begegnung bedeutet dies, dass wir Inhalte von anderen nicht unmittelbar so nehmen wie der andere gemeint haben könnte, sondern sie in unser Deutungsmuster einzupassen suchen. Vieles, was wir äußern, ist ebenso eine Mitteilung über uns selbst und meist weniger über das oder die andere. Ein Dialog ist somit immer auch ein Konsensbildungsprozess (vgl. A. Glöckner, 2008).
Bei der Einbeziehung des Pferdes als Interaktionspartner der Klientin ist der jeweilige Bezugsrahmen von KlientIn und Pferd nicht nur zu berücksichtigen, sondern wird direkt in die Kontaktgestaltung miteinbezogen.
In der Praxis am Pferd werden sehr schnell Deutungsmuster des Klienten deutlich (auch als Vision von Zukünftigem), die entweder nach Vertrautem im Kontakt suchen oder als fremd und gegensätzlich zum Selbst erlebt werden:
Ich habe Angst – Das Pferd hat Angst.
Ich bin bedürftig – Das Pferd braucht Fürsorge und Streicheleinheiten.
Ich bin klein und hilflos – Das Pferd ist groß und mächtig.

Ich denke – Das Pferd fühlt.
Ich passe mich an – Das Pferd handelt nach seinen eigenen Bedürfnissen.
Ich fühle mich abhängig und unfrei – Das Pferd ist frei und autonom.

Es gilt beide Welten – die des Pferdes und die des Klienten zu begreifen und daraufhin zu „decodieren" und zu vermitteln, dass ein wachstumsförderlicher Kontakt entsteht.
Grundlage bildet die Schulung der Sensibilität und Bewusstheit (awarness) für sich selbst und das Gegenüber, besonders in der – dem Pferd eigenen – analogen Kommunikation.
Auf dieser körpersprachlichen Ebene, der analogen Kommunikation[2], versteht und antwortet das wortlose Pferd: Gestik, Gesichtsausdruck, Stimmmodulation, die Art des Blicks und eventueller Berührungen teilen ihm relativ ungebrochen das jeweilige Erleben des Aussendenden mit, es kommt zum Mitschwingen, zur Resonanz.

Spiegelung durch das Pferd

Die Beziehungsqualität, die das Pferd in die Beziehungstriade BeraterIn-KlientIn-Pferd einbringt, ist die hochsensible Fähigkeit, die Gefühle und Haltung seines Gegenübers wahrzunehmen und zu spiegeln.
Das Pferd lebt – anders als der Mensch – in der unmittelbaren Situation, im Hier und Jetzt und reagiert unabhängig von Wertvorstellungen und normativen Vorgaben auf die kleinsten Ausdrucksnuancen des Menschen. Es ist vorurteilsfrei und echt in seinen Reaktionen, „spielfrei" im Sinne der TA und wirkt damit vertrauensbildend und beziehungsfördernd.
Die Klientin weiß, dass sie sich gegenüber dem Pferd nicht verstellen kann oder muss und wird in ihrer Wahrnehmung unmittelbar auf sich selbst zurückgeworfen und für den eigenen Ausdruck sensibilisiert. In der Praxis erleichtert es mir das Erkennen von Ersatzgefühlen. Die ehr-

---

[2] Watzlawick et.al. (1969) unterscheiden zwischen digitaler und analoger Kommunikation. Bei der digitalen Kommunikation ist die Beziehung zwischen einem Wort und dem damit gemeinten Inhalt nach einer Konvention, oft bloß willkürlich festgelegt. Die analoge Kommunikation ist insoweit „ehrlicher" als, dass das „Vehikel", der Körper, über den wir uns ausdrücken in direkter Beziehung zu dem steht, was mitgeteilt werden soll.

liche Rückmeldung des Pferdes kann im Sinne einer Konfrontation besser, ohne Abwehr und Rückzug aus dem rebellischen Kind-Ich, angenommen werden. Die Erfahrung von Authentizität im Kontakt mit dem Pferd ist meist ein tief berührendes Erlebnis mit intensiver Wirkung auf die Erfahrung von Nähe und Gesehen-Sein. Dies eröffnet die Chance für ein neues inneres Modell von Beziehung und unterstützt die Erweiterung des Bezugsrahmens mit der Entwicklung von innerer und äußerer Flexibilität im Denken, Fühlen und Verhalten.

Die Wirksamkeit des Pferdes sehe ich insbesondere auf dreidimensionaler Ebene:

1. Auf der Handlungsebene wird die KlientIn mit Aktivität und Passivität konfrontiert. Das Entwicklungsziel ist hier persönliche passive Strukturen aufzulösen und sich durch die Einnahme einer aktiven Führungsrolle gegenüber dem Pferd als handlungswirksam zu erleben. Durch die Entwicklung von Wahl- und Entscheidungsmöglichkeiten im Umgang mit dem Pferd wird die Flexibilität des Klienten gefördert.
2. Auf der Beziehungsebene erfährt die KlientIn mit dem vorurteilsfreien Pferd als Beziehungspartner die Möglichkeit korrigierender Erfahrungen zum Thema Nähe und Distanz sowie des Umganges mit eigenen Beziehungsbedürfnissen. Das ganzheitliche Erleben des Tieres weckt die Spontanität des Klienten.
3. Auf der Zeitebene ist die KlientIn durch das Pferd stetig gefordert, sich in der Gegenwart zu fokussieren und Präsenz im Hier und Jetzt zu entwickeln. Die dem Tier eigene Achtsamkeit für den Augenblick wirkt als Modell, um blockierende Verankerungen in der Gegenwart oder der Zukunft bewusst zu machen.

Beispiele aus der Praxis

Praxisbeispiel 1:
Die Klientin steht dicht am Kopf des Pferdes und registriert, dass dieses die Ohren nach hinten legt. Die Aussage der Klientin dazu: „Das Pferd mag mich nicht. Gleich wird es mich beißen." Ich fordere die Klientin auf einen Schritt zur Seite zu treten, um sich mehr Überblick im Raum zu verschaffen (Distanzierung und Perspektivwechsel). Die Klientin kann daraufhin wahrnehmen, dass das Pferd auf das Prasseln des stark einsetzenden Regens horcht und dabei weiterhin ruhig neben ihr

steht „Das habe ich völlig ausgeblendet! Ich war so auf den großen Kopf fixiert!". Für den Alltagstransfer reflektiert die Klientin im Gespräch mit mir ihre bisherigen Wahrnehmungs-u. Reaktionsmuster im Kontakt mit anderen Menschen. Im Folgenden übt sie für sich einen passenden d.h. angstfreien Abstand im Kontakt, der es ihr ermöglicht, innerlich präsent und flexibel zu bleiben.

„Aufgabe des beratenden oder therapierenden Systems ist es, eine Ankopplung zweier Weltbilder derart zu vermitteln, dass es zur Bereicherung und Erweiterung des Bezugsrahmens des Klienten (oder Klientensystems) kommt. Effektivität ist nur gegeben, wenn in das Klientensystem eine Information eingeschleust wird, die signifikant ist hinsichtlich der Veränderung der Wirklichkeitsgewohnheiten dieses Systems. Für jede effektive Kommunikation dürfte gelten, dass die beteiligten Kommunikationspartner eine hohe Sensibilität für Deckungsgleichheit und -ungleichheit der Bezugsrahmen aufbringen (awareness) und ihre Achtung der Verschiedenartigkeit (Diskrepanzzonen) gegenüber bemühen. Kommunikation, je wachsamer man mit und in ihr ist, ist der Umgang mit der Wahrnehmung des anderen und seiner eigenen." (A. Glöckner, 2008)

Praxisbeispiel 2:
Ich schlage der Klientin die Übungsaufgabe „Rückwärtsrichten des Pferdes" vor, mit dem Hinweis, dass diese Aufgabe gut der zuvor beschriebenen lautstarken Auseinandersetzung mit ihrer Tochter entspräche.
Vis-à-Vis vor dem Pferd stehend, soll dieses sich auf ein leichtes Schwenken des Seilendes rückwärts bewegen. Zum Abschluss wird das Pferd durch eine entspannte, freundliche Haltung zum Wiederkommen eingeladen.
Ich leite die Klientin durch diese Übung, indem ich ihr Rückmeldungen zu ihrer Körperhaltung und den Reaktionen des Pferdes gebe. Vor dem Hintergrund der ok/ok Grundposition spreche ich das Bedürfnis der Mutter an, eine gute Beziehung, frei von Abwertung, zu ihrer Tochter zu haben. Die Klientin übt so Schritt für Schritt eine ernstzunehmende Haltung ein, die ohne Worte - das heißt auch ohne Schreien – aussagekräftig und respektabel ist.
Die Klientin äußert sich zufrieden mit dem erfolgreichen Übungsverlauf und wagt die Aussicht: „Es ist wichtig, dass ich genau weiß, was ich will." „Und das ist genauso wichtig gegenüber den Kindern. Dann wird man glaub ich auch etwas selbstbewusster, wenn es dann klappt."

Praxisbeispiel 3:
Die Klientin möchte das Pferd durch eine Gasse von auf dem Boden liegenden Stangen lenken. Sie führt es an einem kurz und straff gehaltenen Seil. Ihre Körperhaltung ist angespannt, der Blick ist auf den Boden fixiert, der Gang wirkt stockend. Das Pferd zeigt analog dazu deutliche Anzeichen von Unsicherheit, fixiert die Stangen und blockiert im Vorwärtsgehen. Die Klientin verstärkt ihren Zug am Seil und kommentiert die Situation mit den Worten: „ Der stellt sich aber an! Der muss doch auf mich hören und mal vorwärts gehen!" Auf den weiteren Druck der Klientin weicht das Pferd plötzlich zur Seite aus, so dass auch die Klientin ihrerseits zur Seite treten und dem Pferd Platz geben muss. Ich erläutere der Klientin die Anzeichen von Unsicherheit beim Pferd. Die Klientin bestätigt ebenfalls bei sich das Gefühl von Unsicherheit und Versagensangst in Bezug auf die Führaufgabe, welches sie durch eine vermeintliche Haltung von Stärke zu überspielen suchte. Im Alltagstransfer benennt die Mutter dreier Kinder ihre Erziehungsschwierigkeiten in Form abwertender Machtkämpfe. Mit dem Pferd erarbeitet sie sich im folgenden Prozess eine konsequente und einfühlsame Führungshaltung, die sich aus einer positiven (+/+) Haltung speist.

Allen Übungen mit dem Pferd gemein ist die Erfahrung eines Gleichgewichtes zwischen Respekt und Vertrauen in der Beziehung. Ein Pferd wird einen Menschen dann respektieren, wenn es ihm in Bezug auf sein Sicherheitsempfinden vertrauen kann, das bedeutet dieser seine Kompetenz als Leittier zeigt.
„Die viel zitierte Dominanz hat ihren Ursprung also nicht im Beherrschen des Pferdes, sondern beinhaltet das Prinzip des freiwilligen Folgens bei einer vertrauenswürdigen, respektierten Autorität zum Vorteil des Pferdes." (Opgen-Rhein, S. 47)
In der Übertragung auf eine gelungene Eltern- Kind Beziehung findet die Klientin hierin ein Modell, die eigene verlorene elterliche Präsenz wiederherzustellen und zwar auf eine entschlossene und selbstbewusste Art ohne Anwendung von Abwertungen und Gewalt und eskalationstreibende Machtkämpfe. Oftmals versuchen sich unterlegen fühlende Eltern die eigene Hilflosigkeit durch übermäßiges Reden, Überreden und Predigen zu überspielen, um das widersetzliche Kind „zur Vernunft" zu bringen. Die analoge Kommunikation mit dem Pferd zeigt hingegen die Wirksamkeit des körpersprachlichen Ausdrucks auf und schult das Körperbewusstsein.

Die Pferdegestützte Intervention ist daher auch ein effektives Training elterlicher Präsenz in Übereinstimmung mit den Grundhaltungen des Konzeptes des gewaltlosen Widerstandes in der Erziehungsberatung (vgl. Omer/ v. Schlippe; 2006).

Schlussfolgerungen

Die Einbeziehung pferdegestützter Interventionen in die Beratungsarbeit im Kontext der Erziehungshilfe setzt als Gegenpol zu dem Erfahrungshintergrund des Klientensystems von tiefgreifenden Kränkungen und Ohnmachtserfahrungen neue Impulse:
- Gegenüber eines vertrauten Beratungssettings des „viel darüber Redens", fördert das Pferd das direkte Erleben. Das Pferd weckt mit seiner Lebendigkeit die eigene Freude am Sein und bringt eine psychomotorische Ebene in das Beratungssetting ein, ohne an sich überbordend oder ängstigend zu sein.
- Das Pferd wird als ein neutrales Gegenüber wahrgenommen. In seiner Unvoreingenommenheit im Unterschied zum Menschen bietet das Pferd der Klientin die Möglichkeit, sich mit neuen Haltungen und Verhaltensweisen erst auszuprobieren, abzusichern und diese dann in den Alltag zu transferieren. Die Klienten können sich spielerisch in einer neuen Rolle üben.
- Der Klientin wird durch die Spiegelung des Pferdes leichter als oftmals auf der verbalen Gesprächsebene ermöglicht, Zugang zu ihren persönlichen Themen, zu ihren Gefühlen und Bedürfnissen und auch zu ihren Ressourcen zu erhalten. Dabei bin ich mir darüber bewusst, dass gerade der katalysatorische Effekt des Einsatzes des Pferdes ein besonders achtsames und reflektiertes Vorgehen mit den in der Regel traumatisierten und höchst verletzlichen Klientel beinhalten muss.
- Durch das gemeinsame Tun an und mit dem Pferd werde ich selbst als Unterstützungsperson unbelasteter wahrgenommen. Dies trägt zu einer Akzeptanz der Hilfe in Richtung von Kooperation und Mitwirkung bei.

Eine Kritik an den erlebnisorientierten Verfahren besagt, dass aufgrund der Attraktivität des Mediums die Gefahr besteht, diese für sich selbst

wirken zu lassen und die Reflexion darüber zu vernachlässigen (vgl. Gilsdorf; 2004, S.16).
Der Einsatz des Pferdes braucht daher eine vertragliche Grundlage mit der Klientin und die Erfahrungen am Pferd sind sinnbildlich auf die zwischenmenschliche Beziehungsgestaltung zu übertragen, das bedeutet, der Klient muss sein Handeln symbolisch verstehen können. Diese Übersetzung gelingt mir mit Hilfe der transaktionsanalytischen Konzepte.
Die Grundlage dieses Beitrages bildet meine TA Examensarbeit „Der Einsatz des Pferdes als erlebnisorientierter Ansatz in der Transaktionsanalytischen Beratung" sowie die Ausführungen zum Konzept des Bezugsrahmen von Angelika Glöckner (Skript 2008).
Die Autorin ist Ansprechpartnerin des neu gegründeten DGTA Netzwerkes „Tiergestützte Beratung/ Therapie". Interessierte an diesem Arbeitskreis sind herzlich willkommen.

Literatur

English, F. (2001). Transaktionsanalyse. Gefühle und Ersatzgefühle in Beziehungen. iskopress.

Gilsdorf, R. (2004). Von der Erlebnispädagogik zur Erlebnistherapie. EHP Vlg.

Glöckner, A. (2008). Bezugsrahmen. 4. Überarbeitung. www.angelika-gloeckner.de/downloads

Glöckner, A. (2011). TA Definitionen. Vorläufige Endfassung erarbeitet von Angelika Glöckner zusammen mit Annette Kompa. www.angelika-gloeckner.de/downloads

Omer, H. & v. Schlippe, A. (2006). Autorität durch Beziehung. Vandenhoeck & Rubrecht

Opgen-Rhein, Kläschen & Dettling (2011). Pferdegestützte Therapie. Schattauer Vlg.

Riedel, M. (2011). Pferdegstützte Interventionen. mup, 4-2011, 187-189.

Roberts, M. (2011). Die Sprache der Pferde. Bastei Lübbe Vlg.

Das Gespräch als Brücke

Annette Wyler-Krisch

In diesem Artikel wird ein Konzept vorgestellt, das von Steve de Shazer und seinem Team[1] entwickelt worden ist. Dieses Konzept kann in der Anwendung den Berater oder die Therapeutin davor schützen, sich in eine unproduktive Haltung dem Gesprächspartner gegenüber zu setzen. Denn dies könnte dazu führen, dass man frustriert zurückbleibt, weil man das Gefühl hat, dass man keine erfolgreiche Intervention hervorgebracht hat. Das vorgestellte Beziehungskonzept macht aufmerksam auf den Ausgangspunkt des Gesprächs. Um im Bild der Brücke zu bleiben, man findet auf einer Brücke eher zueinander, wenn man den vorhandenen Brückenkopf identifiziert.

In Mostar wurde eine alte Brücke zerstört, obwohl sie ein Weltkulturerbe war. Dies war ein krasser, sichtbarer, gewollter Ausdruck für den Unterbruch der Beziehung zwischen zwei Menschengruppen, denn ohne diese Brücke war ein gemeinsamer Alltag nicht mehr möglich. Dies ist ein warnendes Beispiel. Gerade am Anfang eines Gesprächs ist es daher wichtig, das Vorhandensein und die Tragfähigkeit einer Brücke in Augenschein zu nehmen, damit eine Begegnung möglich ist.

Brücken werden auch immer wieder als Wunder bezeichnet. Manchmal wurden sie sogar dem Teufel zugeschrieben, da man sich gar nicht vorstellen mochte, dass so eine Verbindung überhaupt entstehen konnte. Dies ist in der Sage über die Entstehung der Gotthardüberquerung festgehalten. An einer besonders steilen Strecke wurde die Überquerung, der sogenannte Stiebende Steg als Teufelswerk bezeichnet. Manchmal können wir ja auch beobachten, dass Menschen in einen Kontakt treten, die bisher alles zurückgewiesen haben. Ein Mensch findet die kleine Bandbreite, die einen Brückenschlag ermöglicht. Dieser entstandene Kontakt erscheint wie ein Wunder.

---

[1] (de Shazer, dt. 1989 (am. 1988))

Natürlich ist die Sprache eine Brücke. Das Konzept der Beziehungsanalyse hilft, herauszuarbeiten, welche Art von Brücke nützlich ist, das Teilende, den Graben zu überwinden.

In der Transaktionsanalyse gehen wir von dem Grundprinzip des gegenseitigen Ok-Seins aus. Mit dem Titel: „Ich bin ok, Du bist ok" ist das Buch von Harris ein Bestseller geworden[2]. Noch heute kann man dieses Buch in gut sortierten Buchhandlungen ausgelegt finden. Die meisten Transaktionsanalytiker benutzen aktuellere Bücher und manche rümpfen die Nase über den Stand der TA, die in diesem Buch vertreten ist. Aber dadurch ist „Ok-ok" auch bei uns ein Schlagwort geworden. Meiner Ansicht nach hat es das viel ältere Prinzip: „Liebe deinen Nächsten, wie dich selbst" verdrängt, da es keinen moralischen Touch hat. Diese Grundhaltung ist der Ausgangspunkt für jede Beziehung.

In der Beratung und in der Therapie ist der Aufbau einer Beziehung ein wichtiger Faktor, wenn nicht sogar der wichtigste. Und eine Beziehung in einem professionellen Kontext ergibt sich nicht unbedingt von selbst. Das folgende Konzept, das Steve de Shazer und Insoo Kim Berg entwickelt haben, kann hilfreich sein, wenn es darum geht, den wichtigen ersten Kontakt zu knüpfen.

Um zielgenau mit dem Gegenüber in Kontakt zu treten, ist es wichtig, dass man sich bewusst wird, über das gemeinsam während des Gesprächs entwickelte Beziehungsangebot.

Wir unterscheiden 3 Formen:
- Unverbindliche Beziehung (verkürzt auch Besucher genannt)
- Suchende Beziehung (verkürzt auch Klagende genannt)
- Consulting-Beziehung (verkürzt auch Kunden genannt)[3]

Beginnend mit dem Discount, dass man nur kommt, weil man geschickt wurde und nicht von einer Veränderungsmöglichkeit ausgeht, bis zu dem Punkt, dass man hoffnungsfroh ist, an einer Veränderung zu arbeiten, reicht das Spektrum. Und es ist hilfreich, dass man diesen Aspekt nicht aus den Augen verliert. Es ist sehr wichtig zu beachten, dass wir es hier mit Beziehungsmustern zu tun haben und nicht mit Modellen oder Typen von Menschen. Es ist das, was im Moment möglich ist und was im Kontakt entstanden ist.

---

[2] (Harris, TB dt. 1975(am. 1. Aufl. 1969))
[3] (Isebaert, 2005) (de Shazer, dt. 1989 (am. 1988)) (De Jong, et al., am. 1998; dt. 1998)

Nun zu den einzelnen Gesprächsentwicklungen:

Unverbindliche Beziehung

Diese zeichnet sich dadurch aus, dass vom Gegenüber gar kein zu lösendes Problem gesehen wird, die Person fragt also nicht um Hilfe, sie kommt zu einem unverbindlichen Besuch. Diese Haltung finden wir oft im Anfangsstadium, von sogenannten „geschickten" Klienten. Dies kann etwa der Ehemann sein, der seiner Frau zuliebe mitkommt. Oder jemand wird von seinem Vorgesetzten geschickt. Von der Diagnose her ist diese Einstellung auch bei Alkoholikern und Drogensüchtigen und anderen „Dropouts", bei einigen Sozialhilfeempfängern, aber auch bei Psychosomatikern zu beobachten. Dies kann ein Hinweis sein auf die eingeschätzte Hoffnungslosigkeit der Situation.

Hier ist es wichtig, das „Hilfsangebot" genau zu dosieren, denn je mehr wir anbieten, desto mehr Widerstand erzeugen wir. Diese Menschen sind (noch) auf einer Metaebene, die ihnen aufzeigen würde, dass sie etwas verändern können. Dass sie aber vorbeikommen, kann als kleine Öffnung gesehen werden. An diesem Punkt muss man sehr sorgfältig vorgehen. Es empfiehlt sich, viel mit passenden Komplimenten zu arbeiten. Wir können auch darauf verweisen, dass die überweisende Person positive Absichten haben könnte. Manchmal wird auch die Beschwerde laut, dass die überweisende Person nur aus Schikane so reagiert, dann kann man fragen: was müssten Sie tun, damit sie X vom Buckel bekommen? Manchmal kann man mit einem Verweis auf dramatischere Fälle das Eis ein bisschen aufweichen. Wer ein psychosomatisches Muster entwickelt hat, braucht sehr viel Verständnis, denn hier können Aspekte der „Krankheit als Selbstheilung"[4] dazukommen.

In dieser Phase kann man Vertrauen aufbauen oder einfach nur respektieren, dass der Klient ein Besucher ist, dem man eine möglichst angenehme Zeit anbieten kann. Als eine Art Experiment kann am Ende die Aufgabe gestellt werden, dass die Klientin bis zum nächsten Mal darauf achtet, was alles gut läuft und was nicht verändert werden muss.

Diese respektvolle Haltung kann dazu führen, dass die Klientin sich aufgehoben fühlt und sich entscheidet, in eine suchende Beziehung einzutreten.

---

[4] (Beck, 1981)

Suchende Beziehung

Hier erleben wir, dass um Hilfe gebeten wird, aber dass man aus verschiedenen Gründen glaubt, selbst nichts Entscheidendes dazu beitragen zu können. Wir hören viele Klagen, deshalb wird diese Haltung auch klagende Beziehung genannt. Hier herrscht oft die Einstellung: für andere gibt es Hoffnung, für mich aber nicht. Wir werden aufmerksam durch eine verwaschene Schilderung der Probleme. Und oft trifft man auf die entschiedene Forderung, der andere, die andere soll sich ändern oder wieder so werden wie früher, dann sei alles wieder gut.

Luc Isebaert[5] weist darauf hin, dass wir hier oft auf eine Haltung stoßen, die mit einem Misstrauen in die eigenen Ressourcen einhergeht. Süchtige Personen finden viele Gründe: man will ja aufhören, aber ... und daher kann es nicht geschehen. Zwanghafte Patienten stellen sich ein Bein, da sie sofort das fertige Ergebnis haben wollen, da sie vielleicht Gefühle von Angst und Unsicherheit in Übergangssituationen nicht ertragen können. Manche Angstpatienten wischen alle Lösungsmöglichkeiten beiseite, da sie doch schon alles ausprobiert hätten. Depressive haben oft die Einstellung, dass ihnen ganz einfach die Energie fehle, um eine Veränderung, die sie ja anstreben und eigentlich auch wollen, anzugehen.

In dieser suchenden Situation wird man als Beraterin oder Therapeut oft verführt, selbst nach Lösungen zu suchen und Vorschläge zu machen, die jedoch meist in Ja, aber-Schleifen versanden. Deshalb schlägt Luc Isebaert folgende Strategien vor:
1. *Orientierung an der Gegenwart*
2. *Orientierung an der Zukunft*

1. *Orientierung an der Gegenwart* kann man etwa mit folgenden Fragen erreichen.
   - Welche guten Gewohnheiten gibt es schon?
   - Welche Ausnahmen gibt es bezogen auf die These, dass der Patient selbst nichts machen kann.
   - Welche allgemeinen Ressourcen gibt es im Leben des Patienten?
   - Welche Änderungen, z.B. weniger Rauchen, weniger Trinken, nur in bestimmten Situationen und so weiter, sind schon gemacht

---

[5] (Isebaert, 2005)

worden? Vielleicht kann dies als Mittelweg oder Beginn definiert werden.

2. *Orientierung an der Zukunft*
   - Nach Bildern und Zielen fragen, die erreicht werden könnten oder können. Und dann danach fragen, welches der erste kleine Schritt in diese Richtung ist?

Consulting-Beziehung

Hier hat das Gegenüber die Einschätzung, dass ein Problem vorhanden ist, dass es selbst etwas daran tun und dass es sich dafür Hilfe und Unterstützung holen kann. Diese Haltung ist sehr angenehm für den Berater oder die Therapeutin.Es ist wichtig, dass man nur solche Unterstützung anbietet, die den Leuten ermöglicht, all ihre Ressourcen heranzuziehen und für eine Lösung zu nutzen. Je weniger Vorschläge man macht, umso eher hat man die Chance, dass die Leute auch wirklich etwas tun, das genau ihrer Situation entspricht. Da, wo Wissen fehlt, ist es aber sinnvoll, Informationen im Sinne einer Schulung einzugeben, damit die Person weiterkommen kann.

Der Berater oder die Therapeutin gehen dabei so vor, dass sie sehr exakt und detailliert nachfragen, wie die Lösung aussehen könnte mit dem Prinzip: und was noch?. Wichtig ist dabei zu beachten, dass man nur in kleinen Schritten vorangeht. Nur *kleine* Schritte ermöglichen, ein größeres Ziel zu erreichen. Hier kann der Berater sogar als Bremser agieren. Sagt der Klient etwa: Ich nehme mir vor, 3 Mal pro Woche Sport zu machen. Dann kann der Berater einschränken, machen Sie einmal pro Woche Sport, aber *tun* sie es.

Dabei ist es hilfreich, möglichst viel herauszufinden, was die Klientin schon gemacht hat, um das Problem zu lösen, was sie in die Beratung oder in die Therapie geführt hat. Ausnahmen werden von Klienten oft nicht ausreichend gewertschätzt und daher als Ressource übergangen. Dieses genaue Nachfragen ist zugleich eine Anerkennung für die bisherige Leistung des Klienten und impliziert, dass man ihm etwas zutraut. Aus transaktionsanalytischer Sicht kann man so einen Einstieg in das Spiel „Ja, aber..." vermeiden.

Was die Klientin alleine tun kann, sie auch alleine machen lassen. Insoo Kim Berg sagte immer: Leading from one step behind[6].

Dieses Vorgehen hat den Vorteil, dass die Beraterin und der Therapeut sich nicht erschöpfen, sondern teilhaben können an der Kreativität des Klienten.

Schlussbetrachtung

Ich habe die Erfahrung gemacht, wenn man darauf achtet, kann man durch diese Art der Zurückhaltung schneller zu einer tieferen Begegnung kommen. Die Intuition auf beiden Seiten bekommt Nahrung zur Vertiefung. Und da, wo diese Art von Vertiefung nicht oder noch nicht gewünscht ist, wird ein gegenseitiger Respekt entstehen, der auch dem Berater oder der Therapeutin einiges an Frustration erspart. Nicht jede und jeder, der Beratung wünscht, ist schon so weit, dass er sich dieses auch schon gleich holen will. Manchmal ist die erste Begegnung auch nur ein Testlauf, ob man sich in seiner spezifischen Eigenheit gesehen fühlt und Vertrauen entwickeln kann.

Wir sehen, dass es sich lohnt, am Beginn der Brücke eine gute Diagnose zu stellen, was heute möglich ist. Viele komplizierte Fälle, die hoffnungslos erscheinen, können so zumindest wieder verflüssigt werden und wenn Hoffnung aufkeimt, kommt auch der Mut, den Weg zu einer Veränderung zu gehen und step by step über die Brücke zu gehen. Das eröffnet den Übergang von Problemsprache zur Lösungssprache[7].

Literatur

Beck, D. (1981). Krankheit als Selbstheilung. Wie körperliche Krankheiten ein Versuch zu seelischer Heilung sein können. Frankfurt a/M: Insel.

De Jong, P. & Kim Berg, I. (am. 1998; dt. 1998). Lösungen (er-)finden. Das Werkstattbuch der lösungsorientierten Kurztherapie. Dortmund: verlag modernes lernen, Borgmann, am. 1998; dt. 1998. Bd. systemische Studien Band 17.

---

[6] Kommentar in einem Fortbildungsseminar
[7] (De Jong, et al., am. 1998; dt. 1998) S. 85

de Shazer, S. (dt. 1989, am. 1988). Der Dreh. Überraschende Wendungen und Lösungen in der Kurzzeittherapie. Heidelberg: Carl-Auer-Systeme, dt. 1989 (am. 1988).

Harris, T. A. (TB dt. 1975, am. 1. Aufl. 1969). Ich bin ok, Du bist ok. Wie wir uns selbst besser verstehen und unsere Einstellung zu anderen verändern können - Eine Einführung in die Transaktionsanalyse. Reinbek bei Hamburg: Rowohlt Taschenbuch, TB dt. 1975 (am. 1. Aufl. 1969).

Isebaert, L. (2005). Kurzzeittherapie – ein praktisches Handbuch. Die gesundheitsorientierte kognitive Therapie. Stuttgart: Georg Thieme.

Theorieentwicklung in der Transaktionsanalyse

Organisationale TA – ein zeitgemäßer Theorie-Entwurf

Annette Dielmann & Günther Mohr

Komplexe Organisationen sind uns als Menschen erst einmal etwas Fremdes. Diese Fremdheit gilt es, für mit Organisationen Arbeitende zu Vertrautem umzuwandeln. Als Begleiter von Organisationen in Veränderungsprozessen konstruieren wir deshalb ein Organisationsbild, eine Abbildung des Klientensystems. Wir gestalten Räume für Bewusstheit, irritieren vertraute Gleichgewichte und geben Anregungen für neue Konturen. Dabei bedienen wir uns der Konzepte der modernen systemischen organisationalen TA. In unserem Vortrag und in diesem Beitrag zeigen wir, wie wir mit zeitgerechter, internationaler, organisationaler TA - Theorie praktisch arbeiten und Impulse für Veränderung in Organisationen entwickeln.

Unser Anliegen mit diesem Beitrag ist es, für den Reichtum an Erklärungsmodellen der modernen systemischen, organisationalen TA zu begeistern. Wir nutzen dazu als Metamodell die zehn Systemdynamiken (Mohr, 2006), leuchten jede Dynamik mit international erprobten TA – Konzepten aus und entwerfen damit das aktuelle „Bühnenbild" der Organisation.

TA-Identität

Vorab laden wir Sie allerdings zu einer kurzen Betrachtung ein, wie man transaktionsanalytische Identität im Sinne der Essenz transaktionsanalytischen Arbeitens verstehen kann. Transaktionsanalyse hat eine lange Tradition, und Berne gebührt der Verdienst, diesen Ansatz begründet zu haben. Eine lebendige Methode entwickelt sich jedoch ständig weiter und ihr Erkennungsmerkmal kann nicht der ausschließliche Rückbezug auf Ursprungskonzepte sein. Dann wird eine Methode in der Regel

dogmatisch und lässt wenig Entwicklung zu. Deshalb bieten sich zur Identitätsbeschreibung Merkmale an, die auch neue Theorieentwicklungen ermöglichen. Transaktionsanalytisches Arbeiten zeigt nach moderner Identitätsbeschreibung (Schmid, 1989; Mohr, 2011) sechs Merkmale. Sie ist....
- Basierend auf Transaktionen
- Humanistisch
- Modelle konstruierend
- Experimentell
- Kontextbezug wahrend
- Pluralistisch, integrativ, interkulturell.

Man kann damit eine einfache praktikable Identitätsbeschreibung so vornehmen: TA ist das, was in TA ausgebildete Leute tun, entwickeln, wenn sie die sechs Kriterien erfüllen. Dies schafft eine lebendige Methode und integriert auch die Theorieentwickler, die eher am Rande des Mainstreams stehen, was für ein Ideensystem immer gut ist.

Das 4-Zoom-Modell

Welche Stufen zu beachten sind, wenn man eine Organisation beeinflussen will, gibt das 4-Zoom-Modell an (Mohr, 2010):
1. *Systemische Dynamik:* Für welche der 10 Systemdynamiken (s.u.) ist die Veränderung angestrebt?
2. *Rollen:* Ohne entsprechende professionelle und Organisationsrollen ist keine Veränderung machbar, daher: welche Rollen bzw. Rollenarchitektur braucht es, um Veränderung zu bewirken?
3. *Intervention:* Für Organisationsveränderungen sind Prozessarchitekturen, Workshopdesigns, Maßnahmen etc. erforderlich, die das Lernthema aufgreifen und den beabsichtigten Lernprozess modellieren.
4. *„Wording":* Die Ausformulierung oder Planung der Intervention im Detail.

Ein Beispiel, was man auf den vier Stufen praktisch methodisch nutzen kann, gibt Steinert mit seinen structured interventions (Steinert, 2006).

Konfigurationen und Äquifinalität

Nun lassen Sie uns die organisationale Welt mithilfe der TA untersuchen. Die Welt der Organisation wird heute von verschiedensten wissenschaftlichen Richtungen betrachtet, der ökonomischen Organisationstheorie, der Organisationspsychologie , der Organisationssoziologie und zusätzlich einer Menge Methoden (TA, systemisch, eklektisch,...). In der gegenwärtigen Forschung wird besonders nach „configurations" (Fiss, 2007) geschaut. Dies sind Kombinationen von Variablen, die verbunden miteinander den Erfolg von Organisationen bestimmen. Interessant ist dabei das Konzept der Äquifinalität, das besagt, dass es verschiedene Kombinationen von Variablen gibt, die jeweils zum Erfolg führen können. Es gibt oft mehrere Wege, die „nach Rom führen". Dies wird uns im Folgenden bei den verschiedenen Systemdynamiken der Organisationen beschäftigen.

Systemdynamiken

Zunächst gilt es, die relevanten Systemdynamiken zu erfassen, in denen ein Entwicklungsimpuls Sinn macht. Wir unterscheiden 4 Themenfelder, denen wir Systemdynamiken zuordnen (s. Abb. 1):
1. *Systemstruktur:* die Dynamiken der Aufmerksamkeit, der Rollen, der Beziehungen
2. *Systemprozesse:* die Dynamiken der Kommunikation, der Problemlösung, der Erfolgsbewertung
3. *Systembalancen:* die Dynamiken der Gleichgewichte und Rekursivität
4. *Systempulsation:* die Dynamiken an den äußeren und inneren Grenzlinien

1. Dynamik der Aufmerksamkeit

Diese Dynamik erfasst, womit sich die Menschen in der zu untersuchenden Einheit / Organisation aktuell befassen, wohin sich ihr Denken, Fühlen, Handeln aktuell richtet, wie sie das bewerten, was sie wahrnehmen, was sie dabei ggf. ausblenden, welche Schlussfolgerungen sie ziehen. Der Aufmerksamkeitsbegriff spezifiziert auch Aspekte, die im Konzept des Bezugsrahmens (Schiff, 1975) enthalten waren. Was wird

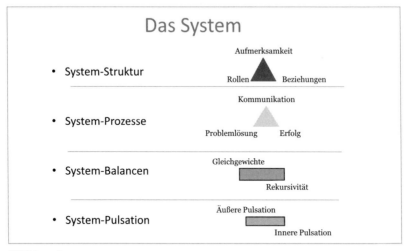

Abbildung 1

wahrgenommen, wird etwas ausgeblendet, ist das Verhalten durch Passivität gekennzeichnet?

Wenn wir uns dann mit den Organisationszielen auseinandersetzen, beginnen wir zu bewerten:
- Sind das „gute" Ziele?
- Ist normatives (Warum und Wozu?), strategisches (Wohin?) und operatives (Wie genau ausgeführt?) Management in angemessener Weise berücksichtigt? Dies beinhaltet, welchen Beitrag das konkrete Handeln zu den Organisationszielen leistet.

Einige Transaktionsanalytiker, Berne, 1966; Mountain and Davidson 2005; Balling 2005; Kreyenberg, 2005, Mohr and Steinert 2006, konstruieren einen ganzheitlichen Ansatz der Organisation. Schmid (2005) definiert dazu die

Gesundheit einer Organisation = Integration X Integrität

Integration: Inwieweit sind alle relevanten Aspekte der Organisation, Fragen der Struktur, der Prozesse, der Kultur, durch professionelles Management integriert?

Integrität: Stiften die Handelnden in der Organisation durch ihr Handeln Sinn? Hält das Organisationshandeln ethischen Kriterien, z.B. dem Ethics Code der EATA, 2011, stand?

2. Dynamik der Rollen

Die zweite Dynamik, die die Struktur eines Systems kennzeichnet, ist die Dynamik der Rollen. Rollen können wir in der Schnittmenge von System und Individuum sehen. Schmid definiert sie als kohärentes System von Einstellungen, Gefühlen, Verhaltensweisen, Wirklichkeitsvorstellungen und zugehörigen Beziehungen. Wichtige Fragen in Veränderungsprozessen betreffen, ob ein System die Rollen besetzt hat, die es braucht und ob die Rollenträger adäquat qualifiziert sind.
Der französische Kollege Vergonjeanne (2011) greift bei Führungsrollen, die in Veränderungsprozessen besondere Aufmerksamkeit erfordern, auf das Leadership model der TOB (Theorie organisationelle de Berne, Vergonjeanne, 2010, Berne, 1966) zurück. Führung wird in unterschiedlichen Qualitäten beschrieben: Es wird zwischen dem verantwortlichen,

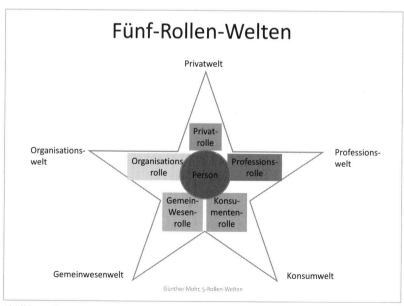

Abbildung 2

effektiven und psychologischen Führer unterschieden. Darüber hinaus gibt es den Euhemerus, den Gründer der Organisation, der das „Skript" der Organisation, sofern man davon wirklich sprechen kann, geschrieben hat. Der sog. primal leader ist der, der die aktuelle inhaltliche Richtung der Organisation vorgibt („the relevant canon giver").
Eine Erweiterung des ursprünglichen Drei-Weltenmodells der Rollen, das stark auf den Unterschied zwischen Berufs- und Privatwelt fokussierte, liegt durch die Integration zweier weiterer wesentlicher Lebenswelten mittlerweile vor. So wird im Vier-Welten-Modell zusätzlich die Gemeinwesenwelt mit den Gemeinwesenrollen integriert (Mohr, 2000). Im Fünf-Welten-Modell erscheint dann zusätzlich die immer bedeutender werdende Konsumentenwelt mit den Konsumentenrollen, da auch das Vorbild, das beispielsweise Vorgesetzte hier abgeben, von den Mitarbeitern gerade in Richtung Glaubwürdigkeit sehr beachtet wird (Mohr, 2012).

3. Dynamik der Beziehungen

Diese dritte Dynamik befasst sich mit den Charakteristika der Beziehungen in der Organisation. Dies sind Beziehungen, die Menschen auf Grund ihres Organisationskontextes und darüber hinaus (Mohr 2006) zueinander haben. Wir finden Teile davon visualisiert im Organigramm. Das meiste des Eisberges liegt allerdings unterhalb der Wasseroberfläche. Balling (2005) identifiziert drei typische Muster der Beziehungsgestaltung von Organisationen, die er auf dominierende Ich-Zustände zurückführt: Nach dem kontrollierenden Eltern-Ich, dem fürsorglichen Eltern-Ich und dem Kind-Ich bildet er drei idealtypische Organisationen.
Mohr (2006) beschreibt eine Tiefenstruktur aus Mustern und Dynamiken, die, wie der berühmte Eisberg, unter der Oberfläche der im Organigramm visualisierten Organisationsbeziehungen, ihr Eigenleben führt, das Denken, Fühlen und Handeln der Systemmitglieder und damit auch die Gestaltung der Beziehung entscheidend beeinflusst. Wollen wir als Organisationsberater Einfluss nehmen, müssen wir eintauchen in die Tiefenstruktur und die Archetypen erkunden. Wir können uns fragen, ob wir die Beziehungsgestaltung erleben ähnlich der gegenüber einer Maschine, wie in einer Familie, ähnlich einer Mannschaft im Sport oder wie im Krieg.

Zur Reflexion:
- *Denk an eine Organisation, die Du kennst*
- *Welche Themen erhalten derzeit hohe Aufmerksamkeit? Und welche Folgen hat das?*
- *Was ist typisch für die Rollen in dieser Organisation? Sind sie klar definiert, gut zu unterscheiden?*
- *Was ist der Beziehungsstil in dieser Organisation? Welche „Musik" wird hier gespielt?*

4. Dynamik der Kommunikation

Kommunikationsdynamiken beschreiben die Kommunikationsmuster des Systems. Suriyaprakash and Mohanraj (2006) haben dazu beispielsweise das

Modell des **Transactional Imago** entwickelt.

Jedes Gruppenmitglied steuert seine Kommunikation auf Grund eines selbst entwickelten spezifischen Bildes der Ausdrucksqualitäten, des vorrangigen funktionalen Ich- Zustandes in der Gruppe, der Kollegen und von sich selbst. Wozu fühlt es sich dadurch eingeladen und inspiriert? Wozu lädt es selbst ein?

5. Dynamik der Problemlösung

„Problemlösungsdynamiken sind Muster, wie Lösungen und Probleme in einem bestimmten dynamischen Ablauf verbunden sind" (Mohr, 2010, S. 140).

Julie Hay (1992) beschreibt dazu Arbeitsstile mit dem Konzept der Antreiber. Auf nicht bewusster Ebene werden mangelhafte Problemlösungen im Arbeitskontext durch Antreiberverhalten erzielt.
1. Sei (immer) perfekt!
2. Sei (immer) stark!
3. Streng Dich (immer) an!
4. Beeil Dich (immer)!
5. Mach s (immer) recht!

6. Erfolgsdynamiken

Bei den Erfolgsdynamiken befassen wir uns damit, was als Erfolg in der Organisation verstanden wird, und wie mit Erfolg umgegangen wird. Und wir suchen nach charakteristischen Mustern. Berne beschreibt mit den Prozess-Skripten 6 verschiedene Muster, wie Menschen auf lange Sicht für ein erfolgreiches Leben sorgen, bzw. es verhindern.
- Immer
- Bis
- Niemals
- Erst wenn
- Fast
- Offenes Ende

Auch Bernes Konzept der Physis verstehen wir als ein Modell, das mit Erfolgsorientierung zu tun hat. Die Idee, dass auch größere Humansysteme wie Organisationen aus sich heraus Wachstum erstreben, wäre erst einmal zu prüfen. Vielfach ist es so, Wachstum ist allerdings heute auch eine Ideologie.

Zur Reflexion:
- *Welche anderen TA- oder Nicht-TA-Modelle nutzen Sie, um*
    - *Kommunikation*
    - *Problemlösung*
    - *Erfolge*
    - *und ihre Dynamiken zu beschreiben?*

7. Gleichgewichtsdynamik

Als systemische Berater bilden wir Hypothesen, welche Gleichgewichte aktuell im System existieren und wie funktional sie sind.
Beispiel für dysfunktionales Gleichgewicht einer Organisation oder Organisationseinheit:
Wollen wir ein diagnostiziertes dysfunktionales Gleichgewicht irritieren, was eine wichtige Aufgabe von systemischen Organisationsberatern ist, greifen wir auf die Motivationskonzepte der TA zurück: der psychologischen Grundhunger von Berne und der Triebkräfte von Fanita English. Wir wissen, dass wir unsere psychologischen Grundhunger versorgen

müssen, um gesund und leistungsfähig zu bleiben. Auch unsere existentiellen Antriebskräfte sind stets präsent und wollen gut ausbalanciert sein. Das gilt vor allem in Phasen von Unsicherheit, in Veränderungsprozessen.

Wie können wir durch das Versorgen unserer psychologischen Grundhunger und Antriebskräfte in einem Veränderungsprozess ein neues wünschenswertes Gleichgewicht erzeugen?

Indem wir:
- dem *Stimulushunger* durch das Erarbeiten und Verfolgen von Zielen und Visionen Nahrung geben und das Bedürfnis nach Sinn versorgen
- das bereits Erreichte und den Weg dorthin würdigen, Lernprozessen Zeit und Aufmerksamkeit schenken, tun wir etwas für unseren *Hunger nach Zuwendung*
- für höchstmögliche Transparenz im Prozess der Veränderung sorgen, die Schritte, Erfahrungen, Schlussfolgerungen klar kommunizieren, geben wir dem *Strukturhunger* Bedeutung
- Führungskräfte dabei unterstützen, präsent zu sein, sich zu zeigen, im Kontakt mit den Betroffenen und sich selbst zu sein, auch wenn sie unangenehme Botschaften zu überbringen oder harte Schnitte zu vollziehen haben, denn sie versorgen den *Grundhunger nach Führung* vor allem in der Beziehung zu den Beschäftigten.
- die Auswirkungen einer hochaktiven *Überlebenstriebkraft* wahrnehmen und durch Umlenken der Aufmerksamkeit auf neue Bindungen Beruhigung und verstärktes Hinwenden zu den Sachthemen fördern
- die Menschen ihr kreatives Potenzial gezielt einbringen lassen geben wir der *Ausdruckstriebkraft* Bedeutung
- Maßnahmen, die zu gewünschten Veränderungen führen sollen, Zeit zur Entfaltung ihrer Wirkung geben, Zeit zur Evaluation, zum Lernen und zur Regeneration einplanen, schenken wir im weiteren Sinne der *Ruhetriebkraft* die Aufmerksamkeit.

8. Dynamik der Rekursivität

Wir analysieren wiederkehrende Muster im Organisationssystem und beschreiben die problemwirksamen Effekte. Wir nutzen die Idee des positiven Parallelprozesses, um dysfunktionale Muster zu irritieren und neue Perspektiven einzuspeisen. Unser Kollege Bernd Taglieber hat dazu sehr praktikable Konzepte – Vom Risikomuster zum Perspektivmuster - entwickelt. Neue Muster können auf der Basis alter Muster als Lösung 1. Ordnung etabliert werden. Z.B. bei hohem Krankenstand im Betrieb werden gesundheitsförderliche Maßnahmen eingeführt. Wurden jedoch bereits diverse Lösungen 1. Ordnung umgesetzt und das Problem bleibt, braucht es Lösungen 2. Ordnung, eine grundsätzliche Veränderung des Bezugsrahmens zum Thema. Auf der Basis einer Risikomusteranalyse, werden förderliche Perspektivmuster entwickelt, die die gesamte Organisation im Fokus haben. Durch gleichzeitig aufgesetzte Lernmaßnahmen wird der Musterwechsel in einem Zeitraum von ca. 1 Jahr angestrebt. Beispiel: Fokus ist Gesundheit und Motivation in der Gesamtorganisation, durch veränderte strukturelle Rahmenbedingungen wie Arbeitszeit- und Gehaltssystem, gezielte Führungsintervention, verändertes Verhalten von Führungskräften in der Regelkommunikation.

9. Dynamik der äußeren Pulsation

Hier betrachten wir das Geschehen und Erleben an den äußeren Grenzen des Systems. Wie ist die äußere Grenzlinie beschaffen, wie angemessen durchlässig, flexibel, anpassungsfähig, stabil usw. ist sie? Diese Fragen sind in jedem Veränderungsprozess bedeutsam.
Das Bindungs- und Trennungsmodell von George Kohlrieser nutzen wir, um den Bindungsprozess der Beteiligten bei strukturellen Organisationsveränderungen zu konzeptualisieren (Mohr u. Dielmann, 2006).
Im Zustand von Bindung 1 ist die äußere Grenzlinie geschlossen. Qualitativ beschreibt Bindung 1 das Ausmaß, in dem sich Beschäftigte an das System gebunden fühlen, bevor die Entscheidung zur strukturellen Veränderung, z.B. zum Verkauf einer Organisationseinheit getroffen ist. Sie zeigt sich in den Interaktionen, also den Transaktionen, der Beteiligten.
Sind Personalentscheidungen getroffen, wird die äußere Grenzlinie durchlässig, die Bindung der Beschäftigten verändert sich,
Werden harte Schnitte vollzogen, z.B. in Form von gravierenden strukturellen Veränderungen mit Personalfreisetzung, - Umbesetzung usw. nimmt die Bindung an das „Alte" weiter ab.
Schließlich beginnt die Auseinandersetzung mit dem, was jetzt erlebte Realität ist und eine schrittweise Annäherung bis zur Identifikation mit der veränderten oder neuen Organisation beginnt, bis zum Zustand Bin-

Organisationale TA – ein zeitgemäßer Theorie-Entwurf

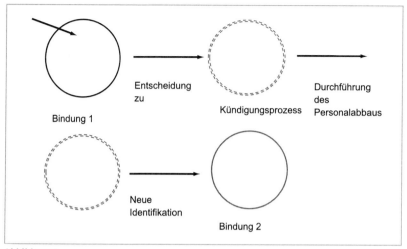

Abbildung 3

dung 2, mit qualitative veränderter, jetzt aber wieder fester äußerer Grenzlinie.

10. Die Dynamik der internen Pulsation

Dies rückt die inneren Grenzlinien des Systems in den Mittelpunkt der Betrachtung. Die Grenzlinien können zwischen Managern und Mitarbeitern, zwischen Bereichen, zwischen Funktionen oder auch zwischen den Geschlechtern bestehen.

Wie sind diese Grenzlinien beschaffen, wie angemessen durchlässig, flexibel, anpassungsfähig, stabil usw. sind sie? Wie funktional sind Unterschiede zwischen Bereichen, reale Unterschiede und von den Menschen erlebte – das alles sind wichtige Fragen in der Analyse.

Anita Mountain (2006) hat dazu unter Bezug auf Jongeward und Scott einen wichtigen Beitrag geleistet, in der sie die impliziten Grenzlinien für Frauen in Organisationen, die „glass cliffs" und „glass ceilings" beschreibt.

Reflexionsfragen zu Erfahrungen mit Grenzlinien und Bindung:
- *Wurden Sie schon einmal aus seiner Organisation gekündigt?*
- *Wenn ja, wie haben Sie das erlebt?*

325

- Und welche Erkenntnisse haben Sie daraus gewonnen? Welche Schlußfolgerungen haben Sie gezogen?
- Haben Sie schon einmal einen vielversprechenden Auftrag nicht erhalten oder einen Kunden an einen Mitbewerber verloren?
- Wenn ja, was waren Ihre Erkenntnisse und Schlussfolgerungen?

Schlussbemerkungen

Transaktionsanalyse für Organisationen bietet heute einen reichhaltigen Schatz an Modellen und Methoden. Sinnvollerweise lassen sich, um eine Organisation in adäquater Weise zu erfassen, einige Dimensionen verwenden, die in jeder Organisation eine Rolle spielen.
Für Veränderung braucht das Bühnenbild Organisation Aufmerksamkeit (Bewusstheit) für das IST, Optionen und Flexibilität für eine alternative Inszenierung (Soll) und aktives In –Beziehung- Gehen mit den Handelnden für die Umsetzung von alternativen Sequenzen. Hierfür nutzen wir das 4 – Zoom – Modell.
Verantwortliche und Beraterinnen für Organisationen wollen einen relevanten Beitrag zur Ausrichtung der Organisation auf die Zukunft leisten. Moderne Systemische Organisationale TA hat viel zu bieten!

Literatur

Balling, R. (2005). Diagnosis of Organizational Cultures. TAJ, 35 (4), 313-320.
Berne, E. (1966). The Structure and Dynamics of Organizations and Groups. New York.
EATA, Ethics code, http://www.eatanews.org/eata-2/ethics/
Fiss, P. (2007). A set theoretical approach to organizational configuration. Academy of Management Review, 32 (4), 1190-1198.
Hay, J. (1992). Working it out at work. Watford: Sherwood Publishing.
Kreyenberg, J. (2005). Transactional Analysis in Organizations as a systemic constructivist approach. TAJ, 35 (4), 300-310.
Mohr, G. (2000). Lebendige Unternehmen führen. Frankfurt: FAZ-Verlag.
Mohr, G. (2006). Systemische Organisationsanalyse. Bergisch Gladbach: Edition Humanistische Psychologie.
Mohr, G. (2010). Workbook Coaching und Organisationsentwicklung. Bergisch Gladbach: Edition Humanistische Psychologie.

Mohr, G. (2011). Individual and Organisational TA fo the 21st Century. Berlin: ProBusiness.
Mohr, G. (2012). Internes Coaching in der Gruppe. Eine Studie zu Wirkungsbedingungen, Auswirkungen und Effekten auf die Unternehmenskulturin. Organisationsberatung-Supervision-Coaching, 19, 261-282.
Mohr, G. & Dielmann, A. (2006). Deep cuts in organizations. In G. Mohr & T. Steinert, Growth and Change for Organizations (pp. 284-299). Pleasanton: ITAA.
Mohr, G. & Steinert, T. (2006). Growth and Change for Organizations. Pleasanton: ITAA.
Mountain, A. (2006). From glass slippers to glass ceilings. In G. Mohr & T. Steinert, Growth and Change for Organizations (pp. 300-309). Pleasanton: ITAA.
Mountain, A. & Davidson, C. (2005). Assessing Systems and Processes in Organizations. TAJ, 35 (4).
Schiff, J. L. (1975). Cathexis Reader. New York.
Schmid, B. (1989). Acceptance speech. Programmatische Übrlegungen anlässlich der Entgegennahme des I. EATA-Wissenschaftspreises für Autoren. Zeitschrift für Transaktionsanalyse, 6 (4), 1941-1963.
Schmid, B. (1994). Wo ist der Wind, wenn er nicht weht. Paderborn: Junfermann.
Schmidt, B. & Messmer, A. (2005). Systemische Personal- Organisations- und Kulturentwicklung. Bergisch-Gladbach: Edition Humanistische Psychologie.
Suriyaprakash, C. & Mohanraj, I. A. (2006). Trabsactional Imago. In G. Mohr & T. Steinert, Growth and Change for Organizations (pp. 164-172). Pleasanton: ITAA.
Vergonjeanne, F. (2010). Coacher groupes et organisations. La Théorie Organisationelle d'Eric Berne (T.O.B.). Paris: InterEditions-Dunod.

Ich-Zustände – vertraut und doch fremd. Ich-Zustände und Functional Fluency

Jutta Kreyenberg

Zusammenfassung

Das Modell Functional Fluency wird erläutert und in Zusammenhang mit der strukturellen Ich-Zustandsanalyse gestellt.

Das Modell Functional Fluency

Die Diskussion der letzten Jahrzehnte um das Grundmodell der Transaktionsanalyse, die Ich-Zustände, führte zu einigen theoretischen Weiterentwicklungen. So entstanden u.a. auch relativ parallel Functional Fluency (FF) von Susannah Temple (TEMPLE 2002, 2007, 2009) und die rollenintegrierte Transaktionsanalyse (RiTa) von Johann Schneider (SCHNEIDER 2001, 2013). Sie sind ein Ergebnis der Auseinandersetzung mit von Beginn an vorhandenen konstruktimmanenten Mängeln des Ich-Zustandsmodells (s. auch TRAUTMANN & ERSKINE 1981, STEWART 2002, SILLS & HARGARDEN 2003, MOHR 2009).
Das Modell „Functional Fluency" (FF) sowie das psychometrische Instrument „TIFF" (Temple Index of Functional Fluency) wurde von Susannah Temple ursprünglich für den Bereich der Pädagogik entwickelt (Temple 2002, 2007) und seit 2003 im deutsprachigen Raum eingesetzt. Es ist ein empirisch überprüftes Modell menschlichen Funktionierens und ermöglicht eine wissenschaftlich abgesicherte* Verhaltensdiagnose als Grundlage für persönliche Entwicklung und interpersonale Wirksamkeit.

„Functional Fluency" haben wir im deutschsprachigen Raum mit „Interpersonale Wirksamkeit" übersetzt. *„Functional Fluency bedeutet Wirksamkeit des zwischenmenschlichen Funktionierens in Begriffen von Flexibilität und Balance der Verhaltensmodi, die eine Person benutzt"* (Temple 2002, S. 251). TIFF ist ein psychometrisches Werkzeug der Transaktionsanalyse für die persönliche Entwicklung und für die Verhaltensdiagnose von funktionalen Verhaltensmodi.

Zugrunde gelegt wird dem Modell „Functional Fluency" die funktionale Analyse von Ich-Zuständen. Ein wesentliches Ziel von FF ist die Überwindung der Vermischung von Funktions- und Strukturmodell: *„ In der TA war die „Funktionale Analyse" unter Verwendung des traditionellen funktionalen Ich-Zustands-Modells eigentlich keine Analyse des Funktionierens, sondern eine Analyse bestimmter Typen von Ich-Zuständen, die aufgrund bestimmter funktionaler Charakteristika kategorisiert wurden. Dieses Modell ist deshalb kein Modell des Verhaltens oder des Funktionierens an sich, es besteht vielmehr aus fünf mehrdimensionalen Kategorien von Ich-Zuständen, die verwirrenderweise manchmal als Verhaltensweisen und manchmal als Ich-Zustände bezeichnet werden."* (Temple 2007, S.76)

Das Modell „Functional Fluency" konzentriert sich auf das menschliche Funktionieren im Sinne von Verhaltenstendenzen, -mustern bzw. -gewohnheiten. Es ist insofern zunächst abgekoppelt von dem strukturellen Ich-Zustandsmodell der Transaktionsanalyse.

Ich-Zustandsmodelle verbinden Fühlen, Denken, Haltungen und Verhalten zu Wesensseiten (Schlegel 1993), die sich dadurch unterscheiden, ob sie stärker durch eigene Erfahrungen, die Realität oder Modelle anderer Personen geprägt sind (Kind-Ich-, Erwachsenen-Ich- und Eltern-Ich-Zustände).

Theoretisch erfolgt so eine Entkopplung der Theorie der funktionalen Verhaltensmodi von der Theorie der strukturellen Ichzustände: *„ ...dass das Modell der Functional Fluency in keinster Weise ein Ich-Zustands-Modell ist!"* (TEMPLE 2009, S. 77). Durch diese Trennung werden die konzeptionellen Wirrungen in früheren Theorien der Ich-Zustände, auf die sich Ian Stewart (2002) bezieht, weitestgehend vermieden und überwunden. Erst dann kann anschließend eine Wiederverbindung im Sinne der Einheitstheorie (MOHR 2009, S. 214) erfolgen. Diese beiden Stränge (Entkopplung/Unterschiedstheorie und Wiederverbindung/Einheitstheorie) werde ich hier aufzeigen.

Die Entkopplung des Modells der funktionalen Verhaltensmodi (TEMPLE 2007) vom Ich-Zustandsmodell erfolgte durch:
a) die visuelle Darstellung durch aufeinander gestapelte Quadrate (vgl. STEWART 2002, SCHMID 1986)
b) eine konsequente Vermeidung der Ich-Zustands-Terminologie in der konzeptionellen Ausarbeitung

Stattdessen beruht die FF-Theorie und das TIFF (Temple Index of Functional Fluency)-Modell auf grundlegenden Aspekten menschlicher Existenz, denen auch nach HOGAN et al. (1999) ein „biologisches Mandat" zugesprochen werden könnte: Die umfassenden drei „biologischen" Kategorien auf Konstruktebene eins sind:
- *soziale Verantwortung* („die nächste Generation großziehen") – bedeutet den Gebrauch von psychischer Energie zugunsten anderer. Hier geht es um Verantwortung nicht nur für Kinder, sondern auch um berufliche Verantwortung, die Führung von Mitarbeitern, die Beeinflussung anderer, Ausübung von Autorität und gesunde erwachsene Selbstverantwortung.
- *Realitätseinschätzung* („Überleben") - bedeutet den Gebrauch von psychischer Energie, um auf die Anforderungen des Lebens zu reagieren. Hier geht es darum, auf Draht zu sein, auf das Hier und Jetzt des Lebens zu reagieren und Lösungen für jetzige Situationen zu finden.
- *Selbstverwirklichung* („Aufwachsen") – bedeutet den Gebrauch von psychischer Energie zur eigenen Weiterentwicklung: Hier geht es darum, erwachsen zu werden, „Ich selbst" zu werden, um Identitätsfindung und um den echten Selbstausdruck als lebenslanger Prozess.

Dabei nutzt TIFF einen von KELLY (1963) erarbeiteten dreistufigen Konstruktionsprozess (Wesentliche Bezeichnungen s. Abb. 1)
Die zweite Konstruktebene ist die Ebene der untergeordneten Elemente, hier werden zwei Kategorien in Elemente unterteilt: Soziale Verantwortung in Steuerung und Fürsorge und die Selbstverwirklichung in das sozialisierte und das natürliche Selbst, die Kategorie der Realitätseinschätzung bleibt ungeteilt. Wesentlich ist der dritte Schritt der Modellkonstruktion: die qualitative Unterteilung der Elemente in positive und negative Ausdrucksformen, die sog. Verhaltensmodi. Diese qualitativen Ausdrucksformen auf der Verhaltensebene werden auf der Ebene sozialer Verantwortung und Selbstverwirklichung mit der Leitfrage „Wie

3 Kategorien; 5 Elemente; 9 Verhaltensmodi: **4 negative** und **5 positive**				
Der Gebrauch von Energie zugunsten anderer.	SOZIALE VERANTWORTUNG ERZIEHUNG und VERANTWORTLICHKEIT		Verantwortung für sich selbst, als Eltern und beruflich für Mit-arbeiter, Kunden etc.	
	-	**-**		
Steuerung o Für andere und selbst lenken und Richtung geben o Entscheidungen treffen o Führen	**Dominierender Modus** Kommandierend Tadelnd Bestrafend **Strukturgebender Modus** Gut organisiert Stabil Inspirierend	**Überverwöhnender Modus** Inkonsequent Zu tolerant Erstickend **Nährender Modus** Mitfühlend Akzeptierend Verständnisvoll	Fürsorge o Sich um sich selbst und andere kümmern. o Trösten o Wertschätzen o Andere entwickeln	
	+	**+**		
Der Gebrauch von Energie, um realistisch aufs Leben zu reagieren.	REALITÄTSEINSCHÄTZUNG ÜBERLEBEN und „VOLL DABEI" sein, Daten und Fakten wahrnehmen und verstehen.		Im Hier und Jetzt sein, Augenblick für Augenblick.	
	Realitätseinschätzung/Klärung Prozessunterstützung			
	+			
	Klärender Modus Wahrnehmend Erforschend Auswertend			
Der Gebrauch von Energie zu unseren eigenen Gunsten.	SELBSTVERWIRKLICHUNG ERWACHSEN WERDEN, ICH SELBST SEIN U. WERDEN		Wachsen, Identifikation und Selbstausdruck durchs ganze Leben.	
	+	**+**		
Sozialisiertes Selbst o Sich auf andere beziehen o Mit anderen auskommen o Kontakt aufnehmen o Das eigene Selbst im Spiegel von Gruppen/Teams	**Kooperativer Modus** Selbstsicher Rücksichtsvoll Freundlich **Widerspenstiger/ Überangepasster Modus** Ängstlich Rebellisch Unterwürfig	**Spontaner Modus** Kreativ Ausdrucksstark Schwungvoll **Unreifer Modus** Ich-Zentriert Rücksichtslos Selbstsüchtig	Natürliches Selbst o Meine eigene Sache in meiner eigenen einzigartigen Weise tun o Identität finden o Talente und Potenziale entwickeln	
	-	**-**		

Abbildung 1: Ebenen von „Functional Fluency" und TIFF

gut?" reflektiert. Eine Ausnahme ist die Realitätseinschätzung, die als interne, wertfreie Klärungsfunktion quantitativ betrachtet wird im Sinne von „Wie viel?" statt „Wie gut?". Das Element der Realitätseinschätzung wird „klärender Modus" oder auch „Accounting" genannt. Es bezeichnet die Fähigkeit (im Gegensatz zum „Discounting"), die Realität in den momentan notwendigen Aspekten zu erfassen.

Als eigentlich wertfreie Funktion wird in der Praxis der positive Gebrauch hervorgehoben und in der Art und Weise sowie der Menge des Gebrauchs betrachtet.

Jeder der neun Verhaltensmodi wird durch sechs Verhaltensbeschreibungen erfasst. Die Evaluation der Begriffe und Beschreibungen erfolgte seit 1998 durch Experteneinschätzungen und empirische Untersuchungen[*]. Diese von funktionalen Modell der TA unterschiedlichen Begriffe vermeiden dessen für die psychometrische Messung nicht geeignete Mehrdimensionalität und differenzieren z.T. nur positiv (nährendes Eltern-Ich, freies Kind-Ich) oder nur negativ (Kritisches Eltern-Ich, angepasstes Kind-Ich) besetzte Begriffe. Darüber hinaus kommen bisher noch nicht explizit benannte Verhaltensbeschreibungen hinzu (Kooperation, Lenkung) und die lange vernachlässigte Dimension des Temperaments wird stärker berücksichtigt.

Die fünf positiven Modi im Zentrum werden auch die „Fabelhaften Fünf" genannt. Sie entsprechen den „Optionen" von KARPMANN (1971) und ermöglichen „eine positive Bandbreite und Kombination von effektiven Reaktionsmöglichkeiten" (TEMPLE 2007, S. 79). Hier findet sich eine sehr treffende Beschreibung des strukturellen Erwachsenen-Ich-Zustands als einer „Neuschöpfung und Neuanpassung", die durch „Geschehen lassen und gleichzeitiges aktives Handeln mit den Elementen Innehalten, Wahrnehmen, Einschätzen, Handeln und Überprüfen (SCHNEIDER 2013, S. 5)" Wohlergehen erzeugt.

Die Wiederverbindung des FF Modells mit der Ich-Zustands-Theorie erfolgt genau an dieser Stelle. Das Modell der funktionalen Verhaltensmodi kann für die Verhaltensdiagnose von strukturellen Ich-Zuständen genutzt werden. Strukturelle Ich-Zustände werden hierbei diagnostisch durch die Frage „Wann und durch wen sind diese zusammenhängenden Systeme von Denken, Fühlen und Verhalten entwickelt worden?" (vgl. z.B. TRAUTMANN & ERSKINE, SILLS 1981 & HARGATEN 2003, MOHR 2009) erfasst. „Abhängig davon, welche Art von Ich-Zustand aktiviert ist, kann ein Mensch die Wirklichkeit erfassen im Erwachsenen-Ich mit seinen gesamten Hier- und-Jetzt-Fähigkeiten, mit den Fähigkeiten und Neigungen einer seiner Elternfiguren oder mit der Unreife eines seiner Kind-Ich-Zustände." (TEMPLE 2007, S. 81). Abb. 2 zeigt das Zusammenspiel von Ich-Zuständen als strukturellen Quellen und den funktionalen Verhaltensmodi als für die Verhaltensdiagnose relevanten Ausdrucksformen. Die Bedeutung der neun funktionalen Verhaltensmodi des FF Modells als diagnostische Kriterien insbesondere für integrierende strukturelle Erwachsenen-Ich-Zustände zeigt Abb. 3. Dabei sind die „Fabelhaften Fünf" Ausdruck eines effektiven integrierenden strukturellen Erwachsenen-Ich-Zustands. Die vier negativen Verhaltensmodi dagegen sind solche, die wir an

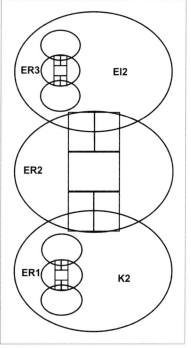

Abb. 2: Strukturelle Quellen

„einem schlechten Tag" an den Tag legen und die weniger effektiv sind. Sie können als Ausdruck getrübter Aspekte des Erwachsenen-Ichs gesehen werden. Auch hier handelt es sich jedoch um eine Integrationsarbeit des ER, die z.B. im Coaching durch Enttrübungsarbeit unterstützt werden kann.

Dieses Modell bietet auch eine gute Differenzierungshilfe für die Unterscheidung von Skriptarbeit als therapeutischer Arbeit mit fixierten strukturellen Eltern- und Kind-Ich-Zuständen und der Entwicklungs- und Klärungsarbeit in Coaching, Training und Beratung.

Wichtig für die Persönlichkeitsentwicklung ist vor allem die Unterscheidung zwischen Reaktion (als skriptbedingte automatische Wiederholungen in der Übertragung) und Antwort (als selbst gewählte Wahl des Umgangs mit der gegenwärtigen Realität), dargestellt in Abb. 4.

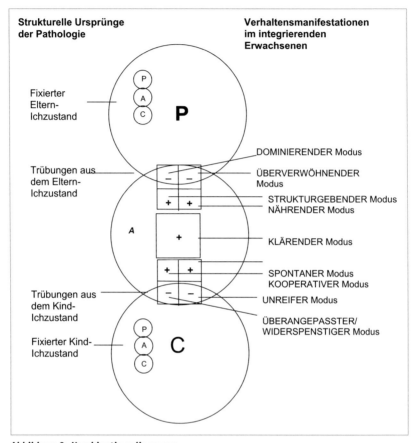

Abbildung 3: Kombinationsdiagramm

Workshopübung: Einzelreflexion zu den Verhaltensmodi

1. Denke an eine erfolgreiche Situation, in der du effektiv und zufrieden warst:
   - Wo warst du mit deiner Energie?
   - Wie hast du die „Fabelhaften 5" eingesetzt?
2. Finde dich mit zwei weiteren Teilnehmern zusammen und schildere diese Situation. Die anderen geben eine Rückmeldung, welche konkreten Manifestationen der „Fabelhaften 5" sie bei dir wahrnehmen/erspüren (Anhand von Abb. 1 und der Anlage).

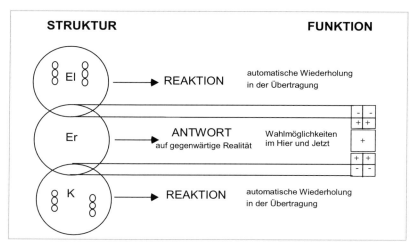

Abbildung 4: Reaktion-Antwort-Diagramm

Nimmt man die im FF Modell zugrunde liegenden drei grundlegenden Kategorien menschlichen Verhaltens, so zeigen sich in Befragungen von Führungskräften folgende Verhaltensweisen, die Erfolg und Effektivität in Arbeit und Zusammenarbeit begünstigen (Abb 5.).

Verantwortung durch Struktur und Fürsorge ermöglicht
- Befähigung, Wachstum und Entwicklung
- Erlaubnis, Schutz, Richtung und Grenzen
- Positive Ausstrahlung
- Ethische Grundlagen

Realitätseinschätzung und Klärung ermöglicht
- Innere Entscheidungsgrundlagen
- Bewusstheit und Aufmerksamkeit
- Reflexion und Objektivität
- Ressourcenorientierte Steuerung konstruktiver Verhaltensmodi

Selbstverwirklichung in Spontaneität und Kooperation ermöglicht
- Identität und Wirksamkeit
- Selbstvertrauen und Motivation
- Kraft und Lebendigkeit
- Kreativität und Innovation

Abb 5: „Interpersonale Wirksamkeit in Führungsbeziehungen"

Anwendung und Ausbilck

In der bisherigen Arbeit mit Functional Fluency hat es sich als nützlich sowohl in der pädagogischen Arbeit (TEMPLE 2007) als auch in der Arbeit mit Menschen in Organisationen erwiesen. So habe ich Anwendungsmöglichkeiten im Bereich von Coaching, Führungstraining und Führungskräfteentwicklung und in der Team- und Organisaitonsentwicklung aufgezeigt (KREYENBERG 2007, 2012).

Endnote

* als Grundlage s. die Doktorarbeit von S. Temple, in der die den 9 Verhaltensmodi entsprechenden 9 Skalen (mit jeweils 6 Verhaltensbeschreibungen, die wiederum jeweils mit zwei validierten Fragen abgedeckt werden) des Temple Index of Functional Fluency (TIFF) bei einer Pilotgruppe von über 300 Personen auf Validität und Reliabilität geprüft wurden. Weitere Studien umfassen z.b. den Einsatz an Schulen oder in der Führungskräfteentwicklung (s. auch HICKS & TEMPLE 2009).

Literatur

Hicks, J. & Temple, S. (2009). Using Psychometric Assessment to Promote Effective Management and Inform Professional Development, unpublished. Cornwall, article available at www.functionalfluency.com

Hogan, R., Hogan, J. & Trickey, G. (1999). Goodbye mumbo-jumbo: the transcendental beauty of avalidity coefficient. Selection & Development Review, 15 (4), 3-8.

Karpman, S. (1971). Options. Transactional Analysis Journal, 1, 79-87.

Kelly, G. (1963). A Theory of Personality. NY, USA: W.W. Norton & Co.

Kreyenberg, J. (2007). Einsatz des Modells Functional Fluency im Coaching", unveröffentlichtes Manuskript eines Workshops auf dem 28. Konress der Deutschen Gesellschaft für Transaktionsanalyse in Stuttgart.

Kreyenberg, J. (2012). Effektive Leadership durch FF, unveröffentlichtes Manuskript eines Workshops auf dem 33. Konress der Deutschen Gesellschaft für Transaktionsanalyse in Dortmund.

Mohr, G. (2009). Ichzustände – Die Einheits- und Unterschiedstheorie. ZTA 3/2009, 199-218.

Schlegel, L. (1993). Handwörterbuch der Transaktionsanalyse. Herder.

Schmid, B. (1986). Systemische Transaktionsanalyse. Eigenverlag, Wiesloch.

Schneider, J. (2001). Von der Kunst erwachsen zu handeln: Die Ethos-Pathos- und Logosqualitäten der Erwachsenenichzustände und die Auflösung und Transformation von Eltern- und Kindichzuständen. (U. Müller, Hrsg.) Zeitschrift für Transaktionsanalyse, 4/2001, 148-164.

Schneider, J. (2011). Grundlagen des Handelns und der Gesprächsführung - Die Handlungskaskade. Paderborn: www.active-books.de, Junfermann.

Schneider, J. (2013). Ichzustände und Rollenintegrierte Transaktionsanalyse – eine Überarbeitung der Ichzustandstheorie, unveröffentlichtes Manuskript, Workshop auf dem Professio-Tag Jan 2013.

Sills, C. & Hargarden, H. (2003). Ego States, Key Concepts in Transactional Analysis. London: Worth Publishing.

Stewart, I. (2002). The myth of the „functional model". EATA Newsletter 75, Oct., 8-10.

Temple, S. (2002). Functional Fluency. Zeitschrift für Transaktionsanalyse, 4/2002, 251-269.

Temple, S. (2007). Das Functional-Fluency-Modell in der Pädagogik. Zeitschrift für Transaktionsanalyse, 1/2007, 76-88.

Temple, S. (2009). The Functional Fluency Model has come of Age, update of the „Action on the Functional Model" in EATA Newsletter Febr. 2033.

Trautmann, R. & Erskine, R. (1981). Egostate analysis: A comparative view. Transactional Analysis Journal, 11 (2), 178-185.

Le familier et l'inconnu dans les concepts de Berne: vers une reconstruction du concept de reconnaissance – Illustration d'une méthode de recherche en AT

Jean-Pierre Quazza & Jean Maquet

Après avoir énoncé les objectifs de leur démarche, les auteurs décrivent leur méthodologie de recherche sur les aspects conceptuels de l'AT. A partir d'un premier inventaire des occurrences d'un concept dans les textes de Berne, ils cherchent à mettre en lumière le cheminement de sa pensée, y compris dans ses glissements, ses incohérences, ses lacunes et ses raccourcis logiques. Pour illustrer leur approche méthodologique, ils ont choisi d'explorer le concept de reconnaissance, tant dans ses apparitions propres chez Berne, que dans les constellations d'idées qui lui sont généralement associées (comme «stimuli», «besoins de stimulation», «strokes» ou dans une déclinaison plus steinerienne, «économie des strokes»). Dans les troisième et quatrième parties les auteurs s'attachent aux conditions propres à reconstruire une théorie de la reconnaissance qui tienne une place centrale dans l'articulation des concepts transactionnels, en particulier dans l'intégration de l'intrapsychique et du relationnel. Pour ce faire, de la même manière que Berne s'est appuyé sur des spécialistes de la psychobiologie (Spitz) ou de la psychosociologie (Mead), ils se sont attachés à prendre en compte des élaborations théoriques plus récentes du côté de la psychanalyse (Benjamin) ou de la philosophie sociale (Honneth).

«L'incompréhensible de cet être soi-même dans un étranger» Hegel

Introduction

Que ce soit en français, en allemand ou en anglais, on peut constater que le terme reconnaissance (Anerkennung, recognition) dérive de connaissance (kennen, cognition). La sagesse de la langue semble ainsi indiquer un lien profond entre les processus de connaissance de soi et de reconnaissance par l'autre, et associer ainsi profondément «das Vertraute» et «das Fremde». Les résultats de recherche que nous allons présenter nous ont d'ailleurs conduits, comme nous le montrerons, à l'idée de réintroduire une dimension dialectique dans le concept de reconnaissance en AT. Et ce n'est certainement pas un hasard si parmi les références récentes que nous citerons, figurent un philosophe-sociologue allemand et une psychanalyste américaine, qui tous deux se réfèrent à Hegel et à la fameuse formule qu'on lui doit pour désigner le mouvement du désir humain: «être soi-même dans un étranger».

Cet atelier porte sur les premiers résultats d'une recherche menée au sein d'un collectif de chercheurs analystes transactionnels qui s'est donné le nom de Fil d'Ariane[1]. Notre démarche de recherche est d'ordre théorique et s'appuie sur l'analyse des textes aussi bien que sur notre expérience pratique de cliniciens. Elle est donc de type herméneutique et non expérimentaliste. Elle se veut est à la fois fidèle à l'Analyse Transactionnelle en tant que discipline, que les auteurs entendent bien refonder là où il leur semble que des raccourcis et des approximations l'affaiblissent, et conforme à une conception psychodynamique du travail théorique.

Partie 1 – Méthodologie 1

L'OBJECTIF DE LA RECHERCHE

Dans notre recherche nous nous donnons comme objectif de fonder le concept de reconnaissance sur des bases assurées en termes de connaissances psychologiques et sociologiques actuelles. Cette entreprise nous est apparue en effet nécessaire au regard de quatre constats. Premièrement Berne a attribué une position centrale à la reconnaissance dans sa conception de la psychiatrie sociale, considérée comme une branche de

---

[1] www.fil-d-ariane.com/

la psychiatrie («Analyse Transactionnelle et Psychothérapie», page 10). La structure du premier exposé systématique que Berne donne de sa méthode situe bien en effet la reconnaissance au cœur d'une «théorie des contacts sociaux», pivot entre la «psychiatrie de l'individu» (partie I) et la «psychiatrie sociale» (partie II). Or il l'a peu développée. Deuxièmement Berne aborde la reconnaissance conjointement avec d'autres notions, telles que la stimulation, la symbolisation, etc. dans une sorte de processus associatif, sans prendre toujours le soin de définir ces termes, et sans interroger de façon critique les liens qu'il semble instaurer entre elles. Troisièmement Berne se réfère *à un corpus écrit de nature hétérogène*, aussi bien au regard de la nature des études que de leur statut scientifique. Ce point semble d'autant plus important que nombre d'exposés didactiques de l'analyse transactionnelle se contentent souvent de reprendre et de cautionner les affirmations de Berne au sujet de ces études, sans trop de distance critique. Quatrième et dernier point: l'étayage insuffisant de la notion a souvent pour conséquence de faire perdre une qualité majeure de l'AT, à savoir son articulation entre la sphère intrapsychique et le domaine de la communication interpersonnelle. La reconnaissance est de ce fait présentée dans une dimension purement comportementaliste.

Ces constats sont initialement la synthèse d'éléments de réflexion des auteurs à partir de leur pratique clinique, en tant que psychothérapeute ou intervenant en organisation, ou d'enseignant de l'analyse transactionnelle. Ils fonctionnent donc comme une inspiration fondatrice, qui doit ensuite céder le pas à une méthode d'investigation rigoureuse.

TRAVAIL ANALYTIQUE ET CRITIQUE

La première étape de notre recherche peut être qualifiée d'analytique et critique. L'objet de l'analyse est constitué des écrits de Berne, et éventuellement d'autres analystes transactionnels (Steiner). L'analyse proprement dite consiste d'abord à suivre scrupuleusement le cheminement des différents exposés de Berne sur la reconnaissance en étant attentif au processus même d'exposé et à la diversité de ses modalités: définition de notion, postulat, transition d'une notion à une autre, appel à des références bibliographiques, usage de métaphores, généralisations, position d'hypothèses, ... Notons que les écrits de Berne étant en anglais, un travail de réflexion supplémentaire sur les glissements de sens induits par la traduction vers le français (et sans doute aussi vers d'autres langues) s'avère nécessaire[2].

La phase critique comporte plusieurs aspects. Il s'agit d'abord de repérer les étapes du processus d'élaboration conceptuelle de Berne et d'en analyser la cohérence ou les incohérences. Il faut également situer les sources bibliographiques auxquelles il se réfère, en les consultant, autant que faire se peut, et en les analysant. Il s'agit enfin de prendre une position critique au sujet de l'utilisation qu'en fait l'auteur.

IDENTIFICATION DES ASPECTS PROBLEMATIQUES DU CONCEPT

Dans cette étape de la recherche il s'agit de poser les résultats de l'étape précédente et de proposer des liens avec nos hypothèses de recherche initiales.

ELABORATION/RESOLUTION DES PROBLEMATIQUES IDENTIFIEES

Au regard des lacunes ou incohérences qui sont apparues il s'agit alors de proposer des voies de remédiation. Cela peut consister à solliciter des travaux extérieurs à l'AT, des compte-rendus d'expérimentation ou des écrits théoriques et cliniques relevant de différentes approches, qu'ils soient complémentaires ou contradictoires, dans différents champs: d'abord psychologique, mais sans exclure a priori la philosophie, l'anthropologie, la sociologie, la physiologie.

PROPOSITIONS SCIENTIFIQUEMENT ETAYEES DE TRANSFORMATION - REFONDATION DU CONCEPT

Dans cette dernière étape des propositions de refondation sont faites.
Notons pour conclure que ces différentes étapes sont à considérer dans une logique d'interaction systémique et non selon une logique purement séquentielle et linéaire. En effet les résultats acquis à une des quatre étapes sont susceptibles de rétroagir sur les autres étapes du processus de recherche.

---

[2] C'est la raison pour laquelle les ouvrages, mentionnés dans leur version française dans le corps du texte, seront répertoriés dans ces notes dans leur version anglaise initiale.

Partie 2 – Reconnaissance 1

Nous abordons à présent les résultats de la phase analytique et critique. L'analyse bibliographique nous a amenés à étudier les exposés de Berne sur la reconnaissance dans sept ouvrages, publiés entre 1961 et 1972: 1961 – *Analyse transactionnelle et psychothérapie*, 1963 – *Structure et dynamique des organisations et des groupes*, 1964 – Des jeux et des hommes, 1966 – *Principes de traitement psychothérapeutique en groupe*, 1968 – *A layman's guide to psychiatry and psychoanalysis* (réédition de *The Mind in Action*, 1947), 1970 – *Amour, Sexe et Relations*, 1972 – *Que dites-vous après avoir dit bonjour?*.

Il s'est avéré nécessaire de consulter également les premiers écrits de Steiner, qui a apporté une contribution significative au développement de la notion: 1971 - *À quoi jouent les alcooliques* et *Le Conte Chaud des Chaudoudoux*. 1974 - *Des Scénarios et Des Hommes.*

Nous avons étudié systématiquement les occurrences du terme *reconnaissance* et d'autres termes associés, dans ces ouvrages afin de suivre le développement de la notion et ses mutations.

Deux constats se sont imposés à nous au terme de cette étude des textes. Le premier porte sur le peu de développements écrits de la main de Berne sur cette notion, qui occupe une place centrale dans la conception de l'AT le plus généralement diffusée. Berne, dans toute son œuvre, aura consacré aux concepts de reconnaissance et à ses extensions, en tout et pour tout six brefs paragraphes dans *Analyse transactionnelle et Psychothérapie*. Même si les textes suivants spécifieront certains aspects ils resteront comparables en extension et seront souvent des reprises des textes précédents, parfois sur le mode de la copie littérale.

Le second est que là où le lecteur aurait pu attendre une définition du terme (ou «des termes», ainsi que nous allons le voir) et un étayage progressif du concept, il rencontre un constellation de notions liées entre elles, de façon plus ou moins étroites, et se renvoyant les unes aux autres. Reste que le résultat essentiel de cette phase de travail a été d'identifier que le concept de reconnaissance est difficile à cerner en lui-même et que Berne semble plutôt avoir esquissé une constellation de notions affiliées. Nous avons ainsi extrait les termes suivants, dans le sens de leur apparition au fil du texte de *Analyse transactionnelle et psychothérapie*, de *Structure et Dynamique des Organisations et des Groupes* et de *Des jeux et des hommes* : stimuli, stimulus hunger, nod of recognition, recognition, recognition hunger, symbols of recognition, forms of recognition, stroke, stroking. Dans la suite du texte, nous utiliserons l'expression «constellation reconnaissance» pour nous référer à cet ensemble.

Nous avons ensuite procédé à une étude du processus d'élaboration conceptuelle de Berne dont nous allons résumer les premières conclusions, partielles dans la mesure où ce travail n'est pas encore achevé. Du même coup nous avons commencé à aborder la phase suivante prévue dans notre méthode de recherche: identification des aspects problématiques du concept.

ANANLYSE DES OCCURRENCES

Dans *Analyse Transactionnelle et Psychothérapie*[3], Eric Berne mentionne pour la première fois le besoin de reconnaissance («recognition hunger») comme la forme sublimée du besoin de stimuli (page 78). Il appelle «signe de tête de reconnaissance» («nod of recognition») la manifestation par autrui de la réponse à ce besoin. Dans la foulée, il présente comme une observation la structuration des relations sociales autour de la question de reconnaissance, «reconnaissance à la fois du statut et de la personne». Du coup, dans cette approche initiale, il a tendance à relier les différentes formes de reconnaissance (sourire, salutations, poignées de mains...) au domaine des rituels.

Dans *Structure et Dynamique des Organisations et des Groupes*[4], il accentuera ce lien et introduira le mot «stroke», défini comme «l'unité de transaction ritualisée» ou encore comme forme symbolique de caresse (p.215). Plus tard, dans Des Jeux et des Hommes[5], il revient sur la filiation de la reconnaissance au stimulus au travers du risque chez l'enfant de voir «la moëlle épinière se flétrir» en l'absence de ces caresses physiques de la mère. Il introduit à ce moment sous forme verbale le concept de stroke («if you are not stroked, your spinal chord will shrivel up»). Il étend le concept à l'univers social (le stroking étant un acte de reconnaissance de la présence de l'autre) et introduit alors le stroke comme «l'unité fondamentale d'interaction sociale» (pp.14 et 15).

---

[3] Berne, E., Transactional Analysis In Psychotherapy, Grove Press, 1961.
[4] The Structure and Dynamics of Organizations and Groups , J.B. Lippincott Company, 1963.
[5] Berne, E., Games People Play, 1964.

Dans ses textes ultérieurs, ce sont ces mêmes définitions qui reviendront peu ou prou pour définir et circonscrire ce concept lié à la reconnaissance.

Parmi les premiers élèves de Berne, Claude Steiner est sans doute celui qui s'est saisi le plus rapidement et le plus largement du concept et l'a poussé aux limites qu'on lui connaît dans l'AT classique.

Si, dans *À Quoi Jouent les Alcooliques* [6], il reprend la conception du stroke comme échange ritualisé (y compris dans les jeux), il insiste par la suite dans *Des Scenarios et des Hommes*[7] d'abord sur l'équivalence entre les stimulations physiques et les strokes sociaux comme condition d'une survie humaine, et ensuite sur une organisation sociale de la rareté, qu'il convient de combattre en militant pour une «économie des strokes» qui suppose leur disponibilité illimitée («breaking down the stroke economy», p. 324). Ce faisant il prend une position politique dans la foulée de Wilhelm Reich et d'Herbert Marcuse auxquels d'ailleurs il se réfère. Sa position culminera dans le célèbre «Conte chaud et doux des chaudoudoux», dans lequel il met en scène l'utopie économique et sociale d'un monde où les caresses sont accessibles en quantité infinie[8].

CHEMINEMENT DE LA PENSEE DE BERNE

D'un point de vue théorique, et comme à la même époque un autre disciple de Federn, Edoardo Weiss[9], Berne est d'abord concerné par la cohérence des états du moi; c'est ce qui l'amène à examiner une hypothèse psychobiologique, qui consiste à faire dépendre cette cohérence d'un «flux de stimulations sensorielles toujours nouveaux». Puis il passe rapidement de cette notion à la privation émotionnelle. Pour ce faire, il s'appuie sur les travaux de Spitz sur l'hospitalisme et les conséquences de cette privation chez le nourrisson. A ce stade, il opère un premier glissement de la privation sensorielle à la privation émotionnelle: le déplacement est significatif et lui permet de passer alors à la dimension relation-

---

[6] Steiner, C., Games Alcoholic Play, Grove Press, 1971.
[7] Steiner, C., Scripts People Live, Grove Press, 1974.
[8] Steiner, C., Scripts People Live, pp. 127-131 : « A Fuzzy Tale » et « Warm Fuzzy Tale » TAJ, 1971.
[9] Weiss, E., Introduction in Ego Psychology and the Psychoses, Federn, P., Basic Books, 1952 et The Structure and Dynamics of the Human Mind, Grune & Stratton, 1960. p.134.

nelle de la reconnaissance, en même temps qu'il fait se rejoindre deux notions assez sensiblement différentes, que sont les échanges sociaux («social handling») et l'intimité physique. Il n'indique pas ici comment cette articulation peut se comprendre, ni s'opérer. Il se contente de forger un concept, la «soif de stimuli», qu'il décrit en termes plus métaphoriques (autour de la nourriture et de la faim) que scientifiques.

Dans un second temps, Berne opère un second glissement en passant des stimuli aux stimulations. En passant d'un phénomène (les stimuli) à une fonction (la stimulation), il rend le sujet (le récepteur) actif (en particulier dans la recherche de stimulations) et non plus seulement objet.

C'est à ce moment qu'à propos du «handling» (et là on ne peut s'empêcher de penser à Winnicott) que Berne introduit la question des «formes symboliques» de stimulation, qui constitueraient une sorte d'extrapolation de la stimulation physique, et dont la reconnaissance serait en quelque sorte l'archétype. Cette reconnaissance apparaît d'ailleurs sous une forme particulière («nod of recognition»), c'est à dire une manifestation comportementale. Pour expliquer l'apparition de la soif de reconnaissance, il a alors recours, pour la première fois à ce propos, à une notion psychanalytique: elle serait en effet une «sublimation» de la soif de stimuli.

C'est à partir de ce dernier glissement que Berne peut investir la dimension sociale, ou sociologique. Il fait de la reconnaissance le pivot d'habitudes sociales après avoir décrit comment les rituels sociaux (salutations) comme des symboles à la fois du besoin de reconnaissance et de sa satisfaction. A ce stade, la stimulation constitue le principal matériel des rituels, d'autant qu'elle ne s'adresse plus seulement à la personne mais aussi à son «statut», c'est à dire à son (ses) rôle(s).

Il ne reste plus alors à Berne qu'à opérer un ultime glissement en introduisant une dimension quantitative de la reconnaissance, qui lui permettrait d'être «dépersonnalisée et quantifiée sur une machine à calculer». S'il mentionne lui-même le caractère peu satisfaisant et «mécanique» d'une telle conception, il ne prend pas pour autant de distance épistémologique par rapport à sa propre construction intellectuelle qui la fonde. C'est dans *Structure et dynamique des Organisations et des Groupes*[10] qu'au chapitre 11, Berne introduit la notion de stroke, qu'il définit comme une

---

[10] Berne, E., The Structure and Dynamics of Organizations and Groups, J.B. Lippincott Company, 1963.

«unité de transactions rituelles» et l'idée d'un «stroking symbolique» qui se substituerait au seul toucher. Dans ce passage, on peut avoir l'impression que «forme symbolique» et «forme ritualisée» sont considérées comme équivalentes. A ce stade, Berne rattache le besoin de strokes à l'appétit de structure, et plus du tout à l'appétit de reconnaissance.

Dans *Des Jeux et Des Hommes*, Berne revient sur la conception neuro psychologique qu'il a abordée dans AT et psychothérapie; mais on peut observer que l'analyse qu'il fait des travaux de Spitz se réduit au collationnement des expérimentations, et à une interprétation en termes de fonctionnement du système nerveux, en prenant soin d'éliminer les implications et les conclusions proprement psychanalytiques de Spitz sur la relation mère-enfant. C'est aussi à cet endroit qu'il introduit pour la première fois l'usage du verbe stroker, pour signifier n'importe quelle action impliquant la reconnaissance de la présence de l'autre.

Partie 3 – Méthodologie 2: Comment reconstruire une théorie de la reconnaissance en Analyse transactionnelle?

Une théorie revisitée de la reconnaissance se doit de proposer des alternatives ou des remédiations aux problématiques identifiées. En tant que fruit de notre travail, et même si nous nous efforçons de garder un regard aussi large que possible sur la démarche de Berne, nous ne prétendons pas que la définition de ces problématiques soit la seule possible. En outre, elle est sujette à évoluer au fil même de notre recherche.

A ce stade nous mettrons l'accent sur le constat de trois lacunes de la théorie bernienne, qui pourrait servir d'appui pour construire la route vers une théorie revisitée de la reconnaissance en analyse transactionnelle: absence de la dimension proprement psychique, absence de lecture développementale, absence d'articulation scientifiquement argumentée des niveaux psychique et sociologique.

1. ABSENCE DE LA DIMENSION PSYCHIQUE

Berne postule le besoin d'un flux de stimulation mouvant en lien avec les systèmes d'états du moi. C'est le seul lien qu'il propose entre la «constellation reconnaissance» et ce concept d'état du moi destiné dans sa théorie à décrire la structure et le fonctionnement de la personnalité. Berne a ainsi en quelque sorte obstrué l'accès à une lecture de la reconnaissance en termes psychiques. En postulant un besoin de stimulation il a mis l'accent sur la dimension du contact physique et ses conséquences physiologiques. Il a ensuite introduit la notion de reconnaissance sans s'attarder sur l'articulation entre les deux, sinon en affirmant que la reconnaissance serait à dériver de la stimulation par un processus de symbolisation. Il ne s'explique pas sur ce qu'il entend par ce terme et s'en tient à des métaphores. Sa référence à la sublimation, concept lui-même reconnu comme insuffisamment élaboré par nombre de théoriciens de la psychanalyse, au nombre desquels Freud lui-même, reste purement nominale.

2. ABSENCE DE LECTURE DEVELOPPEMENTALE

A l'analyse, les références bibliographiques invoquées par Berne, s'avèrent appartenir à des registres fort différents: expériences de privation sensorielle sur des adultes, études portant sur le manque de stimulation du nouveau-né, recherches sur les rats. Berne ne propose aucune lecture critique au sujet de cette variété de registres. De fait il ne s'attarde pas sur le problème des mutations de ce besoin de reconnaissance entre la période de développement de la personnalité et la période adulte. Il prend pourtant soin d'expliquer que la soif de reconnaissance est le produit d'une genèse à partir de la soif de stimulation. Il va jusqu'à se référer à la notion psychanalytique de sublimation pour «rendre compte» de cette genèse. Cependant il ne développe pas d'analyse développementale de la reconnaissance, alors qu'il soulève lui-même l'importance de ce facteur quand il s'appuie sur des données expérimentales relatives au nourrisson d'une part, à l'adulte d'autre part. Il postule la soif de stimulation, qu'il semble considérer comme permanente et ne subissant aucune évolution au cours du développement.

Ce point nous semble pourtant d'une grande importance dans le cadre de la psychothérapie. Du point de vue du diagnostic, par exemple, ou encore du plan de traitement, des questions se posent telles que: quelle place donner aux vicissitudes qu'a connu le besoin de reconnaissance dans l'histoire d'un patient? Comment situer la satisfaction du besoin de reconnaissance dans la relation du psychothérapeute- au patient? Sur quoi porte la reconnaissance?

Notons que Steiner a proposé une solution au problème de l'articulation avec sa théorie de l'économie de la reconnaissance. Celle-ci demandera à être située dans l'ensemble théorie de la reconnaissance. Il faudra notamment questionner les présupposés de Steiner, qui se réfère à une lecture de type socio-politique de la reconnaissance dans le cadre de sa psychothérapie radicale.

3. ABSENCE D'ARTICULATION DES NIOVEAUX INDIVIDUELS ET COLLECTIF

Berne postule une articulation de la reconnaissance au niveau psychologique individuel ou dyadique, et de la reconnaissance au niveau sociologique. Il propose des hypothèses stimulantes sans pour autant les étayer théoriquement. Nous voudrions notamment souligner ici deux aspects problématiques.

C'est avec la notion de «forme de reconnaissance», autre élément de la constellation reconnaissance, qu'il franchit le pas entre le domaine de la relation dyadique et celui des interactions sociales au sens large. Il opère alors un saut conceptuel en se référant à un sens du terme symbolisation différent du processus psychique qui permettrait de passer de la stimulation à la reconnaissance. Ceci ouvre un champ d'élaboration conceptuelle à venir.

Avec la notion de «signe de reconnaissance», qui est un autre élément de la constellation reconnaissance, Berne s'engage dans une lecture de type clairement comportementaliste de la reconnaissance. Même si elle a connu, et continue de connaître, un succès certain dans les applications pratiques de l'analyse transactionnelle, cette notion demande à être articulée avec la notion de reconnaissance comme «reconnaissance de la présence de l'autre». Sa facilité apparente d'application, dans l'analyse des relations et dans les pratiques d'intervention, ne doit pas nous empêcher de considérer les risques qu'elle comporte d'une lecture appauvrie de la reconnaissance dans les relations humaines. Elle laisse notamment inexplorée la dimension proprement dialectique de la reconnaissance: être reconnu c'est être reconnu par un autre que soi-même l'on reconnaît. On retrouve ici la nécessité d'articuler le niveau comportemental et le niveau psychique.

Partie 4 - reconnaissance 2

Si l'on entend refonder le concept de reconnaissance au cœur de la théorie transactionnaliste, il convient de lui redonner une place beaucoup plus importante dans le fonctionnement psychique qui sous-tend le développement progressif des états du moi et qui justifie la double fonction, intrapsychique et sociale, de ces derniers.

Sur ces deux points l'interaction mère-enfant, au sens de ce qui donne un sens aux émotions de l'une et de l'autre, a ouvert une voie féconde. Une psychanalyste comme Jessica Benjamin[11] a montré comment la différentiation supposait cet équilibre entre reconnaissance de l'autre et accès au moi. L'existence est d'abord perçue comme le paradoxe de cette mise en dépendance qui, pour s'émanciper doit solliciter la reconnaissance de la personne même dont on dépend. Benjamin retrouve ici la dialectique maître-esclave développée par Hegel. Point de fragilité extrême, la reconnaissance est cette tension essentielle entre une affirmation de soi et reconnaissance de l'autre. Ainsi le besoin de reconnaissance constitue-t-il le concept qui relie le fonctionnement psychique interne (avec les incorporations, les expulsions, les identifications) et l'intersubjectif. Ce lien introduit une tension dynamique qui peut à chaque instant s'abolir si une réification de l'un ou l'autre partenaire, ou du lien de reconnaissance qui les relie, venait à se produire. Pour vivre d'égal à égal avec les autres humains, l'individu se doit de tenir cette position inconfortable.

Sur les fondements du vivre ensemble, il ne semble pas possible d'ignorer l'articulation d'une philosophie idéaliste (Hegel) qui postule que l'accès à la reconnaissance passe par une perception de sa négation, avec une psychosociologie pragmatique (Mead, cité par E. Berne) qui propose une construction sociale de l'identité. Honneth[12], indique qu'à chaque stade de la reconnaissance mutuelle (pré-juridique, juridique et sociale), le déni de reconnaissance et l'expérience intime du mépris accompagnent le développement de l'autonomie subjective de l'individu. Comme dans le texte de Benjamin, on retrouve là une nécessaire réciprocité des échanges qui permet l'introduction du contrat.

---

[11] Benjamin, J., The Bonds of Love, Psychoanalysis, Feminism and the Problem of Domination.Random House, 1988.
Honneth, A., Kampf um Anerkennung: Zur moralischen Grammatik sozialer Konflikte (Suhrkamp-Taschenbuch. Wissenschaft), 2000

Comme nous l'avons montré, Berne a tendance à glisser assez vite (trop vite) du besoin de reconnaissance à sa mise en œuœuvre pragmatique, qui sera poussée par Steiner jusqu'à imaginer une sorte de monétarisation abstraite et quantificatrice des unités de reconnaissance (ou strokes). Au passage, l'intersubjectif a été éliminé au profit d'une séquence d'interactions comportementales, la reconnaissance a été évacuée pour céder la place au signe (ou stroke), le symbolique a été réduit au rituel, la lutte (engendrée par le déni et l'expérience du mépris) a cédé la place stratagèmes (ou jeux) et le désir au besoin.

Dès lors, il est possible de refonder le concept de reconnaissance dans l'intersubjectivité du développement psychique et dans l'accès à ce que Honneth appelle le respect de soi. Il s'agit pour lui du troisième stade de la lutte pour l'intégrité de la personne après la reconnaissance mutuelle des parents et des enfants et l'estime de soi qui suppose le droit formel (caractéristique du stade contractuel) de répondre par «oui» ou par «non» à toutes les transactions qui sont proposées.

Conclusion

L'étude attentive des écrits fondateurs relatifs à la reconnaissance a permis de révéler la multiplicité de notions recouvertes par ce terme. L'analyse a fait ressortir plusieurs points de fragilité dans la conceptualisation de cette constellation de notions. Nous avons proposé des pistes qui permettraient un étayage plus solide sur la base de théories contemporaines du ressort de la psychologie et de la philosophie sociale.

A ce stade de la recherche, les phases d'analyse et d'élaboration des problématiques identifiées restent à consolider et nous sommes ouverts à diverses suggestions de nos confrères analystes transactionnels concernant des points de vue complémentaires ou contradictoires.

Il est toutefois possible de dessiner le chantier des travaux à venir. Il pourrait se centrer sur l'objectif de proposer une définition positive de la reconnaissance, reconnue comme un concept complexe, qui intègre les contraintes suivantes:
– s'insérer dans une conception intersubjective de la clinique, qui prenne en compte les ressources de différents courants théoriques de l'analyse transactionnelle, telle l'AT relationnelle, aussi bien que de cor-

pus de savoirs extérieurs à l'AT ainsi que nous avons commencé à l'illustrer,
- articuler les points de vue intrapsychique et communicationnel de la relation humaine, et pour cela s'appuyer sur la théorie des états du moi en tant que systèmes de personnalité[3,12],
- intégrer une lecture génétique de la reconnaissance, afin de permettre notamment que ce concept joue pleinement son rôle dans la démarche diagnostique et dans la conduite du processus de changement, et ce dans les différents champs de l'analyse transactionnelle.

Au sein de cette théorie revisitée pourront prendre leur place des aspects de la théorie bernienne d'origine, telle la théorie des signes de reconnaissance ou la théorie des besoins de stimulation et de reconnaissance, qui sans cette mise en perspective courent souvent le risque d'interprétations ou d'applications réductrices.

Ichzustände und Rollenintegrierte Transaktionsanalyse – Kurzform einer Überarbeitung der Ichzustandstheorie

Johann Schneider[1]

Auszüge aus dem Artikel:
Ich sehe die Quintessenz oder Kernaussage der Berne'schen Ichzustandstheorie (Berne 1958, 2001, 2005) und seiner Überlegungen zu einer reifen Person (1975) darin, dass Menschen, wenn sie ihr Leben meistern (er nannte sie auch Gewinner), in der Regel in einer Hier und Jetzt-Situation mit jetzt neu geschaffenen Einstellungen, Empfindungen, Gefühlen, Gedanken und damit verbundenem Verhalten handeln. Anders ausgedrückt: Sie entwickeln in der Hier-und-Jetzt-Situation eine jetzt passende Lösung, sie lernen aus und lösen sich von alten Verhaltensweisen[2]. Sie vollziehen einen schöpferischen Akt, in dem sie Neues entwickeln und alte Lösungen und Beziehungserfahrungen für heute nutzbar neu anpassen (Neopsyche, updated adult egostate). Auf einen Punkt gebracht:
Wenn jemand alte, früher selbst entwickelte Einstellungen, Verhaltens-, Fühl-, Empfindungs- und Denkmuster, die er selbst als Überlebensstrategien entwickelte oder von anderen übernahm, anwendet oder versucht solche zu vermeiden, scheitert er. Wenn jemandem Leben gelingt, schöpft er sich jede Sekunde neu!
Fasse ich Berne's Überlegungen zusammen, nehme Körpererleben in die Definition auf und differenziere die Sprache und die graphische Darstellung, ergibt sich daraus für Ichzustände folgende Definition und Darstellung: *Als Ichzustände bezeichnen wir in sich zusammenhängende Muster aus*

---

[1] veröffentlicht in www.active-books.de
[2] Mit Verhaltensweise bezeichne ich Einstellungen, (Körper-)Empfindungen, Gefühle, Gedanken und Verhalten.

Einstellungen, Gedanken, Gefühlen, Körperempfindungen und das damit verbundene Verhalten einer Person. Es lassen sich Eltern-, Erwachsenen- und Kind-Ichzustände voneinander unterscheiden.
Von anderen Personen übernommene oder „geborgte" Verhaltensweisen bezeichnen wir als Eltern-Ichzustände, in der Vergangenheit selbst entwickelte als Kind-Ichzustände und hier und heute entwickelte oder auf den neuesten Stand gebrachte als Erwachsenen-Ichzustände.

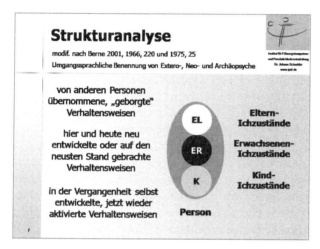

Abbildung 4:
Ichzustandsanalyse und Ichzustandskategorien

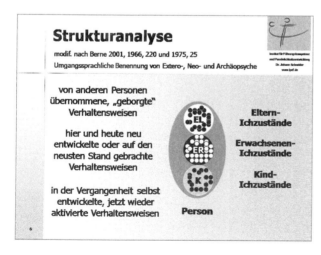

Abbildung 5:
Ichzustandsanalyse mit angedeuteten Ichzuständen

Ich verwende sprachlich die Formulierung *ein Ichzustand* und *Ichzustände*. Der weit verbreitete, unüberlegte Sprachgebrauch *der Ichzustand* bringt Unschärfe in die Theorie, weil mit der Formulierung nicht klar ist, ob eine ganze Ichzustandskategorie gemeint ist oder ein gerade vorliegender Ichzustand. Zur Veranschaulichung habe ich für einzelne Ichzustände Kugeln in die Ichzustandskategorien gezeichnet. *Mit den Formulierungen ein Ichzustand und Ichzustände ist es auch möglich, Ichzustandswechsel innerhalb einer Ichzustandskategorie aufzuzeigen.*

Stellen wir Ichzustände auf einer Zeitachse dar, wird noch deutlicher was wir mit Erwachsenen-, Eltern- und Kind-Ichzuständen darstellen (Schneider 2001): *Eltern- und Kind-Ichzustände stellen Wiederholungen aus der Vergangenheit in der Gegenwart dar, Erwachsenen-Ichzustände aktuelle Schöpfungen in der Gegenwart.*

Die Ichzustandsdiagnose, ein ständiger Prozess

Während der Zeit der Diagnosestellung arbeiten wir unter der Annahme einer Hypothese. Der größte Teil professioneller Begleitungsarbeit besteht darin, sich eine Hypothese zu bilden, mit Hypothesen und inneren Fragen aufmerksam zu begleiten und das Spannungsfeld zwischen Hypothese und tatsächlicher alter Erfahrung auszuhalten, ohne als Begleiter selbst in ein angebotenes altes Verhaltensmuster zu fallen, son-

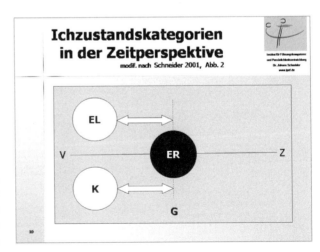

Abbildung 6:
Ichzustände in der Zeitperspektive
modif. nach Schneider 2001

dern neue Handlungsmöglichkeiten zu etablieren (siehe dazu „Antithetisches Arbeiten" in Schneider 2000, S. 140). *Alle vier Diagnoseformen tragen dazu bei, herauszufinden, welcher Ichzustand vorliegt. Erst durch Erfragen und Erleben des Klienten, die historische und die phänomenologische Diagnose, wird ein Ichzustand verifiziert.*

Ichzustände und Skriptverhalten

Benutzt man die Ichzustandsanalyse dafür, herauszufinden, welche Ichzustände vorliegen, wie sie entstanden (Restrukturierung der Ichzustände, Berne 2001) und wie sie sich zeigen[3], lassen sich Ichzustände und Skriptverhalten nebeneinander betrachten und einander klar zuordnen: *Skriptverhalten kann mit Eltern- und Kind-Ichzuständen, skriptfreies Handeln mit Erwachsenen-Ichzuständen abgebildet werden.*

Wir können auf dem Hintergrund dieser Darstellung ohne logische Brüche auch die tieferen Schichten der Persönlichkeit analysieren, wie es Berne (2001, S. 87 und 2005, S. 198) und andere mit der Strukturanalyse 2. und 3. Ordnung beschreiben.

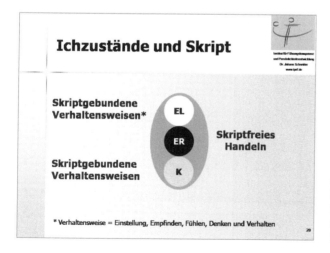

Abbildung 13:
Ichzustände –
Skriptverhalten
und skriptfreies
Handeln

---

[3] Ich unterscheide Skript (unbewusster Lebensplan) von Skriptverhalten (wie sich Skript zeigt und Gegenwart und Zukunft einschränkend ausagiert wird) und skriptfreies Handeln (Handeln ohne einschränkendes Skript).

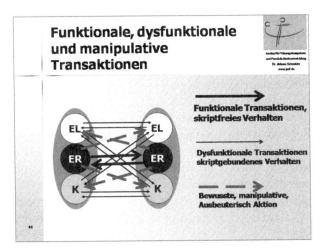

Abbildung 15:
Zusammenfassung
der Transaktiona-
len Analyse

Bildet man mit Eltern- und Kind-Ichzuständen Skriptverhalten und mit Erwachsenen-Ichzuständen skriptfreies Handeln ab, lassen sich Transaktionen sehr übersichtlich und hilfreich darstellen. Skriptfreie (funktionale) Stimuli und Reaktionen lassen sich zwischen Erwachsenen-Ichzuständen, Skriptverhaltensweisen (dysfunktionale) als Stimuli und Reaktionen aus Eltern- und Kind-Ichzuständen an Eltern- oder Kind-Ichzustände und bewusst manipulative Manöver als Stimuli aus Erwachsenen-Ichzuständen an Eltern- oder Kind-Ichzustände darstellen.

Rollen und Ichzustände, die Rollenintegrierte Transaktionsanalyse

Häufig werden Ichzustände mit Rollen gleichgesetzt, das führt zu Ungenauigkeiten und Verwirrungen. Mit Rollen stellen wir die Verbindung einer Person mit seiner gesellschaftlichen Umwelt dar. Bleibt man konsequent bei der strukturanalytischen Ichzustandsbetrachtung einer Person und ihrer Kommunikation mit der Umwelt und benutzt Eltern- und Kind-Ichzustände für die Darstellung von Skriptverhalten und Erwachsenen-Ichzustände für die Darstellung skriptfreien Handelns, ergibt sich die Möglichkeit eine „Rollenintegrierte Transaktionsanalyse" zu formulieren (Schneider 2003a).

Mit Ichzuständen lassen sich individuelle, biographisch entstandene und aktuelle innere Prozessen eines Menschen abbilden, mit denen er sich in Beziehung setzt. Mit Rollen und drei hierarchischen Ebenen (gleichgeordnet, übergeordnet, untergeordnet) lässt sich parallel dazu abbilden, wie sich jemand gleichzeitig mit dem sozialen Umfeld in Beziehung setzt.

Handelt jemand im Hier und Jetzt passend/funktional, lässt sich dieser im Modell als jemand darstellen, der in einem Erwachsenen-Ichzustand und aus einer hier und jetzt ausgestalteten, passenden Rolle handelt. Er spielt im positiven Sinne (s)eine Rolle, er interpretiert sie und füllt sie

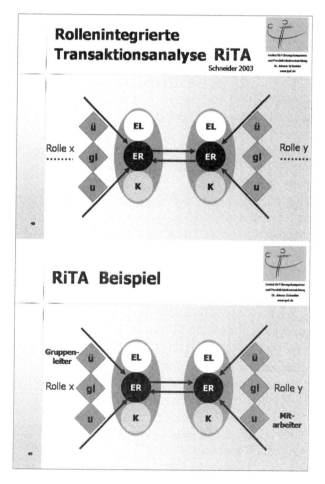

Abbildung 29: Skriptfreies Handeln und Rollenintegrierte Transaktionsanalyse: Handeln mit Rollenbewusstheit und in Erwachsenen- Ichzuständen

aus. So ist er sich z.B. seiner Rolle als Gruppenleiter bewusst und handelt in einem hierarchischen System aus einer übergeordneten Rolle und in einem Erwachsenen-Ichzustand seinem Mitarbeiter gegenüber. Wenn sich auch der Mitarbeiter seiner untergeordneten Rolle bewusst ist und aus einem Erwachsenen-Ichzustand handelt, erleben beide eine stimmige Kommunikation, sie gestalten ihre Begegnung schöpferisch im Hier und Jetzt. *Handelt jemand passend im Hier und Jetzt, ist er sich seiner Rolle bewusst, er handelt in einem Erwachsenen-Ichzustand und begegnet seinem Gegenüber auf gleicher Augenhöhe* (s. Abb. 29).

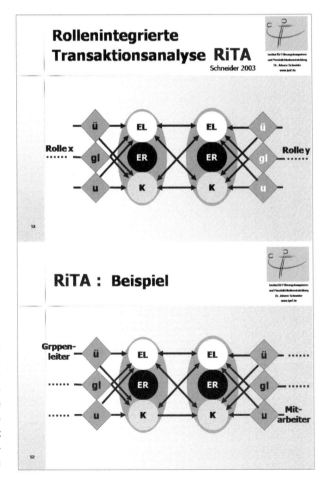

Abbildung 30: Skriptverhalten und Rollenintegrierte Transaktionsanalyse: Keine Rollenbewusstheit, Agieren mit Eltern- und Kind-Ichzuständen

Verhält sich jemand nicht passend im Hier und Jetzt, dysfunktional, so agiert er in Eltern- oder Kind-Ichzuständen und ist sich seiner Rolle zu dieser Zeit nicht bewusst.

Das Modell lässt sich vielfältig anwenden und ist insbesondere dann hilfreich, wenn Kontextbewusstsein und organisationale Einbindungen thematisiert werden (s. Abb. 30).

Schluss

Zum Abschluss des Artikels fasse ich meine Anfangsthesen und deren *Abhandlung* noch einmal zusammen:
Berne formulierte, dass alle drei Ichzustandskategorien besetzt werden können sollten und trägt dadurch schon am Anfang zu einer wesentlichen Unschärfe in der Theorie bei: *Diese Unschärfe wird aufgelöst, wenn man die Ichzustandsanalyse dafür benutzt, herauszufinden, welche Ichzustände vorliegen, wie sie entstanden und wie sie sich zeigen. Ichzustände und Skriptverhalten lassen sich nebeneinander betrachten und einander klar zuordnen: Skriptverhalten kann mit Eltern- und Kind-Ichzuständen, skriptfreies Handeln mit Erwachsenen-Ichzuständen abgebildet werden. Auf diesem Hintergrund lassen sich dann auch ohne logische Brüche die tieferen Schichten der Persönlichkeit und Skript mit der Strukturanalyse 2. und 3. Ordnung analysieren*
Von den Nachfolgern Berne's wird Strukturanalyse nicht durchgängig mit den Diagnoseformen verbunden, aus den „deskriptiven Ichzuständen", der Verhaltensdiagnose, wird ein eigenständiges Verhaltens- oder Funktionsmodell. *Auf der Grundlage der Strukturanalyse gewährleistet das Aufrechterhalten der Diagnoseformen in einem professionellen Begleitungsprozess eine kontinuierlich fragende Haltung, die bei den Begleitern und den Klienten Entwicklung zu mehr Autonomie fördert.*
Im Funktionsmodell werden positive und negative Ichzustände eingeführt. *Modelle, die positive und negative Bewertungen als Elemente beinhalten, verleiten professionelle Begleiter und Klienten dazu, mit den Modellen Zuschreibungen und Bewertungen vorzunehmen, mit Modellen so umzugehen, als wären sie Wirklichkeit*[4]. *Dadurch verlieren sie Autonomie, maßen sich Definitionshoheit an*

---

[4] Die Konstruktivisten bezeichnen diesen Vorgang als Reifikation. Aus dem Modell, der Abstraktion wird eine Realität gemacht, die Landkarte wird so benutzt als wäre sie die Landschaft.

und beherrschen andere mit Modellen. Durch das Aufrechterhalten der Bewusstheit, eine Theorie zu verwenden, mit der Wirklichkeit abgebildet und Fragen gestellt werden können, werden Wahrnehmung, Einschätzung und bewusste Handlung angeregt und damit Autonomie gefördert.

Die wirklichkeitskonstruktive Kraft von Worten, hier Eltern, Erwachsene/r Kind, bleibt in ihrer Wirkung unbeachtet. *Die Worte Eltern und Kind lösen überwiegend auf die Vergangenheit bezogene Assoziationen und Erinnerungen an Erfahrungen von Abhängigkeit aus. Das Ichzustandsmodell mit den umgangssprachlichen Begriffen Eltern, Erwachsene/r und Kind eignet sich deshalb hervorragend, um eine Analyse des Ursprungs eines Ichzustands vorzunehmen. Um Ideen für die Gegenwart und die Zukunft zu entwickeln eignet sich für einen Erwachsenen allenfalls noch der Begriff erwachsen und die Vorstellung von Erwachsenen-Ichzuständen. Es lohnt sich, je nach Klient und Situation passende Begriffe zu schöpfen.*

Die Erwachsenenichzustandskategorie wird auf Informationsverarbeitung „wie ein Computer" reduziert. *Durch die Einführung der Annahme, dass Erwachsenen-Ichzustände skriptfreies Handeln abbilden, wird die Ichzustandskategorie frei für eine lebendige Ausgestaltung. Gefühls-, Werte und Ausdrucksqualitäten können formuliert, Verhaltenskategorien und Funktionen kreativ entwickelt werden.*

Ichzustände bekommen Funktionen zugesprochen wie Speichern und Integrieren. *Beschränkt man sich in der Theoriebildung darauf, Ichzustände als Ausdrucksebene für dahinterliegende tiefere Prozesse zu benutzen, ist man dafür frei, weitere Differenzierungen (hinter den Ichzuständen) vorzunehmen, die einen Unterschied machen.*

Ichzustände wurden mit Rollen gleichgesetzt und verwechselt: *Mit Rollen beschreiben wir die Einbindung von Personen in die gesellschaftliche Umgebung, mit Ichzuständen wie sich Personen individuell aus ihrer Geschichte heraus innerlich und nach außen organisieren. Mit der Rollenintegrierten Transaktionsanalyse lassen sich beide Ebenen der Beziehungsgestaltung gleichzeitig analysieren und entwickeln.*

Zusammenfassung

In dem Artikel werden die Anfänge und einzelne Aspekte inkongruenter Entwicklung der Ichzustandstheorie aufgezeigt. Es wird eine überarbeitete Ichzustandstheorie vorgestellt, die konsequent Skriptverhalten mit Eltern- und Kind-Ichzuständen und skriptfreies Handeln mit Erwachsenen-Ichzuständen abbildet. Der Autor plädiert für ein Aufrechterhalten der Diagnoseformen und damit für eine ständige Verknüpfung der deskriptiven Beschreibung von Ichzuständen mit der Ursprungsfrage. Er zeigt die wirklichkeitskonstruktive Kraft der Metaphern Eltern, Erwachsene/r und Kind auf und regt an, mit Ichzustandsbezeichnungen ihrer Wirkung bewusst, kreativ und stimmig zu den Klient-Situationen umzugehen. Er schlägt vor, Speicher- und Integrationsfunktionen von den Ichzuständen zu trennen. Der Autor weist auf den Gebrauch einer „Rollenintegrierten Transaktionsanalyse" hin, in der Rollen und Ichzustände klar voneinander unterschieden und parallel zueinander dargestellt werden.

Literatur

Berne, E. (2001). Die Transaktionsanalyse in der Psychotherapie. Eine systematische Individual- und Sozial-Psychiatrie. (U. Müller, Übers.) Paderborn: Junfermann.

Berne, E. (2005). Grundlagen der Gruppenbehandlung: Gedanken zur Gruppentherapie & Interventionstechniken. (U. Müller, Übers.) Paderborn: Junfermann.

Berne, E. (1958). Transactional Analysis: A New and Effective Method of Group Therapy Nachdruck in Berne 1977.

Berne, E. (1977). Transaktionsanalyse der Intuition. Paderborn: Junfermannn.

Berne, E. (1975). Was sagen Sie nachdem Sie „Guten Tag" gesagt haben? München: Kindler.

Schneider, J. (2003a). RiTA - Rollenintegrierte Transaktionsanalyse. Paderborn: www. active-books.de, Junfermann.

Schneider, J. (2000). Supervidieren und beraten lernen. . Paderborn: Junfermann.

Schneider, J. (2001). Von der Kunst erwachsen zu handeln: Die Ethos- Pathos- und Logosqualitäten der Erwachsenenichzustände und die Auflösung und Transformation von Eltern- und Kindichzuständen. (U. Müller, Hrsg.) Zeitschrift für Transaktionsanalyse, 4/2001, 148-164.

Schneider, J. (2003b). Vor Freude weinen - Das Zeitintegrationsmodell. (U. Müller, Hrsg.) Zeitschrift für Transaktionsanalyse, 1/2003, 36-56.

Autorinnen und Autoren

Maya **Bentele**
Dipl. Psychologin, Lehrende Transaktionsanalytikerin im Bereich Organisation, TSTA – O, Praxis als Personalleiterin in Verwaltung und Grossunternehmen. Freiberuflich tätig als Team- und Organisationsentwicklerin, Supervisorin und Coach für Führungskräfte. Leiterin des Institutes b-weg
Chrummbächliweg 38, CH-8805 Richterswil
info@b-weg.ch

Karin **Blessing**
Lehrende Transaktionsanalytikerin in Supervision im Bereich Beratung, PTSTA – C, Supervisiorin EASC, NLP-Master-Practitioner, Beraterin, Trainerin, Coach in freier Praxis
Grabbestraße 12, 33415 Verl
info@karin-blessing.de
www.karin-blessing.de

Karola **Brunner**
Diplom-Betriebswirtin (FH), Lehrende Transaktionsanalytikerin in Supervision im Bereich Beratung, PTSTA – C, Lehrsupervisorin und Coach (EASC), Demografie-Expertin und ProfilPassberaterin
Schwindstraße 15, 63739 Aschaffenburg
info@brunner-coaching.de
www.brunner-coaching.de
www.demografie-experten.de

Annette **Dielmann**
Lehrende Transaktionsanalytikerin im Bereich Organisation, TSTA – O, , Organisationsberaterin, Coach, Trainerin, Leiterin der Business Manufaktur Kaiserslautern
Kölchenstr. 19, 67655 Kaiserslautern
info@business-manufaktur.de
www.business-manufaktur.de

Britta **Eden**
Transaktionanalytikerin in Ausbildung, Leiterin schmanischer (Heil-) Zeremonien, Sterbe-und Trauerbegleiterin, freie Rednerin (Hochzeiten, Bestattungen usw.), Reiki-Meisterin/-Lehrerin, zahlreiche Fortbildungen in Quanten-Heilung, Meditation, Entspannung, Stimmgabeltherapie nach Dr. Barbara Romanowska u.a.
Rosenberger Str. 43, 26316 Varel
leben.in.eden@t-online.de

Iris **Fassbender**
Lehrende Transaktionsanalytikerin in Supervision im Bereich Beratung, PTSTA – C
Jägerhofstr. 18, 55120 Mainz
www.ta-coach.de

Ralf-Rüdiger **Faßbender**
Trainer, Coach. Praxiskompetenz in TA. Arbeitsschwerpunkte: Kreativität, Projekt- und Selbstmanagement mit Hirn. Leiter Personalentwicklung und Weiterbildung, DQS GmbH Deutsche Gesellschaft zur Zertifizierung von Managementsystemen
August-Schanz-Str. 21, 60433 Frankfurt am Main
Ralf-Ruediger.Fassbender@dqs.de
www.dqs.de

Autorinnen und Autoren

Suzanne **Grieger-Langer**
CXO-Coach und Profiler, Mentorin der Menschen an neuralgischen Punkten der Macht, wissenschaftliche Lehrbeauftragte (Frankfurt School of Finance and Management, Wirtschaftsuniversität Wien), spezialisiert auf die ressourcenorientierte Detektion von Führungs-Potentialen und defizitorientierte Detektion von Fraud (Betrug)
Halligstr. 33, 33729 Bielefeld
info@grieger-langer.de
www.grieger-langer.de

Klaus **Holetz**
Transaktionsanalytiker im Feld Organisation, Lehrender und Supervidierender CTA-Trainer, Berater, Senior-Coach (DBVC) und Systemischer OE'ler. Leiter des Instituts SYS~TA~LO in Köln
Ubierring 49, 50678 Köln
OE@holetz.org
www.systalo.de

Fred M. **Jessen**
seit 1970 tätig in Beratung und Training, Human Resources Development & Partner seit 1978
Menschen führen + Kommunikation steuern + Führungskräfte coachen + Prozesse optimieren
Lugostr. 9, 79100 Freiburg
info@Fred-Jessen.de
www.Fred-Jessen.de

Tanja **Kernland**
lic.oec.publ., Lehrende Transaktionsanalytikerin in Supervision im Bereich Organisation
Mit-Leiterin der PROKADEMIA – Akademie für Systemische Transaktionsanalyse
Katharina Sulzer-Platz 8, CH-8400 Winterthur
info@prokademia.ch
www.prokademia.ch

Bertine **Kessel**
Dipl. Soz. Päd., Coach, Lehrende Transaktionsanalytikerin im Bereich Beratung, TSTA – C, Geschäftsführerin der Kessel und Kessel GmbH
Winsener Str. 1, 21271 Hanstedt
info@kesselundkessel.de
www.kesselundkessel.de

Jutta **Kreyenberg**
Diplom-Psychologin, Lehrtrainerin und Lehrsupervisorin für systemische Transaktionsanalyse für den Bereich Organisation, TSTA-O, Erfahrung als Teamentwicklerin und Führungskraft in einem Großunternehmen, seit 1995 selbständig, seit 1996 Lehrtrainerin bei Professio, 1999 Gründung „Institut für Coaching & Supervision" Kernkompetenzen: Coaching, Führung, Konfliktmanagement, Ausbildung von Coachs, Beratern und Trainern.

Dolores **Lenz**
Transaktionsanalytikerin im Bereich Beratung CTA - C
Auf der Schlossweide 43
55271 Stadecken-Elsheim

Dr Jean **Maquet**
TSTA -P, Psychothérapeute et Formateur (Ecole d'analyse transactionnelle, Paris-Ile de France)
8 rue du Commandant Leandri, F-75015 Paris
jeanmaquet@free.fr

Günther **Mohr**
Diplom-Psychologe/Diplom-Volkswirt, Senior Coach DBVC , Senior Coach / Supervisor BDP, Lehrende Transaktionsanalytiker im Bereich Organisation, TSTA - O
Klarastr. 7, 65719 Hofheim
www.mohr-coaching.de

Jean-Pierre **Quazza**
Transaktionsanalytiker CTA-O, HR Consultant
Côte Vassal, F-14600 Honfleur
jean-pierre.quazza@orange.fr

Hanne **Raeck**
Studienrätin, 1973 – 2011 Lehrerin an Hamburger Schulen, Lehrende Transaktionsanalytikerin im Bereich Pädagogik/Erwachsenenbildung, TSTA-E, Supervisorin, Coach, Werkstatt für Lernen & Entwicklung in Hamburg
Weckmannweg 7, 20257 Hamburg
hanne.raeck@t-online.de
www.wle-hamburg.de

Dr. Kurt **Riemer**
Unternehmensberater mit dem Spezialgebiet Nachfolge und Übergabe in Familienbetrieben
Castellezgasse 25/3, A-1020 Wien
mental.riemer@utanet.at
www.mental-riemer.at

Dr. Daniela **Riess-Beger**
Lehrende Transaktionsanalytikerin in Supervision in Bereich Beratung, PTSTA- C, Beraterin, Trainerin, Coach und Supervisorin, Leiterin des Instituts für Beratung – Training - Coaching in Starnberg
Wittelsbacherstr. 6b, 82319 Starnberg
riess-beger@starnberg-coaching.de
www.starnberg-coching.de

Kathrin **Rutz**
Dipl. Psychologin FH, Arbeits- und Organisationspsychologin SBAP, Lehrende Transaktionsanalytikerin in Supervision, PTSTA-O, Supervisorin/Coach/Organisationsentwicklerin BSO. Mit-Leiterin der PROKADEMIA – Akademie für Systemische Transaktionsanalyse
Katharina Sulzer-Platz 8, CH-8400 Winterthur
info@prokademia.ch
www.prokademia.ch

Dr. Sylvia **Schachner**
Lehrende Transaktionsanalytikerin in Supervision im Bereich Pädagogik/Erwachsenenbildung, PTSTA – E, Diplompädagogin, Psychologin. Fachbezogene Bildungsmanagerin und systemische Schulentwicklungsberaterin im Stadtschulrat Wien, Lehrbeauftragte der PH und KPH Wien,Beratung, Training und Weiterbildung in privater Praxis
Fasangasse 43, A-1030 Wien
sylviaschachner@gmx.at
www.transaktionsanalyse-wien

Autorinnen und Autoren

Bea **Schild**
Lehrende Transaktionsanalytikerin in Supervision im Bereich Beratung, PTSTA - C, Master of Science in Beratung, Psychologische Beraterin, Soziale Arbeiterin, Leiterin der Berner Seminare für Transaktionsanalyse, Gesundheitshaus
Randweg 9, CH-3013 Bern
psychologischeberatung@hush.com
www.TA-Seminare.ch
www.PsychologischeBeratungBern.ch

Jürg **Schläpfer**
Lehrender Transaktionsanalytiker im Bereich Pädagogik/Erwachsenenbildung, TSTA - E, Pädagoge, Graphologe und Psychologe
Bäulistrasse 22, 8049 Zürich
info@juerg-schlaepfer.ch
www.juerg-schlaepfer.ch

Almut **Schmale-Riedel**
M.A., Lehrende Transaktionsanalytikerin im Bereich Psychotherapie, TSTA - P, Pädagogin, Supervisorin und Coach, Heilpraktikerin, Leiterin des Instituts TEAM Entwicklung, Arbeit und Mensch, Praxis für Psychotherapie
Landsberger Str. 6-i, 82205 Gilching
schmale-riedel@institut-team.de
www.institut-team.de

Dr. Johann **Schneider**
Lehrender Transaktionsanalytiker im Bereich Psychotherapie und Beratung, TSTA – P,C, Berater, Coach und ärztlicher Psychotherapeut, Leiter des Instituts für Führungskompetenz und Persönlichkeitsentwicklung
Walsroder Str. 37, 29614 Soltau
info@ipef.de
www.ipef.de

Daniela **Sonderegger-Dürst**
Lehrende Transaktionsanalytikerin in Supervision im Bereich Beratung, PTSTA - C, Psychosoziale Beraterin SGfB, Supervisorin und Coach BSO, Ausbilderin mit edg. FA, Pädagogin, Leiterin des ITZ Institut für Transaktionsanalyse Zürcher Oberland
Bahnhofstr. 156, CH-8620 Wetzikon
praxis-unterdemdach@bluewin.ch
www.itz-institut.ch

Dr. Michael **Thanhoffer**
Sportpsychologe, Trainer, Berater, Gestalter, Entwickler, Fachautor, Moderator, Coach – Liebt es, „DenkblockAde" zu sagen. Geschäftsführer: Entwicklung. Training. Transfer. ETT OG
Donaufelder Str. 101/2/13, A-1210 Wien
www.ett.at

Dr. jur. Sascha **Weigel**
Organisationsberater und Trainer im Bereich Konflikt- und Verhandlungsmanagement
Probstheidaer Str. 15, 04277 Leipzig

Kerstin **Wiese**
Dipl. Sozialpädagogin, Transaktionsanalytikerin, CTA-C, Reittherapeutin (DKThR), Fachberaterin Psychotraumatologie, Psychomotorikerin; Pferdegestützte Beratung / Fortbildung /Supervision
24247 Rodenbek
wiese.frigga@freenet.de
www.beratung-mit-pferden.de

Annette **Wyler-Krisch**
M.A., Transaktionsanalytikerin, CTA - P
Dorfstr. 67, 53125 Bonn
info@wyler-krisch.de
www.wyler-kirsch.de

DGTA-Publikationen

Peter Eichenauer (Hrsg.)

Unerhörtes und Ungesehenes – Dialoge für die Zukunft

Reader zum 33. Kongress der Deutschen Gesellschaft für Transaktionsanalyse

2012, 224 Seiten, ISBN 978-3-89967-803-1, Preis: 25,- €

Peter Rudolph (Hrsg.)

Leben in Beziehungen – Beziehungen im Leben

Reader zum 32. Kongress der Deutschen Gesellschaft für Transaktionsanalyse

2011, 316 Seiten, ISBN 978-3-89967-713-3, Preis: 30,- €

Luise Lohkamp (Hrsg.)

Leben und Arbeiten in der Zukunft ... Innovation mit Transaktionsanalyse

Reader zum 31. Kongress der Deutschen Gesellschaft für Transaktionsanalyse

2010, 420 Seiten, ISBN 978-3-89967-634-1, Preis: 35,- €

PABST SCIENCE PUBLISHERS
Eichengrund 28, D-49525 Lengerich, Tel. + + 49 (0) 5484-308, Fax + + 49 (0) 5484-550
pabst.publishers@t-online.de, www.psychologie-aktuell.com, www.pabst-publishers.de